세상에서
가장 쉽게
이해되는 토익문법

블랙책

토익문법의 BIBLE

TOEIC
RC
BIBLE

YETO

외 국 어 인 강 의 뉴 노 멀
YETO

블랙책 – 토익 문법의 3ible

초 판 1 쇄 발 행	2021년 4월 30일
개 정 판	2024년 1월 1일
저 자	윤지성
펴 낸 이	윤지성
펴 낸 곳	주식회사 예능토익연구소
디 자 인	서민아
등 록 번 호	제 2021-000020호
주 소	서울특별시 마포구 새창로 11, 공덕빌딩 1309호
고 객 센 터	02-6092-9900
이 메 일	yetoyeon@gmail.com
I S B N	979-11-975402-2-6

www.yeto.kr
(주) 예능토익연구소

본 책은 저작자의 지적 재산으로써 무단 전재와 복제를 금합니다.

" 나는 어떤 교재로 공부해야 하나요? "

토익 교재를 선택할 때 가장 많은 분들이 하는 질문입니다.
실제로 많은 토익 교재가 점수대별로 굉장히 세분화 되어 있기 때문입니다.
이거 하나만 기억하세요.
토익 문법 공부는 딱 한번이면 충분하며,
이후에는 문제에 적용하는 연습을 해야 합니다.
그래서 군더더기 없는 제대로 된 문법교재가 필요합니다.

최신경향 100% 반영   **현강 및 인강 10만명 이상의 학생들이 검증한 교재**   **유튜브 200만 조회수**

수많은 토린이들을 심폐소생 해준 바로 그 교재!
블랙책이 드디어 정식 출간됩니다

꼭 필요한 내용만 담았습니다.
블랙책을 한번만 완독하시면,

1. 문장의 구조를 스스로 볼 수 있게 되며
2. 파트5를 위한 문법 정리는 물론
3. 파트 6,7을 위한 직독직해까지 모두 완성이 됩니다.

이 책의 활용 방법

1 교재만으로 혼공하기

토익문법의 BIBLE - 블랙책
18일 과정 혼공으로 토익 문법 끝내기

문법과 어휘는 반드시 함께 공부해야 합니다.
1일 1unit을 기본으로 하면서, 단어시험도 꼭 스스로 해 주세요!

DAY 1	DAY 2	DAY 3	DAY 4	DAY 5	DAY 6
UNIT 01. 문장의 필수요소 I 단어시험 DAY1	UNIT 02. 문장의 필수요소 II 단어시험 DAY2	UNIT 03. 수일치와 수동태 단어시험 DAY3	UNIT 04. 시제 단어시험 DAY4	UNIT 05. 가정법 단어시험 DAY5	UNIT 06. to 부정사 단어시험 DAY6
DAY 7	**DAY 8**	**DAY 9**	**DAY 10**	**DAY 11**	**DAY 12**
UNIT 07. 동명사 단어시험 DAY7	UNIT 08. 분사 단어시험 DAY8	UNIT 09. 명사 단어시험 DAY9	UNIT 10. 대명사 단어시험 DAY10	UNIT 11. 형용사 단어시험 DAY11	UNIT 12. 부사 단어시험 DAY12
DAY 13	**DAY 14**	**DAY 15**	**DAY 16**	**DAY 17**	**DAY 18**
UNIT 13. 전치사 단어시험 DAY13	UNIT 14. 등위접속사와 상관접속사 단어시험 DAY14	UNIT 15. 관계절 단어시험 접전부 1	UNIT 16. 명사절 단어시험 접전부 2	UNIT 17. 부사절 단어시험 접전부 3	UNIT 18. 비교·병치·도치 구문 단어시험 접전부 4

2 무료 강의와 함께 공부하기

QR 코드를 스캔하시면
영상을 보실 수 있어요!

유튜브 예능토익연구소
3시간동안 안 쉬고 토익 문법 총정리 하기

200만 조회수의 바로 그 영상!

블랙책의 전체 문법내용을 3시간으로 압축해서 정리하는 영상

QR 코드를 스캔하시면
영상을 보실 수 있어요!

유튜브 예능토익연구소
100문제로 토익문법 총정리하기

블랙책에 수록된 전체 유닛테스트의 1~5번, 총 90문제를 연속으로
해설하는 영상

3 정식 인강과 함께 공부하기 추천!

예능토익연구소
블랙책 문법 이론반 Class

https://yeto.kr/online-class/

문법 기초 강의 + 보너스 문풀 17강
총 35강의 강의 패키지!

QR 코드를 스캔하시면 강의 소개 페이지를 보실 수 있어요!

4 온라인 스터디로 함께 공부하기

예능토익연구소
지성쌤의 신개념 온라인 스터디

https://yeto.kr/online-study/

근처에 오프라인 학원이 없어도 걱정하지 마세요!
이제는 온라인에서 스터디하는 시대!

QR 코드를 스캔하시면 온라인 스터디 페이지를 보실 수 있어요!

Contents

Section 1

문장의 구조

| Unit 1. 문장의 필수요소 Ⅰ | 12 |
| Unit 2. 문장의 필수요소 Ⅱ | 24 |

Section 2

동사구

Unit 3. 수일치와 수동태	38
Unit 4. 시제	48
Unit 5. 가정법	58

Section 3

준동사구

Unit 6. to 부정사	68
Unit 7. 동명사	78
Unit 8. 분사	88

Section 4

품사

Unit 9. 명사	100
Unit 10. 대명사	112
Unit 11. 형용사	124
Unit 12. 부사	134
Unit 13. 전치사	146

Section 5

접속사와 절

Unit 14. 등위접속사와 상관접속사	160
Unit 15. 관계절	168
Unit 16. 명사절	180
Unit 17. 부사절	192

Section 6

특수 구문

| Unit 18. 비교·병치·도치 구문 | 204 |

부록

정답 및 해설
기출 테마 어휘 모음
단어 시험

토익 시험 당일 행동 지침

1. 시험 전날, 절대 과식 하거나 음주를 하지 않도록 합니다.
   특히, 자기 전 2시간 내에 우유! 드시지 마세요. 다음날 설사를 유발할 수 있습니다 ㅠㅠㅠㅠㅠ

2. 우리의 뇌는 기상한 후 2시간이 지나야 가장 안정적인 상태가 됩니다.
   시험 당일은 반드시 8시 전에 기상해서 바로 LC를 1.1~1.2 배속으로 들으면서 준비를 하세요.

3. 아침은 가볍게라도 먹는 것이 좋습니다. 밀가루 탄수화물은 졸음을 유발하므로 가급적 피합니다.
   아침을 먹지 않으면, 시험 도중 불필요한 긴장감을 증폭시킬 수 있습니다만,
   수년간 아침을 거르는 습관이 있는 분들은 억지로 아침을 과하게 먹을 필요는 없어요.

4. 생수와 휴지를 챙겨서 집을 나섭니다.
   고사장으로 가는 길에 본인이 정리한 오답노트를 보거나 LC를 1.1~1.2 배속으로 들으면서 준비해 주세요.

5. 시험장에는 9시 20~30분쯤 도착하는 것이 좋습니다.
   너무 일찍 가면 지나친 긴장감으로 피로감이 생기고, 너무 늦게 가면 초조함에 평정심을 잃게 됩니다.

시간	구분	내용
9:30	답안지 수령	파란 형광펜으로 답안지에 파트 3,4 세 문제씩, 147번, 176번 위에 선(—) 그어 두기. 아래쪽 필적감정 기재 및 싸인, 그리고 뒷장은 왼쪽편만 (이름까지) 마킹 (설문조사는 노!!) 손목시계를 풀어서 책상 위에 둡니다. RC 독해 시간 관리를 위해 자주 시계를 보세요.
9:50	최종입실시간	9시 50분에 문을 잠궈요. 지각하지 않도록 주의하세요!! 이 때쯤 화장실 갈 시간을 주는데 가급적이면 꼭 다녀오세요.
9:50-9:55	신분증 검사	시험 시작 전까지 스피커로 음향점검을 반복해서 하는데, 어차피 집중이 잘 안 되는 시간입니다. 빈출 어휘나 오답노트를 보세요. 복도 감독이 돌아다니면서 스피커 음향을 점검하면서 소리 괜찮냐고 물어보는데, 소리가 작으면 조금 키워달라고 하세요.
10:03-10:05	파본 검사	문제지 받자마자 맨 위에 수험번호, 이름을 쓴다. 파본 검사가 시작되자마자 P5를 풀기 시작하세요. P1 디렉션이 나와도 계속 푸세요. 단, 1번 문제가 시작된다는 말을 들으면 바로 P1 페이지를 펼쳐야 합니다.

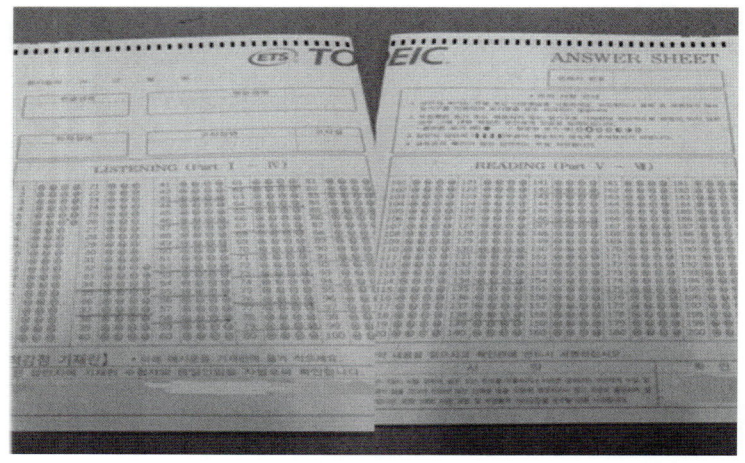

6 시험이 시작 되고 나면 중간 중간에 손과 목, 어깨를 풀어 주세요. 시간은 짜낸다고 좋은 게 아니라 효율적으로 쓰는 것이 중요합니다. 물도 한 모금씩 하고, 힘들 때마다 초콜릿을 드세요. 피로감이나 불필요한 긴장감을 풀어 줄 수 있습니다. (단, 너무 많이는 마시면 안 됩니다!!)

7 시험 중에는 평소 모의고사 때의 시간 분배나 answer sheet 마킹 방법 등 평소 하던 방식과 흐름 그대로 하세요. 실제 시험이라고 너무 긴장하거나 너무 신중하게 풀려다 보면 오히려 정답률이 더 떨어질 수 있습니다. 평소 하던 대로가 최고입니다!!

8 시험은 항상 멘탈싸움 입니다. 같은 실력이라도 멘탈에 따라 점수 차이가 크기 때문에,
항상 시험을 칠 때는 적어도 이 고사실 내에서는 내가 짱이다 라는 생각으로 시험을 치세요.
내가 어려우면 남들은 정말 죽을 만큼 어렵겠구나 라고 여유롭게 생각하는 강한 멘탈이 필수 입니다.

복장은 가볍고 편하게 입되, 쉽게 벗고 입을 수 있는 겉옷을 준비합니다. 여름에 에어컨이 너무 셀 수 있으므로 가디건을 준비하고, 겨울에는 너무 더워 집중력이 흐트러지면 쉽게 겉옷을 벗어야 합니다. 후디는 쌤 개인적으로 비추입니다. 더워도 벗을 수가 없어요. 1~2도의 온도 차이도 시험 중 집중력에는 큰 영향을 줍니다. 몸이 덥거나 춥다고 느낄 때, 그대로 두시면 안 됩니다!! 그리고 + 여름에 시험을 칠 때, 에어컨 소리가 너무 거슬릴 정도로 크지 않으면 에어컨은 켜 두는 게 시험을 치는데 좋습니다. 한 여름에 에어컨을 끄면, 파트 2 중반 즈음부터 지옥 같은 더위를 느끼게 될 것임!

잠깐, 신분증은 꼭 챙겼죠? 절대 학생증은 안 됩니다. 주민등록증이나 운전면허증, 여권 등만 가능하며, 연필과 지우개, 그리고 귀마개 정도는 꼭 챙겨 가세요

01
Section

문장의
구조

Unit 1
문장의 필수요소 Ⅰ

Unit 2
문장의 필수요소 Ⅱ

Unit 1. 문장의 필수요소 Ⅰ

 단원 기출 문제 유형

★ 문장의 구조를 파악하는 것은 토익을 포함한 모든 영어 공부의 기본이다.
★ 항상 동사를 기준으로 문장의 구조를 파악할 수 있도록 한다.

1. Maximtel will be _____ their new portable hard drive device in this month's IT magazine.

    (A) introduce   (B) introduced
    (C) introducing   (D) introduces

2. Along with a wide array of shopping, the new City Center also offers _____ entertainment venues.

    (A) numerous   (B) numbering
    (C) numerously   (D) number

3. Many residents use the Ride and Share program to get to _____ or school.

    (A) work   (B) works
    (C) working   (D) worked

▶ 정답 및 해설

1. 빈칸 뒤에 목적어(their new portable hard drive device)가 있으므로, 빈칸에는 목적어를 취하면서 will be와 함께 동사 덩어리를 만드는 (C) introducing이 정답이다.
   (Maximtel은 이번 달 호 IT 잡지에 신제품 휴대용 하드 드라이브 장치를 소개할 예정이다.)

2. 명사(entertainment venues)를 수식하는 형용사 자리이다. 따라서 (A) numerous가 정답이다.
   (새로 생긴 시티센터는 폭 넓은 쇼핑과 더불어 매우 많은 오락공간도 제공한다.)

3. 빈 칸에는 등위접속사 or로 연결되는 단어가 와야 한다. 즉, school이라는 명사와 병치구조를 이루는 (A) work가 정답이다. 이 때, '일'이나 '직장'을 의미하는 명사 work는 불가산 명사이므로, (B) works는 정답이 될 수 없다.
   (많은 거주자들이 일터나 학교에 갈 때 승용차 같이 타기 제도를 이용한다.)

1. 모든 문장의 기본은 주어와 동사이다. 그리고 문장의 구조는 항상 동사를 기준으로 생각한다. (무조건 동사부터 찾아서 밑줄치기!)

1) 하나의 절에는 반드시 하나의 동사가 있다. 그리고 그 동사에는 세 가지 형태가 있다.

① 조동사 + 동사원형 (will, can, may, would, could, might, should 등)

You can get a perfect score on the TOEIC with me.
나와 함께라면 토익 만점을 받을 수 있다.

We will send a parcel to our business partner.
우리는 거래처에 소포를 보낼것이다.

② be동사 (am, are, is, was, were)

The manager is hesitant to make a decision to build a new school.
관리자는 새로운 학교를 건설할 결정을 하는 것을 망설인다.

be p.p.　Mr. Yoon is expected to arrive at 3 P.M. tomorrow.
수동태　Mr. Yoon은 내일 오후 3시에 오기로 예상된다.

be -ing　Jacob is making some food for his girl friend.
현재진행　Jacob은 그녀의 여자 친구를 위해 음식을 만들고 있다.

③ 일반동사 (V, V-s, V-ed, have p.p. 등)

현재　Jayden delivers the office supplies every Sunday evening.
　　　Jayden은 매주 일요일 저녁에 사무용품을 배달한다.

과거　They watched a movie together last night.
　　　그들은 지난 밤에 영화를 함께 시청했다.

必!출 포인트 — 동사를 찾을 때 헷갈리는 부분들!

1. to V / V-ing 형태는 절대 동사가 아니다!

ex) They decided to go hiking instead of watching a movie.
그들은 영화를 보는 대신 하이킹을 가기로 결정했습니다.

2. 주어 뒤의 '-ed'의 판별은 바로 뒤에 명사가 있으면 과거 동사, 없으면 분사 (형용사) 로 쓰인 것!

ex) The engineers developed a powerful algorithm for data analysis.
엔지니어들은 데이터 분석을 위한 강력한 알고리즘을 개발했습니다.

ex) The item developed by the engineers exceeded all performance expectations.
엔지니어들이 개발한 제품은 모든 성능 기대치를 뛰어넘었습니다.

Check it up!

1. Mr. Kim usually (going / goes / gone / to go) to Asia to meet with his clients.
2. City officials are planning an (expansion / expand) of the facilities.
3. The residents (will receive / to receive) a weekly newsletter of events and announcements.
4. Technical Support Department (operation / operating / operates) 24 hours a day.
5. A request form must (to attach / be attached) to every photocopy order.

1. goes 2. expansion 3. will receive 4. operates 5. be attached

2. 동사 왼쪽은 주어 자리 (동작의 주체), 오른쪽은 목적어 자리 (동작의 대상)

목적어를 취하는 동사를 타동사라고 한다. 그리고 영어의 대부분의 동사들이 타동사이기 때문에 항상 타동사를 보편적인 기본값으로 생각한다. 문법이란 90%의 보편성을 이해하는 것이며, 예외적인 부분만 암기한다.

1) 주어와 목적어가 될 수 있는 것은 오직 명사뿐이다.

① 짧은 명사

명사   The designers submitted the document at 3 o'clock.
디자이너들은 문서를 3시에 제출했다.

대명사   She will need me to complete the work.
그녀는 나에게 그 일을 끝낼 것을 요구할 것이다.

② 긴 명사

동명사 (v-ing)   Using the new program is difficult.
'~하는 것'   그 새로운 프로그램을 쓰는 것은 어렵다.

She doesn't like meeting people on Sunday.
그녀는 일요일에 사람을 만나는 것을 좋아하지 않는다.

to 부정사 (to v)   She wanted to meet the supervisor everyday.
'~하는 것'   그녀는 매일 관리자를 만나기를 원했다.

The aim of the project is to meet the high demand.
그 프로젝트의 목표는 높은 수요를 충족시키는 것이다.

명사절 (that S+V)   That she is Canadian is not true.
'~라는 것'   그녀가 캐나다인이라는 것은 사실이 아니다.

I know that Sarah really wants to do her business.
나는 Sarah가 정말 그녀의 사업을 하기를 원한다는 것을 알고 있다.

> **必!출 포인트**
> 준동사는 (V-ing, to V) 문장에서 동사로 쓰이지는 않지만,
> 항상 동사의 형식을 그대로 유지한다. (타동사 + N / 자동사 + X)

Mark suggested monitoring students' learning process.
마크는 제안했다. / 감시하는 것을 / 학생들의 학습 상황을.

If you want to improve your ability, you have to do it yourself.
만약 네가 원한다면 / 향상시키는 것을 / 너의 능력을 / 네 스스로 그것을 해봐야 한다.

Check it up!

1. (Finding / Find) a suitable place is not easy.
2. Mark Inc. made a (decision / decisive) on the matter.
3. The main researcher recommended (reducing / reduce) costs.
4. Please confirm (receipt / receiving / received) of hardware order #123.
5. Ken Ltd. welcomes your (suggest / suggestion / suggested) regarding any of our products.

1. Finding 2. decision 3. reducing 4. receipt 5. suggestion

3. 2형식 자동사 오른쪽은 주격 보어

1) 2형식 동사는 주격 보어를 취한다. 이 때, 주격 보어는 주어를 보충해 주는 역할을 한다.

~이다 / 되다	be ~이다	become ~되다		
~채로 (남아) 있다	remain ~채로 남아 있다	stay ~채로 있다		
~로 보이다	seem ~처럼 보이다	appear ~처럼 보이다	look ~처럼 보이다	
~로 판명나다	prove ~으로 판명 나다			
감각동사	feel ~의 느낌이 나다	taste ~의 맛이 나다	smell ~의 냄새가 나다	sound ~처럼 들리다

2) 주어가 명사이기 때문에 보어 자리에 올 수 있는 것은 주어를 수식하는 형용사와 주어와 동격의 명사이다.

- 형용사 The vice president is hesitant to dismiss herself from office.
  부사장은 그녀의 지위에서 물러나는 것을 주저한다.
- 과거분사 Please remain seated until the plane comes to a complete stop.
  비행기가 완전히 멈출 때까지 앉아 계십시오.
- 현재분사 Five workers remain missing.
  5명은 실종상태이다.

3) 영어에서 모든 주어는 명사이기 때문에 기본적으로 주격 보어는 명사인 주어를 꾸며주는 형용사가 기본값이다.

The new line of the bag is durable and stylish.
새로운 가방의 제품은 튼튼하고 예쁘다.

4) 단, 주격 보어 자리에 명사가 오는 것은 주어인 명사와 동격의 관계이기 때문이다.

His work experience is a strength and advantage.
그의 직장 경험은 장점이자 이점이다.

My friend is a talented musician.
내 친구는 재능 있는 음악가이다.

Check it up!

1. Early check-in is (accept / acceptable) if the hotel deems it necessary.
2. Mr. Ken is always (careful / carefully) in deciding what to do.
3. Ms. Garcia is a devoted and (enthusiast / enthusiastic / enthusiastically) hospital executive.
4. The turnout for the local election was (surprisingly / surprising) high.
5. Power Magazine is a new trade (publication / publishers) for human resources professionals.

1. acceptable 2. careful 3. enthusiastic 4. surprisingly 5. publication

4. 나머지는 모두 수식어 처리!

수식어에는 여러 종류가 있지만 영어의 문장 구조는 늘 동일하기 때문에, 수식어의 종류를 다 알지 못하더라도 구조적으로 수식어를 정리하는 연습을 꾸준히 하면 문장의 구조가 보이고 직독직해 역시 가능해진다.

1) 수식어 처리 (괄호정리) 순서를 꾸준히 연습하자.
→ ① 주어와 동사 사이 ② 완전한 성분 뒤 ③ 주어 왼쪽 (문두에서 컴마 까지)
- 문장의 첫 덩어리(주어) 찾기 → 문장의 기준점 동사 찾기 → 나머지 수식어는 모두 괄호 정리

Candidates (applying for the position) <u>must take</u> an entrance exam.
그 직책에 지원한 후보자들은 입사 시험을 치러야 한다.

Campers <u>have to remove</u> all trash / (from the site before leaving.)
야영객들은 떠나기 전에 현장의 모든 쓰레기를 치워야 한다.

(In spite of the economic slowdown,) Mark Inc. <u>will proceed with</u> the expansion.
경기 침체에도 불구하고, 그 회사는 확장을 계속 진행할 것이다.

2) 수식어의 종류에는 여러 가지가 있다.

① 전명구 (전치사 + 명사)

Mark Jacobs completed his proposal **for the advertising campaign** yesterday.
Mark Jacobs는 광고 선전을 위한 그의 제안서를 어제 완성했다.

② 부사 (-ly)

The ship was **badly** damaged by a typhoon.
배는 태풍 때문에 대파했다.

③ to 부정사 : ~하기 위해서

Ms. Yoo had to leave the restaurant early **to finish her assignment.**
Ms. Yoo는 그녀의 과제를 끝마치기 위해 식당을 일찍 떠나야 했다.

To proceed with the task, you need to choose to reconnect or skip this step.
업무를 진행하기 위해, 당신은 이 단계를 다시 연결할 것인지, 건너뛸 것인지를 선택해야 한다.

④ 분사 (구문)

Employees **working in the Busan branch** are very diligent.
부산지점에서 일하는 직원들은 매우 근면하다.

⑤ 관계절

Those **who wish to attend the meeting** are requested to pay 30 dollars.
회의에 참석하기를 원하는 사람들은 30달러를 지불할 것을 요구 받는다.

Mr. Yoon prefers meeting people **who work in different industries.**
Mr. Yoon은 다른 산업에 종사하는 사람들과 만나는 것을 선호한다.

⑥ 부사절

Before the meeting ended, Christopher talked about his plan.
회의가 끝나기 전에, Christopher는 그의 계획에 대해 이야기 했다.

Check it up!

1. Applicants can drop by Mr. Kim's office (to receive / receive) the forms.
2. (In spite of / Even though) profits are up, the layoffs continue.

1. to receive 2. Even though

▶ 수식어 정리 연습 (수식어를 찾아 괄호정리 하고 문장 성분을 표시하세요.)

1. Mr. Jackson's explanation of the incident was quite different from mine.

2. James is looking for an apartment that is located near his company.

3. Kai presented the proposal even though he wasn't sure of its feasibility.

4. Because of the important task, Helen didn't attend the meeting.

5. Invitations to the annual fund-raisers were sent to all 20 board members.

6. Jiyoung Park has been promoted to the personnel manager.

7. Keith Corporation's annual report indicated that the volume of its exports to Korea had risen by 20% from the preceding year.

8. Flights in and out of the Busan airport are frequently delayed as a result of congestion on the runways.

9. At last year's company banquet, ten employees were recognized for having served the company for 20 years.

10. During the trip to Canada to meet with the owner of Olivia Fashions, Ms. Nam also briefly visited some fabric suppliers there.

▶ 수식어 정리 연습 정답 및 해석

1. Mr. Jackson's explanation (of the incident) was (quite) different (from mine.)
   S   V   S.C
   → Mr. Jackson의 그 사건에 대한 설명은 나의 것과 완전히 달랐다.

2. James is looking for an apartment (that is located near his company.)
   S   V   O
   → James는 아파트를 찾고 있다 / 그의 회사 근처에 위치한

3. Kai presented the proposal (even though he wasn't sure of its feasibility.)
   S   V   O
   → Kai는 제안을 했다 / 그가 그것의 실행가능성에 대해 확신하지 못했음에도 불구하고

4. (Because of the important task), Helen didn't attend the meeting.
                                    S   V   O
   → 중요한 업무 때문에, Helen은 회의에 참석하지 않았다.

5. Invitations (to the annual fund-raisers) were sent (to all 20 board members.)
   S   V
   → 연간 자선 행사의 초대장이 20명의 모든 이사진 임원들에게 보내졌다.

6. Jiyoung Park has been promoted (to the personnel manager.)
   S   V
   → Jiyoung Park는 인사부장으로 승진되었다.

7. Keith Corporation's annual report indicated that the volume (of its exports) (to Korea)
   S   V   O (that절의 S)
   had risen (by 20%) (from the preceding year.)
   (that절의V)
   → Keith Corporation의 연간 보고서는 한국에 대한 수출의 양이 전년에 비해 20%가 증가했다고 보여준다.

8. Flights (in and out of the Busan airport) are (frequently) delayed (as a result of
   S   V
   congestion) (on the runways.)
   → Busan 공항을 드나드는 비행기들은 활주로의 혼잡 때문에 자주 연착이 된다.

9. (At last year's company banquet), ten employees were recognized (for having served the
                                     S   V
   company) (for 20 years.)
   → 작년 회사 연회에서, 10명의 직원들은 20년동안 근무한 것에 대해 표창을 받았다.

10. (During the trip to Canada to meet with the owner of Olivia Fashions), Ms. Nam (also)
                                                                           S
    (briefly) visited some fabric suppliers (there).
              V   O
    → Olivia Fashions의 소유주를 만나기 위한 캐나다 방문 동안에, Ms. Nam은 또한 그곳에서 몇몇의 직물 공급업체를 잠시 방문했다.

5. 문장에서 동사가 없으면 빈 칸이 바로 동사자리이다.

1) 동사 문제는 반드시 수, 태, 시제(해석) 순서로 판단 한다. (해석 전에 수태 확인! 오답 소거 필수!!)

The winners of the audition (was / were) announced yesterday.
오디션의 승자들이 어제 발표되었다.

An announcement about the new policy (will post / will be posted) on the bulletin board.
새로운 정책에 대한 공지가 게시판에 게시될 것이다.

Danny (makes / made) the reservation yesterday.
Danny는 어제 예약을 했다.

2) 모든 문장에서 주어, 동사는 무조건 있어야 하는 필수 성분이지만, 명령문은 예외적으로 주어(you)가 생략되며, **동사원형으로 시작된다.**

(Called / Call) this number for further information.
추가 질문을 원하시면 이 번호로 전화 주십시오.

동사의 개수를 세어 보자

기본적으로 하나의 문장에서 동사는 하나가 있다. 하지만 접속사가 있으면 동사의 개수가 하나 늘어난다. 그러므로 아래와 같은 공식이 성립한다.

동사의 개수 = 기본 1개 + 접속사의 개수

Michael Cap (to inspect / inspects / inspecting) the facilities everyday.
Michael Cap은 그 시설을 매일 조사한다.

I left my job (because / because of) my boss treated the workers with disdain.
직장 상사가 노동자들을 멸시했기 때문에 나는 일을 그만두었다.

조동사 뒤에는 무조건 동사원형??

조동사 뒤에는 반드시 동사원형이 온다. 하지만, 조동사 뒤에 빈 칸이 있다고 무조건 동사를 찍지 말고 반드시 빈칸 오른쪽을 확인해 보자.

I can _____ who he is.
→ 조동사 뒤 <u>동사원형</u> 자리!

I can _____ recognize who he is.
→ 오른쪽에 동사가 있으므로 빈칸은 동사 자리 아님. 무조건 <u>부사자리!</u>

Check it up!

1. The inspection of the premises (conducted / was conducted / were conducted / will conduct) by a representative from the health department.
2. Christopher Yu can scarcely (speak / speaks) a word of Germany.
3. While some people speak Vietnamese, each group (has / having) its own language or dialect.

Unit Test 1

1. The explorer arrived back in Toronto approximately two and a half years after _____ left.

   (A) he
   (B) him
   (C) his
   (D) himself

2. It is the customer's responsibility _____ the forms by the due date.

   (A) will submit
   (B) submit
   (C) to submit
   (D) is submitted

3. We value the _____ of our workers and provide ways for them to grow personally and professionally.

   (A) different
   (B) differing
   (C) differences
   (D) differently

4. In a nationally televised address, the president of Korea warns the terrorists to stop _____ the pride of Koreans.

   (A) insult
   (B) will insult
   (C) insulting
   (D) insults

5. The short movie clip was not very _____ on the TV show yesterday.

   (A) entertain
   (B) entertainment
   (C) entertainer
   (D) entertaining

6. _____ Ms. Ahn has worked at our company for over twenty years is a testament to her commitment.

   (A) During
   (B) That
   (C) There
   (D) In spite of

7. If you plan on renovating your office, be sure that the changes _____ with the stipulations in your rental contract.

   (A) compliant
   (B) complying
   (C) compliance
   (D) comply

8. The Higher Education Act 2021 is being _____ considered by residents in the town of West Lebanon.

   (A) serious
   (B) seriousness
   (C) more serious
   (D) seriously

9. _____ the failure to renew the contract with their biggest client, the advertising firm had a profitable year.

   (A) Although
   (B) Whenever
   (C) Despite
   (D) With

10. The manager made an _____ estimation of the number of items produced on the assembly line each day.

    (A) exact
    (B) exactly
    (C) exactness
    (D) exacting

11. The agenda you received yesterday outlines several topics _____ plan to discuss.

    (A) my
    (B) me
    (C) I
    (D) mine

12. Please let us know as soon as possible if any of our products are _____.

    (A) defects
    (B) defectively
    (C) defection
    (D) defective

13. Our vice president, Chloe, is an _____ person and all respected in the community.

    (A) admire
    (B) admirable
    (C) admiration
    (D) admirably

14. It is the policy of Here Is London to thoroughly _____ the background of all candidates for the position.

    (A) check
    (B) checks
    (C) checking
    (D) checked

15. When people book the trip, they should send in _____ money two weeks before the departure.

    (A) they
    (B) their
    (C) theirs
    (D) themselves

16. We will transfer professional technicians to demonstrate its manual due to the _____ about the new system.

    (A) confusion
    (B) confuse
    (C) confused
    (D) confusing

17. If you keep punishing students by a stretch of authority, _____ will be fired.

    (A) your
    (B) yourself
    (C) yours
    (D) you

18. The European Union in particular has been _____ to announce its plans because it hopes things will not happen.

    (A) hesitated
    (B) hesitation
    (C) hesitant
    (D) hesitate

19. A recent report says people who drink as little as one cup of coffee a day can become _____ on caffeine.

    (A) depend
    (B) dependent
    (C) dependency
    (D) depends

20. Mr. Malcovic may _____ competent, but here he is a poor relation.

    (A) is
    (B) are
    (C) was
    (D) be

Unit Test 1

21. All sales staff are asked to acknowledge their _____ in Monday's workshop.

    (A) participate
    (B) participates
    (C) participated
    (D) participation

22. The _____ for upcoming personal interviews with professional counsellors is hanging on the wall.

    (A) schedule
    (B) scheduled
    (C) schedules
    (D) scheduling

23. Any visitors should remember to be _____ and wear protective gear in the laboratory.

    (A) caution
    (B) cautious
    (C) cautiously
    (D) cautiousness

24. Because our supplies are _____, we have to only make this offer to the first 30 customers who visit our store.

    (A) speedy
    (B) available
    (C) limited
    (D) presentable

25. An _____ with LLA enables our company to provide the lower price to our customers and maintain its continuing growth.

    (A) agrees
    (B) agreements
    (C) agreed
    (D) agreement

26. If any workers have physical disability or mental health difficulty, _____ will seek advice from an authorized specialist.

    (A) we
    (B) us
    (C) our
    (D) ourselves

27. To avoid leaving anyone behind, the tour conductor _____ all visitors to come to the hotel lobby no later than 7 A.M.

    (A) reminding
    (B) reminded
    (C) reminder
    (D) remind

28. We should inform Jacob Inc. that the ink cartridges it ordered _____ currently unavailable.

    (A) is
    (B) are
    (C) been
    (D) being

29. Our _____ is not to offer refunds to customers who have used purchases beyond the period already informed.

    (A) adoption
    (B) exhibit
    (C) regard
    (D) policy

30. Both the employees and researchers worked _____ hard to produce the best item which meets customer needs.

    (A) exception
    (B) exceptional
    (C) exceptionally
    (D) except

31. We are currently looking for an experienced _____ to service and repair out-of-order, defective and damaged items.

    (A) factory
    (B) certificate
    (C) generator
    (D) technician

32. Through _____ new building and many new recruits, Lille Insurance is trying to go beyond the competition.

    (A) them
    (B) they
    (C) its
    (D) itself

33. Make sure that employment application forms must be filled out _____ before you have them ready for submission.

    (A) complete
    (B) completes
    (C) completed
    (D) completely

34. Workshop attendees can use any seat except those in the designated area, which are _____ for the presenters.

    (A) chaired
    (B) substituted
    (C) performed
    (D) reserved

35. PSG Ltd. reserves the _____ to place a limit on quantities of certain items that each customer can buy.

    (A) importance
    (B) goal
    (C) selection
    (D) right

36. The executive board sent reminders to all directors that any agreements must be _____ reviewed before signature.

    (A) rigor
    (B) rigors
    (C) rigorous
    (D) rigorously

37. In the event you receive a _____ product, please contact us immediately.

    (A) defect
    (B) defects
    (C) defection
    (D) defective

38. All orders for office supplies must be _____ to the purchasing department and then we will process them.

    (A) submitting
    (B) submit
    (C) submitted
    (D) submission

39. Customers could purchase the books at a discounted price and simply use one of the three _____ coupons for your purchase.

    (A) enclose
    (B) enclosed
    (C) enclosure
    (D) enclosing

40. Those participating in the upcoming event will be informed of the new health plan that would definitely be quite _____ to them.

    (A) beneficial
    (B) benefit
    (C) benefits
    (D) benefiting

Unit 2. 문장의 필수요소 II

 단원 기출 문제 유형

★동사 중에서 가장 많은 비중을 차지하는 기본값인 3형식 타동사를 제외한 나머지 형식의 동사들은 반드시 해석과 용법까지 암기해야 한다.

1. The owner of the factory will inform you _____ the approximate date the clothes will be finished.

    (A) that (B) of
    (C) following (D) through

2. Fund seekers _____ to turn in two copies of a proposal and a sponsorship guarantee in order to be in the running.

    (A) require (B) requires
    (C) is requiring (D) are required

3. Ms. Tina s known for taking chances, but her colleagues characterize her as fairly _____.

    (A) caution (B) cautious
    (C) cautiously (D) cautioning

▶정답 및 해설

1. Inform은 대표적인 '말하다' 4형식 동사이다. 이 동사들은 'sb of sth' 혹은 'sb 명사절' 형태로 쓰인다. 따라서 (B) of 가 정답이다.
    (공장 소유주는 옷이 완성될 대략의 날짜를 당신에게 알려줄 것이다.)

2. 주어인 fund seekers가 요구를 받는 것이므로, 주어와 동사는 수동 관계이다. 따라는 빈 칸에는 수동태 동사 (D) are required가 정답이다. require은 목적격 보어로써 to 부정사를 취하는 대표적인 5형식 동사이다.
    (자금을 구하는 사람들은 (자금 획득의) 승산이 있도록 하기 위하여 계획안 사본 2부와 후원 보증서를 제출 해야 한다.)

3. 5형식 동사인 characterize의 보어 자리에는 'as (to be) 형용사'가 와야 한다. 따라서 cautious가 정답이다.
    (Ms. Tina는 위험을 잘 무릅쓰기로 유명하지만, 그녀의 동료들은 그녀가 꽤 주의 깊다고 여긴다.)

1. 목적격 보어를 취하는 동사들

기본적으로 타동사는 목적어를 취한다(S+V+O). 하지만 몇몇 동사는 목적어뿐만 아니라 목적격 보어까지 취할 수 있다(S+V+O+O.C). 이러한 동사들을 소위 5형식 동사라고 부른다.

1) 목적격 보어 자리에 올 수 있는 것은 주격 보어와 마찬가지로 '명사', '형용사'이다.

The baseball game made the audience (~~excitement~~ / excited).
야구 경기는 관중들을 흥분시켰다.

Most people called the new TV show (~~disappointed~~ / a disappointment).
대부분의 사람들은 새로운 TV show를 졸작이라고 불렀다. (※감정동사의 p.p.는 사물을 수식할 수 없다!)

※ 명사가 목적격 보어가 되기 위해서는 반드시 목적어와 동격 관계를 이뤄야만 한다.

2) 목적격 보어 자리에 형용사나 명사를 취하는 5형식 동사들

테마별 단어시험 DAY 01 (부록 p.79)

(주로) 형용사 보어	make ~로 만들다	leave ~한 채로 남겨두다			
	keep ~채로 유지하다	find ~라고 생각하다	consider ~라고 간주하다	deem ~라고 간주하다	
(주로) 명사 보어	call ~라고 부르다	appoint ~로 임명하다	name ~로 임명하다	vote ~로 선출하다	elect ~로 선출하다

Jacob considers my lecture notes disorganized.
Jacob은 나의 강의 노트가 무질서하다고 생각한다.

The press found the rumor boring.
신문은 그 소문을 지루한 것이라고 생각했다.

Hayley was voted New Zealand's most famous woman last year.
Hayley는 작년에 뉴질랜드의 가장 유명한 여성으로 뽑혔다.

> **必!출 포인트** **5형식 동사 뒤에 목적어가 it이면 가목적어이다.**

목적격 보어(형 or 명) 뒤에 진목적어인 **to 부정사**나 **that절**이 온다.

The machinery will make it possible <u>to increase employee productivity.</u>
기계는 직원 생산성을 증가시키는 일을 가능하게 할 것이다.

Many students in the class found it boring <u>to study ancient history.</u>
수업에서 많은 학생들이 고대 역사를 공부하는 것이 지루하다고 생각했다.

Everyone considered it strange <u>that the seminar was canceled.</u>
모든 사람들은 세미나가 취소된 것이 이상하다고 간주했다.

※ 가목적어를 취하는 대표적인 5형식 동사 : make, find, consider

Check it up!

1. The audience found the executive lounge (impression / impressive).
2. The bank keeps its depositors (informative / informed) about investment opportunities.

1. impressive 2. informed

3) 목적격 보어로 to 부정사를 취하는 동사들 (목적어에게 to V의 동작을 하도록 만드는 동사)

테마별 단어시험 DAY 01 (부록 p.79)

to 부정사를 목적격 보어로 취하는 동사 : S + V + O + O.C.(to V)					
요청하다	ask 요청하다	invite 요청하다	urge 촉구하다	require 요청하다	remind 상기시키다
원하다	want 원하다	would like 원하다	need 필요로 하다		
설득 / 조언 / 권장	persuade 설득하다	convince 설득하다	advise 조언하다	encourage 격려하다	inspire 격려하다
지시 / 강요	direct 지시하다	instruct 지시하다	order 지시하다	force 강요하다	
허락 / 능력부여	allow 허락하다	enable 가능하게 하다	permit 허락하다		
~의 결과로 이끌다	cause ~로 이끌다	lead ~로 이끌다			

※ 주로 수동태로 사용되는 동사들 (물론 능동태도 당연히 가능하지만 수동태 형태를 마치 숙어처럼 암기한다)

기대되다	be expected to V ~로 기대되다	be predicted to V ~로 기대되다	
의도 / 예정되다	be intended to V ~로 의도되다	be scheduled to V ~로 예정되다	be supposed to V ~로 예정되어 있다
준비되다	be prepared to V ~할 준비가 되다		

The recovery of his health allowed him to pursue his study.
건강이 회복된 덕분에 그는 자신의 연구를 지속할 수 있었다.

Their commitment to quality enabled the manufacturer to achieve its sales goal.
품질에 대한 그들의 전념은 그 제조사가 판매 목표를 달성할 수 있게 했다.

The plant is expected to be operated next year.
이 공장은 내년부터 가동에 들어갈 예정이다.

必!출 포인트 — 수동태가 되면 "be + p.p." 뒤에 목적격 보어인 to V가 그대로 남는다.

Applicants (require / are required) to bring their ID cards to the interview.
지원자들은 면접에 신분증을 가져오도록 요구 받는다.

Employees are (reminding / reminded) to use office e-mail only for business purposes.
직원들은 업무와 관련된 목적으로만 회사 이메일을 사용하라는 말을 듣는다.

Check it up!

1. Voter turnout is (expected / expecting) to be the lowest in twenty years.
2. Miho Kamita asked her secretary (to fax / faxed) the documents.
3. Jacob is (reminding / reminded) to submit his project report by Friday.

1. expected 2. to fax 3. reminded

4) 목적격 보어로 원형 부정사를 취하는 동사들

사역동사	let, make, have	+ 목 (사람) + V	I **made** my friend **repair** my car. 나는 친구에게 차를 수리하라고 시켰다.
		+ 목 (사물) + p.p.	I **made** my car **repaired**. 나는 내 차가 수리되게 하였다.
준사역동사	help	+ 목 + (to) V	My secretary **helped** me **(to) file** my documents. 내 비서는 내가 파일을 정리하는 것을 도와주었다.
지각동사	see, watch, look at, hear, listen to, notice 등	+ 목 + V(-ing)	I **saw** a girl **dance (dancing)** on the street. 나는 한 소녀가 거리에서 춤을 추는 것을 보았다.
		+ 목 + p.p.	I **heard** my name **repeated**. 나는 내 이름이 반복되어 불려지는 것을 들었다.

Mr. Kim let his secretary change the schedule.
Mr. Kim은 그의 비서에게 일정을 변경하도록 시켰다.

If you have household members who smoke, help them to quit.
흡연을 하는 가족구성원들이 있다면, 그들이 끊을 수 있게 도와주어라.

I knew he was a tough manager, but I had no idea he would let us work this hard.
나는 그가 엄한 매니저인 줄 알고 있었으나 그가 우리에게 이렇게 일을 시킬 줄 몰랐다.

I was watching her walking along the lake shore.
나는 그녀가 호숫가를 거닐고 있는 것을 지켜보고 있었다.

He helped (to) paint the house.
그는 집에 페인트칠 하는 것을 도와주었다.

必!출 포인트   help는 모든 용법을 모두 '돕는' 동사이다.

① help O to v
② help O V
③ help to V
★ ④ help V

The movie **helped boost** her screen career.
그 영화가 그녀의 영화계 경력 신장에 도움이 되었다.

The counselor's advice **helped ease** his anxiety about the future.
상담사의 조언이 그의 미래에 대한 불안을 완화하는 데 도움이 되었다.

Check it up!

1. Managers are asked to let their employees (leave / leaving) early every Friday.
2. Participating in the company's volunteer program can help (widen / widely) people's professional networks.
3. The efficient processing system made the item (delivering / delivered) earlier than expected.

1. leave 2. widen 3. delivered

2. 목적어를 두 개 취하는 동사들

기본적으로 타동사는 목적어를 취한다(S+V+O). 하지만 해석상 '주다'계열의 동사들은 '~에게'라는 간접목적어를 추가적으로 취할 수도 있다. (S+V+I.O+D.O). 이러한 동사들을 소위 4형식 동사라고 부른다.

1) '주다' 4형식 동사 (수여동사) (S + 4V + (간접 목적어) + 직접 목적어)
~에게   ~을

테마별 단어시험 DAY 02 (부록 p.80)

'주다' 계열의 4형식 수여동사			
give 주다	award 수여하다	send 보내주다	assign 할당하다
show 보여주다	charge 부과/청구하다	grant 승인(허락) 하다	offer 제공하다
buy 사주다	allow 허락하다	bring / get 가져다주다	pass / hand 건네주다
owe 빚지다	write 써주다	pay 지불하다	lend 빌려주다
secure 확보해주다	ask 물어보다	save 절약하게 해주다	promise 약속해주다

The doctor prescribed the patient a new medication.
의사는 환자에게 새로운 약을 처방했다.

The council has (reserved / granted) James Architects permission to build the bridge.
의회는 James Architects에게 다리를 건설할 허가를 내 주었다.

A local advertising company A&F promised to (offer / invite) Mr. Park a good salary.
지역의 광고 회사인 A&F는 Mr. Park에게 많은 봉급을 줄 것을 약속했다.

Check it up!

1. The company decided to (lend / borrow) the employees laptops for remote work.
2. She was (awarded / appealed) a first-class degree in English.
3. Residents who live in the area for more than five years are (eligible / promised) financial incentives.

1. lend 2. awarded 3. promised

2) 사람 목적어를 먼저 취하는 '말하다' 계열 동사들

: 일반적으로 대부분의 '말하다' 계열 동사들 (announce, mention 등)은 말하는 내용을 목적어로 취하면서 '~을 말하다' 라고 해석이 된다. 하지만 아래의 동사들은 사람 목적어를 취하면서 '~에게 말하다' 라고 해석이 된다.

notify + sb. + of / that ~ 알리다, 통지하다
inform + sb. + of,about / that ~ 알리다, 통지하다
brief + sb. + on,about / that ~ 간략하게 알려주다, 보고하다
remind + sb. + of,about / that ~ 상기시키다

Please (~~mention~~ / remind) our staff that we will have a brainstorming meeting once a week for the promotion of our new product.
신제품 홍보를 위해 일주일에 한 번씩 브레인스토밍 회의를 할 것이라고 직원들에게 상기시켜 주세요.

The students were (notified / ~~suggested~~) that they should meet at the hall.
학생들은 회관으로 집합하라는 통지를 받았다.

When should we (inform / ~~accounce~~) the staff of the upcoming merger?
우리가 언제 직원들에게 다가올 합병에 대해 통지해야 할까요?

Members have (mentioned / ~~informed~~) the additional cost allowance.
멤버들은 추가경비수당을 언급했다.

You (mentioned / ~~notified~~) to him that your husband was Mike.
너는 그에게 너의 남편이 Mike라고 말했지.

Check it up!

1. please contact my secretary when your flight arrives so she can (announce / notify) our driver of when to meet you.
2. The officer (mentioned / briefed) her on what to expect.

1. notify 2. Briefed

3. 아무것도 취하지 않는 동사들

목적어도, 보어도 취하지 않는 동사가 있다. 동사만으로도 의미를 온전히 형성하기 때문에 다른 문장성분을 필요로 하지 않는다. 이러한 동사들을 소위 1형식 동사라고 부른다.

1) <u>1형식 자동사</u> 뒤에 오는 것들은 전부 필수성분이 아니다. 괄호(수식어) 처리!

테마별 단어시험 DAY 02 (부록 p.80)

일하다, 기능하다	work 일하다	act 행동하다	function 기능하다	
	behave 행동하다, 처신하다	collaborate 협력하다	cooperate 협동하다	
발생하다	happen 발생하다	take place 개최되다, 일어나다	occur 일어나다, 발생하다	recur 재발하다
	emerge 나오다, 생겨나다	arise 발생하다	appear 나타나다, 출연하다	disappear 사라지다
가다, 오다 류	go 가다	come 오다	arrive 도착하다	commute 통근하다
살다, 머물다	live 살다, 거주하다	reside 살다, 거주하다	exist 존재하다	stay 머물다
증감동사	rise 오르다, 증가하다	fall 떨어지다, 내리다	fluctuate 변동하다	
지속되다, 끝나다	last 지속되다	linger 남아 있다	expire 만료되다	culminate 끝나다
다르다	differ 다르다	vary 다양하다 (* 타동사도 가능 : 변화를 주다)		
번영하다	thrive 번영하다	prosper 번영하다	flourish 번창하다, 잘 자라다	

A microbusiness needs creative ideas and deliberate strategies in order to <u>thrive</u>.
초소형 기업이 살아남기 위해서는 독창적인 아이디어와 신중한 전략이 필요하다.

We have a lot of employees who work (diligent / **diligently**).
우리는 근면하게 일하는 직원들이 매우 많다.

2) 자동사는 목적어가 없기 때문에 수동태로 만들 수 없다. (수동태의 핵심은 능동태의 목적어를 주어로 쓰는 것!)

An unknown error (**happened** / ~~happening~~) when attempting to open the database.
데이터베이스를 여는 동안 알 수 없는 오류가 발생했습니다.

必!출 포인트   기본적으로 자동사는 -ing 형태의 분사 (형용사)를 만들지만 예외도 있다.

lasting 지속적인   emerging 최근에 생겨난   recurring 재발하는
existing 기존의   fluctuating 변동이 있는   * expired 만료된

Check it up!

1. Since the Earth is rotating, two tides (occur / handle) each day.
2. The company could (proceed / handle) the problem with collaboration from its rival company.

3) '자동사 + 전치사' 형태의 숙어표현들을 알아 둔다.

필수 테마별 단어시험 DAY 03 (부록 p.81)

의미	자동사	타동사	의미	자동사	타동사
동의하다	agree on, to, with consent to	approve	찾다	look, search for	seek
반대하다	object to	oppose	조사하다	look into	examine
참가하다	participate in	attend	따르다 준수하다	comply with	follow
대답, 응답하다	respond, reply to	answer		conform to, with	observe
상의하다	confer on, with	discuss		abide by	obey
설명하다	account for	explain		adhere to	
기다리다	wait for	await	다루다 처리하다	deal with	handle
구성되다	consist of	comprise			treat
관심을 끌다	appeal to	attract			manage

She simply hasn't learned how to (talk / ~~tell~~) to her superiors.
그녀는 윗사람들에게 얘기하는 방법을 몰라요.

필수 테마별 단어시험 DAY 03 (부록 p.81)

※ 빈출 '자동사 + 전치사' 표현

compete with(against) sb. on sth. ~와 ~에 대해 경쟁하다	subscribe to ~을 구독하다	contribute to ~에 기여하다	specialize in ~을 전문으로 하다
collaborate on sth. with sb. ~에 대해 ~와 협동하다	fill in (out) 작성하다	cope with 대처하다, 극복하다	excel in/at ~에 뛰어나다
concentrate/focus on ~에 집중하다	engage in 관여하다, 종사하다	enroll in 등록하다	interfere with ~을 방해하다
rely/depend/count on ~에 의지하다	take over 인계 받다, 대신하다	appeal to ~에 호소하다	refrain from ~을 삼가다
apologize to sb. for sth. ~에게 ~에 대해 사과하다	qualify for ~의 자격을 얻다	dispose of ~을 처분하다	amount to ~에 이르다
come up with (아이디어 등을) 생각해 내다	benefit from ~로부터 혜택을 얻다	coincide with ~와 일치하다	comment on (upon) 논평하다
follow up on ~에 후속 조치 (이야기)를 하다	graduate in / from 졸업하다 (전공 / 학교)	result in ~(결과)를 야기하다	result from ~(원인) 때문이다
allow for ~을 고려하다, 감안하다	succeed in ~에 성공하다	proceed to ~로 이동하다	proceed with ~을 (계속) 진행하다
come in 색상 / 사이즈 ~의 색상 / 사이즈로 (상품이) 나오다	come with ~과 함께 (상품이) 나오다	invest in + 투자처 ~에 투자하다	* invest + 돈 ~을 투자하다

Check it up!

1. Local authorities (account / explain) for their expenditure in very different ways.
2. The governor is scheduled to (attend / participate) the library's opening ceremonies.
3. Please (subscribe / consult) my channel.

1. account 2. attend 3. consult

Unit Test 2

1. The system _____ employees to share files and exchange internal memos.

   (A) presents
   (B) allows
   (C) merits
   (D) rewards

2. Most local residents _____ objected to the decision of charging a toll for usage of the highway.

   (A) stronger
   (B) strongly
   (C) strong
   (D) strongness

3. A _____ of refreshments will be served to attendees at the conference.

   (A) vary
   (B) varied
   (C) variety
   (D) variable

4. _____ are still taking place between the two leaders.

   (A) Discussed
   (B) Discuss
   (C) Discusses
   (D) Discussions

5. On the TV show, the director Khunt Rogers _____ The Truth as the best movie of the year.

   (A) selection
   (B) selected
   (C) selecting
   (D) to select

6. The most urgent thing is to let people _____ the present status.

   (A) know
   (B) knew
   (C) to know
   (D) knowing

7. The report _____ to the US Administration that there ought to be a change of policy.

   (A) recommend
   (B) recommending
   (C) recommends
   (D) to recommend

8. The manager required me _____ the report carefully.

   (A) review
   (B) reviewed
   (C) to review
   (D) reviewing

9. Violator's vehicles will be _____ away at the owner's expense.

   (A) towed
   (B) towing
   (C) tow
   (D) tows

10. Many of us will believe something _____ the opposite is true.

    (A) therefore
    (B) however
    (C) even though
    (D) instead of

11. As a member of the accounting team, _____ will be responsible for the tasks for next year's trade show.

    (A) her
    (B) herself
    (C) hers
    (D) she

12. Many experts _____ the market to rebound toward the end of the year.

    (A) expectation
    (B) expect
    (C) expects
    (D) expecting

13. After six days of deliberation, the jury could not come to a unanimous _____.

    (A) decider
    (B) decisively
    (C) decide
    (D) decision

14. Miracle Inc.'s recent change in _____ has been largely attributed to the new management.

    (A) profited
    (B) profitable
    (C) profitability
    (D) profitably

15. After taking everything into consideration, we finally reached the _____.

    (A) concluding
    (B) concludes
    (C) conclusively
    (D) conclusion

16. No purchases will be allowed during this period _____ continuous cost cutting initiatives.

    (A) when
    (B) because
    (C) due to
    (D) even if

17. Robbin got _____ from his supervisor to conduct a study on the Automatization Plan of Construction Work.

    (A) authorization
    (B) authorizes
    (C) authorize
    (D) authoritatively

18. The visiting _____ felt comfortable during her visit and had everything she needed for the talk.

    (A) lectured
    (B) lecturer
    (C) lectures
    (D) lecturing

19. Ms. Wright saw her manager hurriedly _____ the office this morning.

    (A) to leave
    (B) to leaving
    (C) leave
    (D) leaves

20. The CEO, Jacob Davidson was honored for his _____ contributions to the success of his company.

    (A) impress
    (B) impressive
    (C) impressively
    (D) impressed

Unit Test 2

21. As an usher of New York City, Ms. Jackson is required to _____ patrons to their seats.

    (A) reserve
    (B) visit
    (C) book
    (D) escort

22. Mandy received a _____ when her predecessor resigned in January 2010.

    (A) promotes
    (B) promoted
    (C) promotion
    (D) promoting

23. Tourism is a key industry of Woo Island and an _____ large number of cruise ships visit there today.

    (A) increase
    (B) increases
    (C) increased
    (D) increasingly

24. The strong smell of coffee led me into the coffee store _____ everything from beans to coffee makers.

    (A) sell
    (B) selling
    (C) sold
    (D) sells

25. Ms. Mah _____ to the manager that courtesy be included as one of the topics at new employee orientation sessions.

    (A) suggesting
    (B) suggested
    (C) suggest
    (D) suggestion

26. In 2000, President Bill Hayden was _____ the National Medal of Arts for his hard work and dedication.

    (A) admitted
    (B) awarded
    (C) adjusted
    (D) acclaimed

27. _____ MK project is strictly confidential, access to the meeting room should be limited only to the official members.

    (A) Despite
    (B) Therefore
    (C) Because
    (D) However

28. Most countries that are highly _____ on imported petroleum have been involved in encouraging the use of renewable energies.

    (A) depend
    (B) dependence
    (C) dependable
    (D) dependent

29. JS Language Academy promised to enhance _____ between the students and the teachers.

    (A) cooperation
    (B) cooperative
    (C) cooperate
    (D) cooperated

30. After conducting _____ research, the marketing team has determined the styles that should be in demand this fall.

    (A) exhaustive
    (B) exhausted
    (C) exhaust
    (D) exhaustedly

31. All employees working for over 10 years can have their identification cards _____ renewed before the end of the year.

    (A) automated
    (B) automatically
    (C) automate
    (D) automatic

32. The recent schedule changes have _____ many employees to arrive an hour earlier to work.

    (A) demanded
    (B) made
    (C) asked
    (D) clarified

33. With over 400 clients per month, the customer service department is constantly busy _____ that our high standards of customer care are consistently met.

    (A) ensured
    (B) ensurer
    (C) ensuring
    (D) ensures

34. It remains _____ whether the new system will lead to an overall change in the company's personnel policy.

    (A) to see
    (B) seeing
    (C) to be seen
    (D) sees

35. Minimum wage increase _____ 20% in manufacturing sector will be announced the day after tomorrow.

    (A) in
    (B) on
    (C) for
    (D) of

36. Due to the loss in business, we regret to inform you that we _____ all of our temporary workers.

    (A) were laid off
    (B) are laying off
    (C) will have laid off
    (D) have been laid off

37. Consumers experiencing difficulties with this appliance are advised to _____ with our customer service representatives.

    (A) call
    (B) contact
    (C) speak
    (D) touch

38. Photos in this section are all _____ at Bird Central park in California.

    (A) take
    (B) took
    (C) taking
    (D) taken

39. We believe that the effect of the merger will _____ to a stronger presence in Korea.

    (A) submit
    (B) contribute
    (C) donate
    (D) offer

40. Tourism Department anticipates that the international event to be held next year will _____ foreign tourists.

    (A) appeal
    (B) attract
    (C) enforce
    (D) dispel

02
Section

동사구

Unit 3
수일치와 수동태

Unit 4
시제

Unit 5
가정법

Unit 3. 수일치와 수동태

 단원 기출 문제 유형

★ 수일치 문제는 주어와 동사 사이에 있는 수식어를 괄호로 정리하여 실수 하지 않도록 하고, 능동태/수동태를 구별하는 문제는 무조건 명사의 유무, 즉 문법만으로 문제를 풀지 않도록 하고, 해석과 함께 문제를 푸는 습관을 가져야 한다.

1. Discount _____ for the weekend's play are available at the front desk.

    (A) ticket
    (B) tickets
    (C) ticketing
    (D) ticketed

2. The front row will be reserved for emergency seating unless every other seat in the auditorium is _____.

    (A) take
    (B) took
    (C) taken
    (D) taking

3. The box of fruit that was _____ to the president's office on behalf of the staff in a show of appreciation arrived on Monday.

    (A) deliver
    (B) delivers
    (C) delivering
    (D) delivered

▶ 정답 및 해설

1. 복수 동사(are)가 왔으므로 주어 자리에도 역시 복수 명사 (B) tickets가 와야 한다.
    (주말 연극 할인 티켓은 프론트 데스크에서 구할 수 있다.)

2. be 동사의 오른쪽에 빈칸이 있으므로 주격 보어 자리. 동사인 (A),(B)는 탈락. (C),(D) 중 목적어를 취하지 않는 수동태를 만드는 (C) taken이 정답이다.
    (강당의 다른 모든 좌석들이 차지 않으면 맨 앞줄은 예비로 남겨질 것이다.)

3. '과일 박스가 배달되다'라는 수동의 의미가 되어야 하므로, 수동태를 만드는 (D) delivered가 정답이다.
    (감사의 표시로 전 직원을 대표해 대통령 집무실로 배달된 과일 박스는 월요일에 도착했다.)

1. 주어와 동사의 수일치

1) 주어와 동사는 반드시 수일치가 되어야 한다. 수일치는 가장 기본이지만 마지막까지 발목을 잡는 문법이다.

주어와 동사 사이에 있는 수식 어구는 반드시 괄호처리를 통해 소거하기

The results of the study (~~was~~ / were) released today.
그 연구에 대한 결과가 오늘 공개되었다.

Mr. Ryu, along with his coworkers, (~~want~~ / wants) to invest in mutual funds.
그의 직장 동료들뿐만 아니라, Mr. Ryu 역시 뮤추얼 펀드에 투자하고 싶어 한다.

2) 긴주어(동명사, to 부정사, 명사절)는 단수 취급한다. 해석에 집중해서 정확하게 주어를 파악해야 한다.

(Extending / ~~Extended~~) business hours helps boost our sales.
영업 시간을 연장하는 것은 우리의 매출을 증가시키는 데 도움이 된다.

That Linda is invited to the parties (is / ~~are~~) not true.
Linda가 파티들에 초대가 되었다는 것은 사실이 아니다.

3) 부분을 의미하는 대명사들은 'of 뒤의 명사'에 수일치를 시킨다.

| all 모두, most 대부분, some 일부, half 절반, the rest 나머지 | of the 가산복수명사 + 복수 V |
| | of the 불가산명사 + 단수 V |

The rest of the money was used to purchase human eggs for research.
나머지 돈은 연구용 수정란을 구입하는데 사용했다.

Roughly **half of the members** at the Movie club are replaced every three years.
그 영화 클럽의 회원 중 대략 절반이 3년마다 교체 된다.

必!출 포인트 'a number of' 와 'the number of' 의 공통점과 차이점

a number of 복수명사 + 복수동사
　주어　　　(* 복수명사를 수식하는 형용사 several < a number of < many)

the number of 복수명사 + 단수동사
　주어　　　(* the number of ~ : ~의 수 (숫자))

A number of people were browsing in the library.
몇 명의 사람들이 도서관[서점]에서 책을 이것저것 훑어보고 있었다.

The number of cars in Seoul is increasing rapidly.
서울시의 자동차 수가 급속히 증가하고 있다.

Check it up!

1. The project between the two parties (imply, implies) an enormous investment in training.
2. A number of communications' methods (is, are) used to put across complex messages.
3. The number of toy (manufacturers / manufactured) is increasing these days.

1. implies 2. are 3. manufacturers

2. 능동태와 수동태

1) 능동태는 목적어 명사를 취하고, 수동태 (be p.p.)는 목적어 명사를 취하지 않는다.

능동태   D Fussel, the renowned architect, designed the building.
유명한 건축가인 D Russel이 그 건물을 디자인했다.

수동태   The method is specifically designed for the use in small groups.
이 방법은 특별히 소규모의 그룹에서 사용하도록 고안된 것이다.

2) 자동사는 목적어가 없기 때문에 수동태로 만들 수 없다.

Passengers for Rome should (be proceeded / proceed) to Gate 32 for boarding.
로마행 승객들께서는 32번 게이트로 가셔서 탑승해 주시기 바랍니다.

참고!

deal with, fill in과 같은 구동사는 수동태가 가능하다.

구동사는 덩어리 자체를 하나의 타동사라고 볼 수 있다. 그러므로 수동태가 가능하며, 수동태로 만들 때 덩어리가 항상 세트로 함께 움직인다. (deal with → be dealt with)

We request that all guests' complaints be dealt with _____.
(A) promptly   (B) prompting   (C) prompt   (D) promptness

우리는 모든 손님들의 불만들이 즉각적으로 처리되기를 요청한다.

답 : A

3) 감정동사의 분사는 형용사로 간주되기 때문에 목적어의 유무가 아닌 사람 (p.p.), 사물 (-ing)로 구분한다.

please, delight 기쁘게 하다	excite 흥분시키다	amuse 즐겁게 하다	satisfy 만족시키다	fascinate 매료시키다
interest 흥미를 일으키다	encourage 용기를 주다	impress 감명을 주다	inspire 의욕을 고취시키다	invigorate 기운 나게 하다
disappoint 실망시키다	discourage, depress 낙담시키다	dissatisfy 불평을 갖게 하다	distract 정신을 분산시키다	surprise, astonish amaze, startle alarm 놀라게 하다
embarrass 당혹스럽게 하다	bewilder, frustrate 당황하게 하다	confuse 혼동스럽게 하다	shock 충격을 주다	
overwhelm 압도하다	trouble, worry 걱정시키다	bore 지루하게 하다	tire 피곤하게 하다	

I am (pleasing / pleased / pleasure / pleasant) to announce that we will begin operating in Asia.
아시아 지역에서 영업을 시작하게 될 것임을 알려 드리게 되어 기쁩니다.

The slow response from the customer service team is (disappointed / disappointing).
고객 서비스 팀의 느린 응답은 실망스럽다.

Check it up!

1. Mandy's old colleagues (have painted / have been painted) the room in her dormitory.
2. The way these instructions are written is (confusing / confused) to many customers.
3. We will (proceed / process) the order upon receipt of your order.

1. have painted 2. confusing 3. process

4) 보통 수동태는 행위자를 표현할 때 by를 쓰지만 그 외의 전치사를 쓰는 동사도 있다.
(그러나 문법 문제로써는 거의 출제가 되지 않기 때문에 해석 위주로만 공부할 것!)

be pleased with ~을 기뻐하다 be delighted with ~을 기뻐하다 be satisfied with ~에 만족하다 be gratified with ~에 만족하다 be associated with ~와 관련되다 be equipped with ~을 갖추고 있다 be covered with ~으로 덮이다 be crowded with ~으로 붐비다 be bored with ~에 싫증나다	be surprised at ~에 놀라다 be alarmed at ~에 놀라다 be astonished at ~에 놀라다 be frightened at ~에 놀라다 be shocked at ~에 충격 받다 be disappointed at ~에 실망하다 be amused at ~을 즐기다	be interested in ~에 관심이 있다 be involved in ~에 관여하다 be engaged in ~에 종사하다 be absorbed in ~에 열중하다 be indulged in ~에 빠지다 be skilled in / at ~에 능숙하다
		be tired of ~에 싫증나다 be ashamed of ~을 부끄러워하다 be convinced of ~을 확신하다
be devoted to ~에 헌신/전념하다 be dedicated to ~에 헌신/전념하다 be committed to ~에 헌신/전념하다	be based on ~에 근거하다 be known for ~로 알려져 있다 be divided into ~로 나뉘다	be worried about ~을 걱정하다 be concerned about/over ~을 걱정하다

The research <u>is devoted to</u> **finding** improved treatments for sewage treatment.
그 연구는 오수처리에 대한 보다 효과적인 치료법 개발에 전념하고 있다.

For many years, K-Burger <u>was known for</u> **serving** the largest hamburger in Korea.
K-Burger는 여러 해 동안 한국에서 가장 큰 햄버거를 파는 집으로 유명했다.

Check it up!

1. Our office is equipped (in / with) advanced softwares.
2. Japanese companies are known (for / to) striving to outperform their competitors.
3. Most of my time is dedicated to (study / studying) English.

1. with 2. for 3. studying

5) 4형식 동사는 목적어가 2개이기 때문에 수동태도 2가지의 형태가 있다.

① '주다' 4형식 동사 (수여동사)

주어가 사람 일 때는, '~을 받다'라고 해석되며, 해석상 반드시 뒤에 목적어 명사를 남긴다.
주어가 사물 일 때는, '~가 주어지다'라고 해석되며, 뒤에 목적어 명사를 남기지 않는다.

'주다' 4형식 동사 (수여동사) (give, offer, grant, send, award 등)	+ 사람N + 사물N

능동	The sales clerk gave me a receipt.	점원이 나에게 영수증을 <u>주었다</u>.
수동 (사람 주어)	I <u>was given</u> a receipt.	나는 영수증을 <u>받았다</u>.
수동 (사물 주어)	A receipt <u>was given</u> (to me).	영수증이 나에게 <u>주어졌다</u>.

6) 5형식 동사의 수동태

① S + V + O + 형/명

수동태(be + p.p.) 뒤에 보어인 형용사나 명사가 그대로 남는다.

목적격 보어로써 형용사, 명사를 취하는 동사들 (keep, make, leave, call, consider, deem, elect, name 등)	+ O + C

Mr. Yoon <u>is considered</u> **an influential contender** in the next election.
Mr. Yoon은 차기 선거의 유력 후보로 간주된다.

A baseball field has two areas that (~~called~~ / are called) **the infield and the outfield**.
야구장은 내야와 외야라고 불리는 두 구역이 있다.

Your car is left **unattended** on the street.
당신의 차는 거리에 방치된 채로 있다.

참고!

동사 문제에서 빈 칸 뒤에 to 부정사가 있을 때에는 해석으로 구분한다.

to 부정사는 명사와 부사가 모두 가능하기 때문에 to 부정사가 목적어인지 아닌지는 해석 전에는 속 단할 수 없다. 반드시 해석으로써 구분하는 습관을 가진다.

New employees (are asked / ~~ask~~) to attend the orientation session on their first day.
신입 직원들은 첫 날 오리엔테이션 세션에 참석하도록 요청받습니다.

Check it up!

1. Jennie was (acclaimed / awarded) $5,000 in compensation for unfair dismissal.
2. Mr. Mandela was (given / received) a warm reception in Washington.
3. Digital TV that allows stations to broadcast programs in much higher resolutions is called (to HDTV / of HDTV / HDTV).
4. Sales (are expected / expect) to increase in spite of the recession.

1. awarded 2. given 3. HDTV 4. are expected

▶ 수동태 문법 문제 법칙 3줄 정리

1. 일반적으로 대부분의 수동태 (be p.p.)에서는 문장의 성분이 끝나고, 그 뒤에는 수식어 자리이다. (부사, 전명구 등)

New quality controls <u>must be implemented</u> (immediately.)
새로운 품질관리는 즉시 시행되어야 한다.

The request <u>cannot be processed</u> (because of an error in the server.)
서버의 오류 때문에 요청을 처리할 수 없습니다.

2. [예외 1] 4형식 (주다) 동사의 수동태 뒤에는 <u>목적어 (명사)</u>가 올 수 있다.

He <u>was awarded</u> **a gold medal** for his excellent performance.
그는 훌륭한 연주로 금메달을 받았다.

She <u>was given</u> **the unenviable task** of informing the losers.
그녀에게는 탈락자들에게 통지하는 탐나지 않는 일이 맡겨졌다.

3. [예외 2] 5형식 동사의 수동태 뒤에는 <u>보어 (형용사, 명사)</u>가 올 수 있다.

The new work <u>was made</u> **possible** thanks to the pioneering research.
선구적인 연구 덕분에 새로운 일이 가능하게 되었다.

It <u>was considered</u> **unsafe** to release the prisoners.
그 죄수들을 석방하는 것은 위험하다고 여겨졌다.

Check it up!

1. There is no doubt that a cure for the virus will (develop / be developed) someday.
2. Photographers without press credentials will not (allow / be allowed) access to the area.
3. Jacob was pleased, but not surprised, when he (offer / was offered) the job.

1. be developed 2. be allowed 3. was offered

Unit Test 3

1. The candidates interested in the position and meeting the requirements are invited _____ their resumes.

   (A) sending
   (B) to send
   (C) sends
   (D) send

2. All _____ for equipment leased from Karen Inc. are due upon receipt of the billing statement.

   (A) to charge
   (B) charge
   (C) charging
   (D) charges

3. All laptops will _____ with new ones in every office in the city by the end of this year.

   (A) replacing
   (B) replaces
   (C) be replaced
   (D) be replacing

4. Shipping _____ for Kahill Inc. have risen with the cost of fuel.

   (A) expense
   (B) expenses
   (C) expensive
   (D) expensively

5. The company, listed on NASDAQ, _____ marine navigation systems for use by commercial fishing fleets.

   (A) built
   (B) building
   (C) are building
   (D) to be built

6. The anti-aging business, already hitting 10-billion dollars, _____ to grow 11% a year through 2021.

   (A) expecting
   (B) expects
   (C) are expecting
   (D) is expected

7. The manager is pretty sure that his employees will find some ways _____ things when it is necessary.

   (A) to expedite
   (B) expedited
   (C) to be expedited
   (D) will expedite

8. The researchers plan to focus on _____ safer products since hazardous chemicals are an important issue.

   (A) develop
   (B) developing
   (C) development
   (D) developed

9. Kings Shop is a privately owned business dedicated to _____ top quality, professional C.V.

   (A) produce
   (B) produces
   (C) producing
   (D) product

10. The city of Bellevue is _____ to announce an upgrade of our city's water.

    (A) pleasing
    (B) pleases
    (C) pleased
    (D) pleasure

11. Because of the violence scenes, children are not _____ to watch the movie.

    (A) allowance
    (B) allowing
    (C) allows
    (D) allowed

12. Flyway Airlines _____ flights to 25 countries across the globe.

    (A) is operated
    (B) operate
    (C) are operated
    (D) operates

13. Ms. Park will be able to take the vacation once the M-2 project has _____.

    (A) been completed
    (B) completed
    (C) been completing
    (D) completion

14. The newly appointed chairperson has lately _____ the approval of the majority of her colleagues.

    (A) gain
    (B) gained
    (C) gains
    (D) gaining

15. The watch that Ms. Miho was given _____ to keep perfect time.

    (A) guaranteed
    (B) guarantees
    (C) is guaranteed
    (D) will guarantee

16. Many of the people _____ to pass through the areas without permission.

    (A) be not permitted
    (B) have not permitted
    (C) were permitting
    (D) were not permitted

17. Seige National University _____ an original educational course next semester.

    (A) offering
    (B) offered
    (C) will offer
    (D) will be offered

18. The city government announced this morning that because of the snow emergency, all parking regulations _____ until further notice.

    (A) have been suspended
    (B) suspension
    (C) have suspended
    (D) suspend

19. Jordan Industry announced that they _____ off four hundred people this year.

    (A) were laid
    (B) laid
    (C) will be laid
    (D) laying

20. We would like to remind everyone that the fees for the upcoming event _____ reference materials, lodging, and meals.

    (A) has covered
    (B) to cover
    (C) is covered
    (D) cover

Unit Test 3

21. Mr. Chang _____ the chairman of the committee by the participants by a majority vote.

    (A) was elected
    (B) elected
    (C) electing
    (D) to elect

22. Although she _____ with this quarter's numbers, the president expressed some dissatisfaction.

    (A) pleased
    (B) has pleased
    (C) be pleased
    (D) was pleased

23. The division managers were informed that the orientation for all new employees _____ next Monday.

    (A) take place
    (B) taking place
    (C) took place
    (D) takes place

24. We are pleased to _____ that Dr. Kim's office is moving to a larger suite in Suite Tower.

    (A) install
    (B) announce
    (C) manage
    (D) encourage

25. In order to be fair to everyone, the interview will _____ without our prior knowledge of interviewees.

    (A) conduct
    (B) have conducted
    (C) be conducted
    (D) conducting

26. The regulations will need approval from the government after _____ by the board of directors.

    (A) being reviewed
    (B) reviewed
    (C) reviewing
    (D) be reviewed

27. Anyone who smokes in the building will _____ to leave.

    (A) be asked
    (B) asking
    (C) have asked
    (D) ask

28. It gives me great pleasure to announce that Amanda _____ the new manager.

    (A) has been appointed
    (B) are being appointed
    (C) have appointed
    (D) appointing

29. Ms. Curry in the purchasing division has _____ a meeting with the manager to discuss a private issue.

    (A) notified
    (B) inquired
    (C) demanded
    (D) applied

30. If the product is defective or some parts are missing, you may ship it back to us _____ 15 business days of receiving the item.

    (A) until
    (B) during
    (C) within
    (D) prior to

31. We are going to add a variety of references that can give us more useful information in order to _____ this work.

    (A) finish
    (B) finishing
    (C) finished
    (D) be finished

32. Owing to technical problems, Silver Star's human resources division is _____ not accepting any picture submissions via e-mail.

    (A) quickly
    (B) precisely
    (C) recently
    (D) currently

33. To avoid leaving anybody behind, the tour guide _____ all visitors to come to the hotel lobby no later than 7 A.M.

    (A) reminded
    (B) recalled
    (C) memorized
    (D) identified

34. The new movie was recommended more _____ from critics than originally anticipated.

    (A) enthusiast
    (B) enthusiastic
    (C) enthusiasm
    (D) enthusiastically

35. Effective January 1st, Michael Chang will be given more _____ as sales manager for the Southwestern region.

    (A) responsible
    (B) responsibilities
    (C) responsibly
    (D) responsive

36. There is a long drying period of several years before the material is considered _____ for use.

    (A) suitably
    (B) suitable
    (C) suitableness
    (D) suitability

37. The cost of raw materials has been reduced _____, so our profits are expected to rise steadily in the next quarter.

    (A) substantially
    (B) substantial
    (C) substantive
    (D) substance

38. After some considerable changes last month, we are now able to _____ employees a comprehensive benefits package.

    (A) consider
    (B) confirm
    (C) offer
    (D) restore

39. While Ms. Park was leaving her office, the package from the post office _____.

    (A) arrives
    (B) arrived
    (C) has arrived
    (D) arrival

40. In order to function _____, the fax machine must be checked on a regular basis.

    (A) proper
    (B) properly
    (C) properness
    (D) property

Unit 4. 시제

 **단원 기출 문제 유형**

★시제는 해석상 예외도 많고 굉장히 다양하게 변형될 수 있으니 무조건 해석으로 접근해야 한다. 절대 문법과 해석이 주객전도가 되어서는 안 된다.

1. Before the speaker _____ her presentation on the impacts of global trade, the conference participants should be introduced to the evening's agenda.
   (A) begin   (B) begins
   (C) beginning   (D) began

2. The demand for home electronic systems is increasing steadily, and keeping up with orders _____ a difficult task.
   (A) will be remaining   (B) are remaining
   (C) remain   (D) remains

3. Last week the President _____ more taxes on many crops grown for overseas markets.
   (A) has announced   (B) announced
   (C) announce   (D) announces

▶정답 및 해설

1. Before 절의 동사 자리이다. 시간의 부사절에서는 현재 시제가 미래의 행동을 나타내므로, 정답은 (B) begins 이다. (C)는 준동사, (A)는 수일치 오류, (D)는 시제 오류
   (연설자가 세계 무역의 영향에 대해 발표를 시작하기 전에, 회의 참가자들에게 저녁의 일정에 대해 알려야 한다.)

2. 주어(keeping up with orders)가 단수이므로 (B),(C)는 탈락. 그리고 remain은 상태를 나타내는 동사이기 때문에 진행형으로 쓸 수 없다. 따라서 정답은 (D) remains 이다.
   (가정용 전자 시스템 수요는 꾸준히 증가하고 있고, 주문을 따라잡는 일은 여전히 어렵다.)

3. last week이라는 시제 표현이 있으므로 과거 동사인 (B) announced가 정답이다.
   (지난주에 대통령은 해외 시장을 위해 재배되는 농작물에 대해 더 많은 세금 부과를 발표했다.)

1. 단순 시제, 진행 시제

1) 단순 과거는 과거에 발생한 일, 단순 미래는 미래에 발생할 일이지만, 단순현재 시제는 일반적 사실!

단순과거 (과거 시점)	I <u>delivered</u> the box yesterday. 나는 어제 그 박스를 배달했다.
단순미래 (미래 시점)	I <u>will deliver</u> the box tomorrow. 나는 그 박스를 내일 배달할 것이다.
단순현재 (일반적 사실)	I <u>deliver</u> boxes everyday. 나는 매일 박스를 배달한다.

必!출 포인트   단순 현재 시제는 일반적인 사실로써, <u>언제나 (늘)</u> 그러한 것을 의미한다.

그러므로, 개인의 일상적 반복 동작이나 습관에서부터, 비즈니스 상황에서는 <u>회사나 시설 등에서의 규칙, 규정</u> 등을 나타내고, 더 크게는 <u>과학적 사실이나 불변의 진리</u>까지 현재시제로써 표현한다.

Soy Co. is generally regarded as the most reliable financial consulting firm in the area.
Soy Co. 는 일반적으로 가장 믿을만한 금융 컨설팅 회사로써 여겨진다.

Using recording devices is not allowed in this theater.
녹화 장비를 이용하는 것은 이 극장에서 허용되지 않는다.

2) 진행 시제(be -ing)는 그 시점에서 동작이 진행 중임을 강조하기 위해 쓰인다.

과거진행	I <u>was delivering</u> the box at this time yesterday. 나는 그 박스를 어제 이 시간에 배달하고 있었다.
현재진행	I <u>am delivering</u> the box right now. 나는 그 박스를 배달하고 있는 중이다.
미래진행	At this time tomorrow, I <u>will be delivering</u> the box. 내일 이 시간에, 나는 그 박스를 배달하고 있을 것이다.

참고!

> **현재 진행 시제는 미래의 계획이나 예정된 행동을 표현할 때에도 쓰인다.**
>
> [예정된 계획이나 약속] I am watching a movie tomorrow.
> 나는 내일 영화를 볼 것이다.
> [예정된 이벤트나 일정] The conference is starting next week.
> 컨퍼런스는 다음 주에 시작한다.

Check it up!

1. The escalator (is not working / didn't work) at the moment.
2. The players (are / were) on their day off when I visited the stadium.
3. That the map doesn't match the actual streets (is / are) confusing for tourists.

1. is not working 2. were 3. is

2. 완료 시제

1) 현재 완료 시제 (have p.p.) : a link between the past and the present

① 과거에 발생한 동작이나 상태가 현재까지 이어짐 : 과거부터 현재까지의 기간 (+ since 이래로 / for 동안)
(An action or situation that started in the past and continues in the present.)

I have lived in Seoul since 2010.
나는 2010년 이래로 서울에서 살고 있다.

She has had a cold for a week.
그녀는 1주일 등안 감기에 걸려 있다.

> **과거에 발생된 일이 현재까지 이어지는 상태의 계속 (현재상태가 해석상 초점)**
>
> I can't get in the house because I have lost my keys.
> 나는 집에 들어갈 수가 없어, 왜냐하면 열쇠를 잃어 버렸거든.

② 과거의 경험 (– ever 여태껏, 한번이라도 / never 단 한번도)

I have read the book "Science Future."
나는 Science Future 라는 책을 읽어본 적 있다.

I have never been to France.
나는 France에 가 본적이 없다.

③ 최근에 막 완로 된 일 (+ just 이제 막)
(An action that was completed in the very recent past, expressed by 'just'.)

The carpenters have (just) finished their work.
목수들이 일을 끝마쳤다.

2) 과거 완료 시제 (had p.p.)는 과거의 특정 시점 이전에 완료된 일을 나타낸다.

He explained that he had closed the window because of the rain.
그는 비 때문에 창문을 닫았었던 것을 설명했다.

※ 과거 완료시제가 정답이 되기 위해서는 '기준이 되는 과거'표현이 있어야 한다.

3) 미래 완료 시제 (will have p.p.)는 미래의 특정 시점을 기준으로 그 이전에 완료될 행동이나 상태를 설명한다.
→ 미래 속의 과거 (the past in the future)

We will have started work on a new building in Japan by the time we finish construction here.
우리가 이곳의 건설을 끝낼 때 까지는 일본에 있는 새로운 건물에 대한 일을 시작했을 것이다.

※ 미래 완료시제가 정답이 되기 위해서는, '(미래) ~까지는'이라는 표현이 있어야 한다.
① by 미래시점 N (ex. by next month)
② by the time S+V(현재동사) (ex. by the time she arrives)

Check it up!

1. Ms. Muraki (has / has had) a successful career in film, television and theaters since 1994.
2. The woman realized too late that she (leaves / had left) her purse on the bus.

3. 시제 일치

1) 특정 시제와 함께 쓰이는 표현들

과거	formerly, previously 이전에	two days ago 이틀 전에	last Tuesday 지난 화요일에	at that moment 그 때에 (=then)
현재완료	in, for, over, during the last, past three years 지난 3년간		since ~이래로	lately, recently 최근에 (했다)
	so far, thus far, until now 지금까지			
과거완료	by the time 과거V + 주절 had p.p.			
미래완료	by the time 현재V + 주절 will have p.p.		by 미래시점N + 주절 will have p.p.	
현재	generally, typically, customarily 일반적으로, 전형적으로		regularly, routinely, periodically 정기적으로	
	normally, ordinarily, commonly 보통, 흔히			
미래	shortly, soon 곧	(two days) later (이틀) 후에		

※ recently, lately 는 절대 현재시제 / 미래시제 와는 쓰이지 않는다!

Mr. Ryu (is / was) inducted into the army last year.
Mr. Ryu는 작년에 군에 입대했다.

Profits (increased / have increased) significantly over the past few years.
지난 몇 년 동안 수익이 상당히 증가했다.

I (had finished / will have finished) my project by next November.
내년 11월이면 나는 프로젝트를 끝마칠 것이다.

Check it up!

1. This new model called the AF10 (came / will come) out at the beginning of next year.
2. In recent years, the billionaire (will expand / has expanded) his art collection to include sculptures by Rodin.
3. By the time he retires as one of the world's famous fund managers, David (accumulates / will have accumulated / have accumulated) a large amount of money.
4. Besides visiting her parents, Donna usually (worked / works / is working) out at a gym with her husband whenever she finds time.
5. Since traces of toxic materials (were found / is found / will find) in the basement, the office building has remained unoccupied.
6. By the time Sarah arrived at the party, most guests (had / are / will be) already left.

1. will come 2. has expanded 3. will have accumulated 4. works 5. were found 6. had

4. will과 would / can과 could의 해석

1) will은 확실한 미래, 확고한 의지 등을 나타낼 때 쓰이며, would는 조건적, 가정적 상황에서 발생될 수도 있음을 나타낸다.

> She will join us for dinner.
> 그녀는 저녁 식사에 참석할 거야. (확신, 예정된 일)
> She would join us for dinner.
> 그녀는 저녁 식사에 참석할 수도 있다. (덜 확실하거나 조건이 따르는 뉘앙스)

2) can은 직접적이고 확실한 가능성을 나타낼 때 쓰이며, could는 약한 가능성 또는 가정적인 상황에서 쓰인다.

> It can be dangerous.
> 그건 위험할 수 있어. (사실에 가까운 일반적인 가능성)
> It could be dangerous.
> 그건 위험할 수도 있을것 같아. (가능성을 낮게 보거나 조심스럽게 추측)

3) 따라서 would, could는 가정법 문장에서 자주 사용된다.

> If I had more time, I would travel the world.
> 내가 시간이 더 있다면, 세계 여행을 할 텐데.
> If I spoke French, I could work in Paris.
> 내가 프랑스어를 할 줄 안다면, 파리에서 일할 수도 있을 텐데.

必!출 포인트 — 시간과 조건의 부사절에서는 현재시제가 미래시제를 대신한다.
→ 조동사 will을 쓰지 않는다는 뜻

시간의 부사절 접속사	when, by the time, as soon as, once, until, while, before, after
조건의 부사절 접속사	if, unless

I will be waiting for you at the station when you (arrive / ~~will arrive~~).
네가 도착할 때, 역에서 기다리고 있을게.

By the time she (~~will retire~~ / retires), she will have worked for 10 years.
그녀가 은퇴할 때 즈음이면, 그녀는 10년을 일한 것이 된다.

Check it up!

1. Mark Books began as a very small shop that (have / had) a few books.
2. Mr. Cho explained that the final report (is / was) completed the preceding week.
3. I will give the information packets to the visitors as soon as they (will arrive / arrive).

1. had 2. was 3. arrive

※ 요구, 주장, 제안, 명령 등의 의미를 가진 동사의 목적어가 that절 일 때,
  that절의 동사는 <u>should가 생략된 동사원형</u> 이 온다.

> suggest 〈 advise 〈 propose 〈 ask / request 〈 urge 〈 insist 〈 demand 〈 command / order
> 제안   조언   제의   요청   권고   주장   요구   명령
>
> * 순서는 참고사항! 전혀 중요하지 않음!

She suggested that he (should) see a doctor.
그녀는 그가 병원에 갈 것을 제안했다.

He commanded that the prisoners (should) be set free at once.
그는 죄수들이 즉시 풀려 날것을 명령했다.

必!출 포인트 'It ~ that...' 가주어 진주어 구문에서, '중요한, 필수적인' 등의 의미를 가진 형용사가 보어로 나오면 that절의 동사는 항상 should가 생략된 동사 원형이다.

> important, critical, crucial 중요한
> essential, imperative, necessary, vital 필수적인

It is important that health-related claims be backed up with evidence.
건강과 관련된 주장들에 증거가 뒷받침되어야 하는 것은 중요하다.

Check it up!

1. It is essential that we (moved / move) ahead with the planning in May.
2. The cook insisted that the cocktail (shakes / be shaken).
3. Marriage demands that everything (was / be) shared.

1. move 2. be shaken 3. be

Unit Test 4

1. By the time we arrived, someone _____ all the good seats in the theater.

   (A) have grabbed
   (B) had grabbed
   (C) grabs
   (D) will grab

2. The annual award _____ 113 people from 57 countries since 2010.

   (A) has been recognized
   (B) recognized
   (C) will recognize
   (D) has recognized

3. The officials also suggested that the health checkup _____ free of charge.

   (A) are
   (B) to be
   (C) being
   (D) be

4. Mr. Gabriel will have finished the meal and the speeches _____ you arrive.

   (A) since
   (B) by the time
   (C) about
   (D) that

5. There _____ a lot of debate lately about the company's new health care policies.

   (A) has been
   (B) is
   (C) are
   (D) will be

6. Toronto Community Center _____ its annual fund-raising dinner later today.

   (A) held
   (B) is holding
   (C) will be held
   (D) has been holding

7. It is Novert Bookstore's shipping policy _____ the books for the children as soon as possible.

   (A) send
   (B) will send
   (C) is sending
   (D) to send

8. Our new vice president _____ during a recent meeting that we collaborate with Brooks Company.

   (A) suggest
   (B) suggested
   (C) suggests
   (D) to suggest

9. Apart from _____ a seminar on the effects of climate change at the college, visitors will be asked to attend the discussion on solutions.

   (A) attending
   (B) attend
   (C) attendance
   (D) attended

10. Even before the personnel manager decided to consider Ms. Park's application, she _____ admitted to another corporation with enough benefits.

    (A) had been
    (B) has
    (C) be
    (D) had

11. We are extremely pleased to announce that our July sales have _____ expectations.

    (A) exceeding
    (B) exceeded
    (C) exceed
    (D) exceeds

12. The construction of the parking lot _____ completed by the time employees return from the summer break.

    (A) is
    (B) was
    (C) will have been
    (D) has

13. Since Maximus _____ the leader of the community center, he has been under much workload.

    (A) elects
    (B) has been elected
    (C) was elected
    (D) had elected

14. While the researchers _____ tests on their new shampoo, they discovered that the shampoo often caused allergic reactions.

    (A) perform
    (B) performing
    (C) were performing
    (D) were performed

15. To cut costs, whenever possible, expensive parts will _____ with cheaper ones.

    (A) be replacing
    (B) replace
    (C) be replaced
    (D) have replace

16. Access to the new wing of the hospital will be restricted for the next two months because it is _____.

    (A) renovate
    (B) being renovated
    (C) renovating
    (D) renovation

17. A meteorologist is a person who _____ the earth's atmosphere to predict weather conditions.

    (A) studied
    (B) study
    (C) studies
    (D) studying

18. New projectors for the conference room _____ purchased as soon as the request form is approved.

    (A) will be
    (B) is
    (C) are
    (D) to be

19. The delay is the result of the restricted documents _____ misplaced in our shipping department.

    (A) is
    (B) are
    (C) being
    (D) will be

20. When Mark _____ the contract, he discovered that somebody made so many mistakes.

    (A) read
    (B) reads
    (C) reading
    (D) will read

Unit Test 4

21. Dr. Omar _____ his speech when the electricity unexpectedly went out.

    (A) was delivering
    (B) delivers
    (C) will deliver
    (D) has delivered

22. The public library has requested that all overdue books _____ returned by next month.

    (A) were
    (B) had been
    (C) have been
    (D) be

23. Mr. Young _____ at Harvard University several years ago and now is a professor there.

    (A) studies
    (B) is studying
    (C) studied
    (D) has studied

24. The accounting office _____ new billing procedures last month.

    (A) implemented
    (B) implements
    (C) implementing
    (D) implement

25. Workers _____ all the children play facilities in Victoria Park since last month.

    (A) have painted
    (B) were painting
    (C) have been painted
    (D) painting

26. Our new product developed by the research team _____ numerous prestigious awards over the last two years.

    (A) receives
    (B) has received
    (C) is receiving
    (D) would receive

27. The manufacturing process at Apples Computer is _____ monitored by its inspectors so that it can ensure the loyalty of all users.

    (A) approximately
    (B) nearly
    (C) closely
    (D) doubtingly

28. Questions _____ to paychecks should be directed to Mr. Piazza of the managing department.

    (A) pertaining
    (B) receiving
    (C) similar
    (D) regarding

29. By the time Ms. Moon joined our firm as a financial analyst, she _____ in the financial sector for many years already.

    (A) has worked
    (B) works
    (C) will work
    (D) had worked

30. Our comprehensive Montreal travel guide _____ major attractions of the city including its famous galleries with details of their opening times.

    (A) was listed
    (B) have listed
    (C) will be listed
    (D) lists

31. Owing to our rules and regulations, recording devices _____ not permitted in the theater.

   (A) have been
   (B) are
   (C) is
   (D) will be

32. Using mobile phones and other electronic devices _____ not allowed on the aircraft during takeoff and landing.

   (A) are
   (B) is
   (C) will be
   (D) been

33. The FIBI Foundation inducted Mr. Jeter to its Hall of Fame for his _____ achievements in the field.

   (A) exceptional
   (B) generous
   (C) optional
   (D) expressive

34. Old tax receipts and contracts _____ when the office relocated to its new headquarters last month.

   (A) is misplaced
   (B) will be misplaced
   (C) has been misplaced
   (D) were misplaced

35. Union Builders installed a _____ fence around the construction site to safeguard pedestrians and motorists from accidents.

   (A) temporary
   (B) comfortable
   (C) satisfied
   (D) upcoming

36. The architect _____ and approved the blueprints that her team drafted for the new building project.

   (A) sees
   (B) seen
   (C) has seen
   (D) is seeing

37. The _____ from the latest analysis indicate that consumer spending is finally on the rise.

   (A) results
   (B) states
   (C) deductions
   (D) products

38. Those who want to apply for this position are requested to _____ their research interests by checking the boxes on the paper.

   (A) refer
   (B) appoint
   (C) grant
   (D) indicate

39. Choosing a winner from the final lists is a _____ impossible task but our responsibility at the same time.

   (A) nearing
   (B) nears
   (C) nearly
   (D) neared

40. The admission fee covers the cost of the guide, David Watson who recently _____ a series of guided tours.

   (A) conduct
   (B) to conduct
   (C) will conduct
   (D) conducted

Unit 5. 가정법

 **단원 기출 문제 유형**

★ 가정법은 if절과 주절의 시제 일치 문제, if절 도치구문 등이 아주 가끔 출제 된다.

1. If Mr. Cho _____ harder in university, he could have easily won admission to medical school.

    (A) studies   (B) had studied
    (C) studied   (D) had been studied

2. Should it _____ tomorrow, we will cancel the picnic.

    (A) rains   (B) raining
    (C) rain   (D) rained

3. The manager insisted that all employees _____ the upcoming party next Monday night.

    (A) attend   (B) attends
    (C) attended   (D) will attend

▶ 정답 및 해설

1. 주절의 동사(could have easily won)를 보면, 가정법 과거완료 문장임을 알 수 있다. 따라서 if절의 동사의 형태는 (B) had studied 가 정답이다. (D)는 수동이므로 의미상 맞지 않다.
   (만약 Mr.Cho가 대학에서 더 열심히 공부 했었더라면, 그는 쉽게 의학 대학교에 진학 했었을 텐데.)

2. 가정법에서 접속사 if가 생략되어 should가 문두로 도치된 구문이다. 빈 칸은 조동사와 함께 쓰이는 동사원형 자리이므로 정답은 (C) rain이다.
   (내일 혹시라도 비가 올 경우에는, 우리는 소풍을 취소할 것이다.)

3. insist와 같은 요구, 주장, 제안, 명령 등의 동사가 목적어로써 that절을 취할 때, that절의 동사는 항상 'should 동사원형'이다. 여기에서 조동사 should는 항상 생략이 가능하다. 따라서 정답은 (A) attend이다.
   (매니저는 다음주 월요일 저녁에 있을 다가올 파티에 모든 직원들이 참가해야 한다고 주장했다.)

1. 가정법

1) 가정법은 단순 조건절과 구분 된다. 가정법의 핵심은 <u>과거 동사</u>이다.

단순 조건절	If I <u>take</u> a vacation next month, I <u>will visit</u> my parents in France. 내가 다음 달에 휴가를 간다면, 프랑스에 있는 부모님을 방문할 것이다. → 실현 가능한 단순 조건절
가정법	If I <u>took</u> a vacation, I <u>would visit</u> my parents in France. 내가 휴가를 간다면, 프랑스에 있는 부모님을 방문할텐데. → 실현 불가능한 현재 사실을 반대하는 가정법

2) 가정법 문장에서, If절과 주절의 시제는 짝을 이룬다.

가정법	If절	주절	의미
과거	If + 주어 + <u>과거동사</u>	주어 + <u>과거조동사</u> + 동사원형	현재사실 반대가정
	(현재에) ~라면 / 한다면	(현재에) ~일텐데 / 할텐데	
과거완료	If + 주어 + <u>had p.p.</u>	주어 + <u>과거조동사</u> + have p.p.	과거사실 반대가정
	(과거에) ~였다면 / 했다면	(과거에) ~였을텐데 / 했을텐데	
should	If + 주어 + <u>should 동사원형</u>	• 주어 + <u>조동사</u> + 동사원형 • <u>Please V</u> (명령문)	조건이 발생할 가능성이 낮거나 불확실할 때, 혹은 공식성을 강조할 때 should를 추가한다.
	(미래에) 혹시라도 ~한다면	(미래에) ~할 것이다 / ~해 주세요	

※ 과거조동사 : would, could, might 등 / 현재조동사 : will, can, may 등

가정법 과거	If I <u>had</u> a lot of money, I <u>would buy my dream car.</u> 만약 내가 돈이 많다면, 꿈에 그리던 차를 살텐데.
가정법 과거완료	If I <u>had been</u> there, I <u>would have told him the truth.</u> 만일 내가 거기 있었더라면 그에게 사실을 알렸을 텐데.
should 가정법	If you <u>should have</u> any questions, <u>please</u> talk to me. 혹시라도 질문이 있으면, 저에게 말씀해 주세요.
단순 조건절	If it <u>rains</u> tomorrow, I <u>will stay</u> home. 만약 내일 비가 온다면, 나는 집에 있을 것이다.

Check it up!

1. If the product were defective, your money (will / would) be refunded.
2. If Jayden (were / had been) more sensible, he would have majored in economics.

1. would 2. had been

3) 가정법 문장에서는 접속사 If는 생략이 가능하며, 이럴 경우 <u>도치</u>가 발생된다.

가정법 미래	If + 주어 + should + 동사원형 ~	→ Should + 주어 + 동사원형 ~
가정법 과거	If + 주어 + were ~	→ Were + 주어 + 보어 ~
가정법 과거완료	If + 주어 + had + p.p ~	→ Had + 주어 + p.p ~

should 가정법
If you should have any questions, please talk to me.
→ **Should you have** any questions, please talk to me.
혹시라도 질문이 있으면, 망설이지 말고 저에게 말씀해 주세요.

가정법 과거
If Donna and I were not friends, I would be interested in dating her.
→ **Were Donna and I** not friends, I would be interested in dating her.
Donna와 내가 친구가 아니라면, 나는 그녀와 데이트 하고 싶을 것이다.

가정법 과거완료
If someone had offered me a ride, I would have gone to the party.
→ **Had someone offered** me a ride, I would have gone to the party.
만약 누군가 내게 태워 준다고 했었다면, 나는 파티에 갔었을 텐데.

> **必!출 포인트** — **조동사 should로 시작하고 문장이 마침표로 끝난다면, 무조건 if가 생략된 가정법 도치 구문이다.**

(**Should**, If) the KNC downsize, some of the workers will be fired.
혹시라도 KNC가 인원을 축소한다면, 직원들 중 몇 명은 해고를 당할 것이다.

Check it up!

1. (Should / Had) you want to know more about our products or our company, we will welcome a visit from you.
2. (Should / If) the train come on time, we will not be late.

4) 혼합가정법에서는 If절과 주절의 시제가 다르다. (참고만 할 것! 정기토익 출제범위 x)

가정법	If절	주절
과거		주어 + 과거조동사(would, could, might) + 동사원형
과거완료	If + 주어 + had p.p.	
해석	(과거에) ~ 했었더라면,	(현재에) ~ 할텐데(일텐데).

If I <u>had taken</u> your advice, I <u>would be</u> happier **now**.
그때 너의 충고를 들었더라면 지금 나는 더 행복할텐데.

If the Korean War <u>had not broken out</u>, Korea <u>would be</u> one of the most advanced nations **today**.
한국 전쟁이 일어나지 않았더라면, 한국은 오늘날 가장 발전한 나라들 중 하나가 되어 있을 텐데.

※ 혼합가정법 문장에는 주로 주절에 현재 시제를 나타내는 단서인 now, today 등이 나온다.
　(단, 필수적인 것은 아니다.)

Check it up!

1. If I had talked with my manager last month, the problem (would be / are) solved today.
2. If you had asked for time off last week, you (would be / would have been) on vacation with us now.

1. would be 2. would be

Unit Test 5

1. _____ you have something which cannot be postponed or changed, please contact our office as soon as possible.

   (A) Would
   (B) Should
   (C) Can
   (D) Could

2. If Mr. Kim had stayed longer, he _____ the detailed report of products thoroughly.

   (A) reviews
   (B) will review
   (C) could have reviewed
   (D) had been reviewing

3. _____ Pirlo had ordered sufficient packing materials, there would not have been a delay in getting the parcels.

   (A) If
   (B) So
   (C) That
   (D) Since

4. If we _____ that the firm was in financial difficulties, the contract would not have been given.

   (A) knew
   (B) know
   (C) had known
   (D) to know

5. If the vehicles had been moving faster, the accident _____ far worse.

   (A) could have been
   (B) can be
   (C) has been
   (D) could be

6. If Darvish Yu _____ harder in university, he could have easily won admission to medical school.

   (A) studies
   (B) had studied
   (C) studied
   (D) studying

7. _____ the merger gone through successfully, the company would have been the leading company.

   (A) Should
   (B) If
   (C) Have
   (D) Had

8. It would have achieved higher earnings if the company _____ implemented a new strategy.

   (A) is
   (B) had
   (C) were
   (D) have

9. Some domestic offices will go bankrupt _____ Yuna's Confectionery downsize.

   (A) if
   (B) had
   (C) should
   (D) unless

10. The new camera models manufactured by Sammo Company _____ the user to take clearer photos.

    (A) allows
    (B) was allowed
    (C) allow
    (D) allowing

11. If Sarah _____ that the meeting would be over early, she would not have cancelled her appointment.

    (A) knew
    (B) has known
    (C) knows
    (D) had known

12. If people commuted by rail rather than car pool, there _____ even less traffic on the highways in the morning.

    (A) be
    (B) was
    (C) would be
    (D) will be

13. If Ms. Masako had _____ as the chairperson of the committee, she would have chosen me as vice chairperson.

    (A) appointed
    (B) been appointed
    (C) appoint
    (D) appointing

14. The manager insisted that all employees _____ the upcoming meeting next Friday.

    (A) attend
    (B) attends
    (C) attended
    (D) have attend

15. Without your assistance, I _____ have never gotten all the work done on time.

    (A) can
    (B) would
    (C) must
    (D) need

16. It is imperative that Mr. Cane _____ me as soon as he arrives.

    (A) called
    (B) have called
    (C) call
    (D) had called

17. If the shipment _____ out earlier, we would have reached the deadline.

    (A) had sent
    (B) had been sent
    (C) sends
    (D) sent

18. If we had _____ a more expensive air conditioner, this problem would not have happened.

    (A) buy
    (B) been bought
    (C) buying
    (D) bought

19. If the store had accepted my recently expired discount coupons, I _____ more willing to recommend their services.

    (A) would be
    (B) would have been
    (C) have been
    (D) am

20. If Soy Beans _____ to offer the new product cheaper, the marketing team would be able to create more competitive advertisement.

    (A) is
    (B) are
    (C) were
    (D) had been

Unit Test 5

21. Many questions could _____ much more quickly if there had only been an index.

    (A) have been answered
    (B) have answered
    (C) be answered
    (D) answer

22. AJ gave the first presentation at the meeting yesterday, and the president said _____ delivery was persuasive.

    (A) his
    (B) he
    (C) himself
    (D) him

23. If they _____ more aware of the trends, they could have avoided bankruptcy.

    (A) were
    (B) are
    (C) have been
    (D) had been

24. Items for personal use are not to be listed as an _____ when submitting receipts for reimbursement to the accounting department.

    (A) output
    (B) expenditure
    (C) investment
    (D) assessment

25. If the analysts had provided more accurate information, the investors _____ less money.

    (A) lose
    (B) lost
    (C) would lose
    (D) would have lost

26. If our ship _____ fewer passengers, the crew would not share rooms.

    (A) have
    (B) had
    (C) will have
    (D) would have

27. More than two thirds of car commuters _____ a bus if they had access to a regular service.

    (A) use
    (B) used
    (C) would use
    (D) will use

28. For more _____ on Cosmos Cleaning Products, please call 555-9281 or visit our Web site.

    (A) to detail
    (B) details
    (C) detailed
    (D) were detailed

29. The sales manager at the printing company said it would take _____ three hours to print 100 copies of the employee manual.

    (A) carefully
    (B) approximately
    (C) largely
    (D) intently

30. Before you use a moisturizing spray on you face, it is important that it _____ well first.

    (A) to shake
    (B) shaking
    (C) shakes
    (D) be shaken

31. In order to _____ more clients, it became necessary to enter the international marketplace.

    (A) accommodating
    (B) accommodates
    (C) accommodate
    (D) accommodation

32. Ms. Chiodo, our chief financial officer, is pleased that annual _____ have been rising steadily.

    (A) profit
    (B) profits
    (C) profitable
    (D) profiting

33. If a knowledgeable reader had gone over these texts, these errors would certainly _____ .

    (A) eliminate
    (B) be eliminating
    (C) have been eliminated
    (D) be eliminated

34. Transfers to any of the company's branches are not permitted _____ a staff member is skilled enough.

    (A) whereas
    (B) unless
    (C) without
    (D) regardless of

35. Sarrelk Communications offers a _____ variety of social-media services as well as web-site design.

    (A) widen
    (B) widest
    (C) widely
    (D) wide

36. The new features that we introduce offer exceptional _____ for engineering professionals and other computer enthusiasts.

    (A) performing
    (B) performance
    (C) perform
    (D) performer

37. If estimated figures had been more accurate, strategists would _____ a better financial plan.

    (A) create
    (B) be creating
    (C) have created
    (D) had been created

38. The director from a funding organization will give a research center _____ on the types of projects which attract financial institutions.

    (A) advise
    (B) advice
    (C) advisory
    (D) advisor

39. The internet service provider requests that subscribers _____ certain that their systems are protected with a reliable anti-virus program.

    (A) made
    (B) making
    (C) make
    (D) to make

40. Due to the urgency of the matter, it is essential that Mr. Jackson _____ one of our customer service representatives by 1 p.m.

    (A) contacting
    (B) had contacted
    (C) contact
    (D) contacted

03 Section

준동사구

Unit 6
to 부정사

Unit 7
동명사

Unit 8
분사

Unit 6. to 부정사

 단원 기출 문제 유형

★ to 부정사와 어울리는 숙어 표현들은 모두 암기해야 정신건강에 이롭다.
★ 특히 to에 관련된 숙어 표현들은 반드시 to 부정사인지 전치사인지를 구분해서 암기할 수 있도록 한다.

---

1. The board of directors proposed that a large portion of next year's budget be set aside to _____ in advertising.

    (A) be reinvested   (B) be reinvesting
    (C) being reinvesting   (D) have been reinvested

2. Jack hopes to _____ two factories and set up production in Korea by July 2024.

    (A) acquire   (B) acquires
    (C) acquiring   (D) acquired

3. Human Resources makes sure to strictly _____ the public records of every applicant to ensure there is no criminal background.

    (A) check   (B) checks
    (C) checking   (D) checked

▶정답 및 해설

1. 빈칸 뒤에 목적어가 없으므로 수동태로 써줘야 한다. 따라서 빈칸에는 수동형을 만들 수 있는 (A) be reinvested가 정답이다.
   (이사회는 내년 예산안의 상당 부분이 광고에 재투자되기 위해 따로 남겨져야 한다고 제안했다.)

2. hope는 to 부정사를 목적어로 갖는 대표적인 동사이다. 따라서, 정답은 (A) acquire 이다.
   (Jack은 2024년 7월까지 한국에 두 개의 공장을 확보해 생산을 시작하고 싶어한다.)

3. make sure to + 동사원형 (반드시 ~하다) 라는 표현을 묻는 문제이다. 따라서 정답은 (A) check 이다.
   (범죄 정보가 없는지 확실하게 하기 위해 인사과는 모든 지원자들의 공식 기록을 엄밀히 조사한다.)

1. to 부정사의 역할

1) to 부정사는 문장에서 명사, 형용사, 부사 역할을 한다.

품사	위치		해석
명사	주어 자리 ※ 가주어 it이 대신 쓰인다	It is C to V ~	~하는 것 (~할 것)
	목적어 자리	S+V+___	
	※ to 부정사는 전치사의 목적어 자리에는 올 수 없다.		
	보어 자리	S+2V+___ (주격보어)	
		S+5V+O+___ (목적격보어)	
형용사	명사 뒤에서 후치수식	N+___	~할
부사	완전한 문장의 왼쪽	___, S+V+O	1) 목적 : ~하기 위하여 (=in order to V, so as to V) 2) 감정의 원인 : ~하게 되어 3) 결과 : ~해서 (그 결과) ~하다
	완전한 문장의 오른쪽	S+V+O ___	

① 명사

주어   It is impossible to live without air.
　　　　 공기 없이 사는 것은 불가능하다.

목적어   I would like to deposit some money into my account.
　　　　 제 계좌에 돈을 좀 입금하고 싶습니다.

주격 보어   The key to success is to find a balance between work and personal life.
　　　　 성공의 열쇠는 일과 개인 생활 사이의 균형을 찾는 것이다.

목적격 보어   We asked him to confirm his acceptance in writing.
　　　　 우리는 그의 승낙을 문서로 확인해 줄 것을 요청했다.

② 형용사

~ 할   Linda is the only candidate to replace the current manager.
　　　　 Linda는 현재의 매니저를 대신할 유일한 후보자이다.

③ 부사

목적   To be a cook, aesthetic sense is necessary.
　　　　 요리사가 되려면 미적인 감각은 필수이다.

　　　　 Mike worked hard to achieve his goals.
　　　　 Mike는 그의 목표를 달성하기 위해 열심히 노력했다.

감정의 원인   I am pleased to join this debate.
　　　　 저는 이 토론에 참가하게 되어 매우 기쁩니다.

Check it up!

1. The worst-case scenario would be for the factory (be / to be) closed down.
2. (To make / Make) hurricane winds, large electric fans perform tirelessly.

1. to be 2. to make

2. to 부정사의 태와 시제, 의미상 주어

1) to 부정사의 여러 형태를 구조와 해석으로 구분할 수 있어야 한다.

	능동	수동
현재	to + V	to + be p.p.
과거	to + have p.p.	to + have been p.p.

과거   Johnson seems <u>to have finished</u> his work.
                 Johnson은 숙제를 다 끝냈던 것으로 보인다.

수동   Are there opportunities for me <u>to be promoted?</u>
                 제가 승진이 될 기회가 있습니까?

과거+수동   The restored files appear <u>to have been created</u> by MK Inc.
                 복원된 파일들이 MK Inc.에서 만들어졌다.

2) to 부정사의 의미상 주어는 to 앞에 'for + 명사'를 쓴다. 의미상 주어란, to 부정사 동작의 해석상 주체이다.

It is hard <u>for me</u> **to wake up** early in the morning.
아침에 일찍 일어나는 것은 나에게 힘들다.
In order <u>for the bridge</u> **to be completed**, additional funding will be required.
다리가 완공되려면 추가 자금이 필요하다.
It is common <u>for people</u> **to feel** nervous before a test.
시험 전에 사람들이 긴장하는 것은 흔한 일이다.

Check it up!

1. Increasing productivity is perhaps the most effective way (for / to) us to reduce costs.
2. Jay Industry can use the opportunity to (expand / be expanded) business in Asia.
3. The novel is said to (have been inspired / have inspired) by real events.

1. for 2. expand 3. have been inspired

3. to 부정사를 취하는 동사, 명사, 형용사

1) to 부정사를 목적어로 취하는 동사

to 부정사를 목적어로 취하는 동사 : S + V + O(to V)				
희망	want 원하다	would like 원하다	hope 희망하다	wish 바라다
	desire 바라다	expect 예상, 기대하다		
계획	plan 계획하다	decide 결정하다	aim 목표하다	need 필요로 하다
약속	promise / pledge 약속하다	agree 동의하다	refuse 거절하다	choose 선택하다
요청	ask 요청하다			
시도	try, attempt 시도하다	strive 노력하다	seek ~하려고 (시도)하다	intend 의도하다
기타	afford ~할 여유가 되다	manage 해내다	fail ~하지 않다	offer 제안하다
	tend (~하는) 경향이 있다	pretend ~인 체 하다		

※ to 부정사가 아닌 그냥 명사 목적어를 취하는 형태도 '당연히' 가능하다.

As a student, I can't afford (to be / any) expenses outside my basic needs.
학생으로서, 나는 기본적인 필요 이외의 어떤 지출도 감당할 수 없다. (정답 : any)

My child doesn't want <u>to spend</u> time with me these days.
내 아이는 요즘엔 나랑 같이 시간을 보내고 싶어 하지 않는다.

Management plans <u>to reorganize</u> the marketing division.
경영진은 마케팅 부서를 재구성하는 것을 계획하고 있다.

Check it up!

1. I think we can afford (to hire / hiring) only one right now.
2. Do you recommend (to exercise / exercising) in the morning or in the evening for better results?
3. People (consider / tend) to prefer comfort over style in their everyday wear.

1. to hire 2. exercising 3. tend

2) to 부정사를 목적격 보어로 취하는 동사

to 부정사를 목적격 보어로 취하는 동사 : S + V + O + O.C.(to V)					
요청하다	ask 요청하다	invite 요청,초대하다	urge 촉구하다	require 요청하다	remind 상기시키다
원하다	want 원하다	would like 원하다	need 필요로 하다		
설득 / 조언 / 격려	persuade 설득하다	convince 설득하다	advise 조언하다	encourage 격려하다	inspire 격려하다
지시 / 강요	direct 지시,명령하다	instruct 지시,명령하다	order 지시하다	force 강요하다	
허락 / 능력부여	allow 허락하다	enable 가능하게 하다	permit 허락하다		
~의 결과로 이끌다	cause ~로 이끌다	lead ~로 이끌다			
※ 주로 수동태로 사용되는 동사들 (물론 능동태도 당연히 가능)					
기대되다	be expected to V ~로 기대되다	be predicted to V ~로 기대되다			
의도 / 예정되다	be intended to V ~로 의도되다	be scheduled to V ~로 예정되다	be supposed to V ~로 예정되어 있다		
준비되다	be prepared to V ~할 준비가 되다				

My team's commitment to quality enabled my company <u>to win</u> the contract.
우리 팀이 품질에 전념한 것이 회사가 계약을 따내는 것을 가능하게 했다.

The new law is (expected / ~~expecting~~) to generate $2 million over the next two years.
이 새 법으로 향후 2년에 걸쳐 2백만 달러의 기금이 모아질 것으로 예상된다.

必!출 포인트 — 2형식 동사의 주격 보어 로도 쓰일 수 있다.

be to V ~ 하는 것이다 (명사 보어)	remain to V 아직 ~해야 한다	seem / appear to V ~인 것으로 보인다	prove to V ~로 판명나다

The task of the organization is <u>to ensure</u> the fair play.
그 기관이 할 일은 공정한 경기를 보증하는 것이다.

It remains <u>to be seen</u> whether she will succeed.
그녀가 성공할지 아닐지는 아직 두고 봐야 한다.

He seems <u>to be</u> quiet at all times.
그는 항상 조용한 것처럼 보인다.

The promotion proved <u>to be</u> important in his career.
승진은 그의 경력에서 중요한 것으로 판명났다.

Check it up!

1. Many high schools no longer require students (to do / do) summer reading.
2. You must be (preparing / prepared) to face the challenges of the new job.

1. to do 2. prepared

3) to 부정사의 형용사 수식을 받는 대표적인 명사

필수 테마별 단어시험 DAY 04 (부록 p.82)

명사 + to V (~할)				
ability to ~할 능력	capacity to ~할 능력	authority to ~할 권한	wish to ~할 바람	need to ~할 필요
time to ~할 시간	effort to ~할 노력	attempt to ~할 시도	opportunity to ~할 기회	chance to ~할 기회
desire to ~할 바람	way to ~할 방법	willingness to ~할 의지	tendency to ~할 성향, 경향	readiness to ~할 준비되어 있음
plan to ~할 계획	decision to ~할 결정	right to ~할 권리	claim to ~할 주장	failure to ~의 불이행

In an effort to reduce costs, we started using energy-efficient appliances.
비용을 절감하기 위한 노력으로, 우리는 에너지 효율이 좋은 가전제품을 사용하기 시작했다.

The management reserves the right to (refuse / refusing) admission.
경영진은 가입 거부권을 가지고 있다.

4) to 부정사 숙어 표현들

필수 테마별 단어시험 DAY 04 (부록 p.82)

be +형용사 + to V			
가능	be able to ~할 수 있는	be likely to ~할 것 같은, ~일 것 같은	be free to ~를 자유롭게 할 수 있는
의지	be willing to 기꺼이 ~할 의지가 있는	be ready, prepared to ~할 준비가 되어 있는	be determined to ~를 단단히 결심한
열망	be eager to 몹시 ~하고 싶은	be anxious to ~을 열망하는	
기쁨	be pleased to ~를 기쁘게 생각하는	be delighted to ~를 기쁘게 생각하는	
예정	be supposed, scheduled to ~하기로 되어 있는	be set to ~하도록 예정되어 있는	be due to ~하기로 예정된
부정적 의미	be reluctant to ~하기를 꺼려하는	be hesitant to ~하기를 망설이는	

Jack is anxious to continue his study in the United States.
Jack은 미국 유학을 갈망하고 있다.

The new policy is likely to affect many people.
새로운 정책은 많은 사람들에게 영향을 줄 것 같다.

Sky Bridges is reluctant to invest in new technology.
Sky Bridges는 새로운 기술에 투자하는 것을 꺼린다.

Check it up!

1. Children who read regularly are (likely / like / liking) to perform better in school.
2. The student was (unwilling / hesitation) to ask for help with his homework.
3. Mary is eager (for / to) the opportunity to showcase her talent at the upcoming event.

1. likely 2. unwilling 3. for

Unit Test 6

1. The job required me _____ the same customers repeatedly.

   (A) call
   (B) to call
   (C) calling
   (D) to be called

2. Anyone applying for the job position should have the ability _____ with a conflict with customers.

   (A) deals
   (B) deal
   (C) to deal
   (D) dealing

3. Please make sure that the packages _____ sent to the trade fair in Berlin are ready by Friday.

   (A) to be
   (B) was
   (C) are
   (D) have been

4. To meet the production schedule, hiring a few temporary workers _____ us during the busiest season would be helpful.

   (A) helps
   (B) help
   (C) to help
   (D) helped

5. The research department was asked _____ statistical data included in every news article.

   (A) to be checked
   (B) checking
   (C) checks
   (D) to check

6. Mr. Kim was able to double his money by _____ in the Web site design company.

   (A) investing
   (B) to invest
   (C) invested
   (D) invest

7. Employers stayed _____ to hire more workers despite improving business sentiment.

   (A) skeptical
   (B) positive
   (C) willing
   (D) reluctant

8. Local banks may be to blame for becoming _____ on borrowing a lot of money from the government.

   (A) relied
   (B) reliant
   (C) rely
   (D) reliable

9. In order to _____ , you need to choose to either retry or skip this step.

   (A) proceed
   (B) proceeded
   (C) process
   (D) proceeding

10. The children's task in the lesson is to enable them to better _____ their responsibilities.

    (A) to understand
    (B) understanding
    (C) understand
    (D) understood

11. During the election campaign, the candidate _____ to implement broad economic and political reforms if elected.

    (A) restricted
    (B) reserved
    (C) promised
    (D) settled

12. Before I handed in my report a few days ago, I had my manager _____ .

    (A) checking it over
    (B) check it over
    (C) be checked
    (D) to check it over

13. All the passengers are advised to sit in their seat and have their seat belts _____ as tightly as possible.

    (A) fasten
    (B) fastened
    (C) fastening
    (D) fastens

14. The city's building code requires apartment complexes _____ at least one parking space for each apartment.

    (A) having
    (B) to have
    (C) are having
    (D) had

15. Mr. Greinke has written the complaint letter to the catering company to _____ a refund as the provided food was not satisfactory.

    (A) request
    (B) carry
    (C) ask
    (D) look

16. The government agency is hiring an outside company to independently _____ a performance audit.

    (A) conduct
    (B) behave
    (C) observe
    (D) process

17. Those who registered to attend the convention should schedule an appointment with the department head _____ leave early that day.

    (A) on
    (B) in order
    (C) to
    (D) for

18. In order to be able to _____ promptly to road hazards, drivers are advised to avoid using cell phones while driving.

    (A) respond
    (B) require
    (C) prove
    (D) promise

19. The Employee of the Month program has helped workers in the laboratory _____ their morale.

    (A) boost
    (B) is boosting
    (C) boosts
    (D) was boosted

20. To _____ their overseas guests, San Marino hotel offers a high standard of comfort and service.

    (A) accommodate
    (B) accommodation
    (C) accommodating
    (D) accommodates

Unit Test 6

21. Marie has recently booked the guided tour to Russia and _____ to confirm the information.

    (A) has liked
    (B) like
    (C) would like
    (D) am liking

22. This section is well _____ for its many skyscrapers such as the CN Tower, the tallest building in the world.

    (A) known
    (B) know
    (C) knowing
    (D) knows

23. The information we gathered is used _____ a complete profile for each customer.

    (A) builder
    (B) builds
    (C) has build
    (D) to build

24. Browser Record allows users to _____ a test by recording questions using a Web browser.

    (A) creating
    (B) created
    (C) creates
    (D) create

25. Those who want to succeed must be _____ to seize the opportunity whenever possible.

    (A) prepared
    (B) to prepare
    (C) prepares
    (D) prepare

26. The internship program we are offering is a good chance _____ real work at the office.

    (A) learn
    (B) learning
    (C) learns
    (D) to learn

27. Some of the most _____ experts on Korean pottery were in attendance at a museum-sponsored symposium in Berlin.

    (A) common
    (B) notable
    (C) inferior
    (D) private

28. Probationary employees are _____ to submit a whole work schedule to their immediate supervisors before noon.

    (A) reminds
    (B) remind
    (C) reminded
    (D) reminding

29. Representatives from the two copper mining companies said they looked forward to _____ on a new project together.

    (A) worker
    (B) works
    (C) worked
    (D) working

30. Parents are advised to mark their children's belongings _____ to facilitate their return just in case these items are left behind or misplaced.

    (A) cleared
    (B) clearing
    (C) clearly
    (D) clear

31. The newly made program automatically _____ charts and tables from data supplied by users.

    (A) generating
    (B) generates
    (C) was generated
    (D) generate

32. After Mr. Hooper retires next Tuesday, the company's head accountant, Chloe Choi, will be chosen _____ him as CEO of the corporation.

    (A) success
    (B) to succeed
    (C) successor
    (D) successful

33. The Organization Committee has _____ to extend the meeting to discuss the issues further.

    (A) considered
    (B) decided
    (C) suggested
    (D) urged

34. The authoritative Millan Organization found that more and more companies _____ to expend their effort to recruit the global workers who can speak English and Spanish.

    (A) plan
    (B) consider
    (C) mind
    (D) recommend

35. The revision of the policy is intended _____ work safety regulations.

    (A) enhance
    (B) enhancing
    (C) enhanced
    (D) to enhance

36. The new CEO has every intention of holding daily meetings _____ respective managers well informed of the ongoing projects.

    (A) keep
    (B) keeps
    (C) to keep
    (D) kept

37. There are strict rules on data security that everybody in the company is required _____ to.

    (A) adhere
    (B) adhering
    (C) adheres
    (D) to adhere

38. The objective of this year's workshop hosted by the distinguished consulting company is _____ anyone interested in communicating with workers effectively.

    (A) advice
    (B) adviser
    (C) to advise
    (D) advised

39. Vietnamese officials in Washington report the contract is expected to _____ in June.

    (A) signing
    (B) sign
    (C) be signed
    (D) be signing

40. If anyone wants to check more details concerning the agendas _____ at the upcoming meeting, please refer to our web site.

    (A) covering
    (B) cover
    (C) to be covered
    (D) be covered

77

Unit 7. 동명사

 **단원 기출 문제 유형**

★ 동명사와 명사/분사를 구별하는 문제는 구조와 해석을 통해 해결한다.
★ 동명사 관련 관용표현은 특히 출제 빈도가 높으니 하나도 빠짐없이 암기하자.

1. I dislike _____ in front of my coworkers.

    (A) lecturing   (B) being lectured
    (C) lecturer   (D) lectured

2. _____ changes without any notice makes it hard to continue working under the manager.

    (A) Make   (B) Making
    (C) Made   (D) Makes

3. The vice president _____ taking a few days off after my skiing accident in Austria.

    (A) recommended   (B) designated
    (C) objected   (D) contributed

▶ 정답 및 해설

1. 빈 칸의 위치는 dislike의 목적어 자리이기 때문에, (D)는 탈락. (C)는 가산 명사이기 때문에 단수일 때 무관사로 쓸 수 없다. 남은 (A)와 (B) 중에서 목적어를 취하지 않는 수동 형태의 동명사 (B) being lectured가 정답이다.
   (나는 동료들 앞에서 꾸중을 듣는 것을 싫어합니다.)

2. 빈 칸은 changes를 목적어로 받는 동명사 주어인 (B) Making이 정답이다.
   (아무런 공지 없이 변경을 하는 것은 관리자의 밑에서 일을 지속하는 것을 힘들게 한다.)

3. 빈 칸은 동사 자리이다. 그 중에서 동명사(taking)를 목적어로 취하는 (A) recommended가 정답.
   (부사장은 오스트리아에서의 스키 사고 이후에 며칠 쉬는 것을 권하였다.)

1. 동명사의 역할과 의미상 주어

1) 동명사는 문장에서 명사 역할을 한다.

품사	위치		해석
명사	주어 자리	___+V+O	~하는 것
	목적어 자리	S+V+___	
	보어 자리	S+be+___	
	전치사의 목적어 자리	S+V+O+전+___	

<u>Maintaining</u> security in the Middle East is not an easy task.
중동지역의 안전을 유지하기란 쉬운 일이 아니다.

American Medical Association recommends <u>hiring</u> a new superintendent.
미국 의학 협회는 새로운 지배인을 고용할 것을 추천한다.

One of his duties is <u>hiring</u> the office workers.
그의 업무 중의 하나는 사무직원들의 고용이다.

We need to change this trend by <u>making</u> the exercise more interesting.
우리는 운동을 더 재미있는 것으로 만들어 줌으로써 이런 경향을 바꾸어 나갈 필요가 있다.

2) 동명사의 의미상 주어가 필요한 경우, 동명사 앞에 소유격을 쓴다. (빈도는 낮은 편)

<u>His</u> singing always captivates the audience.
그의 노래는 항상 관객을 매혹시킨다.

<u>Their</u> discussing the project late into the night was necessary.
그들이 밤 늦게까지 프로젝트에 대해 논의하는 것이 필요했다.

<u>Alice's</u> speaking French fluently surprised everyone.
Alice가 유창하게 프랑스어를 하는 것이 모두를 놀라게 했다.

Check it up!

1. During the 1970s and 1980s, Korea succeeded in (develop / developing) its economy.
2. The train company decided to reduce fares as a way of (attracting / attraction) customers.
3. You can monitor your progress and reach your fitness goals by (use / using) a fitness app.

1. developing 2. attracting 3. using

2. 동명사는 동사의 성질 (형식)을 그대로 유지한다.

1) 명사는 또 다른 명사를 취할 수 없기 때문에 '명사 + 명사' 형태는 복합명사를 제외하고는 불가능 하지만, 타동사의 동명사는 동사처럼 자신의 목적어를 가지기 때문에 '<u>동명사 + 명사</u>'구조가 가능하다.

We are interested in (establishing / ~~establishment~~) a foreign corporation in the U.S.
우리는 미국에 해외법인을 설립하는 것에 관심이 있다.

His speech emphasized the importance of (attracting / ~~attraction~~) industry to the town.
그의 연설은 그 소도시로 산업을 유치하는 일의 중요성을 강조했다.

2) 동명사에도 태와 시제가 있다.

	능동	수동
현재	V-ing (~하는 것)	being p.p. (~되는 것)
과거	having p.p. (~했던 것)	having been p.p. (~됐던 것)

과거   Sarah received a lot of praise for <u>having helped</u> organize the charity event.
       Sarah는 자선 행사 조직을 도왔기 때문에 많은 칭찬을 받았다.

수동   After <u>being developed</u> for several years, the new software was finally released.
       수년간 개발된 후, 새로운 소프트웨어가 마침내 출시되었다.

과거+수동   Malcom Co. had to acknowledge <u>having been outperformed</u> by its competitor.
       Malcom Co.는 경쟁사에 의해 성과 면에서 능가당했다는 것을 인정해야만 했다.

3) 동명사는 형용사의 수식이 아닌, 동사처럼 부사의 수식을 받는다.

Chris was promoted after (successfully / ~~successful~~) completing the project.
Chris는 프로젝트를 성공적으로 완수한 후 승진되었다.

4) 동명사 앞에는 관사가 올 수 없다. 즉 관사가 있으면 그냥 명사가 정답이다.

Donna Land has experienced a marked (~~increasing~~ / increase) last quarter.
Donna Land는 지난 분기에 현저한 증가를 경험했다.

Check it up!

1. Ms. Park was honored for (promoting / promotion) the use of renewable energy.
2. I double-checked the instructions before (initially / initial) starting the machine.

1. promoting 2. initially

3. 동명사를 목적어로 갖는 동사

1) 동명사를 목적어로 갖는 동사들이 있다.

동명사를 목적어로 취하는 동사 : S + V + O(V-ing)					
추천, 고려, 제안 등	recommend -ing 추천하다	consider -ing 고려하다	suggest -ing 제안하다	discuss -ing 논의하다	
끝내다, 연기하다	finish, quit -ing 끝내다	delay -ing 미루다	discontinue -ing 중지하다	give up -ing 포기하다	postpone -ing 연기하다
부정적 의미	dislike -ing 싫어하다	mind -ing 꺼리다	avoid -ing 피하다	deny -ing 부인하다	risk -ing 위험을 무릅쓰다
그 외	enjoy -ing 즐기다	appreciate -ing 고마워하다	miss -ing 놓치다, 그리워하다		

Do you think we should consider (hiring / ~~to hire~~) a house sitter?
집 봐 줄 사람을 구해야 할 것 같지?

2) 동명사와 to 부정사를 모두 목적어로 갖는 동사들도 있다.

동명사와 to 부정사를 모두 목적어로 가지면서 의미상 차이가 없는 경우			
시작하다	begin 시작하다	start 시작하다	
좋아하다	like 좋아하다	love 사랑하다	prefer 선호하다
그 외	continue 계속하다		
동명사와 to 부정사를 모두 목적어로 가지면서 의미상 차이가 있는 경우			
remember to V (미래에) ~을 할 것을 기억하다		remember -ing (과거에) ~을 한 것을 기억하다	
forget to V (미래에) ~을 할 것을 잊다		forget -ing (과거에) ~한 것을 잊다	

1. I forgot <u>to call</u> you last night.
   나는 지난밤에 너에게 전화를 할 것을 잊어버렸다.
   → 여기에서 'to call'은 '실행되지 않은 행동', 즉, 전화를 할 예정이었지만, 그렇게 하지 못했음을 의미한다.

2. I forgot <u>calling</u> you last night.
   나는 지난밤에 너에게 전화를 했었던 사실을 잊어버렸다.
   → 여기에서 'calling'은 '과거에 일어난 행위', 즉, 실제로 전화를 했지만 그 사실을 잊었다는 의미이다.

Check it up!

1. How about considering (to sign / signing) the letter in blue ink?
2. If you give me two days more and I (promise / finish) to pay you back.
3. Please don't forget (to close / closing) the gas valve.

1. signing 2. promise 3. to close

4. 반드시 외워야 하는 동명사 관련 표현들

1) 명사화 된 동명사들이 있다. 이 경우, 동명사가 아닌 그냥 명사로 간주한다.

필수 테마별 단어시험 DAY 05 (부록 p.83)

beginning 발단, 개시	photocopying 복사	broadcasting 방송	shipping 선박, 운송	listing 목록, 명단
lodging 숙박, 하숙	meeting 회의	opening 공석, 개업식	spending 지출	setting 환경(장소), 설정
gathering 모임	training 훈련	cleaning 청소	screening 상영, 검사	warning 경고
packaging 포장(재)	publishing 출판업	decision making 결정	understanding 이해(심)	measuring 측정, 측량
monitoring 감시, 통제	sightseeing 관광	dining 식사, 정찬	pricing 가격(책정)	writing 글씨
accounting 회계	processing 처리	advertising 광고(업)	housing 주거, 숙소	questioning 질의, 심문
reading 읽을거리	outing 야유회	founding 창립, 개업	handling 처리	marketing 마케팅
funding 자금지원	planning 계획	seating 좌석(배치)	scheduling 일정관리	belongings 소지품
widening 확장	recycling 재활용	savings 저축	findings 조사결과	earnings 소득
staffing 직원 채용	restructuring 구조조정	ticketing 매표	boarding 탑승	financing 자금조달

 The _____ of Colonal Drive from two lanes to four lanes will take six months.

(A) wider
(B) width
(C) widening
(D) widely

답 : (C)

 The Seoul Office has _____ responsibility for the majority of expenditure.

(A) account
(B) accounting
(C) accounted
(D) accounts

답 : (B)

Check it up!

1. All parties are promising to increase (spending / spends / spent) on health.
2. The school posted a job (open / opening / opened) for the protection officer.

1. spending 2. opening

2) 암기해야 할 동명사를 포함한 숙어표현들

필수 테마별 단어시험 DAY 04 (부록 p.82)

on(upon) -ing ~하자마자	end up -ing 결국 (결과가) ~으로 끝나다	be worth -ing ~할 가치가 있다	* sb.에게 ~을 못하게 막다 keep stop prevent prohibit inhibit forbid + sb. from -ing
It's no use -ing ~해도 소용없다	be busy (in) -ing ~하느라 바쁘다	spend 시간/돈 -ing ~하는데 시간/돈을 쓰다	
cannot help -ing ~하지 않을 수 없다	as a way of -ing ~의 일환/방식으로	have trouble (in) -ing have difficulty (in) -ing have a problem (in) -ing ~하는데 어려움을 겪다	
feel like -ing ~하고 싶다	keep (on) -ing 계속 ~하다		

If we don't leave now, we will <u>end up being</u> late for the movie.
우리가 지금 출발하지 않는다면, 영화에 늦게 될 것이다.

New York is worth <u>a visit / visiting.</u> (둘 다 가능)
New York은 방문할 가치가 있다.

3) 반드시 암기해야 할 '전치사 to + 동명사' 형태의 관용 표현들

필수 테마별 단어시험 DAY 05 (부록 p.83)

contribute to -ing ~에 기여하다 / 원인이 되다	lead to -ing ~로 이어지다 (결과, 장소)	when it comes to -ing ~에 관해서는	be devoted to -ing be dedicated to -ing be committed to -ing ~에 헌신/전념 하다
come close to -ing ~하는 것에 가까워지다	object to -ing be opposed to -ing ~에 반대하다	be used to -ing be accustomed to -ing ~에 익숙하다	
look forward to -ing ~하기를 고대/기대하다			

※ 전치사 to 뒤에 그냥 명사도 물론 가능하지만, 굳이 'to -ing' 형태로 외우는 이유는 to 부정사와의 헷갈림을 방지하기 위함!

4) 전치사 to와 함께 쓰이는 추가 빈출 표현들

필수 테마별 단어시험 DAY 05 (부록 p.83)

be attentive to ~에 주의를 기울이는	be sensitive to ~에 세심한	be adjacent, close to ~에 인접한, 가까운	* 변화와 관련된 명사들 change to revision to improvement to alteration to amendment to ~에의 변화 (향상)
be key to ~에의 비결, 열쇠	be related to ~에 관련된	be conducive to ~에 좋은	
be equal, equivalent to ~에 동등한	be responsive to ~에 즉각 반응하는	be subject to ~에 영향/적용을 받는	

Check it up!

1. Those who are rich do not spend time (talking / talked) with young adults in poor areas.
2. The drug was used to (treat / treating) extreme weight loss.
3. Guests receive dinner (upon / in) arrival at the hotel.

1. talking 2. treat 3. upon

Unit Test 7

1. The personnel manager says she will be considering _____ only those who take initiative.

   (A) to hire
   (B) hire
   (C) hires
   (D) hiring

2. Some busy people who prefer _____ in one place may accept higher prices for the convenience of saving time.

   (A) shopper
   (B) shopped
   (C) to shop
   (D) to shopping

3. The consultant suggested several options for _____ money in the Asia market.

   (A) invest
   (B) investing
   (C) investor
   (D) invests

4. Mr. Kim is a reliable employee and completes _____ assigned to him on time.

   (A) work
   (B) worker
   (C) working
   (D) worked

5. The committee will consider the proposals for _____ as part of its decision.

   (A) to fund
   (B) funding
   (C) funder
   (D) funded

6. The executives of the company are considering _____ the company's web site to provide better service to customers.

   (A) redesigned
   (B) redesign
   (C) redesigns
   (D) redesigning

7. Whenever Sally flies, she enjoys _____ by flight attendants.

   (A) serving
   (B) server
   (C) being served
   (D) to serve

8. Despite _____ more employees for the factory, the production manager still believes the facility is understaffed.

   (A) hire
   (B) have hired
   (C) having hired
   (D) were hired

9. _____ discounts for regular customers is one kind of marketing technique.

   (A) To be offered
   (B) Offered
   (C) Offers
   (D) Offering

10. _____ business hours was the only way that the store could increase sales.

    (A) Extend
    (B) Extends
    (C) Extending
    (D) Extendable

11. Public Relations has the objective of _____ a favorable image of the business and its products.

    (A) presenting
    (B) present
    (C) presentation
    (D) presented

12. We contact customers immediately to confirm the order or purchase if any peculiar activities are _____ in their accounts.

    (A) initiate
    (B) initiated
    (C) initiative
    (D) initiation

13. Mr. kim postponed _____ the new product line after a competing firm announced a similar product.

    (A) to launch
    (B) launch
    (C) launched
    (D) launching

14. For years the Telegraph has never replied to people's email without _____ any solution.

    (A) propose
    (B) proposal
    (C) proposes
    (D) proposing

15. Donna Land has chosen to build the east wing as a way of _____ more children in the region.

    (A) attracting
    (B) attraction
    (C) attractive
    (D) attractively

16. Sarah Furnishings opened a hotline for customers' questions in an effort to _____ serving them better.

    (A) continue
    (B) afford
    (C) manage
    (D) decide

17. Companies want to know exactly what are the prerequisites for _____ invited to bid.

    (A) being
    (B) to be
    (C) been
    (D) be

18. The mayor of Toronto _____ residents have easy access to books by opening a library with a collection of 500 books inside the city hall in 1990.

    (A) help
    (B) helped
    (C) helping
    (D) to help

19. Apart from numerous film awards, _____ by the Queen is surely a unique reward for any British actor or actress.

    (A) honoring
    (B) honors
    (C) being honored
    (D) honored

20. The purchasing department suggested that the company consider _____ the supplier for the raw material.

    (A) change
    (B) changed
    (C) changing
    (D) to change

Unit Test 7

21. The Big Sky Airline has shown its commitment to _____ the fuel consumption of all its models.

    (A) lower
    (B) low
    (C) lowered
    (D) lowering

22. Employees are _____ to serving the needs of the community with a full range of service.

    (A) expressed
    (B) scheduled
    (C) dedicated
    (D) designed

23. Residents are opposed to _____ factories in the area.

    (A) build
    (B) builds
    (C) builder
    (D) building

24. You should forward the payment within seven business days of _____ this invoice.

    (A) receiving
    (B) received
    (C) receipt
    (D) receive

25. The Washington branch has job _____ in the sales department that need to be filled as soon as possible.

    (A) open
    (B) opens
    (C) opened
    (D) openings

26. The frozen food division is suggesting _____ a new line of dinner dishes in a few selected countries next winter.

    (A) to introduce
    (B) introducing
    (C) introduce
    (D) introduced

27. Participants of the next Environment Association are expected _____ at the reception desk before entering the main conference hall.

    (A) register
    (B) to register
    (C) will register
    (D) registering

28. At first, the creditors refused to _____ to a suspension of debt payments but soon realized that was the only option they had.

    (A) agreeing
    (B) agree
    (C) having agreed
    (D) agreed

29. High seasonal demand makes it impossible _____ beach resort guests to be accommodated unless they make early reservations.

    (A) of
    (B) if
    (C) from
    (D) for

30. Representatives from developing countries in the Africa region have gathered together _____ the effects of recent patterns in fossil fuel consumption.

    (A) analyst
    (B) analysis
    (C) analyze
    (D) to analyze

31. The quality control department needs _____ the shipment before they can proceed further with the project.

    (A) receiving
    (B) to receive
    (C) receive
    (D) will receive

32. The renowned author Gomez's new book allowed the group _____ a better understanding of the issue.

    (A) to have
    (B) having
    (C) had
    (D) have

33. Mr. Kim let his secretary _____ the minutes of the meeting so that he can pass them out to everyone who will be present at the meeting.

    (A) take
    (B) took
    (C) taking
    (D) to take

34. The company is credited with _____ the industrial robot.

    (A) invested
    (B) investing
    (C) invest
    (D) investment

35. All audio and video equipment in 150 conference room is exclusively _____ for the invited speakers.

    (A) chaired
    (B) processed
    (C) reserved
    (D) performed

36. _____ pay claim forms must be forwarded to the person accountable for salary negotiation within a week.

    (A) completion
    (B) completed
    (C) completely
    (D) completing

37. Sales and marketing division are _____ on a project to build up a more established customer base in big cities.

    (A) merging
    (B) collaborating
    (C) blending
    (D) connecting

38. Ms. Wilson enjoys spending her free time _____ the city and taking relaxing walks in the city's parks.

    (A) explores
    (B) explored
    (C) exploring
    (D) explorer

39. _____ unique local foods and watching bears walking around are main attractions of any trip to Alaska.

    (A) Taste
    (B) Tasted
    (C) Tasting
    (D) Tastes

40. Although Mr. Yoon ordered 5 Ultra Books last Sunday, they are not delivered until the _____ Thursday.

    (A) incoming
    (B) available
    (C) frequent
    (D) following

Unit 8. 분사

 단원 기출 문제 유형

★ 분사는 해석이다. 반드시 능동, 수동의 해석관계를 통해 문제에 접근한다.
★ 수식받는 명사와 분사와의 능동, 수동 관계를 의미적으로 파악할 수 있도록
  하고, 관용적인 분사 표현들은 빈출 중심으로 반드시 암기하자.

1. Anyone _____ in the scandal is being brought into the precinct for investigation.

   (A) involving   (B) involved
   (C) involve   (D) involves

2. An initiative _____ by the Department of Trade to reduce tariffs on agricultural imports was quickly approved.

   (A) suggest   (B) suggests
   (C) suggested   (D) suggesting

3. The overseas sales-agency has put in a request to all branch offices to secure all reservations for corporate clients prior to the _____ fuel charge increase.

   (A) predicted   (B) prediction
   (C) predicting   (D) predict

▶ 정답 및 해설

1. 빈칸에는 주어인 anyone을 꾸며주는 분사가 와야 한다. 꾸밈을 받는 명사인 anyone과 빈칸의 분사가 '누구나가 부정행위에 연루되다'라는 의미에서처럼 수동의 관계에 있으므로, 과거분사
   (B) involved 가 정답이다.
   (누구든 부정행위에 연루된 사람은 조사 관할 구역으로 오게 되어있다.)

2. 빈 칸은 명사인 initiative(발안)를 수식하는 분사 자리이다. 수식받는 명사인 '발안'은 제안 하는 것이 아니라 제안 된 것이므로, 정답은 과거분사인 (C) suggested이다.
   (Department of Trade에 의해 제안된 수입 농산물의 관세를 줄이자는 발안은 빠르게 승인되었다.)

3. 빈칸은 명사인 fuel charge increase(연료비 증가)를 꾸며주는 분사 자리이다. '예측된 연료비 증가'라는 해석이 적절하므로 정답은 (A) predicted 이다.
   (해외 판매 대리점은 연료비 증가 이전에 기업고객들을 위한 예약을 확실히 해 달라고 모든 지점들에게 요청했다.)

1. 분사의 역할과 종류

1) 분사는 문장에서 형용사 역할을 한다.

품사	위치		해석
형용사	명사 앞	____+N	• 현재분사 (V-ing : 능동) : ~하는 • 과거분사 (p.p. : 수동) : ~된
	명사 뒤	N+____	
	주격 보어	S+2V+____	
	목적격 보어	S+5V+O+____	

There is general concern about (rising / ~~rise~~) unemployment rates.
증가하는 실업률에 대한 전반적인 걱정이 있다.

Mr. Morris always reviews the evaluation forms (~~completing~~ / completed) by his students.
Mr. Morris는 언제나 그의 학생들에 의해 작성된 설문지를 검토한다.

We ended up leaving the party early because it was so (boring / ~~board~~).
파티가 너무 지루해서 우리는 결국 일찍 떠났다.

Please keep me informed about any changes in the project schedule.
프로젝트 일정에 어떤 변화가 있으면 꼭 알려주세요.

2) 현재분사와 과거분사의 구별은 수식받는 명사가 동작을 하는 건지 (능동 : -ing), 동작을 받는 건지 (수동 : p.p.)를 반드시 해석적으로 구분한다.

_____ products 완제품들 (finishing / finished)	_____ products 구매품들 (purchasing / purchased)	for a _____ time 제한된 시간 동안 (limiting / limited)
_____ luggage 손상된 수하물 (damaging / damaged)	a _____ baby 잠자는 아기 (sleeping / slept)	employees _____ in the lab 실험실에서 일하는 직원들 (working / worked)
_____ airfares 할인된 항공 운임 (reducing / reduced)	_____ performance 재미있는 공연 (exciting / excited)	_____ employees 혼란스러운 직원들 (confusing / confused)

As part of the relocation package, employees will receive (~~limiting~~ / limited) moving allowances.
전근 조건의 일부로, 직원들은 제한된 이사 수당을 받게 될 것이다.

Check it up!

1. The schedule changes made the employees (confusing / confused).
2. Kina's grandmother knows a number of (fascinating / fascinated) stories.
3. Is there a discount for anyone (applying / applied) for membership before the end of the month?

1. confused 2. fascinating 3. applying

2. 분사구문 - 주어를 꾸며주는 형용사구문!

1) 분사구문은 기본적으로 부사절 접속사 뒤에 '주어+동사'를 '분사'로 축약해서 쓰는 형태이다.

　　While he revised the report, Mr. Kim found some errors.
　　　→ revising (동사가 능동태면, 현재분사 (-ing)로 축약된다.)

　　When she was surprised at the news, she was speechless.
　　　→ surprised (동사가 수동태면, 과거분사 (p.p.)로 축약된다.)

2) 그리고 접속사도 생략이 가능하기 때문에 궁극적으로 분사로 시작되는 구문이 만들어진다. 즉, 문두에 분사로 시작하는 분사구문은 주어를 수식하는 형용사 구문이다. (해석은 문맥에 맞게 '시간, 이유' 등으로 해석한다.)

~하면서 (시간)	**Standing** in the queue, I realized I didn't have any money. 줄에 서 있을 때, 나는 돈이 없다는 걸 깨달았다.
~한 이후에 (having p.p.~)	**Having discussed** the matter, they came to an agreement. 문제에 대해 논의한 후, 그들은 합의에 도달했다.
~ 때문에 (이유)	**Knowing** the reason for previous failure, Richard didn't make the same mistake. 이전의 실패의 이유를 알고 있었기 때문에, Richard는 같은 실수를 하지 않았다. **Confused** by the instructions, he asked for further clarification. 지시사항에 혼란스러웠기 때문에, 그는 추가 설명을 요청했다.

분사구문이 문장 뒤에 위치하면서 추가적인 상황을 설명할 수도 있다.

Mike passed the exam, **feeling** relieved and happy.
Mike는 시험에 합격했고, 안도감과 행복감을 느꼈다. (결과 : 그리고 ~ 하다)

The team completed the project on time, **working** tirelessly for weeks.
그 팀은 몇 주간 끊임없이 일하며, 프로젝트를 기한 내에 완성했다. (동시동작 : ~하면서)

★ 그리고, '결과'의 해석의 경우, ing 앞에 부사를 넣는 문제가 종종 출제된다!

S+V+O, ____ -ing ~.
　→ **thereby** (그렇게 함으로써), **then** (그러고 난 뒤에), **consequently** (그 결과)

3) 부사절 접속사는 그 종류에 따라 실제 쓰임의 용법이 각기 다르다. 현대 영어에서 실제로 쓰이는 접속사별 분사구문의 형태를 정확하게 이해하고 암기하도록 한다.

① 가장 기본적인 시간의 접속사 (when, while, whenever)은 ing와 p.p.로 모두 축약이 가능하고, 접속사가 생략이 될 수도, 남을 수도 있다. 즉, 분사구문의 모든 형태가 모두 가능하다.

　　(While) watching news on TV, she started to cry.
　　(When) asked about the company's future, the director responded favorably.

② 이유의 접속사 (because)는 분사로 축약시, 접속사가 무조건 생략이 된다.

　　* Because + -ing / p.p. (x)

　　Because he has an important test next week, Paul is studying hard.
　　→ ~~Because~~ Having an important test next week, Paul is studying hard.

③ 양보의 접속사 though, although 등은 같은 의미의 전치사 despite가 있기 때문에 'Although -ing' 형태로는 축약하지 않는다.

    ex. Although informed of the risks, 위험에 대해 통지를 받았음에도 불구하고
    ex. (Despite / ~~Although~~) opening recently, 비록 최근에 오픈을 했음에도 불구하고
    ex. Although disappointing, 비록 실망스럽지만 (※ 단, 감정동사의-ing는 형용사로 취급되기 때문에 예외적으로 가능)

④ 조건의 접속사 if, unless, (once) 등은 'If/Unless + p.p.'로 형태로 축약이 발생된다.

    ex. Once merged, 일단 합병이 된 이후에
    ex. Unless otherwise indicated 달리 명시되지 않는다면

⑤ 접속사 as는 'As + p.p.'로 형태로 축약 가능하다. (As p.p. ~ : ~된대로)

    ex. As discussed 논의 된대로 / As mentioned above 위에서 언급 된대로

⑥ after, before, since는 원래 접속사와 전치사가 모두 가능하기 때문에, 분사구문의 개념 아닌 접속사 or 전치사로 생각한다.

    ex. (접속사) After S+V / (전치사) After -ing/N / After p.p. (x)

참고! 접속사 뒤에 '주어 + 동사' 가 생략된 형용사, 전명구를 취하는 형태도 가능하다.

if possible 만약 가능하다면	whenever possible 언제든지 가능하다면
if necessary 만약 필요하다면	whenever necessary 언제든지 필요하다면
while on duty 근무 중에	while in the classroom 교실에 있는 동안에

4) 완료분사구문 (Having p.p. ~)는 분사의 시제가 주절보다 과거임을 강조하기 위해 쓰인다.

    Having got dressed, Mr. Kim slowly went downstairs.
    옷을 입은 후에, Mr. Kim은 천천히 아래층으로 내려갔다.

5) 분사구문의 부정형태는 분사 앞에 not을 붙인다.

    Not wanting to hurt his feelings, I avoided the question.
    그의 기분을 상하게 하고 싶지 않았기 때문에, 나는 질문을 피했다.

Check it up!

1. When (apply / applying / application) for a transfer, explain your situation fully.
2. Unless (telling / told) otherwise, be here every morning.
3. After (reviewing / reviewed) the holes in security, experts totally agreed with me.
4. Before (leaving / left) the house, he switched off the lights.
5. (Completing / Completed) the assignment successfully, the team received a large bonus.
6. (Dine / Dining) alone in the afternoon, Mr. Kim is always unhappy.
7. Once (merge, merged), both corporations will examine every contract.
8. Children are admitted only if (accompanying / accompanied) by an adult.
9. While (preparing / prepared) dinner, she cut her finger.
10. After (having dropped / dropped) him at the station, I drove straight to the supermarket.
11. The storm hit the city, (caused / causing) great damage.

1. applying 2. told 3. reviewing 4. leaving 5. Completing 6. Dining 7. merged 8. accompanied 9. preparing 10. having dropped 11. causing

3. 반드시 알아야 할 빈출 분사관련 문제들

1) **사물은 감정을 느낄 수 없기 때문에 감정동사 p.p.의 수식을 받지 않는다.**
   (단, 회사, 협회 등 사람들이 모인 집단은 예외)

   The soccer game was (boring / ~~bored~~).
   축구경기는 지루했다.

   Our company is (~~pleasing~~ / pleased) to inform you that you will join the team.
   우리 회사는 당신이 팀에 합류할 것이라는 것을 알리게 되어 기쁩니다.

빈출 감정동사 분사 형용사			
annoying noise annoyed manager	짜증나게 하는 소음 화가 난 관리자	alarming call alarmed refugees	경고음 놀란 피난민들
pleasing flavor pleased woman	기분을 좋게 해주는 맛 기분 좋은 여인	shocking accident shocked counselor	충격적인 사고 충격 받은 상담사
gratifying result gratified manager	만족스런 결과 만족한 매니저	rewarding work rewarded employees	가치가 있는 일 보상 받은 직원들
disappointing result disappointed applicant	실망스러운 결과 실망한 응시자	exhausting day exhausted student	힘든 하루 지친 학생
embarrassing moment embarrassed dancer	당혹스러운 순간 당황한 무용수	amusing news amused lady	놀라운 소식 즐거워하는 여인
encouraging news encouraged players	고무적인 소식 용기를 얻은 선수들	worrying situation worried engineers	걱정하게 하는 상황 걱정하는 기술자들
distracting factor distracted man	산만하게 하는 요소 산만해진 남성	astonishing effect astonished woman	놀라운 효과 놀란 여성

2) **분사가 명사를 후치수식 하는 경우에는, 타동사의 -ing는 자신의 명사 목적어를 취한다. (단, 동사의 용법에 따라 예외적인 경우도 있으니 문법은 참고만 할 뿐, 반드시 해석을 통해 구분한다.)**

$$\text{ex. S V O \_\_\_\_ + N}$$
$$(\text{-ing / p.p.})$$

※ 자동사는 원래 목적어를 취하지 않기 때문에 무조건 v-ing 이다.

The shipping company has sent **a letter** (explaining / ~~explained~~) changes in the billing policy.
택배회사는 청구 방침에 대한 변화를 보여주는 편지를 발송했다.

I appreciated the (unlimited / ~~unlimiting~~) **warranty**, as it covered all potential issues with the new camera.
새 카메라와 관련된 모든 잠재적 문제들을 커버하는 무제한 보증이 있어서 좋았다.

※ 빈칸이 앞에 있는 경우 (전치수식의 경우) 에는, 분사의 용법 같은 거 없음! 무조건 해석이다.

Check it up!

1. (Troubling / Troubled) complaints motivated us to reevaluate our training procedures.
2. Those (applying / applied) for the job should complete the form.
3. The teacher's positive feedback is (encouraging / encouraged) for students' motivation.

1. Troubling 2. applying 3. encouraging

3) 반드시 외워야 할 분사 관용표현들

현재분사 + 명사			
opening remarks	개회사	(long) lasting impression	오래 지속되는 영향
existing equipment	기존의 설비	leading brands	일류 브랜드
missing luggage	분실된 수하물	presiding officer	의장
promising member	유망한 멤버	operating system	조작 시스템
living creature	생명체	extenuating factor	정상참작 요소
rewarding work	결실이 있는 작업	the coming year	다음 해
overwhelming superiority	압도적인 우세	the following month	다음 달
growing debt	늘어나는 빚	approaching crisis	다가오는 위기
demanding manager	까다로운 상사	closing shifts	마감 근무조
surrounding area	주변지역	challenging task	어려운 임무
opposing direction	반대 방향	welcoming present	환영 선물
rising cost	상승하는 원가	parting gift	작별 선물
remaining audience	남아있는 청중	misleading comment	오해하기 쉬운 발언
departing tenants	떠나는 세입자들		

과거분사 + 명사			
experienced programmer	경험이 많은 프로그래머	reserved parking space	예약된 주차공간
skilled programmer	숙련된 프로그래머	limited warranty	제한된 보증기간
qualified technician	자격이 있는 기술자	attached document	첨부된 문서
motivated technician	의욕적인 기술자	purchased item	구매된 제품
dedicated crew	헌신적인 직원	customized products	주문 제작된 제품
proposed plan	제안된 계획	finished products	완성된 제품
detailed plan	자세한 계획	handcrafted pieces	수작업된 제품
written permission	서면 허가서	repeated dismissal	반복된 거절
designated area	지정된 장소	damaged items	손상된 물건
unlimited warranty	무제한 보증	enclosed coupon	동봉된 쿠폰
inspected item	조사를 마친 항목	reduced size	축소된 규모
complicated system	복잡한 시스템	informed man	박식한 사람
distinguished writer	유명한 작가	preferred vendors	선호되는 판매자
merged company	합병된 회사	accomplished artist	기량이 뛰어난 화가
sophisticated systems	정교한 시스템	provided booklet	제공되는 소책자
* anticipated arrival time (감정동사 x)	예상되는 도착 시간	established company	(확실히) 자리를 잡은 회사
		established actor	저명한 배우

Check it up!

1. Internet language schools have a (promising / promised) future.
2. As a (parting / gratified) gift, it was probably more heartwarming than any carriage clock.

1. promising 2. parting

Unit Test 8

1. The event organizer said he would review the _____ timetable of presentations before giving his approval.

   (A) propose
   (B) proposing
   (C) proposed
   (D) proposal

2. The _____ demand for experienced workers has led some companies to recruit employees overseas.

   (A) rise
   (B) rose
   (C) rising
   (D) rises

3. The technical proficiency of the dancers in all of the performances was _____.

   (A) fascinating
   (B) fascinated
   (C) fascinates
   (D) fascinate

4. With high quality products, our company strives to be _____ among our competitors.

   (A) distinguishes
   (B) distinguishment
   (C) distinguished
   (D) distinguish

5. The upgrade will not be _____ until you agree on the terms and conditions.

   (A) completion
   (B) completed
   (C) completes
   (D) completely

6. Because flu is a _____ public concern, pharmaceutical companies have been marketing a variety of medications.

   (A) grow
   (B) grew
   (C) growth
   (D) growing

7. Angle Shot is a monthly magazine _____ by an organization of amateur photographers.

   (A) distribute
   (B) distributed
   (C) distributing
   (D) will distribute

8. The bridge closure is likely to cause congestion in the _____ area.

   (A) surrounding
   (B) surroundings
   (C) surround
   (D) surrounds

9. Please notify your director if you are _____ in working extra hours over the weekend.

   (A) interested
   (B) interest
   (C) interestingly
   (D) interests

10. Ms. Kira should be available to meet with the accounting group next week, as she has no _____ travel plans.

    (A) scheduling
    (B) scheduler
    (C) scheduled
    (D) schedule

11. The organization yesterday marked its fifteenth anniversary with a luncheon _____ its founding members.

    (A) honor
    (B) honors
    (C) honored
    (D) honoring

12. The new credit system _____ for employees who need an emergency loan will go into effect next week.

    (A) established
    (B) establishing
    (C) is established
    (D) establish

13. The purpose of this year's meeting is to have employees identify _____ methods and procedures.

    (A) outdate
    (B) outdating
    (C) outdates
    (D) outdated

14. Consumers think that the procedures for assembling furniture are overly _____ .

    (A) complicate
    (B) complicates
    (C) complicated
    (D) complication

15. Chicago Times announced that the decrease in tourism in the region could lead to _____ consequences for the economy.

    (A) worried
    (B) worrying
    (C) worries
    (D) worrier

16. When _____ by a guard, all personnel should present their identification card.

    (A) asking
    (B) are asked
    (C) asked
    (D) have asked

17. _____ remodeling a house, remember to budget carefully for unforeseen expenses.

    (A) Still
    (B) As
    (C) When
    (D) That

18. After _____ encouraged to submit a proposal, the Ralston Corporation decided to conduct a feasibility study.

    (A) been
    (B) being
    (C) were
    (D) was

19. Once _____ , the companies will be able to offer new levels of service as a single multinational supermarket chain.

    (A) merge
    (B) is merged
    (C) have merged
    (D) merged

20. Hires work in a different field everyday, _____ becoming familiar with all the details of the entire store.

    (A) much
    (B) next
    (C) elsewhere
    (D) thereby

Unit Test 8

21. As _____ at Tuesday's meeting, the board of directors approved the salary increases for the editors.

    (A) discussion
    (B) discuss
    (C) discussed
    (D) discussing

22. Public Relations has the objective of _____ a favorable image of the business and its products.

    (A) presenting
    (B) present
    (C) presentation
    (D) presented

23. The outdoor market on Rose Street is the busiest in the entire city, _____ nearly 3000 customers a day.

    (A) serve
    (B) service
    (C) serving
    (D) served

24. Mr. Lee postponed _____ the new product line after a competing firm announced a similar product.

    (A) to launch
    (B) launch
    (C) launched
    (D) launching

25. _____ in the downtown area, the information center for tourists provides various types of assistance and serves as a meeting place for young adults.

    (A) Locating
    (B) Located
    (C) Locate
    (D) Location

26. Cleanco Company's purchasing manager has been meeting with equipment suppliers to procure more _____ industrial machines that utilize advanced technologies.

    (A) reliable
    (B) reliably
    (C) relying
    (D) rely

27. All the residents said they plan to take the public transportation _____ ride a cab paid for by the sponsors.

    (A) other than
    (B) rather than
    (C) no later than
    (D) more than

28. We are currently investigating new ways _____ more consumer interest in our products and services.

    (A) generate
    (B) generating
    (C) to generate
    (D) generated

29. The company has laid off 150 workers in an effort _____ money.

    (A) to saving
    (B) saved
    (C) to save
    (D) saving

30. Soon after his resignation was announced, Stan met with senior managers _____ finding his replacement.

    (A) discuss
    (B) discussing
    (C) discussion
    (D) to discuss

31. The factory's technical supervisor carefully inspected the _____ manual prior to having it printed and distributed to his subsidiaries.

    (A) amend
    (B) amended
    (C) amendable
    (D) amends

32. An important quality of anyone working in customer service is the ability _____ a positive attitude, especially during stressful situations.

    (A) maintain
    (B) maintaining
    (C) to maintain
    (D) maintained

33. It is not clear to us whether _____ designs for our mobile phones is more realistic within the budget constraints.

    (A) revise
    (B) revision
    (C) revised
    (D) revising

34. Even a little negative publicity can harm a company's image by _____ customer's confidence.

    (A) damage
    (B) damaging
    (C) damageable
    (D) damages

35. Cincinnati Rail may change the departure times of all trains without _____ passengers in advance.

    (A) notifies
    (B) notify
    (C) notifying
    (D) notified

36. Clayton Kershaw was recently appointed as the company's negotiator since he is especially _____ at communicating with people from various industries.

    (A) skeptical
    (B) confident
    (C) willing
    (D) skilled

37. As _____ in the employee manual, any staff member who is absent without permission or valid reason will be given a written warning.

    (A) indicating
    (B) indicated
    (C) indicative
    (D) indicate

38. Our language school _____ in offering customized intensive courses is widely recognized for achieving the best results possible.

    (A) specializes
    (B) specialize
    (C) special
    (D) specializing

39. The letter I sent yesterday is in response to your telephone call on May 28th _____ about the status of your credit card account.

    (A) inquire
    (B) inquiring
    (C) being inquired
    (D) inquired

40. _____ desserts for any occasion in any style, Donna Bistro will make whatever you desire.

    (A) Serving
    (B) Served
    (C) Server
    (D) Serve

04
Section

품사

Unit 9
명사

Unit 10
대명사

Unit 11
형용사

Unit 12
부사

Unit 13
전치사

Unit 9. 명사

 **단원 기출 문제 유형**

★ 명사 문제는 품사 문제와 어휘 문제가 골고루 출제 된다.
★ 항상 해석해서 문제를 풀되 문법적 오답은 무조건 우선 소거해야 한다.
  (수일치, 관사의 유/무 등)

1. All those attending the workshop are expected to complete the satisfaction _____.

   (A) form   (B) receipt
   (C) bill   (D) claim

2. The supervisor posted the _____ regarding the schedule change on the bulletin board.

   (A) organization   (B) announcement
   (C) substance   (D) container

3. Mark said he needed to attend to some family _____ before coming to the office gathering.

   (A) conclusions   (B) reasons
   (C) matters   (D) contents

▶ 정답 및 해설

1. satisfaction과 어울리는 복합 명사를 찾는 문제이다. 정답은 (A) form(양식)이다
   (워크샵에 참여하는 모든 사람들은 만족 평가 양식을 작성해야 한다.)

2. '게시판에 일정 변경에 관한 ____을 게시하다.'라는 문맥에서 빈칸에 적절한 명사는 (B) announcement (공고)이다.
   (감독자는 일정 변경에 대한 공지를 게시판에 올려놓았다.)

3. '가족 ___을 처리할 필요가 있다'라는 문맥에서 가장 적절한 명사는 (C) matters (문제)이다.
   (Mark는 회사 모임에 오기 전 처리해야 할 집안일이 있다고 말했다.)

1. 명사의 역할과 자리

1) 명사는 문장을 구성하는 필수성분이다. 그러므로, 주어, 목적어, 보어 자리에 온다.

주어 자리	**Complaints** have increased every year since King's inception. King의 설립이래로 불만들이 매년 증가해왔다.
타동사의 목적어	Please review the **contract** carefully. 계약서를 신중히 검토해주시길 바랍니다.
전치사의 목적어	You don't have the access to **my files**. 너는 나의 자료를 볼 접근권이 없다.
보어 자리	Speeding is the **infraction** of the traffic laws. 과속은 교통법 위반이다.

> **必!출 포인트** 　**타동사의 준동사 (-ing / to V) 뒤에도 명사가 온다.**
>
> 준동사도 동사의 형식을 그대로 유지하기 때문에 타동사의 경우 목적어를 취한다.
>
> The chef suggested preparing the fish / to enhance its flavor.
> 요리사는 생선을 준비하는 것을 제안했다 / 맛을 향상시키기 위해
>
> Our team is developing strategies to increase market share in the upcoming fiscal year.
> 우리 팀은 전략을 개발하고 있다 / 다가오는 회계 연도에 시장 점유율을 늘리기 위해

2) 관사, 소유격, 형용사 뒤에는 명사가 필요하다.

관사 뒤	Ryu didn't need to overuse the **change-up**. Ryu는 체인지업을 남용할 필요가 없었다. The unpredictably changing **weather** made planning outdoor activities challenging. 예측할 수 없이 변화하는 날씨는 야외 활동 계획을 세우는 것을 어렵게 만들었다.
소유격 뒤	He was trying to hide his **disappointment**. 그는 실망을 감추려 애쓰고 있었다.
형용사 뒤	The realtor had a detailed **knowledge** of New York real estate. 그 부동산 중개업자는 뉴욕의 부동산 실상을 속속들이 알고 있었다.

Check it up!

1. I would like to delay the (**delivery** / deliver) of the copy machine.
2. Rosemarie Hanks, a speaker and consultant on strategic innovation, urges retail clients to look outside their (**industry** / industrial) for new ideas.

1. delivery 2. industry

3) 기본적으로 명사 두 개가 나열 되는 '명사+명사'형태는 불가능하다. 단, 몇 가지 예외 상황을 반드시 기억해 두자.

복합명사	<u>Customer satisfaction</u> must be considered. 고객만족이 고려되어야 한다.
동격관계	<u>Moderator Jane</u> opened the forum by introducing the guest speakers. 사회자 Jane은 게스트 스피커를 소개하며 포럼을 개회했습니다. ※ 동격 명사는 예외적으로 무관사가 허용된다.
4형식 동사 뒤	Please give <u>me</u> <u>a call</u> tomorrow. 내일 전화해줘.
5형식 동사 뒤	Some people call <u>him</u> <u>the Picasso</u> of face painting. 어떤 사람들은 그를 페이스 페인팅의 피카소라고 부른다.
목적격 관계사 생략 구문	What's the order number of <u>the item</u> <u>you</u> want? 당신이 원하는 물건의 주문 번호가 무엇입니까?

4) 명사 자리에 동사나 형용사 등은 올 수 없다.

Boram's (understanding / ~~understandable~~) of finance is a valuable asset.
재정에 대한 Boram의 지식은 가치 있는 자산이다.

Samsun Slippers invited their (investors / ~~invest~~) to attend an anniversary celebration.
Samsun Slippers는 투자자들에게 창립기념일에 참석할 것을 요청했다.

Check it up!

1. Tax incentives can be used to encourage (invest / investment) in small businesses.
2. Orange Cop. offers a (reducible / reduction) on service fees for new customers.

1. investment 2. reduction

2. 가산 명사와 불가산 명사

1) 가산 단수명사는 반드시 관사가 필요하다.

the/소유격	가산명사	the/소유격	가산명사	the/소유격	불가산명사
a/an	(단수)	a/an (x)	(복수)	a/an (x)	
무관사 (x)		무관사		무관사	

※ 불가산명사는 복수형이 없다.

They said they wanted completely different (~~approach~~ / approaches).
그 사람들은 완전히 다른 방법들로 접근하고 싶다고 하던데요.

I need a (permit / ~~permits~~) to post signs.
나는 게시물 허가 서명들이 필요하다.

2) 토익에서 자주 출제되는 불가산 명사 (가산/불가산 문법의 출제 빈도는 낮은 편. 어휘는 해석 문제가 주로 출제 된다.)

planning	계획	feedback	피드백	merchandise	상품	appreciation	감사
maintenance	유지	research	연구	mail correspondence	편지	advice	조언
work	일	money/cash	돈	permission	허가	access	접근
clothing	의류	change	거스름돈	information	정보	equipment	장비
news	뉴스	progress	진전	satisfaction	만족	participation	참가
consent	동의	assistance	도움	furniture	가구	luggage baggage	짐

※ money, cash, change(거스름돈)을 제외한 돈 명사들은 모두 가산명사이다. (a refund, a fund, a discount 등)

There are many (~~advice~~ / suggestions) about how to solve the problem.
그 문제를 해결하기 위한 많은 제안들이 있다.

Sadly, many people in the world still don't have (access / ~~approach~~) to clean water.
슬프게도 전 세계 많은 사람들이 아직도 깨끗한 물을 이용하지 못합니다.

Check it up!

1. More than 50% of teens call for (advice / suggestion) about their relationships with family and friends.
2. The (instructions / instructor) mentioned that he could be a bit late for the presentation.

1. advice 2. instructor

3) 헷갈리기 쉬운 가산명사와 불가산명사

가산명사		불가산명사		가산명사		불가산명사	
a permit	허가증	permission	허가/승인	a machine	기계	machinery	기계류
a certificate	증명(서)	certification	증명	a study	연구	research	연구
a suggestion	제안/조언	advice	조언	a suggestion	제안	feedback	피드백
an approach	접근방법	access	접근	furnishings	가구/세간	furniture	가구
a document	문서	documentation	문서	goods	상품	merchandise	상품
a product	생산품	production	생산	a segment	부분	segmentation	분할

You must recuest (permit / permission) for all major expenditure.
모든 주요 경비에 대해서는 허락을 구해야 한다.

4) 꼭 암기해야 하는 명사 어휘 기출패턴

the basic elements 기본 요소	at your earliest convenience 당신이 가장 빠른 편리한 시간에	geographical area 지리학적 위치
the highly competitive field 매우 경쟁이 심한 분야	a small service charge 소소한 서비스 수수료	amenity 편의 제공품 (편의 시설)
the outside audit 외부 감사	healthcare market 건강관리 시장	a panel of four dental hygienists 4명의 치과 위생사 패널
return the call 전화를 회신하다	display a remarkable ability to v ~할 놀라운 능력을 보여주다	aerial photography workshop 항공 사진 워크샵
opening speaker 개회 연설자	computer programming languages 컴퓨터 프로그래밍 언어들	observation of planet 행성의 관찰
experience in leadership 지도자 경험	incremental strategy 증가의 전략 (상황에 따라 변화하는 전략)	proposal for the budget 예산을 위한 제안서
a code of conduct standards 행동 규범의 관례[규정]	reach the capacity (최대) 수용량에 도달하다	improvement to the manual 설명서의 개선
leading supplier 선두의 공급업체	sales associate / representative 판매 직원	

Check it up!

1. The amusement park presented Mr. Yoon with a (certificate / certification) verifying his number of trips.
2. Timid children need gentle (handling / handle) to build up their confidence.

1. certificate 2. handling

5) 사람명사는 가산명사이기 때문에 단수일 때 관사가 무조건 필요하다. ('동사 +er/or/ee' 형태)

an attendee	참석자, 출석자	a rival	경쟁자	a consultant	상담자
a grower	지배자, 사육자	an informant	정보제공자	an occupant	점유자
a donator	기부자	an attendant	수행자	a producer	생산자
a donor	기증자	a resident	거주자	a receptionist	접수원
an officer	장교, 관리	a prosecutor	검사	an analyst	분석가
an interpreter	통역사	an accountant	회계사	an architect	건축가
a relative	친척	an applicant	지원자	a president	대통령
a representative	대표, 대리인 / a.	a journalist	기자	a beneficiary	수익자
an associate	직원, 동료 / v.	a participant	참가자	a technician	기술자
a professional	전문가 / a.	a recruit / a hire	신입사원 / v.	a graduate	졸업생 / v.
an official	관리, 공무원 / a.	an authority	권위(자)		

(Competition / ~~Competitor~~) is expected to increase in upcoming years.
다가오는 해에는 경쟁이 증가할 것이라고 예상된다.

(Attendance / ~~Attendee~~) at this year's ice show was double what it was last year.
금년도 아이스 쇼의 관람객 수는 작년의 2배였다.

To provide comprehensive training for new employees, Mr. Nugent will be assigning individual mentors to _____ next year.
(A) recruited   (B) recruiter   (C) recruiting   (D) recruits
신입사원들에게 종합적인 연수를 제공하기 위해, Mr. Nugent는 내년에 신입사원들에게 개별적인 멘토를 할당할 것이다.

답: (D)

* compliment (칭찬)은 가산명사이다. '칭찬은 많으면 많을수록 좋다'라고 연상하기
* contract (계약, 계약서), load (짐, 수하물)도 가산명사로써 출제된 적이 있다
* menu도 가산명사이다.
  → menu (~~substituted~~ / substitutions) : 메뉴 대체품

Check it up!

1. Scientists predict significant (growth / grower) in the heavy industry within 5 years.
2. Messi believes that (server / service) is the most important factor of any business.

1. growth 2. service

3. 수량 형용사

1) 가산명사, 불가산명사 앞에 올 수 있는 수량 형용사가 있다.

one / another every each either	+ 가산 단수명사	(a) little / less much a (great) deal of a (large) amount of	+ 불가산명사
(a) few / fewer many both several various numerous	+ 가산 복수명사	all 모두 most 대부분 some 일부 half 절반 the rest 나머지 more 더 많은	+ 가산 복수명사 + 불가산명사

Following the winter storm, many (road, roads) were closed.
겨울 폭풍 후, 많은 도시가 폐쇄되었다.

必!출 포인트 — '많은, 다양한' 으로 해석이 되는 'a 명사 of' 형태의 표현들

> a selection of / a series of / a number of
> a diversity of / an array of / a range of / an assortment of
> a variety of

Mark Inc. offers the Wifi Music Player in **a (wide) array of** colors.
Mark Inc.는 Wifi Music Player를 다양한 색깔로 제공한다.

Almonds provide **a (diverse / full) range of** health benefits.
아몬드는 다양한 건강상의 이로움을 제공합니다.

2) 헷갈리기 쉬운 수량 표현에 유의한다.

Each of the One of the The number of	+ 복수명사	+ 단수동사

Each of the toys has a different shape.
장난감 모양이 각각 다르다.

Every Another	+ 숫자	+ 복수명사

The bus leaves every two hours.
버스는 매 두 시간마다 출발한다. (every + 수사 + 복수명사 : 매 ~ 마다)
I want to stay for another two weeks.
나는 2주 더 머무르고 싶다. (another + 수사 + 복수명사 : 또 다른(추가의) ~의)

Check it up!

1. The group joins hands with several (organization / organizations) abroad.
2. (Attendant / Attendee / Attendance) reached 35,000 at the Berlin Trade Fair.

4. 복합 명사

1) 복합명사는 빈출 중심으로 차근차근 하나씩 암기한다.

baggage allowance	수화물 중량 제한	maintenance staff	유지 보수 직원
convenience goods	일상 용품	electronics company	전자 회사
media coverage	미디어 보도	human resources department	인사부
public relations	홍보	performance appraisal	업무 수행 평가
quality requirement	품질 요구 사항	production figures	생산 실적
business sense	사업 감각	product availability	제품 이용
precipitation data	강수량 데이터	health benefit	의료 혜택
product recognition	제품 인지도	job opening	공석 모집
retail sales	소매 판매	office supplies	사무용품
personnel information	인적사항	contingency plan	비상대책
toll collection	통행료 징수	profit margin	이윤
feasibility study	타당성 조사	awards ceremony	시상식
pay increase	급여 인상	benefit package	복지혜택
installment payment	할부금	savings account	보통 예금
holidays sale	휴가철 세일	savings plan	저축 계좌
insurance policy	보험 증서	savings bank	저축 은행
conduct standards	행동 규범	guest experience	손님 경험
opening speaker	개회 연설자	customer experience	고객 경험
customs clearance	세관 수속	customer needs	고객 니즈(요구)
job opening	일자리 공석	security needs	보안 수요
job creation	일자리 창출	security policy	보안 정책
employment inquiry	채용 질문	security check	보안 검사
fuel usage	연료 사용량	safety precautions	안전예방조치
energy usage	에너지 사용량	safety regulations	안전 규정
water usage	물 사용량	safety features	안전 사양
return customer	다시 찾는 고객	sales representative	판매 직원
repeat customer	재방문 고객	sales associate	판매 직원

※ 더 많은 기출 복합명사는 부록에 있습니다.

Good (~~communicated~~ / communication) skills are essential to the project.
훌륭한 의사소통 능력은 그 프로젝트에 필수적이다.

참고!

복합 명사의 복수형은 뒷 명사에 -(e)s를 붙인다.
(복합명사의 의미적, 문법적 무게중심은 뒷 명사!)

research program → research program<u>s</u>
job opening → job opening<u>s</u>

Check it up!

1. Interest accumulates in my (save / savings) account month by month.
2. If customers order two for $70.00, Prince Ltd. pays the shipping (charges / charged).

1. savings 2. charges

Unit Test 9

1. Once the delegates disembark from the ferry, they will be brought to their hotels and be supplied with a convention kit in _____ for the first day's activities.

   (A) prepares
   (B) prepared
   (C) preparative
   (D) preparation

2. The _____ mentioned that she might go on a business trip to San Francisco soon.

   (A) instructions
   (B) instruct
   (C) instructed
   (D) instructor

3. Mr. Kipling suggested the government emphasize economic _____ and some social services.

   (A) grow
   (B) grower
   (C) growth
   (D) grown

4. The tour of the region's most _____ attractions is offered for $500 only this month.

   (A) celebrated
   (B) celebration
   (C) celebrity
   (D) celebrating

5. All aircraft crew should go through monthly reviews of a safety _____ plan for what to do in case of an emergency landing.

   (A) contingency
   (B) termination
   (C) privacy
   (D) discharge

6. In a televised interview, the company president stated that Tiger Woods would _____ the role of chief financial officer starting in July.

   (A) engage
   (B) evolve
   (C) assume
   (D) assign

7. Mr. Davids said that although he was reluctant to raise prices, there was really no _____ if Mailing Furnishings wanted to cover its costs.

   (A) alternate
   (B) alternative
   (C) alternatively
   (D) alternating

8. All 165 participants in this year's architecture _____ submitted truly outstanding and innovative designs.

   (A) competitive
   (B) competitor
   (C) competition
   (D) competing

9. Being a silent film _____ , Jeffrey Lopez has an enormous collection of short films that date back to the 1800s.

   (A) enthusiasm
   (B) enthusiastically
   (C) enthusiast
   (D) enthusiastic

10. The market was overflowing with colorful clothes and a wide _____ of kitchen utensils.

    (A) varied
    (B) various
    (C) variable
    (D) variety

11. Mr. Turner received _____ from all the staff for the main event yesterday that he organized himself.

    (A) compliment
    (B) complimenting
    (C) complimented
    (D) compliments

12. Every _____ who was interviewed for the reporter's position last week will be notified in writing within the next two weeks.

    (A) apply
    (B) applied
    (C) applicant
    (D) application

13. Due to a careful _____, the architectural engineering company finished the main plant earlier than expected.

    (A) plan
    (B) plans
    (C) planned
    (D) planning

14. Because everyone wants a 2021 model now, the _____ have changed.

    (A) preferential
    (B) preference
    (C) preferences
    (D) preferring

15. The customer returned his defective item and the online store agreed to _____ the full amount to his account.

    (A) deduct
    (B) refund
    (C) charge
    (D) reclaim

16. The newly released SUV is not selling very well as we expected since only _____ people can afford to cover the extremely high maintenance cost.

    (A) less
    (B) a few
    (C) least
    (D) a little

17. Trainees are directed to seek _____ from a senior without any hesitation when it is needed.

    (A) advice
    (B) advisor
    (C) advisory
    (D) advisable

18. When updating the menu for any restaurant, both customer _____ and availability of fresh ingredients must be considered.

    (A) satisfactory
    (B) satisfy
    (C) satisfaction
    (D) satisfied

19. Trixie Company's employee training department has been under the _____ of George Thomas over the last 5 years.

    (A) attendance
    (B) sight
    (C) supervision
    (D) provision

20. The enclosed guideline will help you make an informative _____ on whether to purchase the new accounting software program or not.

    (A) deciding
    (B) decision
    (C) decides
    (D) decide

Unit Test 9

21. The Canyon Optical Group has come up with a creative advertising _____ for its new line of digital cameras.

    (A) strategic
    (B) strategy
    (C) strategize
    (D) strategical

22. The profit _____ for the past two years were mainly due to the surplus of products on the market.

    (A) losses
    (B) to lose
    (C) lost
    (D) losing

23. All information on the conference such as the detailed seminar schedules and room numbers of each session is supplied in _____ information package.

    (A) every
    (B) these
    (C) whole
    (D) few

24. The weather _____ for today was to be clear all day, but it started raining in the afternoon.

    (A) forecaster
    (B) forecast
    (C) forecasts
    (D) forecasting

25. The terms of the agreement on the merger of the two firms are _____ under consideration.

    (A) most current
    (B) currently
    (C) more current
    (D) current

26. The chief financial officer has implemented a new system for monitoring departmental _____ to efficiently double-check the firm's expenditures and revenues.

    (A) prices
    (B) displays
    (C) budgets
    (D) motives

27. Since last year, MIT Laboratories scientists have been developing a new vaccine _____ severe viruses.

    (A) treated
    (B) to treat
    (C) treatment
    (D) was treating

28. It is important for every student to _____ that college is not a continuation of high school.

    (A) understand
    (B) understands
    (C) understanding
    (D) understandable

29. One of the key _____ of the chemical analysts is to keep materials in their laboratories clearly labeled and tidy at all times.

    (A) responsible
    (B) responsibly
    (C) responsibility
    (D) responsibilities

30. Some _____ for more images of the orbiter were denied because of the official policy by NASA.

    (A) requested
    (B) requests
    (C) requesting
    (D) request

31. Through the use of the advanced assembly equipment recently purchased, _____ is expected to be significantly increased.

    (A) producer
    (B) produced
    (C) production
    (D) produces

32. AJ Co. decided to introduce a new toll free telephone service in order to strengthen _____ between sales representatives and customers.

    (A) interaction
    (B) interactive
    (C) interactively
    (D) interact

33. Due to a _____ in demand for vans, Mongu Motors decided to temporarily cut back on production.

    (A) incline
    (B) extension
    (C) drop
    (D) rush

34. All products must be removed from the shelves in accordance with the marked _____ date on each package.

    (A) expiring
    (B) expired
    (C) expiration
    (D) expire

35. The company has purchased powerful generators to prevent any disruption in all assembly line operations in the event of a power _____ .

    (A) to fail
    (B) failed
    (C) fails
    (D) failure

36. The _____ from the latest analysis suggest that consumer spending is finally on the rise.

    (A) results
    (B) states
    (C) deductions
    (D) products

37. Early this week, the regional director announced considerable changes in corporate policies and procedures that should help increase _____ and reduce operation costs.

    (A) productivity
    (B) produces
    (C) productively
    (D) producer

38. The vice president of the company personally believes that effective _____ of personnel at all levels is the most important in management.

    (A) indication
    (B) registration
    (C) qualification
    (D) utilization

39. Please visit the reception desk upon _____ , and you will be escorted to the appropriate floor.

    (A) arrive
    (B) arrived
    (C) arrives
    (D) arrival

40. Most customers have been satisfied with the _____ of the newly developed automobiles introduced by S&T Motors.

    (A) featuring
    (B) featured
    (C) to feature
    (D) features

Unit 10. 대명사

 **단원 기출 문제 유형**

★의미상 맥락에 맞는 대명사를 선택하는 문제와 자리에 맞는 인칭 대명사 문제가 출제 되므로, 대명사의 종류와 쓰임, 그리고 관용 표현 까지 반복해서 학습한다.

1. Since his secretary was out the office three days ago, Mr. Cooper had to take the calls by _____.

    (A) his   (B) he
    (C) him   (D) himself

2. _____ of the developers of the program envisioned that it would have such a wide following.

    (A) None   (B) Anybody
    (C) Whoever   (D) Something

3. _____ who wanted to preview the recently finished commercial were asked to gather in the media room at 3 p.m.

    (A) That   (B) Which
    (C) They   (D) Those

▶정답 및 해설

1. by oneself(스스로, 혼자서)라는 숙어 표현을 묻는 문제이다. 정답은 (D) himself
   (비서가 어제 부재중이어서 Mr. Cooper는 스스로 모든 전화를 받아야 했다.)

2. 'developer'이 사람을 의미하므로 빈칸에는 사람을 지칭할 수 있는 대명사인 (A) None (아무도 ~않다)가 정답이다. (B) anybody는 'anybody of' 구문으로 사용할 수 없다.
   (그 프로그램이 그와 같은 광범위한 지지자들을 불러 모을 것이라고는 개발자들 중 어느 누구도 상상 하지 못했다.)

3. 빈칸에는 관계사절의 수식을 받으면서 사람을 지칭하는 대명사가 와야 한다. 따라서 (D) Those (~한 사람들)가 정답이다.
   (최근에 완료된 광고를 사전 검토해 보고 싶은 분들은 오후 3시에 미디어 룸으로 모일 것을 요청 받았다.)

1. 인칭대명사

1) 인칭대명사의 종류

인칭	수		주격	소유격	목적격	소유대명사
1인칭	단수		I	my	me	mine
	복수		we	our	us	ours
2인칭	단수 / 복수		you	your	you	yours
3인칭	단수	남자	he	**his**	him	**his**
		여자	she	her	her	hers
		사물	it	its	it	–
	복수		they	their	them	theirs

2) 주격은 주어 자리에 오며, '~은/는/이/가'로 해석된다.

주어   **They** were given free tickets to the show.
그들은 그 공연의 무료입장권을 받았다.

3) 목적격은 목적어 자리에 오며, '~을/를, ~에게'로 해석된다.

타동사의 목적어   After Ms. Park performed, all the people applauded **her**.
Ms. Park이 공연을 한 이후에 모든 사람들은 그녀를 격찬했다.

전치사의 목적어   I can work with **him**.
나는 그와 함께 일 할 수 있어.

4) 소유격은 형용사처럼 명사 앞에 오며, '~의'로 해석된다.

명사 앞   He betrayed **his** friend for **his** own hand.
그는 자신의 이익을 위해 친구를 배신했다.

5) 소유대명사는 '소유격+명사'가 축약된 형태의 대명사로써 주어, 목적어, 보어 자리에 오며 '~의 것'으로 해석된다.

주어 자리   My hometown is Manhattan, and **yours** is Seoul.
나의 고향은 맨해튼이고, 너의 것(너의 고향)은 서울이다.

목적어 자리   As soon as I finish my homework, I will help Mr. Kim finish (his / him / himself).
나의 숙제를 끝내자마자, 나는 Mr. Kim이 그의 것을 끝내는 것을 도와 줄 것이다.
答 : his

of + 소유대명사   Matthew said that chocolate cake is a favorite dessert of (his / him).
Matthew는 초콜릿 케이크가 그의 가장 좋아하는 디저트 중 하나 라고 했습니다.
答 : his

Check it up!

1. The CEO encouraged the employees by saying that it was not (them / their) fault.
2. Ms. Tiara said she preferred Mr. Bang's new office furniture to (her / hers).
3. Yesterday Ms. Lee indicated that the boxes of documents in the cabinet were (her / herself / hers).

2. 재귀대명사

1) **재귀대명사는 명사로써 주어와 동격을 나타낼 때, 목적어 자리에 쓰인다.**

   Sometimes, Jayden talks to (**himself** / ~~him~~).
   가끔씩, Jaycen은 혼잣말을 한다.

   The manager asked his colleagues to help (**him** / ~~himself~~) sort the files.
   매니저는 그의 동료들에게 파일들을 분류하는 것을 도와줄 것을 요청했다.

2) **재귀대명사는 부사로써 주어나 목적어를 강조하기 위해 쓰이며,**
   이 때 위치는 '① 강조하는 대상 바로 뒤 (주어, 목적어 뒤)', 또는 '② 완전한 성분 뒤'이다.
   * 절대 타동사 뒤에 재귀대명사가 부사적인 용법으로 들어가지 않는다!

   The president (**himself**) gave the presentation (**himself**) to the new buyers.
   사장이 직접 새 구매자들을 상대로 발표를 했다.

3) **재귀대명사의 관용적 표현들을 알아 둔다.**

by oneself on one's own 혼자서	for oneself 혼자 힘으로
in itself 그 자체로, 본질적으로	of itself 저절로

   ※ of one's own 자기 소유의

   Team members should be able to work efficiently **on their own**.
   팀 멤버들은 그들 스스로 일을 효율적으로 해야 한다.

   Young stucents cannot handle the problems **by themselves**.
   어린 학생들은 스스로 이 문제를 해결할 수 없습니다.

Check it up!

1. The company saved (**itself** / their) a lot of money by the policy on returns and exchanges.
2. After two weeks of training, the interns will be asked to develop a new product on (themselves / **their own**).

1. itself 2. their own

3. 지시대명사 / 지시형용사

1) 지시대명사 that은 앞에 나온 단수명사를, those는 복수명사를 대신해서 사용된다.

I think New York's <u>weather</u> is comparable to **that** of Incheon.
뉴욕 날씨는 인천의 날씨와 비슷하다고 생각합니다.

Some people say Asian <u>restaurants</u> are better than **those** of Europe.
몇몇 사람들은 아시아 레스토랑들이 유럽의 레스토랑들보다 낫다고 말한다.

※ that과 those는 후치수식(형용사구, 분사구, 전치사구, 관계절 등)을 받는다.

2) those는 '~한 사람들 (것들)'이란 의미를 가진 대명사로써, 반드시 후치수식을 받는다.

The scholarship committee will interview **those** <u>applying for the grant</u> next Monday.
장학금 위원회는 다음 월요일에 그 장학금을 신청한 사람들을 면접할 예정입니다.

Those <u>who work hard</u> often create opportunities that luck alone cannot provide.
열심히 일하는 사람들은 종종 운만으로는 얻을 수 없는 기회를 만들어낸다.

> **必!출 포인트**　일반적인 인칭대명사는 수식을 받을 수 없다. (they, them, she, he 등)
> 즉, 주어 자리든 목적어 자리든 후치수식 어구가 있으면 무조건 those가 정답!
>
> The best rooms go to (~~them~~ / those) who book earliest.
> 가장 일찍 예약을 하는 분들께 가장 좋은 방이 배당됩니다.
>
> (~~They~~ / Those) interested in joining the discussion will need to register in advance.
> 토론에 참가하고 싶은 사람들은 사전에 참가 등록을 해야 할 것이다.

3) that과 those는 지시형용사로써 '저 -'의 의미를 가지며, this와 these는 '이 -'의 의미를 가진다.

How did you go in your meeting with **that person**?
그 사람과의 미팅에서 어떻게 했습니까?

I had to choose only one person among **those people**.
그 사람들 중에서 오직 한 사람만 뽑아야 했다.

Check it up!

1. A new application will help (those / them) who struggle with math.
2. The amenities at California State University are comparable to (them / that / those) of other major universities in America.
3. The climate of Mars is much harsher than (that / this / them) of Earth.
4. The new policy will benefit all employees, even (those / they / them) who work remotely.

1. those 2. those 3. that 4. those

4. 부정대명사 / 부정형용사 Ⅰ : one, another, other

1) one은 단순히 숫자 하나를 의미하는 것 외에도, 이미 언급된 특정명사의 반복을 피하기 위해 대신해서 쓸 수 있다.

   I sold my old house and bought a new **one**.
   나는 오래된 집을 팔고 새 집을 샀다.

   ※ one의 복수형은 ones로써, 이미 언급한 복수명사를 대신해서 쓰인다.

2) another은 '(이미 언급한 것 이외의) 또 다른 하나'의 의미이다. (주로 one 다음에 두 번째로 쓰인다.)
   → one, it 등
   One of the students is from Korea. **Another** (student) is from Canada.
   학생들 중 한명은 한국에서 왔다. 또 다른 한명은 캐나다에서 왔다.

3) other(s) / the other(s)

other 형) 다른	others 명) 다른 것들 (사람들)
the other 형) 나머지의 명) 나머지 하나	the others 명) 나머지 것들 (사람들)

※ other은 형용사로만 쓰이며, 가산 복수명사와 불가산 명사를 수식한다. (단수 x)

In case you are interested in _____ merchandise, please tell me.
(others / another / each other / other)
당신이 다른 물건에 관심이 있는 경우에는 저에게 말씀해 주세요.

답 : D

If you want to renew your insurance for _____ year, please tell me.
(other / the others / another / some)
만약 당신이 추가 1년동안의 보험을 갱신하고자 한다면, 저에게 말씀해 주세요.

답 : C

> **必!출 포인트**
> **each other, one another은 '서로'란 뜻의 대명사로써 절대 주어자리에 쓰이지 않는다.**
> * reciprocal pronoun : 복수 주어를 상호 관계로 받는 대명사

Two men bumped into **each other** on the street.
두 사람은 거리에서 우연히 마주쳤다.

We all seemed to benefit from **each other's** suggestions and insights.
우리 모두 서로의 제안과 통찰력에 도움을 받는 것처럼 보였다.

Among the five novels, one is lengthy, but (other / each other / another / the others) are short.
다섯 권의 소설 중 하나는 길지만, 다른 것들은 짧다.

* 대명사 문제는 문법적인 오답을 소거하는 것부터 시작한다.

Check it up!

1. Some people enjoyed the festival, but (others / each other) found it boring.
2. Professional golfers must constantly move from one place to (any / another).
3. It is not as important as some of (another / the other) issues.
4. The team members rely on (one another / the other) to complete the project successfully.

1. others 2. another 3. the other 3. one another

5. 부정대명사 / 부정형용사 II : some / any

1) some과 any는 대명사와 형용사 역할을 할 수 있다. some은 주로 긍정문에 쓰이며 '몇몇, 약간' 이라고 해석되며, any는 주로 부정문, 조건문에 쓰이며 '어떤 ~이든' 이라고 해석 된다.

대명사 some	**Some** of the parking lots will be under construction. 일부 주차장이 공사에 들어갈 것이다.
형용사 some	Here is **some** advice in the pamphlet. 여기 팸플릿에 적혀 있는 몇 가지 충고가 있다.
대명사 any	I couldn't answer **any** of the questions intelligently. 나는 어떤 질문에도 똑똑하게 대답할 수가 없었다.
형용사 any	If there is **any** problem, please contact our concierge. 만약에 어떤 문제라도 있다면 우리의 관리인에게 연락바랍니다.

2) any가 긍정문에 쓰이려면 '조건, 가능성, 불특정한 일반화' 등을 나타낼 때 사용된다. 따라서 '구체적인 사례, 특정 수량' 등을 표현하는 긍정문에서는 any가 적합하지 않다.

조건	You can select **any** color you like. 당신이 원하는 어떤 색상이든 선택할 수 있습니다.
가능성 (불특정 일반화)	**Any** student in this class has the potential to excel. 이 클래스의 어떤 학생이든 우수한 성적을 얻을 잠재력을 가지고 있습니다. **Any** student can join the club. 어떤 학생이든 클럽에 가입할 수 있다.
구체적	(All / ~~Any~~) students in the class passed the exam. 모든 학생이 시험에 통과했습니다. (All / ~~Any~~) tickets for the concert were sold out in an hour. 콘서트의 모든 티켓들이 한 시간만에 다 팔렸다.
특정 수량	I read (three / ~~any~~) books yesterday. 나는 어제 세 권의 책을 읽었다. Jackie bought (two / ~~any~~) red dresses. Jackie는 두 벌의 빨간 드레스를 구매했다.

Check it up!

1. (Some / One) of my former coworkers were completely unrecognizable.
2. We will have to think over the plan if (any / other) of the members oppose it.
3. (All / Any) suggestions from the meeting were taken into consideration.

1. some 2. any 3. All

6. 헷갈리기 쉬운 대명사 문제들

1) no는 형용사, none은 대명사, not은 부사이다.

As I had **no money** with me, I did **not eat** anything yesterday.
돈이 없었기 때문에, 어제 아무것도 먹지 못했다.

None of the students know anything about it yet.
학생들 중 아무도 아직 그 일을 모르고 있다.

You need **not necessarily** attend the meeting.
회의에 꼭 참석할 필요는 없다

2-1) '-one/body/thing' 로 끝나는 명사들은 전치사 'of N' 의 수식을 받을 수 없다.

She wants to thank (all / ~~everyone~~) of those who offered assistance during her illness.
그녀는 그녀가 아플 때 도움을 줬었던 모두에게 감사의 마음을 표하길 원한다.

2-2) 단, every one은 각각의 사람들 (each individual, each person)을 의미하기 때문에 of 이하의 수식을 받을 수 있다. 이 때 every는 one을 수식하는 형용사이다.

She wants to thank every one of those who offered assistance during her illness.
그녀는 그녀가 아플 때 도움을 줬었던 모두에게 감사의 마음을 표하길 원한다.

3) every는 가산 단수명사를 수식하지만, every 다음에 수사(숫자)가 오면 가산 복수명사가 온다.

All laboratory employees make it a point to take every effort to avoid potential hazards.
모든 실험실 직원들은 잠재적인 위험을 피하기 위해 모든 노력을 다한다.

I go to the gym **every two days**.
나는 이틀마다 헬스장에 간다.

Check it up!

1. John proposed several ideas, while (none / not / no / nothing) of them were feasible.
2. There will be (neither / none / not / no) change in our product line or management.

1. none 2. no

4) every는 오직 형용사의 역할을 하는데 비해, each는 형용사 이외에 대명사의 역할도 할 수 있다.

(Each / ~~Every~~) of the marketers has a different approach to the issue.
마케터들 각각은 모두 그 문제에 관해 다른 접근법을 가진다.

5) one은 부정대명사로써 종류는 같지만 다른 사물을 막연하게 지칭할 때 쓰이고, it은 지시대명사로써, 특정 사물 그 자체를 지칭한다.

I like my current <u>job</u> and **it** is better than the old **one**.
나는 현재 나의 직업이 좋다. 그리고 그것은 나의 예전 직업보다 낫다.

6) most는 '대부분(의)'이라는 의미로써 대명사나 형용사로 쓰이는 반면에, almost는 '거의'라는 의미의 부사이다.

Most (of the) people didn't enjoy the party.
대부분의 사람들이 파티를 즐기지 못했다.

Almost all the people didn't enjoy the party.
거의 모든 사람들이 파티를 즐기지 못했다.

Check it up!

1. (Most / Almost) people in Denmark said they are very happy about their country.
2. Shakespeare never left (every / any) of his plays in his own handwriting behind.

Unit Test 10

1. I decided to attend the Mckinsey's Painting Exhibition at the recommendation of a colleague of _____ .

   (A) me
   (B) myself
   (C) mine
   (D) my

2. Kai has decided to ask the office manager to give _____ a raise.

   (A) his
   (B) him
   (C) himself
   (D) he

3. I am sure that you will be very happy to know Mr. Kim, who would prefer that you call _____ by his first name.

   (A) him
   (B) his
   (C) himself
   (D) he

4. Ms. Yoon, the personnel manager, will contact each applicant _____ to schedule an interview.

   (A) she
   (B) her
   (C) hers
   (D) herself

5. An electronic transfer of money is a convenient way to move funds from one account to _____ .

   (A) one
   (B) other
   (C) one another
   (D) another

6. The purpose of the workshop is to make employees in different branches of the company know _____ .

   (A) one another
   (B) the other
   (C) another
   (D) other

7. If you have any questions about the goods you just purchased, please bring your inquiries to _____ available technician.

   (A) each
   (B) other
   (C) any
   (D) all

8. _____ of the applicants for the position have an MBA and outstanding performance records.

   (A) Several
   (B) Every
   (C) Each
   (D) Almost

9. Show the blueprints to Mr. Gomez and _____ in the marketing department before 3 p.m.

   (A) they
   (B) the others
   (C) it
   (D) other

10. If you encounter a problem within the 30-day trial period, we will exchange your Max Home Gym 2021 for _____ .

    (A) other
    (B) another
    (C) otherwise
    (D) others

11. _____ of the products are evaluated over a long period of time and reviewed by analysts.

   (A) Little
   (B) Most
   (C) Every
   (D) Much

12. The recently constructed amusement park _____ the majority of the mall's ground floor.

   (A) occurs
   (B) resides
   (C) occupies
   (D) remains

13. _____ all the members of the committee resigned after the vote.

   (A) Most
   (B) Almost
   (C) The most
   (D) Some

14. Of the two proposals, the first one is more acceptable in terms of efficiency than _____ .

   (A) other
   (B) others
   (C) the other
   (D) the others

15. _____ the workers feel that the safety regulations are not sufficient to protect them.

   (A) Many of
   (B) Many
   (C) Much
   (D) Much of

16. During the winter vacation, some students will go home and _____ will remain in the dormitory.

   (A) other
   (B) others
   (C) the other
   (D) another

17. It is necessary for employees not to give similar feedback and to read related comments before submitting _____ .

   (A) them
   (B) their
   (C) theirs
   (D) themselves

18. A memorandum sent to the staff gave notice that an office _____ was scheduled in the conference room for the evening.

   (A) assembly
   (B) assemble
   (C) assembling
   (D) assembled

19. Mr. Van Persie did not transfer the funds to our account since we have not yet submitted the documents _____ requested.

   (A) his
   (B) himself
   (C) him
   (D) he

20. _____ who shows excellent computer skills will be hired as an assistant.

   (A) Those
   (B) They
   (C) Anyone
   (D) Whoever

121

Unit Test 10

21. Jennifer's time as a volunteer at the local Transit Authorities made _____ interested in becoming a public officer.

    (A) she
    (B) hers
    (C) herself
    (D) her

22. Many of the works for sale will be hung in the main lobby for the _____ of the month.

    (A) remainder
    (B) remaining
    (C) remained
    (D) remain

23. The report by the senior manager revealed that at least _____ year will be required before they can reach profitability.

    (A) other
    (B) others
    (C) another
    (D) the others

24. _____ of the information that was deemed confidential was already publicly known.

    (A) One
    (B) Much
    (C) Other
    (D) Many

25. _____ students interested in the time management seminar are supposed to sign up by the end of this week.

    (A) Any
    (B) Every
    (C) Another
    (D) A lot

26. There are two express trains heading to the Raccoon City in the morning and one leaves at 6:30 and _____ leaves at 8:00.

    (A) other
    (B) the other
    (C) each other
    (D) others

27. The new GPS system enables us to find our destination more easily than _____ device.

    (A) many other
    (B) each other
    (C) any other
    (D) others

28. If the laptop you purchased does not work properly, we will gladly replace it with _____ or provide a full refund.

    (A) all other
    (B) other
    (C) another
    (D) each other

29. Department heads are encouraged to help _____ team members prepare for the annual inspection this Friday.

    (A) them
    (B) their
    (C) theirs
    (D) themselves

30. _____ instructors interested in attending the upcoming international education forum in Miami should register by the end of this month.

    (A) Whose
    (B) Which
    (C) Those
    (D) That

31. The voice on the company's new automated answering system will be Ms. Tei's and _____ .

    (A) my
    (B) me
    (C) I
    (D) mine

32. If you are not satisfied with a purchase made at our store, please bring _____ with the receipt for a full refund.

    (A) it
    (B) ours
    (C) herself
    (D) them

33. As there were only a handful of applicants for the position, it is expected that the assistant managers will be able to interview the entire candidate by _____ .

    (A) them
    (B) oneself
    (C) theirs
    (D) themselves

34. The floor manager, Carly tends to serve customers herself instead of letting _____ do so.

    (A) other
    (B) the other
    (C) others
    (D) one another

35. CEO Ms. Woods will deliver the opening speech _____ at the annual shareholder's meeting.

    (A) her
    (B) she
    (C) herself
    (D) hers

36. Exchange rates have a large impact on _____ firms doing business internationally.

    (A) which
    (B) those
    (C) each
    (D) most of

37. My physician strongly recommended that I always try to start my day with moderate _____ regular exercise in order to stay healthy.

    (A) yet
    (B) so
    (C) because
    (D) once

38. All of my colleagues and I would like to extend _____ sincere thanks to you for responding to the survey questions so promptly.

    (A) my
    (B) our
    (C) your
    (D) their

39. All applicants for the position are required to complete the _____ at the front desk and submit them.

    (A) form
    (B) formation
    (C) formed
    (D) forms

40. For any questions regarding the new properties the firm has purchased, you should contact the Winnipeg representative to ask _____ about the detailed information.

    (A) her
    (B) she
    (C) herself
    (D) hers

123

Unit 11. 형용사

 단원 기출 문제 유형

★형용사 관련 숙어 및 해석 문제는 최근에 가장 빈출되는 유형이니 자주 나오는 형용사 표현들은 반드시 암기할 수 있도록 한다.

1. _____ year end bonuses should not be given unless the staff reaches its target sales goal.

    (A) Radiant (B) Abstract
    (C) Substantial (D) Disoriented

2. For more than 20 years, Bruno Health has offered _____ insurance packages to the local community.

    (A) impending (B) comprehensive
    (C) unaccustomed (D) elapsed

3. It is _____ that Mr. Park will be hired as a professor at the University of Taiwan.

    (A) like (B) liked
    (C) likely (D) likelihood

▶정답 및 해설

1. 명사인 year end bonuses를 꾸며주는 형용사 자리이다. 알맞은 어휘는 (C) substantial(상당한)이다.
    (직원들이 정해 놓은 판매 목표량에 도달하지 못하면 상당한 수준의 연말 보너스가 지급되어서는 안된다.)

2. insurance packages(보험 패키지)를 꾸며주는 형용사 자리이다. (B) comprehensive (포괄적인)가 정답이다.
    (Bruno Health는 20년 이상 동안 포괄적인 보험 패키지를 지역사회에 제공해 왔다.)

3. It is likely that ~ (~일 것 같다) 이라는 표현을 묻는 문제이다. 따라서 정답은 (C) likely 이다.
    (Mr. Park은 대만 대학의 교수로 채용 될 것 같다.)

1. 형용사의 자리와 형태

1) 형용사는 명사를 수식하는 자리에 온다.

명사 앞	___ + N	주격 보어	S + 2V +___
(명사 뒤)	N + ___	목적격 보어	S+ 5V +O+___

명사 앞	They are mostly identified by their **physical** characteristics. 그들의 신체적 특징으로 그들은 거의 식별되었다.
명사 뒤 (형용사구)	Make sure you have every document (**necessary** / necessarily) for your visa application. 비자 신청에 필요한 모든 문서가 있는지 확인해 주세요. They posted an ad for the room (**available** / availability) for rent in their apartment. 그들은 자신들 아파트에서 임대 가능한 방에 대한 광고를 게시했다.
주격 보어	A healthy diet is **important** for children as well as adults. 건강한 영양 섭취는 어른뿐만 아니라 아이들에게도 중요하다.
목적격 보어	I found it **advantageous** to combine a business trip with a vacation. 나는 출장과 휴가를 병행하는 것이 이롭다는 것을 알았다.

2) 형용사형 접미사(suffix)를 알아두면 품사와 그 의미까지 어느정도 유추할 수 있다.

접미사	의미	예
-able / -ible	가능한	enjoyable (즐길 수 있는), readable (읽을 수 있는)
-ful	가득찬	hopeful (희망찬), careful (주의 깊은)
-less	~이 없는	hopeless (희망이 없는), careless (부주의한)
-ic / -ical	~와 관련된	historic (역사의), musical (음악적인)
-ive	~하는 경향이 있는	active (활동적인), creative (창의적인)
-ant / -ent	~하는 경향이 있는	reluctant (꺼리는), dependent (의존하는)
-y	~의 특성을 갖는	salty (짠), messy (지저분한)
-al	~와 관련된	natural (자연의), functional (기능적인)
-ate	~의 상태의	adequate (충분한), accurate (정확한)
-ous	~가 많은	dangerous (위험한), nervous (불안한)
-ish	~와 같은	foolish (어리석은), selfish (이기적인)
-like	~와 같은	childlike (아이 같은), businesslike (업무적인)
-ward(s)	~ 쪽으로	eastward (동쪽으로), backward (뒤의, 낙후된)

Check it up!

1. Officials say relief efforts are (improper / improperly) and should be speeded up.
2. That horse is very high-spirited, so only (experienced / experience) riders should ride it.
3. We have a limited number of tickets (available / availability) for the concert.

1. improper 2. experienced 3. available

2. 정기토익 형용사 기출 패턴

1) be 동사 뒤의 형용사 보어문제는 반드시 오른쪽의 용법과 함께 보는 습관을 가진다.

be likely to V ~할 것 같은	be aware of ~을 알고 있는	be eligible to V / for be entitled to V / to ~할 자격이 있는	be subject to N ~의 대상인, 적용을 받는
be skilled in/at ~에 숙련된, 노련한	be acquainted with ~을 알고 있는		be about to V 막 ~하려고 하다
be skeptical of ~에 회의적인	be responsible for be accountable for be liable for ~에 책임이 있다	be able to V be capable of ~에 능력이 있다	be willing to V 기꺼이 ~하다
be instrumental in ~에 중요한		be attentive to N ~주의를 기울이는, 배려하는	be consistent with ~와 일관되다
be (un)familiar with ~에 익숙한 (잘 모르는)	be expert in/at ~에 전문적인	be conducive to N ~에 좋은	be proud of / to V ~를 자랑스러워 하는

The driver of a bus **is responsible for** the safety of the passengers.
버스 운전기사는 여객의 안전에 대한 책임이 있다.

All group reservations **are subject to** a 90-day cancellation policy.
모든 단체 예약은 90일 이전 해약가능 규정의 적용을 받습니다.

He has a component on his computer **capable of** storing extra memory.
그의 컴퓨터에는 메모리를 추가로 저장하는 장치가 있다.

The local companies **are willing to** offer employment to almost any applicant.
지역 회사들은 어떠한 지원자라도 기꺼이 고용하기로 했다.

2) 형용사와 분사의 구별은 무조건 첫 번째가 해석이다. 단, 해석이 둘 다 비슷하다면 분사보다 '원래 형용사'가 우선권을 가진다.

The catalogue is full of testimonials from (~~satisfactory~~ / satisfied) customers.
그 카탈로그에는 만족한 고객들이 보낸 추천의 글들이 가득하다.

The park is a peaceful oasis, (free / ~~freeing~~) from the noise of the city.
공원은 도시의 소음에서 자유로운 평화로운 낙원이다.

Check it up!

1. Some of the staff members (say / says) that the new training program is beneficial.
2. (Most / Most of / Mostly) the sales representatives submit their sales figures every Friday.
3. Marina hotel staff are (familiar / attached / expert) with the amenities in the facility.
4. Her resume listed some very (impressive / impressed) accomplishments.
5. The coach made a (brief / briefing) announcement about the team's practice schedule.

1. say 2. Most of 3. familiar 4. impressive 5. brief

3. 혼동하기 쉬운 형용사

1) 토익에 빈출되는 형태가 비슷해 혼동하기 쉬운 형용사들이 있다.

필수 테마별 단어시험 DAY 07 (부록 p.85)

considerable 상당한, 많은	be considerate of 사려 깊은, (남을) 배려하는	resourceful 지략/전략 있는	resourced 자원/재원을 제공받은
economic 경제의	economical 경제적인, 절약하는	convincing 설득력 있는	convinced 확신하는
successful candidate 성공적인 후보자	successive failure 연속적인, 연이은 실패	사물 be appreciated ~이 감사/환영 되는	사람 be appreciative of ~을 고마워하는
reliable / dependable 믿을 수 있는	be reliant / dependent on 의지하는	forgettable 쉽게 잊혀질	forgetful 잘 잊어 버리는
profitable 유리한, 이익이 많은	proficient 능숙한	exhaustive 철저한, 완전한	exhausted 기진맥진한
understandable 이해할 만한	understanding 이해심 많은	memorable 기억할 만한	memorial 기념하기 위한, (n) 기념비
favorable 호의적인, 유리한	favorite 가장 좋아하는	credible 믿을 만한	hospitable 친절한, 알맞은
comprehensible 이해할 수 있는	comprehensive 종합적인	desirable 바람직한	desired 바랐던, 희망했던
extensive 대규모의, 광범위한	extended 연장된, 늘어난	industrial 산업의, 공업용의	industrious 근면한, 부지런한
informed 잘 아는	informative 유익한	last 지난, 마지막의	lasting 지속되는
prospective 장래의	prosperous 번영하는	be confident of / that 확신하는	confidential 기밀의
complimentary 무료의, 칭찬하는	complementary 보충하는	be responsible for ~에 책임이 있는	be responsive to ~에 즉각 반응하는
preventable 예방 가능한	preventive 예방적인	impressive 인상적인	impressed 감명 받은
beneficial 유익한	beneficent 인정 많은	a sensitive skin 민감한 피부	a sensible solution 합리적인/실용적인 해결책
advisable 권할 만한	advisory 자문의	a respectable man 존경할 만한 사람	respective merits 각각의 장점
comparable to/with ~ ~에 비슷한	compatible with ~ ~와 호환 가능한	available (사물) 이용이 가능한 (사람) 시간이 가능한	possible (발생이) 가능한, 있을 수 있는

The cost of leasing office equipment would be (**comparable** / ~~comparative~~) to buying.
사무용 기기 임대비용은 구매 비용과 맞먹을 수 있다.

Some nursing homes, for example, will have (**considerable** / ~~considerate~~) extra costs.
예를 들어, 몇몇 양로원은 상당한 추가 비용이 들어간다.

Check it up!

1. The situation in the US is not directly (comparable / compatible) to that in the UK.
2. The rescue team made an (exhaustive / exhausted) investigation of the area.
3. The sales manager spends (considerable / considerate) time training new employees.
4. The three orphans have grown up to be (respectable / respective) people.

1. comparable 2. exhaustive 3. considerable 4. respectable

4. 틀리기 쉬운 기출 형용사

1) '-ly'로 끝나는 형태의 형용사들이 있다.

friendly	친절한	lonely	외로운
timely	시기적절한	elderly	나이가 많은
orderly	질서정연한	likely	~할 것 같은 ~일 것 같은
costly	비용이 드는	lively	활기찬, 의욕적인
deadly	치명적인	leisurely	한가로운, 여유로운
scholarly	학자의, 학문적인	weekly	매주의
daily	매일의	quarterly	분기별의
monthly	매달의	yearly	매년의

When treated in a **timely** manner (fashion), the prognosis is very positive.
예측이 적절한 시기에 다루어진다면, 그것은 매우 긍정적이다.

They are **likely** to devote more time to the job.
그들은 자신의 업무에 더 많은 시간을 쏟으려 한다.

2) 꼭 암기해야 하는 형용사 정답 패턴

of <u>utmost</u> importance 최고로 중요한	Films from the <u>last</u> century 지난 세기로부터의 영화들
In a <u>joint</u> presentation 합동의 연설에서	<u>cheerful, outgoing</u> volunteers 쾌활하고 외향적인 자원봉사자들
stick to <u>verifiable</u> facts 증명할 수 있는 사실들을 고수하다[지키다]	a <u>magnificent</u> building 웅장한 건물
<u>lasting</u> impact on the region's economy 지역 경제에 지속적인 영향	<u>postal</u> address 우편(의) 주소
spend an <u>excessive</u> amount of the budget 예산의 초과된 금액을 소비하다	the <u>scheduled</u> opening of the store 가게의 예정된 개업일
a <u>licensed</u> agent 자격을 가진 대리인	make <u>accurate</u> predictions 정확한 예측을 하다
<u>direct</u> access to the report 보고서에의 직접적인 접근	a <u>qualified</u> graphic artist 자격이 있는 그래픽 아티스트
<u>substantial</u> amount 상당한 양	be <u>doubtful</u> that S+V that절에 대해 확신이 없다[의심스럽다]
<u>distinct</u> characteristics 뚜렷한 특성	on a <u>typical</u> day 일상적으로 [일반적인 날에는]
<u>compelling</u> video (너무나 흥미로워서) 주목하지 않을 수 없는 비디오	<u>preliminary</u> results 예비 결과

Check it up!

1. The findings confirmed a (definite / preliminary) test carried out on Tuesday.
2. This sport will be very (satisfied / conducive) to the physical development of children.

1. preliminary 2. conducive

5. 형동생이 싸우면 형이 주로 이긴다.

1) 형용사, 동사가 모두 가능한 단어들은 주로 형용사의 해석을 묻는 문제가 주로 출제된다.

1. secure 형) 안전한 동) 얻다, 획득(확보)하다, 고정시키다 ex) Every business needs to have a (secure / securing) checkout page.	5. correct 형) 정확한, 옳은 동) 바로잡다, 정정하다 ex) The address is (correct / correcting).
2. complete 형) 완전한 동) 완료하다, 작성하다 ex) Refer to the product documentation for (complete / completing) information.	6. select 형) 엄선된 동) 선택하다 ex) Only a (select / selecting) few have been invited to the party.
3. separate 형) 분리된, 독립된, 별개의 동) 분리하다, 나누다 ex) The hotel has a (separate / separating) entrance.	7. direct 형) 직접적인 동) 지시하다, 보내다 ex) The most (direct / directed) route is to take Orangewood Road.
4. close 형) 가까운 동) 닫다 ex) The event venue was not (close / closed) to a subway station.	8. brief 형) 짧은, 간단한 동) 간략하게 알려주다 ex) The speaker started with a (brief / briefing) introduction to the topic of climate change.

2) that절을 취하는 형용사가 있다.

be sure that ~을 확신하다	be doubtful that ~이 의심스러운, 일 것 같지 않은	be optimistic that ~에 낙관적인
be certain that ~을 확신하다	be sorry that ~해서 유감이다	be hopeful that ~에 대해 희망적인, 기대하는
be confident that ~을 확신하다	be afraid that 미안하지만 ~이다	be mindful that ~를 염두에 두다
be convinced that ~을 확신하다	be disappointed that ~에 대해 실망이다	be aware that ~을 알고 있다

Mr. Kim was aware **that** he was not qualified for the job.
Mr. Kim은 그가 그 직업에 적합하지 않다는 것을 알았다.

I am not sure **that** I accept that.
내가 그것을 받아들일지는 확실하지 않다.

Check it up!

1. Full-time employees are much more (alike / like / likely) to have benefit than part-time employees.
2. We have fully equipped meeting space (availability / available) for any size group.
3. Mr. Foster is sure (of / that) the conference is for this evening.

1. likely 2. available 3. that

Unit Test 11

1. Interns appeared _____ of acquiring difficult surgery techniques that are sometimes needed.

    (A) acceptable
    (B) capable
    (C) adaptable
    (D) desirable

2. According to guidelines, new employees are _____ to receive vacation benefits after three months of full-time employment

    (A) capable
    (B) valuable
    (C) flexible
    (D) eligible

3. In the future, the financial health of JS Inc. is _____ to see dramatic upswing.

    (A) seemed
    (B) safely
    (C) potentially
    (D) likely

4. The new financial reform's success is _____ on the effort of individuals, whom our company must motivate and lead.

    (A) depend
    (B) dependence
    (C) dependable
    (D) dependent

5. Gathering the information from all 230 posts could only be done with _____ effort.

    (A) considerable
    (B) confidential
    (C) rapid
    (D) many

6. We request that you be _____ and all mobile phones be turned off for the duration of the performance.

    (A) considered
    (B) consider
    (C) consideration
    (D) considerate

7. It is _____ to store the book in a cool and dry area and avoid stacking too high.

    (A) advisable
    (B) advisory
    (C) advisedly
    (D) advise

8. The results of the recent wage negotiation were _____ both to the board members and to the labor union.

    (A) satisfy
    (B) satisfied
    (C) satisfaction
    (D) satisfactory

9. Mr. Gomez earned the _____ trust of his clients when he delivered his final reports three days ahead of schedule.

    (A) complete
    (B) completely
    (C) completed
    (D) completing

10. The division manager revised the report because the language in it was too _____.

    (A) repetitive
    (B) repeating
    (C) repetition
    (D) repeat

11. Kristine Marketing is seeking creative, _____ graphic artists to work on nationwide advertising campaign.

    (A) motivate
    (B) motivator
    (C) motivated
    (D) motivation

12. He has had an _____ recovery from such a massive accident.

    (A) amazed
    (B) amazing
    (C) amazement
    (D) amazingly

13. The company has decided to liquidate some of its subsidiaries and invest in areas of research that are clearly more _____ .

    (A) to promise
    (B) promised
    (C) promising
    (D) promises

14. Because of _____ rents in the city center, the company has decided to move to the suburbs.

    (A) rising
    (B) rose
    (C) rises
    (D) rise

15. After Mr. Nomo leaves, it will be hard to find someone with _____ experience and expertise in marketing to take over his role.

    (A) compare
    (B) compared
    (C) comparing
    (D) comparable

16. Many of our employees have reported that they have found the new computer program to be quite _____ .

    (A) benefit
    (B) benefits
    (C) benefiting
    (D) beneficial

17. Because of the current shortage of labor in the manufacturing sector, we suggest the staff be given _____ pay raises.

    (A) substantiate
    (B) substantial
    (C) substance
    (D) substantially

18. The decision to hire _____ help was based largely on the concerns expressed by the employees.

    (A) addition
    (B) additions
    (C) additional
    (D) additionally

19. Because of the time constraint, Ms. Park considered it _____ to finish the project on time.

    (A) impossibility
    (B) impossible
    (C) impossibly
    (D) impossibleness

20. Elin decided to cancel plans to hang new wallpaper on the living room wall since it would be too _____ .

    (A) distracting
    (B) distraction
    (C) distracts
    (D) distracted

Unit Test 11

21. A good coordinator must remain calm at all times and avoid becoming _____ with the representatives of other firms.

    (A) arguable
    (B) argumentative
    (C) argumentatively
    (D) argument

22. All passengers should be _____ of others by speaking softly when talking on the phone.

    (A) considerable
    (B) considering
    (C) considerate
    (D) consideration

23. Along with a wide array of shopping, the new City Nine Mall also offers _____ entertainment venues.

    (A) numerous
    (B) numbering
    (C) numerously
    (D) number

24. A number of manufacturers are developing a new engine to enable cars to generate _____ electricity to drive the whole vehicle.

    (A) drastic
    (B) convinced
    (C) sufficient
    (D) experienced

25. The first month's sales of the new model were so _____ that the manufacturer planned to create new client base.

    (A) discouragement
    (B) discourage
    (C) discouraging
    (D) discouraged

26. At Yeto Corporation, subscribers have unlimited access to company journal's _____ collection of product reviews.

    (A) immense
    (B) enthusiastic
    (C) calculating
    (D) impending

27. Choi Inc. is proud to offer our employees _____ compensation, comprehensive benefits, and outstanding opportunities for professional development.

    (A) satisfied
    (B) competitive
    (C) preventable
    (D) experienced

28. Mr. Carlos will provide you with the _____ material required to register your dairy products at the upcoming annual food exhibition in Vancouver.

    (A) specific
    (B) specify
    (C) specifically
    (D) specifier

29. The complete listings and details of the Sports Complex project are readily _____ through the internet.

    (A) access
    (B) accessing
    (C) accessible
    (D) accession

30. For those who have a _____ schedule, it's hard to stay healthy because they don't sleep enough.

    (A) slow
    (B) impressed
    (C) lazy
    (D) hectic

31. The vacant position has been left open for too long, and therefore it needs to be _____ as early as possible.

    (A) full
    (B) filling
    (C) fill
    (D) filled

32. In order to avoid possible errors, our mechanical engineers need accurate analysis instruments that are entirely _____ .

    (A) relying
    (B) reliant
    (C) reliance
    (D) reliable

33. This year's sales were up in all regions, and the southwest division had the most _____ figures.

    (A) impressing
    (B) impressed
    (C) impression
    (D) impressive

34. According to most market analysts, investment in the natural resource sector will increase drastically in the _____ future.

    (A) foreseen
    (B) foreseeing
    (C) foreseeable
    (D) foresight

35. There is a growing health trend making people more _____ of the food and water they consume.

    (A) appreciative
    (B) familiar
    (C) conscious
    (D) acquainted

36. Requests for the special in-flight meal such as vegetarian dishes are _____ to cancellation if passengers have not checked in at least two hours before departure.

    (A) subject
    (B) subjecting
    (C) subjective
    (D) subjects

37. Relocating production facilities to another country is a major _____ objective of the next phase of the corporate long-term plan.

    (A) strategist
    (B) strategically
    (C) strategies
    (D) strategic

38. Property values dropped at a _____ pace, and some property owners tried to minimize the loss by selling their land.

    (A) rapid
    (B) productive
    (C) subsequent
    (D) promising

39. The local office of NY City Library is open _____ weekday from 10 to 5.

    (A) every
    (B) few
    (C) whole
    (D) many

40. The article in the May issue of Gentler Magazine contained _____ quotations from Mr. Phan.

    (A) another
    (B) little
    (C) much
    (D) numerous

Unit 12. 부사

 **단원 기출 문제 유형**

★부사 문제는 품사 문제와 어휘 문제가 골고루 출제 된다.
특히 부사 어휘 문제는 난이도가 높은 편이니, 평소 공부를 할 때, 부사의 의미만을 외우기보다는 수식받는 대상과 함께 묶어서 표현 중심으로 collocation(연어)을 학습할 수 있도록 한다.

1. The back-up server is tested _____ to ensure that it is running properly.

   (A) lately   (B) truly
   (C) frequently   (D) relatively

2. Economic analysts have _____ not publicized the forecast for the upcoming quarter.

   (A) soon   (B) almost
   (C) still   (D) once

3. There are a number of copy shops _____ located around the corner from the exhibition hall.

   (A) marginally   (B) gradually
   (C) quickly   (D) conveniently

▶ 정답 및 해설

1. tested를 꾸며주는 부사 자리이다. 시제가 단순현재 이므로 항상 그러함을 의미하는 (C) frequently(자주)가 정답이다.
   (서버가 잘 운영되도록 하기 위해 백업 서버를 자주 테스트한다.)

2. 문맥에서 빈칸에 알맞은 부사는 (C) still(아직) 이다. still은 부정문에서 쓰일 때 반드시 not의 앞에 위치한다.
   (경제 전문가들은 다음 분기에 대한 전망을 아직 공표하지 않았다.)

3. located(위치되어 있다)를 꾸며주는데 가장 적절한 부사는 (D) conveniently(편리하게) 이다.
   (전시관의 코퉁이를 돌면 많은 복사집들이 편리하게 위치해 있다.)

1. 부사의 역할과 자리

1) 동사를 수식하는 부사는 동사의 앞이나, 완전한 성분의 뒤에 위치한다.

타동사 (타동사 뒤에 부사 불가!)	S + (-ly) + V + O
	S + V + O + (-ly)
자동사	S + (-ly) + V
	S + V + (-ly)

We **regularly** <u>conduct</u> a survey to confirm that our services are meeting expectations.
우리는 서비스가 기대치를 충족시키는지 확인하기 위해 정기적으로 설문조사를 한다.

To operate (~~profit~~ / profitably), Miracle Co. will need to adjust its pricing structure.
수익성이 있게 운용되기 위해, Miracle CO.는 가격 구조를 조정할 필요가 있을 것이다.

2) 동사 덩어리를 수식하는 부사는 사이에 들어갈 수 있다.

```
조동사 _____ 동사원형
have _____ p.p.
be _____ ing
be _____ p.p.
```

Korea <u>has</u> **rapidly** <u>modernized</u> itself in the last 50 years.
한국은 지난 50년간 급속히 근대화되었다.

The growth of plants <u>is</u> **closely** <u>connected</u> with the weather.
식물의 성장은 날씨와 깊이 관련되어 있다.

3) 부사가 동사 이외의 것(형용사, 부사, 구, 절 등)을 수식하는 경우는 수식받는 것 앞에 온다.

The community is **extremely** <u>important</u> to me.
공동체는 나에게 극도로 중요하다.

Rather <u>cautiously</u>, I raised a new issue in our debate.
다소 조심스럽게, 우리 토론에서 내가 새 쟁점을 제기했다.

> **"V + _____ + 형용사 + 명사"에서 빈칸은 무조건 부사???**
> **No! 형용사도 될 수 있다. 빈칸이 무엇을 수식하는지 반드시 해석해 보자.**
>
> Korea has made _____ economic development for the past 50 years.
> (A) dramatic   (B) dramatically
>
> 한국은 지난 50년 동안 급격한 경제 발달을 이뤄냈다.
>
> 답: (A)

참고!

Check it up!

1. Mr. Hiddink, the football coach, is (carefully / largely) responsible for the team's victory.
2. Those who know Jackie always speak (high / highly) of her.

1. largely 2. highly

2. 부사의 종류 I : 시간 부사

1) already는 '이미, 벌써'라는 뜻으로 긍정문에 쓰인다.

We have (**already** / ~~yet~~) faced a serious problem.
우리는 벌써 심각한 문제에 직면했다.

2) 비슷한 뜻을 가진 부사 still과 yet을 구별하자.

종류	문장	의미	예문
still	주로 긍정문	여전히	There is **still** time to change your mind. 당신이 마음을 바꿀 시간은 아직 있다.
yet	주로 부정문	아직도	I haven't received a letter from him **yet**. 난 그에게서 아직 편지를 받지 못했다. The cast members **have yet to** be decided. 배역은 아직 결정되지 않았다. ※ yet이 예외적으로 긍정문에서 쓰일 때 : have (be) yet to V : 아직 ~하지 못했다. : the 최상급 yet : 지금까지 가장 ~한

※ still은 가끔 부정문에서도 쓰이는데, 이 때 yet과의 구별은 not의 위치로 한다. (still not vs. not yet)

3) '~전/후에'라는 해석을 가지는 부사 표현들은 모두 기간명사와 결합될 수 있다.

기간 N ex. three days, two hours..	+	ago (전에) / later (후에) in advance (사전에) before + S+V / N after + S+V / N

The librarian found several rare books published decades **ago**.
사서는 수십 년 전에 출판되었던 희귀 책들을 몇 권 발견했다.

Construction on the City Hall will begin three weeks **later (afterward)**.
시청 건설은 3주 후에 시작될 것이다. (기간 + later (afterward) : ~후에)

*** later + 시점 : ~의 후반부에**
I will book six appointments to discuss new accounts **later** this week.
이번 주말에 신규 거래 상담 약속 6건을 할 것이다.

4) since는 '그 이래로'라는 뜻으로 과거 시점 이후 지금까지 일어난 일을 나타낸다. (현재완료와 함께 쓰임)

He began his career at ABC Mart, but he has **since** become a renowned businessman.
그는 ABC Mart에서 일을 시작했으나, 그 이후로 유명한 사업가가 되었다.

Check it up!

1. Strong advance winds of the oncoming typhoon are (already / yet) lashing the Busan area.
2. All flights from the fog bound airport have been postponed until (further / late) notice.
3. Tours of the facility are available if a request is made two days (in advance / accurately).

1. already 2. further 3. in advance

3. 부사의 종류 II : 빈도 부사

1) 빈도 부사는 보통 일반동사의 앞이나 조동사, be동사의 뒤에 위치한다. (괄호 안의 %는 참고사항)

always 항상 (100%)	usually, normally 보통 (80%)	frequently, often 종종 / 자주 (60%)	sometimes, occasionally 가끔 (40%)	once 한 번
rarely, hardly, seldom, scarcely 거의 ~ 않다 (10%)		rarely, hardly, seldom, scarcely + ever 좀처럼 거의 ~ 않다 (5%)		never 절대 ~ 않다 (0%)

Our superstitions are **often** connected to culture and traditions.
우리가 믿는 미신은 종종 문화나 전통과 연결되어 있다.

Major rail schemes can **rarely** be delivered in less than 10 years.
간선 철도계획은 10년 이내에 추진되기 어려울 것이다.

I work so much overtime that I **hardly ever** see my children.
야근이 너무 많아서 애들 얼굴 보기도 힘들어요.

必!출 포인트 — 증가, 감소 등 변화동작을 수식하는 부사

increase 증가하다   rise 증가하다   decrease 감소하다   decline 감소하다
drop / fall 떨어지다   reduce 줄이다   expand 확장하다   enlarge 확대하다
reorganize 재조직(편성)하다

+

considerably / substantially / significantly 상당하게
rapidly / sharply / quickly 급격하게
noticeably / markedly / remarkably 현저하게
dramatically / drastically 극적으로, 대폭

steadily 꾸준하게   gradually 서서히   lightly 약간, 조금
consistently 지속적으로   continuously 계속해서   constantly 끊임없이
tremendously 엄청나게   slowly 느리게   suddenly 급작스럽게
somewhat 어느 정도, 약간

※ highly (매우), extremely (극도로) 등은 증감 동사를 수식하지 않는다.

Check it up!

1. The workers in high-stress jobs (frequently / yet) suffer indigestion.
2. She has (never / ever) sent us an invoice.
3. Jayden's Diner has been (nearly / gradually) expanding its menu options.

1. frequently 2. never 3. gradually

4. 부사의 종류 III : 접속 부사

1) 접속 부사는 부사이다. 두 개의 절을 연결하는 접속사의 기능은 없고, 단지 의미만 연결한다.

접속부사 자리	예문
1) ~. _____, S+V ~.	**However**, the number increased steeply to 3 million in 1998. 하지만 1998년에는 그 수가 3백만까지 가파르게 성장하였다.
2) ~. S + _____ + V ~.	China, **however**, is now the world's second-largest polluter. 세계 두 번째 오염국은 중국이다.
3) ~ V ~ and _____ S+V ~.	She usually says she'll be there and **then** cries off at the last minute. 그녀는 늘 오겠다고 말하지만, 마지막 순간 약속을 취소한다.

2) 접속 부사의 종류를 반드시 암기하고, 접속사와 헷갈리지 않도록 한다.

역접	however	그러나	추가	moreover	더욱이, 게다가	기타	all of a sudden	갑자기
	nevertheless	그럼에도 불구하고		furthermore			overall	대체로
	nonetheless			besides			on the whole	
	despite that			in addition	이외에도, 게다가		all in all	
	contrarily	반면에, 대조적으로		additionally			in a way	어느 정도는
	in contrast			above all	무엇보다도		for example	예를 들어
	on the contrary			first of all			for instance	
	on the other hand			likewise	또한		as an example	
	conversely	역으로		also			to that end	그 목적을 달성하기 위해
	unfortunately	유감스럽게도	유사	similarly	유사하게		indeed	사실은
	otherwise	그렇지 않으면		in other words	즉, 다시 말해		in fact	
	even so	그렇기는 하지만		namely			in general	전체적으로
	with that said			specifically	구체적으로		next	그 다음에는
인과	therefore	그러므로, 결과적으로	기타	in summary	요약하면		again	다시, 또
	thus			meanwhile	그 동안에		instead	대신에
	hence			in the meantime			in any case	어쨌든
	as a result			then	그 다음에, 그 후에		if not	그렇지 않다면
	consequently			afterwards			as expected	예상대로
	in conclusion			thereafter			until now	지금 까지
	for this reason	이런 이유로		after that			at that point	그 시(지)점에
	accordingly			before long	얼마 후		at last	마침내

* as shown above 위에서 보여진 바와 같이, as you can imagine 당신이 상상할 수 있듯이, as a matter of principle 원칙적으로, in effect 사실상, at the same time 그 와 동시에

> **必!출 포인트** 접속부사도 파트5 에서 등위접속사와 함께 쓰이며 정답이 되기도 한다.
>
> and then 그리고는   but nevertheless 그럼에도 불구하고   and therefore 그 때문에, 그래서
>
> Mr. Kim was hired only last week but has <u>nevertheless</u> already saved the company a lot of money.
> Mr. Kim은 지난주에 고용이 되었지만 그럼에도 불구하고 이미 회사에 많은 돈을 절약해 주었다.

Check it up!

1. Delpi's products are manufactured in Korea and (additional / then) sent to Japan for packaging.
2. Unless (otherwise / else / also) specifically stated, employers may have the right to monitor such actions.

1. then 2. otherwise

5. 부사의 종류 IV : 강조 부사

1) 강조부사 (초점부사 : focusing adverbs)는 명사를 포함하여 모든 대상을 강조할 수 있다.

부사의 종류	의미	예문
only just merely	오직, 단지	The Canada that we know today began **only** 200 years ago. 오늘날 우리가 아는 캐나다는 겨우 200년 전에 시작되었다. It is **just** a process of trial and error. 그것은 단지 시행착오의 과정일 뿐이다.
even	심지어	They could not answer **even** the easiest written questions. 이들은 가장 쉬운 문제에도 답하지 못했다.
once	한때는	Del Piero, **once** a captain of Juventus FC, is now playing in the K-League. 한때 Juventus FC의 주장이었던 Del Piero는 지금 K-리그에서 뛰고 있다.
exactly	정확히, 꼭	People can just come and really do **exactly** what they want. 누구든 와서 내키는 대로 즐기면 됩니다.
specifically	구체적으로, 특히	Please tell me **specifically** what you are proposing. 구체적으로 무엇을 제안하는지를 말씀해 주세요.
mostly mainly chiefly largely primarily	주로	The increase in traffic to our Web site is **largely** the result of our social media campaign. 우리 웹사이트의 트래픽 증가는 주로 소셜미디어 캠페인의 결과이다.
especially particularly	특히	I love Italian cuisine, **especially** pizza and pasta. 이탈리아 요리를 좋아해요, 특히 피자와 파스타를 좋아해요.

2) 그 외의 강조 부사들도 알아 둔다.

부사의 종류	의미	강조 대상	예문
just, right, soon, shortly, directly immediately, promptly	바로 직전/직후	before, after 등	I phoned in my reservation from Korea **right** before I left. 여행 직전에 한국에서 전화상으로 예약을 했습니다.
well far	훨씬, 상당히		You must review the document **far** before the programs are printed. 너는 프로그램들이 출판 되기 훨씬 전에 문서를 검토해야 한다.

Check it up!

1. It took my brother (just / less) ten minutes to learn how to ride a bike.
2. Unplug appliances that draw power (even / very) when they are not in use.

1. just 2. even

6. 헷갈리기 쉬운 부사들 Ⅰ

1) so는 that절과 함께 쓰일 수 있는 반면, very는 that절과 함께 쓰일 수 없다.

She is (so / ~~very~~) kind that all people like her.
그녀는 매우 착해서 모든 사람들이 그녀를 좋아한다.

※ so 형/부 that S+V : 매우 ~해서 ...하다

2) too는 '너무'를 의미하며 부정적인 의미를 갖는다.

The machine's capabilities are **too** numerous to list completely.
그 기계의 기능은 너무나 많아서 완벽하게 열거할 수가 없다.

※ too 형/부 to V : 너무 ~하다 / to V 하기에는 (그래서 못 하다)

3) 숫자 앞에는 부사가 온다.

about around approximately roughly 대략	nearly almost virtually 거의	over more than 이상	at least 적어도	just merely 단지	exactly 정확하게
		under less than 이하	up to ~까지	only 오직	

4) as well은 '또한'이라는 의미의 부사이고 (=also), as well as는 '뿐만 아니라'라는 의미이다.

We need a system of satellites (as well / ~~as well as~~).
위성 시스템도 있어야 합니다.

5-1) [so vs. such] 명사가 있으면 형용사 such, 명사가 없으면 부사 so

He is (such / ~~so~~) a kind man that all people like him.
그는 매우 착해서 모든 사람들이 그를 좋아한다.

5-2) [so vs. such] 수량형용사가 있으면 so

There were (so / ~~such~~) many people that we had to bring more chairs to the auditorium.
너무 많은 사람들이 있어서 우리는 더 많은 의자를 강당으로 가져가야만 했다.

6) later은 '지금 이후에(after now)'를 의미하고, thereafter은 '그때 이후에(after that)'을 의미한다.

Sam left and his package was delivered shortly (~~later~~ / thereafter).
Sam은 떠났고, 그의 짐은 그 이후에 바로 배달되었다.

Check it up!

1. The Y-unit will (also / as well as) come equipped with a mobile phone and Internet access.
2. The salary was (so / very / too) low for Mercedes to accept the position.

1. also 2. too

(7) 헷갈리기 쉬운 부사들 II

1) 부사와 형용사가 같은 단어들이 있다.

단어	형용사	부사	형태가 비슷한 부사
hard	열심인, 어려운, 단단한	열심히, 단단히	hardly 거의 ~ 않다
high	높은	높게 (높이, 목표)	highly 매우 (정도, 수준 등)
late	늦은	늦게	lately 최근에
most	가장 큰(많은), 대부분의	매우/가장 많이	mostly 대체로, 주로
near	가까운	가까이	nearly 거의 (=almost)
clear	맑은, 명백한	완전히, 명료하게	clearly 분명히, 명확히
close	가까운, 정밀한	접하여, 바로 곁에	closely 면밀히, 밀접하게
great	큰, 많은	잘	greatly 매우
deep	깊은, 난해한(=profound)	깊이	deeply 깊이, 몹시, 철저히
early	초기의, 이른	일찍	
far	먼	멀리, 먼 곳으로	
fast	빠른	빨리	
long	긴, 오랜	오래, 오랫동안	
right	옳은, 올바른	곧바로, 바르게, 정확히	rightly 정확히, 바르게, 마땅히
wrong	틀린, 잘못된	틀리게	wrongly 부정하게, 부당하게
last	최후의, 마지막의	마지막으로, 지난번에	lastly 마지막으로(=finally)
daily / weekly monthly / yearly	매일(의) / 매주(의) / 매달(의) / 매년(의)		

He arrived (late / ~~lately~~) because he had locked the keys in the car.
그는 차에 열쇠를 두고 잠그는 바람에 늦게 도착했다.

These fans have been quite popular among tourists (~~late~~ / lately).
이 부채들은 요즘 관광객들에게 대단히 인기가 있습니다.

The orchestra has (~~great~~ / greatly) improved under the direction of the new conductor.
그 오케스트라는 새 지휘자의 지도 아래 기량이 월등하게 향상되었다.

Check it up!

1. The company's comprehensive training program produced (high / highly) qualified technicians.
2. The church, with its tall spire, is (near / nearly) finished.

1. highly 2. nearly

Unit Test 12

1. The bank will not renew customer's enrollment unless instructed _____.

   (A) besides
   (B) afterward
   (C) customarily
   (D) otherwise

2. Although the hire was new at making a presentation, he did it remarkably _____.

   (A) yet
   (B) even
   (C) well
   (D) as well

3. Katlyn was dismissed from her job for disobeying the company _____ regulation.

   (A) safety
   (B) safely
   (C) safe
   (D) safeness

4. As soon as inspectors have _____ checked for contamination hazards, normal business operations will be resumed.

   (A) primarily
   (B) soon
   (C) thoughtfully
   (D) thoroughly

5. Since we construct a new factory, we are _____ looking for those who work diligently.

   (A) significantly
   (B) completely
   (C) slightly
   (D) currently

6. Test the batteries of your flashlight _____ to ensure proper operation.

   (A) highly
   (B) regularly
   (C) densely
   (D) accordingly

7. The two countries decided to maintain the mutually _____ cooperative relationship.

   (A) benefit
   (B) benefited
   (C) beneficially
   (D) beneficial

8. JSY Entertainment has _____ signed the contract with Xia Networks to improve the efficiency of public relations.

   (A) highly
   (B) exactly
   (C) soon
   (D) recently

9. _____ discounted airfare rates may seem attractive, but passengers are advised to check the conditions of each flight ticket.

   (A) Busily
   (B) Heavily
   (C) Safely
   (D) Solely

10. In the event your Casis Phone is damaged, all of its parts are _____ available through regional stores throughout the country.

    (A) ready
    (B) readiness
    (C) readily
    (D) readied

11. Applicants for the position of vice president have to submit the names of two references, _____ from more than one institution.

    (A) largely
    (B) ideally
    (C) evenly
    (D) chiefly

12. Blare Enterprises is _____ accepting applications for four marketing positions at their Toronto branch.

    (A) swiftly
    (B) exactly
    (C) currently
    (D) moderately

13. Mario Liu, the company's new human resources head, is responsible for _____ the training of all employees.

    (A) complying
    (B) proceeding
    (C) specializing
    (D) overseeing

14. Nexustel will be _____ their new portable memory device in this week's IT magazine.

    (A) introduce
    (B) introduced
    (C) introducing
    (D) introduces

15. The supervisor posted the _____ regarding the schedule change on the bulletin board.

    (A) organization
    (B) announcement
    (C) substance
    (D) container

16. Economic analysts have _____ not publicized the forecast for the upcoming quarter.

    (A) yet
    (B) almost
    (C) still
    (D) once

17. Installing a faster Internet server at the conference hall may _____ to more time efficient seminars and training courses.

    (A) submit
    (B) donate
    (C) contribute
    (D) offer

18. Ms. Tang received a memorandum from her supervisor warning her about being _____ late to the meetings.

    (A) permanently
    (B) conventionally
    (C) automatically
    (D) habitually

19. Customers should be greeted _____ by sales staff so that they feel their patronage stands out as being more important than the rest.

    (A) accurately
    (B) personally
    (C) partially
    (D) repeatedly

20. Jenny _____ made the same mistake by misspelling the names of the people who were supposed to attend her birthday party.

    (A) by far
    (B) once again
    (C) very much
    (D) for long

Unit Test 12

21. Even though the CEO of the company couldn't attend the meeting, his secretary was _____ to take important notes for him.

    (A) where
    (B) when
    (C) there
    (D) why

22. Because of the recession, the company's stock value dropped _____ and didn't recover for several years.

    (A) extremely
    (B) adversely
    (C) dramatically
    (D) actively

23. We cannot _____ expect to complete the revised project specifications successfully by the proposed deadline.

    (A) realist
    (B) realistic
    (C) realistically
    (D) realism

24. The department head has requested that all inquiries received by e-mails be answered as _____ as possible.

    (A) prompt
    (B) prompts
    (C) promptly
    (D) prompted

25. The fitness equipment at Phili Fitness Club is checked _____ to ensure that it is clean and safe.

    (A) almost
    (B) nearly
    (C) regularly
    (D) recently

26. Although the author's sequel did not sell as many copies as the first, it was _____ on the bestseller list for three months.

    (A) otherwise
    (B) meanwhile
    (C) furthermore
    (D) nevertheless

27. The hotel owner is planning to construct an annex to the main building next month to _____ additional guests during peak season.

    (A) announce
    (B) accommodate
    (C) adjust
    (D) acknowledge

28. Ms. Yoo, the sales representative, was instructed to report all new orders _____ to corporate headquarters in D.C.

    (A) direction
    (B) directing
    (C) directly
    (D) directive

29. Beginning in December, approximately 10,000 customers will see a rate increase of _____ ten percent in their utility bills.

    (A) neared
    (B) nearly
    (C) nears
    (D) nearness

30. The vice president brings Ms. Park on his business trips since she works _____ even in stressful and demanding situations.

    (A) efficiently
    (B) efficient
    (C) more efficient
    (D) efficiency

31. Right before the winner of the "director of the year" award was announced, all nominees were _____ nervous and excited.

    (A) unbearably
    (B) indifferently
    (C) pleasantly
    (D) harmlessly

32. An _____ large number of our guests make their hotel reservations online rather than by telephone.

    (A) finally
    (B) closely
    (C) hardly
    (D) increasingly

33. Mr. Silva will be adjusting his schedule because he has _____ many appointments next month.

    (A) too
    (B) much
    (C) highly
    (D) mostly

34. Analysts predict that the internal organization of Dragonfly Air will look _____ different after the new chief executive officer takes over the company.

    (A) utterly
    (B) formerly
    (C) briefly
    (D) primarily

35. After 50 years in business, Alpha Shipping _____ provides the excellent delivery services.

    (A) soon
    (B) still
    (C) later
    (D) once

36. The administrators have _____ a larger portion of the company's budget to Research & Development to improve their existing product lines.

    (A) donated
    (B) produced
    (C) commended
    (D) allocated

37. The director of public relations announced today that the recent marketing campaign was _____ received by most consumers throughout the country.

    (A) favor
    (B) favorable
    (C) favorably
    (D) favoring

38. The order was sent more than two weeks ago, but the invoice has not _____ arrived.

    (A) yet
    (B) then
    (C) already
    (D) only

39. Apple Soft is _____ regarded as the leading software-development company in the country.

    (A) wide
    (B) widely
    (C) widened
    (D) widening

40. Panel discussion participants have been instructed to report to the auditorium _____ at 6:00 P.M.

    (A) inwardly
    (B) promptly
    (C) highly
    (D) extremely

Unit 13. 전치사

 단원 기출 문제 유형

★ 전치사 문제는 매달 단독으로만 2문제 이상, 접전부 문제까지 포함하면 8문제 이상 출제가 된다.
★ 관용 표현보다는 거의 해석하는 문제가 출제가 되니 각 전치사의 해석과 용법을 정확하게 아는 것이 무엇보다 중요하다.

1. Results from the automotive producer's test drive will be released _____ the next few weeks.

    (A) in   (B) by
    (C) with   (D) from

2. Deciding on a computer can be a difficult choice _____ of the many different brands available.

    (A) nevertheless   (B) however
    (C) because   (D) owing

3. We deeply apologize _____ the failure to have the security system running in time.

    (A) to   (B) for
    (C) from   (D) around

▶ 정답 및 해설

1. '다음 몇 주 _____ 결과가 발표될 것이다.'라는 문맥에서 알맞은 전치사는 (A) in (~후에) 이다.
    전치사 in은 기간 앞에서 '~후에'를 의미한다.
    (자동차 생산사의 시운전 결과가 몇 주 후에 발표될 예정이다.)

2. 빈칸 뒤의 of와 짝을 이루는 전치사 (C) because가 정답이다. because of는 owing to와 마찬가지로 '~때문에'라는 의미의 전치사이다.
    (선택 가능한 많은 브랜드가 있어 어떤 컴퓨터를 살지 결정하는 일은 어려운 선택이다.)

3. '~에 대해 사과하다'라는 의미를 나타내기 위해 apologize와 함께 쓰일 수 있는 전치사는 (B) for이다.
    (보안 시스템이 제시간에 작동되도록 하지 못한 점, 깊이 사과드립니다.)

1. 전치사의 역할과 형태

1) 전치사는 명사(목적어)를 수반하며, '전치사+목적어'로 이루어진 전치사구는 수식어구 역할을 한다.
→ 형용사구, 부사구

It is important for you to recover your temper even when things go wrong.
일이 잘 안 풀리더라도 냉정함을 유지하는 것이 중요하다.

How about spending some time with your kids instead of taking a nap?
낮잠이나 자는 것 보다 아이들과 시간을 좀 보내는 게 어때요?

Some of the students use their smart phones even during class.
학생들 중 몇 명은 심지어 수업 시간에도 스마트폰을 사용한다.

참고!

> **전치사구는 형용사구로서 문장에서 보어 역할도 할 수 있다.**
>
> The terms of agreement for the merger of the two companies are _____ under consideration.
>
> (A) current (B) more current
> (C) most current (D) currently
>
> 답은 (D)이다. 문장에서 'under consideration'이 '고려중인'이라는 형용사구로써 보어 역할을 하고 있다.
> 전치사구가 보어 역할을 할 수 있다는 것을 모른다면 빈칸이 보어자리라고 판단하여 형용사인 (A)를 선택할 수도 있지만 해석상 어색하다. 그리고 current는 '현재의, 지금의' 라고 해석이 될 때에는 명사를 꾸며주는 용법으로만 쓰이며, 주격 보어 자리에는 쓰이지 않는다.
>
> (두 회사 간의 합병에 대한 협정의 조건들은 현재 고려중이다.)

※ 기출 전치사구 보어

be under consideration 고려중이다	be under control 통제/제어 되다	be under contract 계약 하에 있다
be under warranty 보증 하에 있다	be under construction 공사 중에 있다	be in favor of ~에 찬성/지지하다
be among + 복수명사 ~들 중의 하나이다		

Check it up!

1. (Despite / Although) shaky economic conditions, scores of employees are receiving promotions.
2. Some workers can progress very quickly (after / following) they successfully complete their studies.
3. A 200 percent increase in revenue over the previous year is (among / over / by / except) the company's achievements.

1. Despite 2. after 3. among

2. 전치사의 종류 I : 시간과 장소 at / on / in

1) 시간 전치사 at / on / in

전치사	쓰임	예	
at	하루 미만 (시각, 시점)	at 3 o'clock 3시에	at noon 정오에
		at lunch time 점심시간에	at the end of the month 월말에
		at midnight 자정에	at night 밤에
on	하루 단위(요일, 날짜)	on Monday 월요일에	
		on April 30 4월 30일에	
in	하루 이상(달, 계절, 년도)	in October 10월에	in 2024 2024년에
		in Summer 여름에	

※ 시간이나 요일을 나타내는 명사 앞에 this, that, next, last, every 등이 붙으면 전치사는 사용되지 않는다.
※ yesterday, today, tonight, tomorrow는 자체가 부사이므로 앞에 전치사를 쓰지 않는다.

2) 장소 전치사 at / on / in

전치사	쓰임	예	
at	특정 지점이나 위치	at the corner 모퉁이에서	at the hotel 호텔에서
		at Pink avenue Pink 가에서	at the reception desk 안내데스크에서
in	공간 내부 강조 비교적 넓은 지역	in Paris 파리에서	in Korea 한국에서
		in the lobby 로비에서	in the district 그 지역에서
on	표면 위 (접촉)	on the street 거리에서	on page 5 5쪽에
		on the 2nd floor 2층에	on the shelf 선반에

※ 장소 자체를 의미할 때는 기본적으로 at, 그 장소의 안을 강조할 때는 in을 쓴다.
※ into는 장소의 in에 방향의 전치사 to가 붙은 형태로써 '안쪽으로', onto는 'on + to'로써 '위쪽으로'라고 해석 된다.
　ex) We walked into the room.
　　　우리는 방 안으로 걸어 들어갔다.
　ex) The cat jumped onto the table.
　　　고양이가 테이블 위로 뛰어올랐다.

Check it up!

1. The general election for Congress is held (in / on) November every other year.
2. Please leave your hotel key (at / as) the front desk when you go out.

3. 전치사의 종류 II : 시점과 기간

1) 시점을 나타내는 전치사

전치사	의미	예	
before prior to	~ 전에	before signing the contract 계약서에 서명하기 전에	
		three weeks prior to the date 그날로부터 3주 전에	
after following subsequent to	~ 후에	following his father's death 부친 사망 후에	
		subsequent to our meeting 우리 회의 뒤에	
		after two weeks of training 2주간의 연수 이후에 (* 'after + 기간'형태 가능)	
until	~ 까지 (동사의 상태 지속)	continue until 7 7시까지 계속되다	be postponed until 7 7시까지 연기되다
		last until 7 7시까지 지속되다	
by no later than	~까지는 (1회성, 완료 동사)	submit by 7 7시까지 제출하다	finish by 7 7시까지 끝내다
		complete by 7 7시까지 완성하다	
from	~ 부터	from 10 to 8 10시부터 8시까지	from 3 o'clock onwards 3시 이후
		three weeks from now(today) 지금부터 3주 후에	
since	~ 이래로	since yesterday 어제 이래로(과거시점)	
toward	~ 무렵	toward the end of the month 월말 무렵에	

2) 기간을 나타내는 전치사

전치사	의미	예
for	~동안 (일반적인 기간)	for ten days 10일 동안 for a decade 10년 동안 for a long time 오랫동안
during	~동안 (특정기간)	during my freshman year 새내기시절 during the meeting 회의 동안
over through throughout	~하는 내내	over the past ten years 지난 10년 동안 through the training process 교육 과정 동안 throughout the year 1년 내내
within	~이내에	within the next two months 다음 2개월 이내에
in	~후에	in seven days 7일 만에 (후에)

必!출 포인트 **(시간적으로) ~보다 빨리, 늦게**

ahead of schedule   on schedule   behind schedule

일정보다 일찍   예정대로   일정보다 늦게

Check it up!

1. I will have the team project done (within / by) the end of the month.
2. Maria and Sam have been married (for / since) ten years.

1. by 2. for

4. 전치사의 종류 III : 위치

1) 위치를 나타내는 전치사

전치사	의미	예
above	~위에	above the ocean 바다 위에 above (beyond) my expectation 내 기대치 이상으로 (cf. above/below + 평균 등)
over	~위에	over his head 그의 머리 위에 (cf. prefer A over B A를 B보다 선호하다)
below	~아래에	below the table 테이블 밑에 below the expectation/total/average/level 기대/총합/평균/수준 이하로
under	~아래에	under the sink 싱크대 밑에 if you are under 18 18살 이하라면
beside next to by	~옆에	next to his office 그의 사무실 옆에
behind	~뒤에	behind the building 그 건물 뒤에
between (2) among (3↑)	~사이에	between 5 and 7 o'clock 5시와 7시 사이에 among the crowds 군중 속에서
near	~가까이	near a window 창문 가까이에
around	~주위에	around the corner 길모퉁이를 돌아, 위기를 넘겨, 임박하여
within	~내에	within the organization 조직 내에서 within the company 회사 내에서 within the city limits 도시 경계선 (한계선) 내에서 within 3 kilometers 3 킬로미터 내에
throughout across around	~도처에, 전역에	across/around/throughout the country 전국에 across/around/throughout the world(globe) 세계 각지에 across all business segments 전 사업 분야에 전체에 걸쳐서 * from across/around the world 전 세계로부터

> **必!출 포인트** 전치사 'under'은 '~ 진행중인', '~영향력 하에' 라는 뜻이 있다.

under construction 공사 중인
under consideration 고려 중인
under investigation 조사 중인
under discussion 토론 중인

under new management 새 경영진 하에
under control 통제 하에 있는
under current contract 현 계약 하에
under pressure 압력 받고 있는
under the supervision of ~의 감독하에

Check it up!

1. The annex to the office building will be (under / down) construction shortly.
2. Mr. Kim said the documents should be placed (at / for / of) a proper place.

1. under 2. at

5. 전치사의 종류 IV : 방향

1) 방향을 나타내는 전치사

전치사	의미	예
from	~에서, ~로 부터	from the station 역에서부터
		from one's point of view ~의 관점으로 판단하건대
to	~으로, ~에게	send packages to the customer 고객에게 택배를 보내다
for	~을 향해	leave for London London을 향해 떠나다
toward(s)	~ 쪽으로	deferential attitude toward the customer 고객에 대한 공손한 태도
		work toward a specific goal 구체적인 목표를 향해 노력하다
along	~을 따라서	walk along the street 거리를 따라 걷다
		along the shore 해변을 따라
		along the side of ~의 측면을 따라
across	~을 가로질러 ~을 건너	across the river 강을 가로질러
		across the street 거리를 가로질러
across from opposite	~의 맞은편에	across from the post office 우체국 맞은편에
through	~을 통과하여	drive through a long tunnel 긴 터널을 통과하다
into	~안으로 (in + to) ~으로 (상태변화)	into the unknown 미지의 세계로
		develop ideas into commercial products. 아이디어를 제품으로 개발하다
		factor A into the revised estimate A를 개정된 추정치에 넣다 (고려하다)
out of	~밖으로	get out of the office building 사무실 건물 밖으로 나가다
onto	~위로 (on + to)	move the books onto the second shelf 책들을 두 번째 칸으로 옮기다

必!출 포인트 전치사 'out of' 는 '~의 범위 밖에' 라는 뜻이 있다.

out of print 절판된
out of order 고장난
out of service 작동되지 않는

Check it up!

1. The new baseball park will be constructed (among / along) the Han River.
2. Fragile items should be kept (away with / out of) reach of children.

1. along 2. out of

6. 전치사의 종류 V : 이유, 목적, 양보, 제외, 부가, 기타

1) 이유, 목적, 양보, 제외, 부가를 나타내는 전치사

종류	의미	전치사			
이유	~때문에	because of	due to	owing to	on account of
	~덕분에	thanks to			
양보	~에도 불구하고	despite	in spite of	notwithstanding	
목적	~를 위해서	for			
제외	~들 제외하고는	except (for)			
	~이 없다면	without			
부가	~ 대신에	instead of			
	~이외에	in addition to	besides	aside from	apart from

2) 기타 전치사들

(along) with my team 내 팀과 함께	beyond repair 수리의 범위를 넘은 (수리가 불가능한)	including ~을 포함하여
alongside the interns 인턴들과 함께	outside the office hour 사무실 운영 시간 밖에 (외에)	excluding ~을 제외하고
as of / effective March 1 3월 1일부터	given / considering ~을 고려해 볼 때	depending on ~에 따라
someone like you 너와 같은 누군가	in + 옷(색) ~을 입고	plus ~에 더하여 (문두에는 안 씀)
unlike other competitors 경쟁사들과는 달리	regardless of ~에 상관없이	against ~에 대항하여, ~에 기대어
by -ing ~함으로	by means of ~을 이용하여	as a result of ~의 결과로
through the receptionist 접수 담당자를 통해	upon arrival 도착하자마자	A of B B의 A, (소유), B라는 A (동격)
as vice president 부사장으로서	for two dollars 2달러로 (교환의 대상)	in terms of ~의 면에서 (관해서는)
for ~으로, ~ 때문에 (ex. praise 칭찬하다 / applaud 갈채를 보내다 + N for 이유)		let alone ~은 고사하고
according to in accordance with ~에 따르면	about / on as to / as for / as regards regarding / concerning / pertaining to in/with regard(s) / respect / reference to ~에 관하여	

Check it up!

1. Roy always invests his savings (as to / without) consulting his financial advisor.
2. (In spite of / In addition to) the gloomy economic forecasts, manufacturing output has risen slightly.

1. without 2. In spite of

7. 전치사 관용 표현

1) 다양한 품사와 함께 쓰이는 전치사 관용 표현들은 반드시 암기 하도록 한다.

전치사 표현	의미	전치사 표현	의미
in place of	~대신에	commitment to ~	~에 대한 전념, 헌신
in search of	~를 찾아	anxiety about ~	~에 대한 불안
in line with	~와 조화하여, 일치하는	with the exception of ~	~는 예외로 하고
in accordance with	~와 일치하는	at the rate of ~	~의 비율로
in conjunction with	~와 공동으로, 협조하여	in comparison with ~	~에 비교하여
in cooperation with	~와 협조하여	compared with(to) ~	~에 비교하여
in exchange for	~와 교환으로	under warranty	보장 되는
talent(flair) for	~에 대한 재능	in observance of	~을 준수하여
without a doubt	의심의 여지없이	at this time	이 시점에서
with no doubt	의심의 여지없이	in excess of	~을 초과하여
upon request	요청 즉시	in a timely manner	시기적절하게
request for	~에 대한 요청	lack of ~	~의 결여
in one's absence	~가 부재중에	above(beyond) expectation	기대 이상으로
in detail	세부적으로	to one's satisfaction	~가 만족스럽게
on one's way to	~로 가는 길에	to one's disappointment	~가 실망스럽게
to the/one's surprise	(매우) 놀랍게도	in compliance with	~을 준수하여
in the light of	~에 비추어, ~의 관점에서	★ at your convenience	당신이 편리하실 때
be finished with	~이 끝난	★ at your earliest convenience	가급적 빨리
★ fees <u>for</u> cable television 케이블 TV를 위한 요금			
★ decrease <u>in</u> sales 판매량에 있어서의 감소			
★ discourage / prevent / inhibit / prohibit / forbid / stop patrons <u>from</u> trying to access the Internet 고객에게 인터넷 접근을 하지 못하게 예방하다 (막다).			
★ reliance <u>on</u> solar energy 태양열 에너지에의 의존			
★ assistance <u>with</u> the feature 그 기능들에 대한 도움 (assist in -ing 도 기억!)			

Check it up!

1. In (according / accordance) with the housing contract, rent must be paid on the first day of each month.
2. When you buy a new computer, you usually get software included (by / at) no extra cost.

1. accordance 2. at

Unit Test 13

1. The new landscape architect will be responsible _____ the gardens and the surrounding area.

    (A) only
    (B) in front
    (C) to
    (D) for

2. If a new vehicle is _____ of repair, automobile dealers should carry out any essential repairs free of charge.

    (A) necessary
    (B) necessarily
    (C) in need
    (D) need

3. UNEX, an environmental organization, was denied funding _____ their documents were complete and their activities had been reported.

    (A) even though
    (B) despite
    (C) since
    (D) without

4. The department store owner sat with investors from Europe to discuss _____ plans to establish branches in two other major cities.

    (A) dependent
    (B) tentative
    (C) reckless
    (D) comparable

5. In the smart phone industry, top manufacturers still sell millions of units _____ a recent drop in average monthly sales.

    (A) despite
    (B) because
    (C) during
    (D) even if

6. _____ the bad weather condition, all food deliveries will be delayed until further notice.

    (A) Owing to
    (B) Instead of
    (C) Regardless of
    (D) Aside from

7. The operations manager will be _____ a schedule in order to make sure that company projects and other assignments are completed on time.

    (A) preparation
    (B) prepare
    (C) prepared
    (D) preparing

8. Crawford Field, the owner of the factory, will notify you _____ the approximate date the clothes will be finished.

    (A) that
    (B) of
    (C) when
    (D) along

9. Labels on each of the packages must be scanned carefully _____ the shipment.

    (A) in fact
    (B) former
    (C) wherever
    (D) prior to

10. Matt Woods was hired to arrange merchandise in display windows _____ shoppers and persuade them to buy one.

    (A) attracted
    (B) attract
    (C) to attract
    (D) attraction

11. The front row will be reserved for emergency seating even if every seat in the assembly hall is _____.

    (A) take
    (B) took
    (C) taken
    (D) taking

12. It is essential that transactions with clients be made in _____ with the accounting department's detailed procedures.

    (A) respect
    (B) accordance
    (C) reference
    (D) proximity

13. A number of offices are closed _____ a corporation-wide strike.

    (A) due to
    (B) while
    (C) since
    (D) as if

14. Some companies and establishments _____ gave assistance to help victims of the typhoon recover from the loss of their homes.

    (A) voluntary
    (B) volunteer
    (C) voluntarily
    (D) volunteering

15. Physicians usually advise individuals _____ obtain a physical examination or a medical test when they have reached a certain age.

    (A) on
    (B) to
    (C) in
    (D) of

16. The founder of Starship World, the nation's leading company, established hundreds of supermarkets _____ the country in the company's first decade.

    (A) alongside
    (B) following
    (C) underneath
    (D) throughout

17. The director believes that the manufacturer's biggest _____ is reducing shipping costs to attract more customers in the world.

    (A) encounter
    (B) challenge
    (C) objection
    (D) confrontation

18. Josh Beckett postponed a meeting _____ an important client to take care of a safety issue at the company's assembly line.

    (A) over
    (B) with
    (C) along
    (D) since

19. The airport's flight schedule was so heavy that all the planes were late _____ for Mammoth's flight to London.

    (A) except
    (B) among
    (C) besides
    (D) than

20. During the product launch, the presenter demonstrated how to use the computer tablet _____ an explanation of its many features.

    (A) toward
    (B) notwithstanding
    (C) following
    (D) among

Unit Test 13

21. Paid registration on the Web site _____ members to access the latest information on a number of topics in the field of worldwide fashion.

    (A) confirms
    (B) qualifies
    (C) revises
    (D) satisfies

22. The magazine features a local restaurant that has been picked _____ its excellent service every Monday.

    (A) to
    (B) for
    (C) of
    (D) with

23. There are some diseases that our bodies cannot successfully resist _____ their own.

    (A) on
    (B) by
    (C) in
    (D) toward

24. _____ very few exceptions, please take the time to look through the documents in this envelope with your accountant.

    (A) At
    (B) On
    (C) For
    (D) With

25. The moderator has been quite consistent _____ his ideas on how to end the discussion.

    (A) that
    (B) only
    (C) with
    (D) from

26. Most of the technological advances in the aerospace industry came about _____ the turn of the century.

    (A) up
    (B) forward
    (C) among
    (D) toward

27. In _____ to the delicious dinner, the chef also prepared a tasty dessert.

    (A) addition
    (B) additive
    (C) additionally
    (D) additional

28. _____ inclement weather conditions, all express deliveries to New York and its neighboring areas will be postponed until the storm passes.

    (A) Regardless of
    (B) Due to
    (C) Aside from
    (D) Because

29. _____ enlarging our library facility, it is possible for us to have our service expanded to the students.

    (A) By
    (B) Such as
    (C) Throughout
    (D) When

30. All technical personnel, _____ the seniors, are obligated to sign up for one of the training courses hosted by the main office.

    (A) including
    (B) together
    (C) along
    (D) accompanied

31. By acting immediately to address an issue, the company managed to retain its solid reputation _____ a product defect that resulted in a country-wide recall.

    (A) despite
    (B) though
    (C) given
    (D) whether

32. Mr. Song compiled numerous financial statements for his clients _____ the short deadline.

    (A) except for
    (B) in spite of
    (C) besides
    (D) rather than

33. By reducing the price considerably, Hi Tours was able to sell out all travel packages _____ the season.

    (A) throughout
    (B) while
    (C) along
    (D) between

34. The number of industrial accidents in our country has doubled _____ last year.

    (A) up
    (B) forward
    (C) since
    (D) around

35. Telemarketers are required to keep track _____ all their sales for the day and report them back to management on a weekly basis.

    (A) by
    (B) of
    (C) at
    (D) in

36. _____ the arrival of the new director, all of the employees gathered in the banquet hall.

    (A) To
    (B) About
    (C) At
    (D) Upon

37. Because an authorization signature is required, supply orders cannot be taken _____ the phone.

    (A) whenever
    (B) in
    (C) over
    (D) only

38. Only successful applicants with at least two references will be _____ for the associate editor position at the KNU journal.

    (A) considered
    (B) published
    (C) promoted
    (D) worked

39. Researchers have determined that living in polluted cities is comparable _____ being a heavy smoker in terms of how likely you are to get lung diseases.

    (A) at
    (B) within
    (C) over
    (D) to

40. The CEO has decided to replace all copy machines _____ new ones effective the first of the month.

    (A) of
    (B) in
    (C) with
    (D) for

05
Section

접속사와
절

Unit 14
등위접속사와
상관접속사

Unit 15
관계절

Unit 16
명사절

Unit 17
부사절

Unit 14. 등위접속사와 상관접속사

 단원 기출 문제 유형

★등위 접속사 문제는 해석 문제이기 때문에 반드시 전체 문장을 해석해서 문제를 풀도록 하고, 상관 접속사는 짝이 맞는 것을 선택 하도록 한다.

1. According to local newspaper, neither the president _____ the head executive attended the company's media release.

    (A) except   (B) nor
    (C) so   (D) besides

2. The committee chairs at Apple Ltd. would like to extend their gratitude to their employees for their dedication _____ loyalty to the company.

    (A) as   (B) and
    (C) but   (D) yet

3. The cost of delivery for the furniture does not include import tax _____ installation fees, which can be quite high.

    (A) or   (B) although
    (C) both   (D) neither

▶정답 및 해설

1. neither과 어울리는 상관접속사는 (B) nor이다.
   (지역 신문에 따르면, 사장도 고위간부도 회사 언론 발표에 참석하지 않았다.)

2. '그들의 헌신과 충성'이라는 의미로 보아 빈칸에는 their dedication과 loyalty를 연결하기 위한 등위접속사 (B) and가 와야 한다.
   (Apple Ltd. 사의 위원장들은 회사에 대한 직원들의 헌신과 충성에 대해 감사를 표했다.)

3. 명사(import tax)와 명사(installation fees)를 연결하기 위해서는 등위 접속사가 필요하다. 그러므로 빈칸에는 (A) or이 정답이다.
   (가구 배송료에는 비용이 꽤 들 수도 있는 수입관세나 설치비가 포함되어 있지 않다.)

1. 등위접속사

1) 등위접속사의 종류

and 그리고	but 그러나	yet 그러나	nor ~도 아니다
or 또한	so 그래서	for 왜냐하면	

Restaurants **and** hotels serve hot **and** cold beverages.
식당과 호텔에서 냉온 음료수를 제공한다.

It is morning, **for** I heard a cock crowing somewhere.
지금은 아침이다, 어디선가 닭이 우는 소리를 들었으니까.

She doesn't like chicken soup, **nor** does Jeff.
그녀는 닭고기 수프를 좋아하지 않고 그것은 Jeff도 마찬가지이다.

2) 등위접속사는 같은 품사나 같은 구조를 대등하게 연결하는 접속사이다.

- 명사   The supervisor is responsible for **the safety** <u>and</u> **the overall productivity** of the workers.
  감독관은 작업자의 전반적인 생산성과 안전에 책임을 진다.
- 동사   The team will **collect** <u>and</u> **analyze** water samples from wells in the area.
  그 팀은 그 지역의 우물에서 물 표본을 채취하여 분석할 것이다.
- 형용사   Leo has expertise in furniture that is **innovative** <u>yet</u> **practical** for the offices.
  Leo는 혁신적이면서도 실용적인 사무실 가구에 전문지식이 있다.
- 부사   Ms. Ellen calculated the traveling expenses **accurately** <u>and</u> **quickly**.
  Ms. Ellen은 여행비용을 정확하고 빠르게 계산했다.
- 동명사구   His responsibilities included **filling** it with oil <u>and</u> **cleaning** it each day.
  그의 의무에는 매일 기름을 채우는 것과 청소를 하는 것이 포함되어 있었다.
- 부정사구   I was planning **to paint** the doors, <u>and</u> **(to) paper** the walls.
  나는 문을 칠하고, 벽지를 바를 계획이었어.
- 전치사구   The payment should be made **on (the day)** <u>or</u> **before the day** of your scheduled check in.
  예정된 체크인 날짜, 혹은 그 전에 지불되어야 합니다.
- 명사절   There is too much speculation about **what happened** <u>and</u> **what did not happen**.
  일어났거나 일어나지 않은 것에 대해 많은 오해들이 있다
- 독립절   **There are two desktops in my room**, <u>but</u> **only one of them is working**.
  내 방에 컴퓨터가 두 대 있지만, 그 중 한 대만 작동한다.

Check it up!

1. Kai is responsible for collecting articles and (publish / publishing) newsletters.
2. Torino magazine produces articles about health, beauty, (as / and / yet / that) fashion for readers twenty years old and above.

3) 등위접속사는 같은 품사를 연결하는 접속사이기 때문에 절대 <u>문두에는 올 수 없다.</u>

(Because / ~~For~~) she is honest, we love her all the more.
그녀가 정직하기 때문에 우리는 그녀를 더욱더 사랑한다.

必!출 포인트 **so와 for은 오직 절과 절을 연결한다.
그리고 등위접속사가 독립된 두 개의 절을 연결할 때는 반드시 콤마가 필요하다.**

We have received your resume, (for, but) regret to inform you that no positions are available.
우리는 당신의 이력서를 받았습니다만 공석이 없다는 것을 알리게 되어 유감입니다.

→ so, for 뒤에는 반드시 완전한 절이 와야 하며, 왼쪽에는 콤마가 필요하다.
  단, so가 [so (that) S+V : ~할 수 있도록] 과 같이 부사절 접속사로 쓰일 때는 콤마가 쓰이지 않는다.

4) as well as (뿐만 아니라), rather than (~라기 보다는)은 준등위접속사로써 (quasi-coordinator) N, V, -ing 등을 모두 수반할 수 있고 문두에도 위치할 수 있다.

Please send us the postage <u>as well as</u> the price of the books.
책의 가격뿐만 아니라 우편 요금도 보내 주세요.

<u>Rather than</u> waiting at the station, you had better call her.
역에서 기다리는 것 보다는 전화를 거는 게 좋겠다.

Check it up!

1. Jacque was on his way to a party, (so / but) went to the wrong house by mistake.
2. AJ Allis wanted to clear his thoughts, (so / therefore) he went for a walk.

1. but 2. so

2. 상관접속사

1) 상관접속사는 두 단어가 서로 짝을 이루어 함께 쓰이는 접속사이다.

both A and B A와 B 모두	either A or B A 또는 B 중 하나	neither A nor B A도 B도 아닌
not A but B A가 아닌 B	not only A but (also) B A뿐만 아니라 B도	

We find the fullness of life *not only* in options, *but* in commitments.
우리는 자신이 선택한 일에서만이 아니라 책임이 따르는 일에서도 생의 충만함을 발견한다.

The art gallery displays and sells *not* modern art pieces *but* antiques.
그 미술관에서는 현대 미술품이 아닌 고미술품을 전시하고 판매한다.

2) 상관접속사에서 A와 B 자리에는 같은 품사(구조)가 온다.

The reception will not be held in the main lobby *but* at the restaurant.
피로연은 중앙로비가 아닌 식당에서 있을 것이다.

Helen Keller could neither hear *nor* see, but she lectured all over America.
헬렌 켈러는 들을 수도 볼 수도 없었지만, 미국 전역에서 강의를 했다.

3) as well as (~뿐만 아니라) 와 as well (또한) 은 완전히 다른 것! 절대 실수하지 말자!

My assistant (as well as / ~~as well~~) I wants to work late at night.
나뿐만 아니라 나의 조수도 밤늦게 일하기를 원한다.

You can have the piano for $200, and I will throw in the stool (as well / ~~as well as~~).
당신은 피아노를 200달러에 사실 수 있습니다. 그러면 제가 의자는 그냥 드릴게요.

Check it up!

1. We are a very hospitable couple to (either / both) friends and strangers.
2. Dr. Lee, a computer scientist, firmly believes that the earth is (not only / as well) ours but also theirs.

1. both 2. not only

Unit Test 14

1. In an e-marketing environment, conventional wholesaler network will work _____ effectively nor economically.

    (A) either
    (B) each
    (C) neither
    (D) not

2. The payment should be made on _____ before the day of your scheduled check in.

    (A) but
    (B) yet
    (C) and
    (D) or

3. The method made by Pirres is not _____ about Libya but also about the countries supporting terrorist groups.

    (A) also
    (B) moreover
    (C) less
    (D) only

4. Large television screens were positioned at _____ end of the stadium.

    (A) all
    (B) most
    (C) either
    (D) other

5. The boss of the company as well as many employees _____ working till late at night.

    (A) was
    (B) were
    (C) will
    (D) be

6. Anti-virus medications developed in recent years _____ many physiological effects on the human body.

    (A) has
    (B) have
    (C) had
    (D) to have

7. _____ did the suppliers send the wrong components, but they also sent them to the wrong department.

    (A) Though
    (B) In addition
    (C) Not only
    (D) Furthermore

8. The speaker did not know his subject, _____ he didn't speak well.

    (A) so
    (B) however
    (C) nor
    (D) therefore

9. If you have not yet extended your membership for our monthly newspaper, you can _____ sign up online today, or come by the nearest distribution center in person.

    (A) nor
    (B) yet
    (C) either
    (D) neither

10. Queen Department Store will be closed May 2 _____ 5 in observance of the national holiday.

    (A) but
    (B) yet
    (C) and
    (D) also

11. Only those who have registered for membership in the online community are entitled to post comments and _____ replies to other posts.

    (A) making
    (B) to make
    (C) made
    (D) will make

12. Smart shoppers will compare different _____ similar brands before making a decision.

    (A) yet
    (B) since
    (C) because
    (D) both

13. The location of the ceremony was not decided officially, _____ was given an approval by the planning board.

    (A) but
    (B) both
    (C) for
    (D) or

14. Guests are required to wear _____ a suit or a dress to the dinner party.

    (A) both
    (B) either
    (C) and
    (D) or

15. The theater policy stipulates that neither taking pictures _____ eating something is allowed in the theater.

    (A) or
    (B) nor
    (C) and
    (D) neither

16. While the managing department is closed, all billing inquiries will be _____ by Sosa in the Human Resources.

    (A) replied
    (B) attended
    (C) handled
    (D) requested

17. Denver Information plans to consolidate all data from various sources to provide a single _____ directory of local companies.

    (A) various
    (B) numerous
    (C) redundant
    (D) comprehensive

18. Counselors working in Miami Technical Support Team must respond to customer's inquiry or take action to their problems within two _____ three hours.

    (A) but
    (B) or
    (C) yet
    (D) nor

19. Bob Rogers spoke to the visiting investors in a tone of _____ and confidence.

    (A) sincere
    (B) sincerity
    (C) sincerely
    (D) sincerer

20. Those who purchased tickets for the recently cancelled boxing match may obtain not a refund _____ a voucher for a future game.

    (A) and
    (B) but
    (C) or
    (D) yet

Unit Test 14

21. Faker Magazines produces articles about health, beauty, _____ fashion for readers twenty-five years old and above.

    (A) yet
    (B) as
    (C) that
    (D) and

22. All leave request forms _____ by immediate supervisors will be forwarded to the personnel director for final approval.

    (A) signed
    (B) sign
    (C) is signing
    (D) have signed

23. Unfinished plastic surfaces have a _____ to change their color unless properly treated.

    (A) routine
    (B) movement
    (C) tendency
    (D) trend

24. At the awards ceremony last year, Mr. Marco was recognized for his hard work _____ dedication to the organization.

    (A) as
    (B) but
    (C) and
    (D) yet

25. The choices that each of us makes about how to get to _____ or school impact the quality of the air.

    (A) works
    (B) working
    (C) worked
    (D) work

26. Leonardo Gomez, the executive officer, retired _____ his government position last year and is now working as a consultant.

    (A) that
    (B) from
    (C) on account
    (D) in accordance

27. Hanul Travel has established its reputation by offering services that are affordable _____ highly efficient.

    (A) also
    (B) as well
    (C) in addition
    (D) yet

28. Companies are not permitted to sell personal information about their customers, _____ can they share it without customers' consent.

    (A) or
    (B) and
    (C) but
    (D) nor

29. The company announced that it would merge with Telus Co., _____ it withdrew the decision only three days later.

    (A) or
    (B) and
    (C) but
    (D) if

30. Every accommodation in the region _____ a complimentary breakfast to its guests each morning.

    (A) offering
    (B) is offering
    (C) be offered
    (D) to offer

31. _____ he loves animals, Mr. Ryu would really like to become a veterinary technician.

    (A) But
    (B) Since
    (C) So
    (D) Unless

32. The researchers in the lab offered to help with the research, _____ Dr. Kemp prefers working by himself.

    (A) or
    (B) but
    (C) nor
    (D) either

33. Each student receives a detailed workbook and a textbook which will be a _____ reference for years to come.

    (A) value
    (B) valuably
    (C) valuable
    (D) valuing

34. Miracle Bakery, a newly-opened restaurant on Saturn Avenue, offers _____ and tasty meals to office workers.

    (A) affordable
    (B) afforded
    (C) affordability
    (D) affords

35. Maintenance workers are tasked to inspect apartment units _____ for plumbing and electrical problems and to make needed repairs.

    (A) periods
    (B) period
    (C) periodical
    (D) periodically

36. Carrot language school is currently looking for an experienced, dedicated, and _____ Spanish teacher to join its growing staff.

    (A) motive
    (B) motivated
    (C) motivator
    (D) motivation

37. Channel B has been asked to broadcast _____ coverage of baseball games in the World Baseball Classic.

    (A) concealed
    (B) comprehensive
    (C) satisfied
    (D) fulfilled

38. Since all the members were new, everyone was _____ and eager to make and meet new acquaintances.

    (A) friendly
    (B) friend
    (C) friendship
    (D) friends

39. To receive an outstanding grade, you should _____ complete the required objectives.

    (A) successfully
    (B) succeed
    (C) success
    (D) succeeded

40. We collect information about customers so that we improve and _____ our products and services.

    (A) market
    (B) markets
    (C) marketing
    (D) marketed

Unit 15. 관계절

 **단원 기출 문제 유형**

★ 문맥에 맞는 관계사 문제가 출제된다. 관계사 문제는 선행사의 종류와 뒷 절의 형태를 반드시 파악해서 해석과 구조를 동시에 판단하도록 한다.

1. Del Piero, _____ marketing research paved the way for cellular phone producers, is now nearly forgotten by industry leaders.

    (A) that (B) who
    (C) whose (D) which

2. Supervisors _____ have completed the daily tasks should spend their time reading books on efficient management.

    (A) who (B) whoever
    (C) whose (D) which

3. This year, we hired 20 new employees, some of _____ are Mexicans.

    (A) who (B) whom
    (C) them (D) which

▶ 정답 및 해설

1. 빈 칸 오른쪽 명사인 marketing research를 수식하는 소유격 관계대명사가 들어가야 한다. 따라서 정답은 (C) whose 이다.
    (마케팅 조사로 휴대폰 생산자들을 위해 길을 개척한 Del Piero는 이제 산업 지도자들에게 거의 잊혀져 가고 있다.)

2. 주어(supervisors)를 꾸며주는 형용사절(____ have completed the daily tasks)에 주어가 없으므로 빈칸에는 주격 관계대명사 (A),(D)가 정답 후보이다. 이 중, 사람을 선행사로 가지는 (A) who가 정답이다.
    (하루의 업무를 끝낸 감독자들은 효과적인 경영에 관한 책을 읽어야 한다.)

3. 일단, 절과 절을 연결할 수 없는 대명사 (C)는 탈락. 전치사 of의 목적어 자리이기 때문에 주격인 (A) 탈락. 목적격 관계대명사인 (B)와 (D) 중에서 사람을 선행사로 취하는 (B)가 정답이다.
    (올해, 우리는 20명의 새로운 직원을 고용했는데, 그들 중 일부는 멕시코인이다.)

1. 관계절이란?

1) 관계절이란 명사를 수식하는 형용사 역할을 하는 절이다.
→ 항상 후치수식 하며, 수식받는 명사를 선행사라고 부른다.

Jordan is a server **who works at a local restaurant.**
Jordan은 지역의 식당에서 일하는 서버이다.

The problem **which is very huge, but neglected** is to be resolved.
아주 심각하지만 외면되는 그 문제점은 해결되어야 한다.

2) 관계절(형용사절)과 명사절을 구조적으로 구분하자. (선행사가 있으면 관계절, 없으면 명사절)

관계절	That man over there is the dentist **whom I told you about.** 저기 있는 사람이 내가 너에게 얘기했던 그 치과 의사이다.
명사절	I know **whom you met yesterday.** 나는 네가 어제 누구를 만났는지 알고 있다.
관계절	The police found out the place **where the criminal hid the drugs.** 경찰은 범인이 마약을 숨긴 장소를 찾아냈다.
명사절	I have forgotten **where I put my little calculator.** 나는 나의 작은 계산기를 어디 뒀는지 잊어 버렸다.

3) 관계사도 접속사의 한 종류이기 때문에, 반드시 동사 개수를 세어보고 구조를 파악하자.

He wanted to know the exact place (~~there~~, where) the meeting would be held.
그는 회의가 열리는 정확한 장소를 알기를 원했다.

My brother introduced Sarah, **who** (wrote, ~~writing~~) The Miracle last year.
나의 형은 Sarah를 소개했는데, 그녀는 The Miracle 이라는 책을 작년에 썼다.

Check it up!

1. The Prince Museum is pleased to present a new exhibition (which / there) features the work of local artists.
2. JS Inc. is a company (that / this) is known for its history for many great inventions.

1. which 2. that

2. 관계대명사

1) 관계대명사 문제는 선행사의 종류와 뒷 절의 형태로 판단한다.

	사람	사물	절의 형태
주격	who (That)	which	__ V O (주어가 빠진 절)
목적격	whom	which	S V __ (타동사의 목적어가 빠진 절) S V O 전 __ (전치사의 목적어가 빠진 절)
소유격	whose	whose	S + V O (주어 수식 후, 어순 그대로 완전한 절의 형태) O + S V (목적어 수식 후, 남은 문장의 성분이 수반됨)

주격
(생략불가)
The company took action against an employee **who stole the computer.**
그 회사는 컴퓨터를 훔친 직원에 대해 조치를 취했다.

소유격
She is the kind of person **whose personality is always cheerful.**
그녀는 성격이 항상 명랑한 부류의 사람이다.

I had to meet my friend, **whose cat I have been watching.**
나는 내 친구를 만나야 했는데, 내가 그의 고양이를 보고 있었다.

We are reviewing a report, the topic of which is American History.
→ and the topic of it
우리는 보고서를 검토하고 있는데, 그 보고서의 주제는 미국 역사이다.

I read a book **whose cover was torn.**
나는 표지가 찢어진 그 책을 읽었다.

목적격
(생략가능)
Many people **(whom) I know are unsatisfied with their job.**
내가 아는 많은 사람들이 자신의 직업에 불만을 느끼고 있다.

You have a sponsor **(whom) you must submit a report to.**
당신에겐 보고서를 제출해야 할 후원자가 있다.

Check it up!

1. The personnel manager ruled out all applicants (who / whose) had no previous experience.
2. I received a post card from the person (who / whom / whose) I met while traveling in France.

2) 관계대명사 연습

① 선행사가 사람일 때,

1. Yesterday, I met Chris **and he** was my college friend.
   = _____ was my college friend.
   → 주격 관계대명사 뒤에는, '_____가 빠진 불완전한 절'

2. Yesterday, I met Chris **and** Sally liked **him** while at college.
   = _____ Sally liked while at college.

   Yesterday, I met Chris **and** I did so many things with **him**.
   = _____ I did so many things with.
   → 목적격 관계대명사 뒤에는, '_____가 빠진 불완전한 절'
      → _____의 목적어 or _____의 목적어

3. Yesterday, I met Chris **and his eyes** were brown.
   = _____ **eyes** were brown.

   Yesterday, I met Chris **and** I will never forget **his name**.
   = _____ **name** I will never forget.
   → 소유격 관계대명사 뒤에는, '____ + V + O / ____ + S + V'

② 선행사가 사물(동물)일 때,

1. I want to work for Blast Ltd. **and it** is a big company.
   = _____ is a big company.

2. I want to work for Blast Ltd. **and** everyone wants to work for **the company**.
   = _____ everyone wants to work for.

3. I want to work for Blast Ltd. **and its employees** are all smart.
   = _____ employees are all smart.

Exercise

1. We recently released the results of the research _____ was led by Dr. Johnson.
2. The organization expressed appreciation to people _____ willingly agreed to donate used computers.
3. The Black Museum, _____ is currently under construction, is scheduled to open to the public next month.
4. The guest speaker will answer questions _____ you might have about the tax issues related to her presentation.
5. We are an international organization _____ mission is to protect and educate children.
6. Anyone _____ experiences problems with the equipment should speak with our technician.

정답 다음페이지에

*** 관계대명사 연습 정답**

① 선행사가 사람일 때,

1. Yesterday, I met Chris **and he** was my college friend.
   = who was my college friend.
   → 주격 관계대명사 뒤에는, '주어 가 빠진 불완전한 절'

2. Yesterday, I met Chris **and** Sally liked **him** while at college.
   = whom Sally liked while at college.

   Yesterday, I met Chris **and** I did so many things with **him**.
   = whom I did so many things with.
   = with whom I did so many things.
   → 목적격 관계대명사 뒤에는, '목적어가 빠진 불완전한 절'
         → 타동사의 목적어 or 전치사의 목적어

3. Yesterday, I met Chris **and his eyes** were brown.
   = whose eyes were brown.

   Yesterday, I met Chris **and I will never forget his name**.
   = whose name I will never forget.
   → 소유격 관계대명사 뒤에는, 'S + V + O / O + S + V'

② 선행사가 사물(동물)일 때,

1. I want to work for Blast Ltd. **and it** is a big company.
   = which is a big company.

2. I want to work for Blast Ltd. **and** everyone wants to work for **the company.**
   = which everyone wants to work for.

3. I want to work for Blast Ltd. **and its employees** are all smart.
   = whose employees are all smart.

Exercise

1. We recently released the results of the research which was led by Dr. Johnson.
2. The organization expressed appreciation to people who willingly agreed to donate used computers.
3. The Black Museum, which is currently under construction, is scheduled to open to the public next month.
4. The guest speaker will answer questions which you might have about the tax issues related to her presentation.
5. We are an international organization whose mission is to protect and educate children.
6. Anyone who experiences problems with the equipment should speak with our technician.

3) '전치사 + 목적격 관계대명사'는 덩어리로 함께 상승이동이 가능하다.

Contributors to the magazine receive two free copies of the issue **in which** their article appears.
기고자들은 그들의 기사가 실리는 잡지의 두 권을 무료로 받는다. (Their article appears **in the issue**.)

It shows the date **on which** the subscription began.
(The subscription began **on the date**.)
그것은 구독이 시작됐었던 날짜를 보여 준다.

I miss Chris **with whom** I went to the same university.
(I went to the same university **with Chris**.)
나는 같은 대학을 다녔던 Chris가 보고 싶다.

4) 관계대명사 정리

관계 대명사	절의 형태
who	사람명사 + who +__+V+O (주어가 빠진 불완전한 절)
whom	사람명사 + whom +S+V+__ (목적어가 빠진 불완전한 절) 사람명사 + whom +S+V+O+전+__ (전치사의 목적어가 빠진 불완전한 절)
which	사물명사 + which +__+V+O (주어가 빠진 불완전한 절) 사물명사 + which +S+V+__ (목적어가 빠진 불완전한 절) 사물명사 + which +S+V+O+전+__ (전치사의 목적어가 빠진 불완전한 절)
whose	사람/사물 + whose+S+V+O (주어 수식 후, 어순 그대로 완전한 절의 형태) 사람/사물 + whose+O+S+V (목적어 수식 후, 남은 문장의 성분이 수반됨)
that	사람/사물 + that +__+V+O (주어가 빠진 불완전한 절) 사람/사물 + that +S+V+__ (목적어가 빠진 불완전한 절) 사람/사물 + that +S+V+O+전+__ (전치사의 목적어가 빠진 불완전한 절)
전치사 + whom / which	사람/사물 + **전치사+whom/which** + 완전한 절

> **必!출 포인트** 선행사의 부분을 받는 경우, 선행사 뒤에 '**부분N of 목적격 관계사**'의 형태가 온다.
> ex) all of whom/which
>
> The president met 100 people, most of (whom / who / them) were smart.
> 사장은 100명을 만났는데, 그들 대부분은 똑똑했다.
> → The president met 100 people, most of whom were smart.
>   = and most of them
>
> ※ 부분N : all, most, some, half, the rest, none, five 등

Check it up!

1. Four papers supplement our response, all of (which / them) are attached separately.
2. The host invited fifty people, most of (them / who / whom) arrived early.

1. which 2. whom

5) 관계대명사의 생략

① 목적격 관계대명사는 생략 가능하다.

The guidebook (which) I recommended will give you specific details about the program.
내가 추천했었던 그 가이드북은 프로그램에 대해 명확한 세부사항을 줄 것이다.

Thank you for the information (which) you updated last week on our Web site.
웹사이트에 지난주 당신이 업데이트 했었던 정보들에 대해 감사드립니다.

참고!

> **관계대명사 생략 문장에서 동사의 형태(능동, 수동) 주의!!**
>
> Please use the complimentary dining coupon you (received / are received) with the purchase of our product.
> 당신의 구매와 함께 받았었던 무료 식사 쿠폰을 이용해 주세요.
>
> ※ 목적격 관계대명사가 생략된 구문이므로, 불완전한 절이 와야 한다.
>   정답은 능동태인 received

② '주격 관계대명사 + be 동사'는 생략 가능하다.

Anyone (who is) **interested** in attending the workshop should stop by the office.
워크숍에 참석하길 원하는 사람은 누구든지 사무실에 들러야 한다.

I would like to work at the company (which is) **around my house.**
나는 우리 집 근처에 있는 회사에서 일하고 싶다.

I need to contact the person (who is) **responsible** for this matter.
나는 이 문제에 책임이 있는 사람에게 연락해야 한다.

Albert Einstein, (who is) **a renowned physicist,** developed the theory of relativity.
저명한 물리학자인 알버트 아인슈타인은 상대성 이론을 개발하였다.

→ 명사 뒤에 후치수식 어구 (형용사구, 분사구, 전치사구 등) 또는 동격 명사가 남는다.

必!출 포인트 **콤마(,) 바로 뒤에 관계사 that은 쓸 수 없다.**

> The beggar, (who / ~~that~~) is Chinese, attended the party yesterday.
> 중국인인 그 거지는 어제 파티에 참석했었다.

必!출 포인트 **전치사 뒤에 that절도 쓸 수 없다.**

> The beggar with (~~that~~ / whom) I met at the party is a millionaire.
> 내가 파티에서 만났던 그 거지는 백만장자이다.

Check it up!

1. Sandra studied hard in her youth, (which / that) contributed to her success.
2. The president said hello to each employee he (invited / was invited) to his birthday party.

1. which 2. invited

3. 관계부사

1) 선행사의 종류에 맞는 관계부사를 써야 한다.

선행사	관계 부사	절의 형태
시간 (day, year, time)	when	+ 완전한 절
장소 (place, building)	where	
이유 (the reason)	why	
방법 (the way)	how	

※ the way와 how는 함께 쓸 수 없다.

Sunday is the only day **when** I can relax.
일요일이 내가 편히 쉴 수 있는 유일한 날이다.

Do you remember the park **where** we met each other for the first time?
우리가 서로 처음 만났던 공원을 기억하니?

The reason **why** Mike did it is complicated.
Mike가 그것을 한 이유는 복잡하다.

The advent of the smart phone dramatically changed **the way/how** we work.
스마트폰의 출현은 우리가 일하는 방식을 크게 바꾸어 놓았다.

2) 관계부사는 '전치사 + 목적격 관계대명사'로 바꾸어 쓸 수 있다.

선행사 + when + 완전한 절
선행사 + 전치사+which + 완전한 절
선행사 + which + 불완전한 절

He was horrified when he discovered the conditions in which they lived.
=where
그는 그들이 살고 있는 환경을 발견하고 몸서리가 쳐졌다.

I am anxiously awaiting the day when he comes back to the country.
=on which
나는 그가 귀국할 날만 애타게 기다리고 있다

관계부사 where은 '장소'뿐만 아니라 '경우'를 나타내기도 한다.

There are many cases **where** such a principle is not practicable.
그러한 원칙들이 실행 가능하지 않는 많은 경우가 있습니다.

R.A. Carrier cannot guarantee delivery of packages in cases **where** natural and unavoidable disasters occur.
R.A. Carrier는 자연적이고 불가피한 재난이 발생하는 경우에는 배송을 보장하지 않습니다.

참고!

Check it up!

1. The telephone service, (which / where) has been operating since last month, will be suspended due to technical problems.
2. The subject (on which / in which) I am interested is computer technology.
3. Money is a very creditable motive (which / where / it) many people would agree with.

1. which 2. in which 3. which

Unit Test 15

1. The vice president was assigned too many responsibilities, _____ led to his ill health.

   (A) which
   (B) who
   (C) what
   (D) where

2. Advertisers change people's thinking by using everything _____ appeals to emotions.

   (A) what
   (B) that
   (C) who
   (D) whose

3. Uniforms can show a consistent and unified image for companies that regularly _____ with the public.

   (A) interacting
   (B) interact
   (C) interacts
   (D) interaction

4. The advertising professional _____ wins the Gilliam Prize will be honored at an event on May 19.

   (A) what
   (B) neither
   (C) who
   (D) each

5. The vice president, to _____ Mr. Collins sent his resume, called him yesterday.

   (A) which
   (B) when
   (C) where
   (D) whom

6. The fund will be used to help companies _____ financial situations are in danger.

   (A) whom
   (B) whose
   (C) which
   (D) whoever

7. Of all of the applicants _____ applied for the position, only 20 percent were qualified for it.

   (A) who
   (B) whose
   (C) they
   (D) what

8. Alessandro is a well-known local artist, _____ currently resides in the town.

   (A) that
   (B) he
   (C) who
   (D) whoever

9. Scotland was the only UK region _____ surveyors reported a positive trend in house prices.

   (A) which
   (B) there
   (C) that
   (D) where

10. Amy Apparel is dedicated to designing sport clothing that _____ wants to wear.

    (A) one another
    (B) whoever
    (C) each other
    (D) everyone

11. The chairperson of New Networks would like to extend his gratitude to his employees for their dedication _____ loyalty to the company.

    (A) as
    (B) and
    (C) but
    (D) yet

12. Crown Institute is seeking $500 million for buildings, more than half of _____ is designated for the renovation and expansion of existing structures.

    (A) whose
    (B) which
    (C) it
    (D) them

13. The selected applicant was the person _____ experience and credentials best fit the requirements of the role.

    (A) whose
    (B) which
    (C) when
    (D) what

14. We offered the position to the candidate _____ experience and career goals best meet our needs.

    (A) which
    (B) whose
    (C) whom
    (D) who

15. Liam Neeson, who _____ identified a white-tailed eagle, won the Birding Society's annual award this year.

    (A) correctly
    (B) correct
    (C) corrective
    (D) correcting

16. The items _____ are listed on the holiday luncheon shopping list will be purchased by the management.

    (A) such
    (B) that
    (C) around
    (D) what

17. The purchase price was lower than that offered by two foreign groups _____ had presented interest in the company.

    (A) they
    (B) what
    (C) why
    (D) that

18. Ms. Park is not only a good public speaker _____ a talented writer.

    (A) both
    (B) if
    (C) nor
    (D) but

19. In November, we received requests for sick leave from 5 maintenance crew, most of _____ had symptoms of the flu.

    (A) who
    (B) which
    (C) whom
    (D) them

20. Jessica Fisk, the head accountant at Morning Gallery, provided the statistics on _____ the credit report was based.

    (A) where
    (B) now
    (C) which
    (D) what

Unit Test 15

21. Listening devices are available for those _____ would like to view the film in English, Korean, or Spanish.

    (A) whomever
    (B) whose
    (C) who
    (D) whom

22. Hemton House on Main Street, _____ served as Lunburgh's first school, has been designated a historical landmark.

    (A) who
    (B) where
    (C) which
    (D) that

23. While taking the medication, it is _____ to avoid alcohol.

    (A) advisory
    (B) advisor
    (C) advise
    (D) advisable

24. All of the articles in this month's magazine were written by college students _____ would like to become professional writers.

    (A) who
    (B) whoever
    (C) whose
    (D) whichever

25. Over the years, inspection agencies have developed and tested various methods to measure employee _____.

    (A) performer
    (B) performs
    (C) performed
    (D) performance

26. A location and cost might be the key criteria for _____ a house.

    (A) choice
    (B) chooses
    (C) choosing
    (D) chose

27. Ms. Tina was very disappointed that she did not win the award for _____ she was nominated.

    (A) when
    (B) what
    (C) whom
    (D) which

28. Ms. Moon will give you the program _____ to open the attached file from your client.

    (A) require
    (B) required
    (C) requires
    (D) requirement

29. Any guests _____ wish to use the indoor sporting facilities should pick up a key for the locker at the reception desk.

    (A) which
    (B) who
    (C) those
    (D) they

30. The Kumkang Waterfall is one of the most popular tourist _____ on the mountain.

    (A) attracting
    (B) attractive
    (C) attractions
    (D) attracts

31. Any researcher, _____ thesis is chosen for publication in the renowned scientific journal, will be eligible for up to a fifty percent bonus.

    (A) that
    (B) which
    (C) who
    (D) whose

32. The LF Corporation _____ eleven different magazines about health and travel.

    (A) produces
    (B) notifies
    (C) proceeds
    (D) notes

33. We conducted a survey on all of our employees, most of _____ have been with us for more than 3 years.

    (A) who
    (B) whom
    (C) them
    (D) that

34. Current research shows that full-time employees who work night shifts spend more money and time on _____ hobbies.

    (A) them
    (B) their own
    (C) theirs
    (D) themselves

35. _____ worker is required to complete the program before beginning work on the assembly line.

    (A) Every
    (B) All
    (C) Few
    (D) Other

36. All presenters should try to check out the conference room or banquet hall _____ they will be presenting the paper.

    (A) when
    (B) who
    (C) where
    (D) what

37. The travel department is now purchasing tickets _____ can be used only by the employees to whom the tickets are issued.

    (A) which
    (B) where
    (C) what
    (D) who

38. Candidates for the position of the vice president must be _____ of assuming a wide range of responsibilities.

    (A) capable
    (B) enclosed
    (C) selected
    (D) ready

39. To improve efficiency, Boisclair Robotics designed a machine _____ can monitor the entire assembly line in the factory.

    (A) where
    (B) that
    (C) who
    (D) so

40. Conference participants _____ plan to attend the dinner party on March 14 are permitted to bring a guest.

    (A) whose
    (B) when
    (C) who
    (D) what

Unit 16. 명사절

 단원 기출 문제 유형

★ 문맥에 맞는 명사절을 고르는 문제가 출제된다.
★ 접속사 문제라면 빈 칸이 이끄는 절이 명사절인지 관계절인지 부사절인지 구조적으로 정확히 파악할 수 있도록 한다.

1. Members of the board called a meeting to discuss concerns about _____ the overseas branch would be ready to run by the weekend.

   (A) who   (B) when
   (C) whenever   (D) whether

2. Business entrepreneurs often find _____ taking initial investment risks is a necessary part of the process.

   (A) the   (B) if
   (C) that   (D) in

3. NH Bank assured its customers _____ it will maintain exceptional service in spite of ongoing renovations in several branches.

   (A) of   (B) that
   (C) what   (D) than

▶ 정답 및 해설

1. 빈칸은 전치사 about의 목적어를 이끄는 명사절 접속사 자리이다. '~인지 아닌지'의 뜻을 나타내는 (D) whether이 정답이다.
   (이사회 임원들은 해외지사가 주말까지 운영 준비를 할 수 있을지에 대한 우려를 논의하기 위한 회의를 소집한다.)

2. 빈칸은 타동사 find의 목적어를 이끄는 명사절 접속사가 와야 한다. (B),(C) 중에서 문맥상 알맞은 (C) that이 정답이다.
   (실업가들은 종종 초기의 투자 위험을 무릅쓰는 것은 필요한 과정이라는 것을 깨닫는다.)

3. '말하다'4형식 동사 assured 뒤에 간접 목적어(its customers), 그리고 빈칸은 직접 목적어를 이끄는 명사절 접속사가 와야 한다. 완전한 절을 이끄는 명사절 접속사 (B) that이 정답이다.
   (NH Bank는 몇몇 지점에서 현재 진행 중인 보수 공사에도 불구하고 우수한 서비스 제공을 지속하겠다고 고객들에게 보장했다.)

1. 명사절이란?

1) 명사절이란 문장 내에서 명사 역할을 하는 절이다.
→ 그러므로, 주어, 목적어, 보어 역할을 한다.

주어	**That** Stephen is good at Korean is not true. Stephen이 한국어를 잘 한다는 것은 사실이 아니다.
보어	The important thing is **who** performs the surgery. 중요한 건 누가 수술을 하는지 이다.
타동사의 목적어	I wonder **if** the rumor is true. 나는 그 소문이 사실인지 아닌지 궁금하다.
전치사의 목적어	Let's talk about **how** artists use shapes from nature. 화가들이 자연에서 얻은 모양들을 어떻게 사용하는지 이야기 해봐요.

Check it up!

1. The gentleman asked (whether / about) we would introduce a buyer for him.
2. A bigger problem is (that / it) people waste so much water.

1. whether 2. that

2. 명사절 접속사 Ⅰ : that (+ 완전한 형태의 절)

1) 명사절 접속사 that은 이끄는 절의 해석을 그대로 명사로 사용되도록 하는 접속사로서 '~라는 것' 으로 해석된다.

주어	**That my employees are wise** is absolutely true. 나의 직원들이 현명하다는 것은 정말 사실이다.
보어	The main point of the argument is **that some changes are needed.** 그 주장의 요지는 일부 변화들이 필요하다는 것이다.
타동사의 목적어	The author said **(that) the story was true.** 작가는 그 이야기가 사실이라고 했다.
동격절	The idea **that there is no legal service** is wrong. 법적 서비스가 없다는 생각은 잘못된 것이다.

※ 목적어 자리의 that은 생략 가능 (say, think, know, believe, report 등)
※ 명사절 that절은 전치사의 목적어로는 쓰이지 않는다.

2) 동격 that절의 선행사가 될 수 있는 명사는 '추상적인 개념, 생각' 등 구체적인 정보나 설명이 필요한 개념들이다.

동격절 that절을 취하는 명사 (해석 : that절이라는 N)		
fact / truth that ~라는 사실	belief that ~라는 믿음	news that ~라는 뉴스
opinion / idea that ~라는 의견	possibility that ~라는 가능성	statement that ~라는 언급
rumor that ~라는 소문	report that ~라는 보고(서)	confirmation that ~라는 확인
suggestion that ~라는 의견	decision that ~라는 결정	hope that ~라는 희망
doubt that ~라는 의심	claim that ~라는 주장	(re)assurance that ~라는 확신

동격 that절   <u>The decision</u> **that the project would be postponed** was made yesterday.
프로젝트가 연기가 될 것이라는 결정은 어제 내려졌다.

일반적으로 명사 뒤에 있는 that은 거의 관계대명사 that 이다.

둘 다 명사 뒤에 위치되어 있기 때문에 자칫 헷갈릴 수 있지만, 두 개를 구분하는 문법 문제는 출제가 되지 않기 때문에 일부러 헷갈릴 필요가 없다. 둘 다 구조적인 큰 틀에서 봤을 때, 해석하는 순서와 방법에서 큰 차이가 없기 때문에 해석만 잘 하면 된다.
단, 문법적인 차이를 말하자면 동격 that절은 명사절로써 완전한 성분의 절을 수반하고, 관계절 that절은 주어나 목적어가 빠진 불완전한 절을 수반한다.

There is <u>one person</u> that the child doesn't follow.
그 아이가 유일하게 따르지 않는 사람이 하나 있습니다. (관계절)
The radio announced <u>the news</u> that TD bank will merge with SN bank.
라디오는 TD은행이 SN은행과 합병할 것이라는 소식을 알렸다. (동격절)

참고!

Check it up!

1. Torres realized (of / that) there were other people out there just like him.
2. Investment in stocks is a risk (that / what) is hard to foretell and difficult to overcome.
3. The survey results indicate (that / those) majority of participants prefer online shopping.

3. 명사절 접속사 II : whether / if (+ 완전한 형태의 절)

1) 명사절 접속사 whether은 '~인지 아닌지'로 해석되며, 문장에서 주어, 목적어, 보어 등으로 쓰인다.

주어	**Whether** the event will take place depends on the weather forecast. 이벤트가 개최될지 여부는 날씨 예보에 달려 있다.
보어	The main question is **whether** the candidate will accept the offer. 주요한 의문점은 그 지원자가 제안을 수락할 것인지 여부이다.
타동사의 목적어	Please check **whether** the door is locked before leaving the house. 집을 나가기 전에 문이 잠겨 있는지 확인해주세요.
전치사의 목적어	We heard various arguments about **whether** Mandy is right for the job. 우리는 Mandy가 그 일에 적합한지 아닌지에 대해서 다양한 주장들을 들었다.

2) 명사절 접속사 if는 주어나 전치사의 목적어로 쓰이지는 않는다. (동사 뒤에 있는 if만 명사절! 나머지는 부사절!)

타동사의 목적어	I wonder **if Maria will come to the party.** 나는 Maria가 파티에 올 것인지 궁금하다.
주어자리	(I̶f̶ / Whether) Harry will succeed remains to be seen. Harry가 성공할지 아닐지는 두고 봐야 한다.
전치사의 목적어	I'm confused about (i̶f̶ / whether) I should go to the party. 나는 파티에 가야할지 말지 혼란스럽다.

※ 문두에 있는 if절은 부사절(만약 ~라면)이다.
   eg. **If you are so stressful,** then you may go home immediately.
      만약 당신이 스트레스를 받는다면, 즉시 집에 가도 좋다.

명사절 접속사 that과 whether의 해석적 구분

that은 '알고 있는 것', whether은 '모르는 것, 알고 싶은 것'.
즉, that은 'I know / I believe' 등과 어울리며,
    whether은 'I want to know / I wonder / I am not sure' 등과 어울린다.

I know **that** everybody is talented.
나는 모든 사람들이 재능이 있음을 알고 있다. (확실한 정보나 사실)
I want to know **whether** the meeting has been cancelled.
회의가 취소되었는지 알고 싶다. (불확실성이나 의문)

참고!

Check it up!

1. The test results will determine (that / whether) you qualify for the scholarship.
2. We will discuss (if / once) the project timeline needs to be adjusted.
3. All members are uncertain about (whether / that) the meeting will take place as scheduled.

1. whether 2. if 3. whether

3) whether은 부사절 접속사로도 쓰인다. 반드시 구조를 정확하게 파악하자.

명사절
The manager questioned <u>whether the investment would be profitable</u>.
매니저는 그 투자가 유익할 것인지 아닌지를 의심하였다.
After the election, it remains to be seen <u>whether the promised reforms will be implemented</u>.
선거 후에 약속된 개혁들이 실제로 시행될지는 여전히 알 수 없다.

부사절
We will have the picnic <u>whether the sky is clear or cloudy</u>.
우리는 하늘이 맑든 흐리든 소풍을 갈 것이다.
<u>Whether the team makes it to the finals or not</u>, they have shown great teamwork.
팀이 결승에 진출하든 아니든, 그들은 훌륭한 팀워크를 보여주었다.

'whether A or B' 와 'either A or B'의 구분 방법

I don't care whether you choose a pizza or hamburger.
나는 네가 피자를 고르든지 햄버거를 고르든지 상관 안 해.
You can choose either a pizza or hamburger.
너는 햄버거나 피자 둘 중에 하나를 골라야 한다.

→ whether은 절을 이끄는 접속사이기 때문에 절대 생략될 수 없고, either은 생략되어도 문장이 성립한다.

참고!

必!출 포인트 — **whether to V'는 'whether S should V'가 축약된 형태로써, 역시 문장에서 명사 역할을 한다.**

They didn't know <u>whether to believe</u> what they heard.
　　　　　　　　　= whether they should believe
그들은 자신들이 들은 것을 믿어야 할지 알 수 없었다.

Check it up!

1. (Whether / If) he will continue to be successful in the future is open to doubt.
2. The planning department doesn't decide (if / unless) the claim is valid and reasonable.
3. I am deciding (whether / if) to go to the party.

1. whether 2. if 3. whether

4. 명사절 접속사 III : 의문사

1) 의문대명사 who, whom, which, what + **불완전한 절**

의문대명사	해석	절의 형태
who	누가 ~ 하는지	__+V+O (주어가 빠진 불완전한 절)
whom	누구를 ~ 하는지	S+V+__ (타동사의 목적어가 빠진 불완전한 절) S+V+O+전+__ (전치사의 목적어가 빠진 불완전한 절)
which	어떤 것이(을) ~ 하는지	__+V+O (주어가 빠진 불완전한 절)
what	무엇이(을) ~하는지 * ~하는 것	S+V+__ (타동사의 목적어가 빠진 불완전한 절) S+V+O+전+__ (전치사의 목적어가 빠진 불완전한 절)

I don't know **who brought this document.**
나는 이 문서를 누가 가져왔는지 모른다.

2) 의문부사 when, where, how, why + **완전한 절**

의문부사	해석	절의 형태
when	언제 ~ 하는지	+ 완전한 절
where	어디서 ~ 하는지	
how	어떻게 ~ 하는지	
why	왜 ~ 하는지	

Where I met my mentor is my own secret.
나의 멘토를 어디서 만났는지는 나만의 비밀이다.

What I am curious about is **how you first met each other.**
내가 궁금한 것은 너희 둘이 처음에 어떻게 만났냐는 거야.

3) 의문형용사 'which / what / whose' 는 주어나 목적어를 수식한 후, 남은 문장 성분을 그대로 수반한다.

1. [which/what/whose] + S + V + O (주어를 수식하면, 어순 그대로 완전한 절의 형태)

2. [which/what/whose] + O + S + V (목적어를 수식하면, 목적어가 앞으로 이동된 형태)

의문형용사	해석	절의 형태
which	어떤 N가(를) ~하는지	S + V O (주어를 꾸며준 뒤, 남은 성분인 동사+목적어) O + S V (목적어를 꾸며준 뒤, 남은 성분인 주어+동사)
what	무슨 N가(를) ~하는지	
whose	누구의 N가(를) ~ 하는지	

Please tell me **which day** is most suitable.
가장 적합한 날짜는 언제인지 알려주세요.

The customer is asking **what color** you would recommend for his bike helmet.
고객이 자전거 헬멧의 색상을 무엇을 추천하느냐고 물어보고 있습니다.

I don't remember **whose glasses** were left on the table.
저는 누구의 안경이 테이블에 남겨졌는지 기억하지 못합니다.

4) '의문사 + to 부정사'는 명사절이 축약된 형태로 역시 문장에서 명사 역할을 한다.
→ 의문사 + 주어 + should V

① 의문대명사의 목적격(what, which, whom) + to 부정사

I don't know **whom to invite.** (=whom I should invite.)
나는 누구를 초대해야 할지 모르겠다.

He has to decide **what to do.** (=what he should do.)
그는 무엇을 해야 할지 결정해야 한다.

② 의문부사(when, where, how) + to 부정사

I will show you **how to do it.** (=how you should do it.)
그건 어떻게 하는 건지 내가 보여줄게.

They tell us what to eat and **when to eat it.** (=when we should eat it.)
그들은 우리에게 무엇을 먹을지, 언제 그것을 먹을지를 알려준다.

③ 의문형용사(what, which, whose) + 명사 + to 부정사

She will choose **whose design to use.** (=whose design she should use.)
그녀는 누구의 디자인을 사용할지 결정할 것이다.

Will you show me **which bus to take?** (=which bus I should take?)
어느 버스를 타야할지 알려 주실래요?

Check it up!

1. (Whose / Who) marketing strategy will be used is unclear right now.
2. Mr. Lee often hesitates about (what / that) to pack for his business trip.
3. It is clear (which / that) of the two proposals the boss will consider.
4. (How / However / While) the office will be assigned is the supervisor's responsibility.
5. Long lines at the cashier are always (what / where) I complain about.
6. (Which / How) strategy to adopt is crucial for success.
7. (What / Why) the event was cancelled is not explained.

1. Whose 2. what 3. which 4. How 5. what 6. what 7. Which 7. Why

5. 명사절 접속사 IV : 복합관계대명사

1) 복합관계대명사(-ever)는 <u>선행사를 포함한</u> 관계대명사로, 문장에서 주어와 목적어로 쓰인다.

복합관계대명사	절의 형태
whoever (= anyone who) 누구든 간에	__ +V+O (주어가 빠진 불완전한 절)
whomever (= anyone whom) 누구든 간에	S+V+__ (타동사의 목적어가 빠진 불완전한 절) S+V+O+전+__ (전치사의 목적어가 빠진 불완전한 절)
whichever (= any 'which' that) 어느 것이든 간에 (choice between a group or set)	__ +V+O (주어가 빠진 불완전한 절) S+V+__ (타동사의 목적어가 빠진 불완전한 절) S+V+O+전+__ (전치사의 목적어가 빠진 불완전한 절)
whatever (= anything/everything that) 무엇이든 간에	

주어	**Whoever(= Anyone who)** breaks this law will be punished. 누구든지 이 법률을 어긴 자는 처벌 받을 것이다.
타동사의 목적어	You can order **whatever(= anything that)** you want. 당신은 원하는 것은 무엇이든 주문하실 수 있습니다.
전치사의 목적어	I am always full of confidence in **whatever(= anything that)** I do. 나는 무슨 일이든 항상 자신만만하다.

2) whichever과 whatever의 차이점은 선택 범위의 유무! whichever은 '특정 범위 내에서의 어떤 선택'을 나타내는 반면, whatever은 '모든 가능성'을 나타내는 데 사용된다.

→ 즉, 파트 5에서 whichever은 다른 명사를 수식하는 '의문형용사' 처럼 쓰이는 것이 일반적이다.
(선택범위가 따로 주어지지 않으면 whichever은 쓰일 수 없기 때문에, 자체적인 선택범위인 명사와 함께 쓰는 것)

whichever + S	**Whichever candidate** gets the most votes will win the election. 가장 많은 투표를 받는 어떤 후보든 당선될 것입니다. You can choose **whichever day** suits your mood for our movie night. 우리의 영화의 밤에 당신의 기분에 맞는 어떤 날이든 간에 선택할 수 있어요
whichever + O	You can choose **whichever brand** you prefer. 당신이 원하는 어떤 상표든 간에 선택할 수 있다. You can drive **whichever cars** you want. 당신은 원하는 어떤 자동차든 운전하실 수 있습니다.

Check it up!

1. (Whoever / Who) wants to apply for the job should send the necessary documents.
2. David Beckham took (whatever / however) is cheaper since he didn't have much money.
3. Please take (whoever / whichever) seat you find comfortable.

1. Whoever 2. whatever 3. whichever

Unit Test 16

1. Mario Gomez will call the supervisor and verify _____ video recorders are permitted at Busan motor show he will visit tomorrow.

   (A) if
   (B) unless
   (C) so that
   (D) if only

2. _____ is the last person to leave the office must turn off the lights and lock the door.

   (A) Whoever
   (B) Wherever
   (C) Whenever
   (D) Whatever

3. Recent surveys of college undergraduates indicate _____ most students plan to get a job instead of applying for graduate school.

   (A) which
   (B) that
   (C) what
   (D) those

4. The purpose of the interview is to determine _____ any practices or procedures need to be changed to ensure worker safety.

   (A) whatever
   (B) while
   (C) whichever
   (D) whether

5. _____ those who passed the first exam will be contacted.

   (A) Every
   (B) Only
   (C) Whoever
   (D) Which

6. The government reported _____ there were 6.5 million unemployed people nationwide in December.

   (A) about
   (B) this
   (C) that
   (D) on

7. The success of the program will be evaluated after the first four years to determine _____ to continue it.

   (A) that
   (B) whether
   (C) if
   (D) which

8. _____ player has won the largest points will receive the award.

   (A) Which
   (B) Some
   (C) Whichever
   (D) These

9. During the previous conversation, Rooney mentioned _____ the Manchester bank uses a local CPA firm.

   (A) after
   (B) that
   (C) from
   (D) although

10. The staff of the Meng Hotel will do _____ they can to make your stay as enjoyable as possible.

    (A) some
    (B) each
    (C) above
    (D) whatever

11. _____ fluctuating humidity levels can damage musical instruments.

    (A) Wide
    (B) Widest
    (C) Width
    (D) Widely

12. We have not determined _____ the annual company workshop will be held in the hotel or another place.

    (A) regarding
    (B) either
    (C) nearby
    (D) whether

13. Coming to the understanding _____ there are many possible solutions to the problem provides an invaluable analytic tool.

    (A) that
    (B) of
    (C) any
    (D) what

14. Once Ms. Jackson has gone through the landscaping plans, she will choose _____ design to use.

    (A) when
    (B) whom
    (C) who
    (D) whose

15. Angel Island is a beautiful place _____ has been spotlighted as a new tourist attraction.

    (A) whichever
    (B) who
    (C) what
    (D) which

16. The board of directors will decide within the next few weeks _____ to hire additional corporate lawyers to reinforce the customer complaint policies.

    (A) whether
    (B) after
    (C) that
    (D) about

17. Leo district will now be designated a commercial area, which was _____ a residential area, because of changes in the neighborhood in recent years.

    (A) closely
    (B) consecutively
    (C) immediately
    (D) formerly

18. Nexus Co. will be holding a meeting tomorrow to decide _____ needs to be revised before the report goes to print.

    (A) what
    (B) those
    (C) whether
    (D) there

19. Due to previous commitments, _____ of the two dates is possible for me.

    (A) neither
    (B) none
    (C) which
    (D) not

20. For most of the guests, it was not clear _____ a displayed price was per room or per person.

    (A) who
    (B) of
    (C) whether
    (D) about

Unit Test 16

21. We request _____ all patrons not bring their pets in the building.

    (A) so
    (B) that
    (C) what
    (D) unless

22. The back-up server is tested _____ to ensure that it is functioning properly.

    (A) lately
    (B) truly
    (C) frequently
    (D) relatively

23. In the first class of International Translation, the lecturer previewed _____ participants can expect to learn in the coming weeks.

    (A) who
    (B) whose
    (C) what
    (D) when

24. All those taking part in the Good Networking Workshop are expected to complete the satisfaction _____ .

    (A) form
    (B) receipt
    (C) bill
    (D) claim

25. Officials estimate that there have been _____ 75 people participating in the survey.

    (A) approximate
    (B) approximation
    (C) approximately
    (D) approximated

26. Extra canisters of oil are _____ for those driving along the country's long expressway.

    (A) committed
    (B) recommended
    (C) contended
    (D) behaved

27. Anyone _____ in the diversity presentation should report to the office by seven tomorrow.

    (A) involving
    (B) involves
    (C) involve
    (D) involved

28. Next month's workshop will concentrate on _____ to be an effective and trustworthy employee in the company.

    (A) how
    (B) which
    (C) what
    (D) that

29. According to the local newspaper, neither the president _____ the vice president attended the press conference.

    (A) except
    (B) nor
    (C) so
    (D) besides

30. We are all looking forward to our colleague's return from Australia, _____ she gave a presentation on efficient time management.

    (A) who
    (B) where
    (C) what
    (D) why

31. It is absolutely vital to understand _____ most customers expect and want from manufacturers.

   (A) how
   (B) that
   (C) what
   (D) whether

32. We need all staff to be aware _____ security passwords will be changed on the following Wednesday.

   (A) concerning
   (B) of
   (C) that
   (D) which

33. Most people don't realize _____ they are breathing polluted air everyday.

   (A) so that
   (B) in that
   (C) of
   (D) that

34. _____ bus will take me to the city hall most quickly is my primary concern.

   (A) Even
   (B) For
   (C) Only
   (D) Which

35. _____ participant will be provided with a headset to listen to real time translations during the workshop.

   (A) Few
   (B) Every
   (C) Whole
   (D) Many

36. Please let me know _____ you want to contact me by telephone or e-mail at your earliest convenience.

   (A) than
   (B) whereas
   (C) whether
   (D) which

37. Everybody here in this office heard _____ Marco submitted his resignation.

   (A) that
   (B) which
   (C) of
   (D) what

38. Students have requested many documents to describe _____ they have to do.

   (A) since
   (B) what
   (C) when
   (D) whether

39. We ask _____ all visitors refrain from taking any photograph inside the gallery.

   (A) because
   (B) what
   (C) that
   (D) unless

40. The event organizer will be responsible for _____ happens throughout the session.

   (A) that
   (B) whatever
   (C) these
   (D) each

Unit 17. 부사절

 **단원 기출 문제 유형**

★ 문맥에 알맞은 부사절 접속사를 묻는 문제와, 뜻이 비슷한 접속사와 전치사를 구분하는 문제가 종종 출제된다.
★ 접속사와 전치사, 접속부사의 종류와 의미를 완벽하게 암기할 수 있도록 한다.

1. _____ the corporations had similar logos, they had very different consumer approaches.

    (A) Although   (B) Unlike
    (C) Meanwhile   (D) Already

2. Staff members should inform their department managers _____ they will miss work due to illness.

    (A) than   (B) if
    (C) nor   (D) or

3. _____ he moved into the position of vice president in May, Mr. Ryu has been focusing on spreading Elly's name in the international market.

    (A) Since   (B) Unless
    (C) Accordingly   (D) Meanwhile

▶ 정답 및 해설

1. 문장에 두 개의 절이 있으므로 빈칸에는 접속사가 들어가야 한다. 그러므로 접속사인 (A) Although 가 정답이다. (B)는 전치사, (C),(D)는 부사이다.
  (그 회사들은 비슷한 로고를 가지고 있긴 하지만, 매우 다른 소비자 접근 방법을 갖고 있었다.)

2. 문맥상 알맞은 접속사인 (B) if 가 정답이다.
  (직원들은 아파서 일을 빠지게 되면 부서장에게 알려야 한다.)

3. 문장에 두 개의 절이 있으므로 빈칸에는 접속사가 들어가야 한다. 문맥의 의미상 (A) Since (~한 이래로) 가 정답이다. (C),(D)는 부사.
  (5월에 부사장 직에 오른 이래로 Mr. Ryu는 국제 시장에 Elly의 이름을 퍼뜨리는 데에 주력해 왔다.)

1. 부사절이란?

1) 부사절이란 문장에서 부사 역할을 하는 절이다.
→ 시간, 이유, 조건, 양보 등의 의미를 가진다.

- **시간** I liked my teacher **when I was at school.**
  나는 학교 다닐 때 선생님을 아주 좋아했다.
- **이유** Wonbin was greatly admired **because he was very handsome.**
  Wonbin은 매우 잘생겼기 때문에 크게 칭송을 받았다.
- **조건** **If the product is defective,** your money will be immediately refunded.
  만약 이 제품에 하자가 있으면 대금은 즉시 돌려받을 수 있습니다.
- **양보** **Although the sun was shining,** it wasn't very warm.
  해가 비치고 있긴 했지만 날이 별로 따뜻하지는 않았다.

→ 부사 역할을 하는 절이기 때문에, 주로 주절의 앞이나 뒤에 위치한다.

2) 의미가 비슷한 접속사와 전치사를 혼동하지 않도록 한다.

Several years (after / ~~following~~) they had split up, they met again by chance in Seoul.
그들은 헤어진 지 몇 년이 지난 뒤에 서울에서 우연히 다시 만났다.

The meeting was canceled (~~because of~~ / because) many people were absent.
많은 사람들이 결석했기 때문에 회의는 취소되었다.

→ 접속사 뒤에는 주어+동사, 전치사 뒤에는 명사 목적어

3) 부사절 접속사 뒤에 '주어+동사'를 분사(ing / p.p.)로 축약시킬 수 있다. (분사구문 파트 참조!)

While <u>he lived</u> alone, he always cooked his dinner himself.
　　　　 = living
그는 혼자 살 때, 항상 스스로 저녁을 요리했다.

Even children can attend the party **when** <u>they are accompanied</u> by their parents.
　　　　　　　　　　　　　　　　　　　　　　 = accompanied
심지어 아이들도 부모님을 동반하면 참석할 수 있다.

Check it up!

1. (When / During) the scandal broke, president's popularity plummeted.
2. Employees won't get paid for time off (unless / without) they have a medical certificate.

1. when 2. unless

2. 부사절 접속사 Ⅰ : 시간, 조건

시간의 부사절 접속사	의미	다른 의미	뜻이 비슷한 전치사
before	~하기 전		before
since	~한 이래로	~이기 때문에 (=because)	since
until	~할 때까지		until, by
after	~한 이후		after, following
when	~할 때		
whenever (every time, each time)	~할 때 마다		
by the time	~할 때 까지는		
while	~하는 동안	~한 반면에 (=whereas)	during
once	~하자마자 (from the moment when)		
as soon as	~하자마자		on(upon) V-ing
(even, just) as	(마침) ~할 때	~이기 때문에 (=because)	
until after	~이후 까지		

조건의 부사절 접속사	의미	다른 의미	뜻이 비슷한 전치사
if	만약 ~라면		
providing (that) providing (that) supposing (that) assuming (that)	만일 ~라면		
unless	만약 ~이 아니라면		without
in case (that) in the event (that)	~에 대비하여 (~의 경우에)		in case of in the event of
as long as as far as	~하는 한		
given that considering (that)	~을 고려했을 때		given considering
only if only when on condition that	오직 ~ 하는 경우에만		

It has been about two years **since I left for immigration.**
이민을 떠난 이후로 대략 두 해가 지났다.

I will have finished preparing all of the dishes **by the time** my friends arrive.
내 친구들이 도착할 때 까지는 모든 음식들의 준비를 끝낼 것이다.

※ 시간과 조건의 부사절에서는 현재시제가 미래시제를 대신한다.

Check it up!

1. Jack's face became dark (after / following) he heard the news about the layoff.
2. The president will review Ms. Park's portfolio before he (will meet / meets) her.

1. after 2. meets

3. 부사절 접속사 II : 양보, 이유, 목적, 결과, 기타

양보의 부사절 접속사	의미	다른 의미	뜻이 비슷한 전치사
although though even though	비록 ~이지만 (사실)		despite in spite of
even if	비록 ~일지라도 (가정)		
whereas	~한 반면에		
while		~하는 동안	

이유의 부사절 접속사	의미	다른 의미	뜻이 비슷한 전치사
because	~이기 때문에		because of due to owing to on account of
as		~할 때	
since		~이래로	
now that	지금 ~이므로		
in that	~라는 점에서		

목적의 부사절 접속사	의미	다른 의미	뜻이 비슷한 표현
so (that) in order that	~할 수 있도록		in order to + V so as to + V

결과의 부사절 접속사	의미	다른 의미	뜻이 비슷한 전치사
so/such ~ that ...	매우 ~해서 ...하다		

기타 부사절 접속사	의미	다른 의미	뜻이 비슷한 전치사
except that but that	~을 제외하면		except (for)
whether	~이든지 아니든지 간에		regardless of ~에 상관없이
as if as though	마치 ~인 것처럼		like ~처럼

I will tell you everything about myself **now that** you have just shared your secret.
네가 비밀을 공유해 주었기 때문에 나도 너에게 나에 대해서 모든 것을 말해 줄게.

Although there are laws in Cambodia against child labor, they are rarely enforced.
캄보디아에는 아동의 노동을 금지하는 법이 있지만 거의 지켜지지 않습니다.

Check it up!

1. Many of us will believe something (even though / despite) the opposite is true.
2. Mark Inc. will start the proposed project (except that / now that) the operations budget has been approved.

1. even though 2. now that

4. 부사절 접속사 III : 복합관계사

1) 복합관계부사

복합관계부사	의미	다른 의미	절의 형태
whenever	언제 ~하더라도 (=no matter when)	언제 ~하든 상관없이 (=at any time when)	+ 완전한 절
wherever	어디에서/어디로 ~하더라도 (=no matter where)	어디에서/어디로 ~하든 상관없이 (=at any place where)	
however	아무리 ~일지라도 (=no matter how)	어떻게 ~할지라도 (=by whatever means)	(+형/부) + S+V

※ however이 '그러나'라고 해석이 되는 경우는 무조건 부사이다. 즉 however의 99%는 그냥 부사임!!!

There are crowds of people waiting to see her **wherever** she goes.
그녀가 가는 곳 어디에서나 수많은 사람들이 그녀를 보려고 기다리고 있다

However hard I worked, my boss was never satisfied.
아무리 열심히 일한다 하더라도 사장님은 결코 만족하지 않았다.

However kind he is, I will never meet him.
그가 아무리 착할지라도, 나는 그를 절대 만나지 않을 것이다.

부사절 접속사 뒤에 '주어 + 동사'가 생략된 전명구나 형용사가 올 수도 있다.

whenever possible 언제든지 가능하다면
whenever necessary 언제든지 필요하다면
if possible 만약 가능하다면
if necessary 만약 필요하다면

while on the court 코트에 있는 동안에
while in transit 배송 중에
while on duty 근무 중에

Check it up!

1. The visitors can ask for help (whenever / whatever) they need it.
2. Jayden will manage to accomplish the task (however / wherever) long it may take.

1. whenever 2. however

2) 복합관계대명사

복합관계대명사	의미	절의 형태
whoever	누가 ~하더라도 (=no matter who)	__ +V+O (주어가 빠진 불완전한 절)
whomever	누구를 ~하더라도 (=no matter whom)	S+V+__ (목적어가 빠진 불완전한 절) S+V+O+전+__ (전치사의 목적어가 빠진 불완전한 절)
whatever (+ N)	무엇이/무엇을 ~하더라도 (=no matter what)	__+V+O (주어가 빠진 불완전한 절) S+V+__ (목적어가 빠진 불완전한 절) S+V+O+전+__ (전치사의 목적어가 빠진 불완전한 절)
whichever (+ N)	어느 것이/어느 것을 ~하더라도 (=no matter which)	

Whatever you do, please don't be late on that day.
무엇을 하든 간에, 그날만큼은 늦지 마라.

Whoever wins the election, it is something that needs to be addressed.
누가 선거에서 이기든지, 그것은 발표될 필요가 있다.

Pensions should be increased annually in line with earnings or prices, **whichever is the higher.**
연금은 소득이나 물가 중 어느 쪽이든 더 높은 것에 연동하여 매년 인상되어야 한다.

복합관계형용사　　**Whichever colors you want for your painting,** we can mix them for you.
　　　　　　　　그림에 원하는 어떤 색상이든간에, 우리가 그것들을 섞어 드릴 수 있어요.

　　　　　　　　You will reach the city in about an hour **whichever road you take.**
　　　　　　　　어떤 길을 택하든, 약 한 시간 후에 도시에 도착하게 될 것입니다.

Check it up!

1. (Whatever / What) it costs, it will be better than having no health insurance at all.
2. The consequence is a loss of value for money (whoever / wherever) is responsible.
3. (Whichever / However) job you accept, make sure it makes you happy.

1. whatever 2. whoever 3. Whichever

Unit Test 17

1. _____ Ms. Kim was willing to work over the weekends to ensure the success of the event is evidence of her devotion to her work.

   (A) That
   (B) But
   (C) Since
   (D) After

2. Employees are free to use their vacation days _____ they give one week's advance notice.

   (A) as much as
   (B) so that
   (C) only if
   (D) instead of

3. When _____ a difficult task, he tries to get help from financial experts.

   (A) faces
   (B) face
   (C) facing
   (D) faced

4. Unless otherwise _____ by your doctor, do not take any other medication.

   (A) direction
   (B) directed
   (C) directing
   (D) direct

5. The management of Lee Industries urges their office employees to recycle copy paper _____ possible, in an effort to cut costs.

   (A) altogether
   (B) furthermore
   (C) soon
   (D) whenever

6. _____ much your company is paying you, I can guarantee twice that salary if you work for us.

   (A) Whatever
   (B) However
   (C) Whichever
   (D) Whenever

7. Soldiers are often given gum to chew _____ on duty so that they can stay alert throughout their shifts.

   (A) while
   (B) during
   (C) instead of
   (D) from

8. Yusuf achieved many great things in his life _____ his lifestyle was very humble.

   (A) except for
   (B) even though
   (C) throughout
   (D) instead of

9. _____ a 10 percent increase in the toll fees charged on the expressway, the traffic on the thoroughfare has not decreased at all.

   (A) Although
   (B) By means of
   (C) In spite of
   (D) Except that

10. Remove the cover of your computer _____ you could look inside.

    (A) as if
    (B) instead of
    (C) so that
    (D) rather than

11. Mr. Foley decided to book a private room _____ the bistro was noisy.

    (A) rather than
    (B) in case
    (C) such as
    (D) unless

12. _____ returning any merchandise, be sure to indicate your account number on the provided return form.

    (A) When
    (B) In order to
    (C) So that
    (D) As

13. _____ the July newsletter is published, a decision on the maintenance contract will have been made.

    (A) In order for
    (B) By the time
    (C) As much as
    (D) Now that

14. You should change the oil every three months, or every 3,000 miles, _____ comes first.

    (A) whichever
    (B) what
    (C) which
    (D) it

15. The manufacturer neither refunded the purchase price of the mobile phone _____ offered an apology for the defective item.

    (A) yet
    (B) neither
    (C) nor
    (D) or

16. _____ we asked that the missing parts be shipped immediately, we were told that they would not arrive until the beginning of next month.

    (A) However
    (B) Although
    (C) Meanwhile
    (D) But

17. Your prompt responses to these questionnaire are very important _____ will obviously help us serve you better.

    (A) because
    (B) so
    (C) however
    (D) and

18. Your order cannot be shipped out _____ we have received a deposit of 30 percent of the total purchase price.

    (A) until
    (B) between
    (C) while
    (D) during

19. Please be aware _____ the new regulations will go into effect on the first of the following month.

    (A) concerning
    (B) about
    (C) which
    (D) that

20. _____ traffic accidents are frequent at the intersection, the Transportation Department has decided not to install a traffic light.

    (A) Even though
    (B) In spite of
    (C) Due to
    (D) Because

Unit Test 17

21. You can take a day off _____ you finish your team project on time.

    (A) as long as
    (B) as much as
    (C) as little as
    (D) as many as

22. I would appreciate it if you could issue me my ID card promptly _____ I can enter and check the laboratory as contracted.

    (A) so that
    (B) such that
    (C) while
    (D) in order

23. Under the new auto insurance policy, repairs to damaged vehicles are covered, _____ they are performed by an authorized car repair center.

    (A) so as
    (B) provided that
    (C) depending on
    (D) rather than

24. Those who are under the age of 18 are not allowed to see the concert _____ accompanied by their parents.

    (A) but
    (B) otherwise
    (C) without
    (D) unless

25. _____ the repairs are complete, only essential personnel are allowed access to the store.

    (A) Despite
    (B) Until
    (C) Finally
    (D) During

26. The company will resume its monthly meetings _____ Ms. Jackson returns from England on April 30.

    (A) that
    (B) once
    (C) as well
    (D) then

27. _____ of tasks could make a supervisor's job easier and help other staff members to learn new skills.

    (A) Reputation
    (B) Delegation
    (C) Foundation
    (D) Permission

28. Because Jacob had _____ as the regional manager for more than 10 years, there was no employee who didn't know him.

    (A) involved
    (B) served
    (C) regarded
    (D) conducted

29. _____ the fact that he was just recently employed, he has achieved many great accomplishments so far.

    (A) Although
    (B) Despite
    (C) In spite
    (D) After all

30. _____ the most difficult aspect of changing a job is negotiating a salary that is both fair and satisfying.

    (A) Perhaps
    (B) Outside
    (C) Every
    (D) While

31. The primary aim of advertising is to promote consumption and _____ raise sales.

    (A) before
    (B) thereby
    (C) because
    (D) by means of

32. _____ you need to call a service technician, make sure to give him the model number to process your request quickly.

    (A) Concerning
    (B) Despite
    (C) In the event
    (D) So as

33. Mr. Smith offered to help with the budget review, _____ Dr. Polo prefers working by himself.

    (A) or
    (B) either
    (C) nor
    (D) but

34. As of March 15, customers will be asked to place their orders online _____ use mail-order form.

    (A) so as
    (B) in case
    (C) rather than
    (D) provided that

35. _____ the problems with the new assembly line equipment have been repaired, the factory's new production schedule will be put into effect.

    (A) Meantime
    (B) Despite
    (C) Moreover
    (D) Once

36. Tentative calculations indicate _____ our company's profits have risen six percent in the first half of the year.

    (A) that
    (B) which
    (C) what
    (D) although

37. _____ a lot of new restaurants opened last year, Jim's Steaks is still the most popular one in the region.

    (A) Although
    (B) Beside
    (C) Above
    (D) Despite

38. The new book store's grand opening ceremony will start _____ all of the executives arrive.

    (A) by means of
    (B) owing to
    (C) as soon as
    (D) even if

39. _____ Mr. Kim retired last year, he still visits the office each week.

    (A) Although
    (B) Notwithstanding
    (C) Next
    (D) Finally

40. The interviewers of Meggie Ltd. are trained to make _____ assessments of all applicants when they conduct interviews.

    (A) satisfied
    (B) reliant
    (C) indifferent
    (D) unbiased

06 Section

특수구문

Unit 18
비교·병치·도치 구문

Unit 18. 비교·병치·도치 구문

 **단원 기출 문제 유형**

★ 원급, 비교급, 최상급 중 알맞은 것을 고르는 문제, 병치 구문의 일부를 채우는 문제, 도치 구문의 형태를 올바르게 완성하는 문제가 출제된다.

1. For years, Donna's Diner has been pulling ahead of the competition, and now is the nation's _____ producer.

    (A) strongly (B) strength
    (C) strongest (D) most strongly

2. Only recently have researchers at Maximus Health _____ that flexible work schedules lead to better productivity.

    (A) to recognize (B) recognizing
    (C) recognition (D) recognized

3. Company President John Smith claims that creating the partnership with Hammer Manufacturing is his _____ accomplishment.

    (A) gratify (B) more gratified
    (C) most gratifying (D) gratifyingly

▶ 정답 및 해설

1. 빈칸에는 명사(producer)를 꾸며줄 수 있는 품사인 형용사 (C) strongest가 정답이다.
   (몇 해 동안 Donna's Diner는 경쟁에서 우위를 차지해 오고 있으며, 지금은 국내 최강 생산 업체이다.)

2. only recently가 문두로 나오면서 도치가 된 구문이다. 여기서 주어는 researchers at Maximus Health 이므로, 동사는 have와 함께 현재 완료를 만드는 (D) recognized가 정답이다.
   (오직 최근에 되어서야, Maximus Health의 연구원 들은 융통성 있는 근무 일정이 더 나은 생산성에 기여한다는 점을 인정했다.)

3. accomplishment를 꾸며주는 형용사 자리이다. 언뜻 보면 비교급, 최상급 문제인 듯 보이지만, 그보다 먼저 품사적 접근이 우선이다. 이 문제에서는 gratify가 감정동사 이기 때문에, 사물 명사를 꾸며주는 감정동사의 분사 형태는 (C) most gratifying 이다.
   (회사 사장인 John Smith는 Hammer Manufacturing사와 협력 관계를 맺는 것은 그의 만족스런 성과라고 주장했다.)

1. 비교 구문 I : 원급 [as 형/부 as 비교대상]

1) 원급(동급)은 '...만큼 ~한'이라는 의미로써, 두 대상의 동등함을 나타낸다.

The image on my computer is not **as** clear **as** the one on my television.
컴퓨터 모니터의 화면은 텔레비전만큼 선명하지 않다.

What you do is **as** important **as** anything the government does.
여러분이 하는 일은 정부가 하는 어느 일 못지않게 중요합니다.

> **as와 as 사이에 들어갈 형용사와 부사를 구분하는 문제가 출제된다.**
> **간단하게 첫 번째 as만 괄호 처리를 해서 소거하면 빈 칸의 위치가 보인다.**
>
> 1. My idea was as (helpful / helpfully) as yours.
> 2. Please send the e-mail with the attachment as ____ as possible because Mr. Stevenson is waiting for it in his office.
>   (A) quicker   (B) quickness   (C) quick   (D) quickly
>
> 〈정답 및 해설〉
> 1. helpful (나의 아이디어는 너의 것만큼 유용했다.)
> 2. (D) (Mr. Stevenson씨가 사무실에서 기다리고 있기 때문에 이메일을 첨부물과 함께 최대한 빨리 보내주세요.)

2) as와 as 사이에 명사가 들어가기 위해서는, 수량형용사(many, much, few, little)가 필요하다.

We have **as** <u>many</u> employees **as** your company.
우리도 너희 회사만큼 많은 직원들이 있다.

She has **as** <u>many</u> (~~information~~ / descriptions) **as** you do.
그녀는 너 만큼 많은 정보를 가지고 있다.

3) 원급을 강조해주는 표현으로는 nearly, almost(거의 ~만큼), just(딱 ~만큼) 등이 있다.

Once there was a ship whose size was <u>almost</u> **as** long **as** three football fields.
한때 거의 세 개의 축구 경기장만큼 큰 크기의 배가 있었다.

I hope the story is <u>just</u> **as** engaging **as** the effects and action.
영화의 스토리가 효과와 액션만큼 흥미를 끌기를 기대해본다.

4) '~보다 ~배 만큼 ~하다'라는 의미의 배수사는 '배수 + as + 형용사/부사 + as'의 형태를 가진다.

The newly built tower is almost <u>two times (twice)</u> **as** tall **as** the Eiffel Tower.
이 새롭게 지어진 타워는 거의 에펠 탑의 두 배 높이이다.

This one is <u>ten times</u> as big as that one.
이것은 저것보다 10배나 크다.

Check it up!

1. Everyone from the personnel department found the new security system as (useful / usefully) as the previous one.
2. Antarctica is twice as (large / larger) as Australia.

1. useful 2. large

2. 비교 구문 II : 비교급 [형,부-er / more 형,부 than 비교대상]

1) 비교급은 '...보다 ~한'이라는 의미로써, 두 대상 중 한 쪽이 우월함을 나타낸다.

Nobody in the company works **harder than** the president.
이 회사에서 사장보다 더 열심히 일하는 사람은 없다.

This essay is **less important than** the first one you showed me.
이 논문은 네가 나에게 보여준 첫 번째 것보다 덜 중요하다.

2) 기본적으로 비교급에는 the를 쓰지 않지만, 예외적으로 the를 쓰는 경우가 있다. (the 뒤에는 주로 최상급!)

☆ 'The 비교급 ~, the 비교급 ...' 구문 (더 ~할수록 점점 더 ...하다)

The sooner you begin, **the more people** you can meet.
더 빨리 시작할수록, 더 많은 사람들을 너는 만날 수 있어.

The more diet soda people drink, **the more weight** they put on.
사람들이 다이어트 음료를 더 많이 마실수록 더 살이 찐다.

3) 비교급을 강조해주는 부사로는 much, even, still, far, a lot, considerably, significantly 등이 있다.

We are now <u>even</u> **better than** we were before as a result.
결과적으로 우리는 예전보다 지금 더 낫다.

4) 토익에 자주 출제되는 비교급 표현들이 있다.

표현	예문
no later than 늦어도 ~까지	Applications are due **no later than** the 25th of the month. 신청서는 이번 달 25일 이전에 제출해야 한다.
no longer 더 이상 ~않다	The law is **no longer** effective. 그 법은 이제 효력이 없다.
other than ~ 이외에	**Other than** bacon, eggs are favorite breakfast for western people. 베이컨 이외에도, 계란은 서양 사람들이 가장 좋아하는 아침식사이다.
rather than ~보다는	The company decided to lease vehicles **rather than** buy ones. 회사는 자동차를 사는 것 보다 리스를 하기로 결정했다.
would rather ~ than... ...하느니 차라리 ~하다	I **would rather** die **than** disgrace myself. 수모를 당하느니보다 차라리 죽는 편이 낫겠다.
no sooner ~ than ... ~하자마자 ...하다	**No sooner** had Mr. Lee left the office **than** the manager came. Mr. Lee가 사무실을 떠나자마자 부장이 왔다.
couldn't be 비교급 have never been 비교급 더 ~할 수 없다 (가장 ~하다)	I **couldn't be better.** (I have never been better.) 나는 지금 최고의 상태야. (더 좋아질 수 없어)

Check it up!

1. The product is (more / much) newer than that in the left case.
2. The projectors were replaced (more recently / more recent) than the desks.
3. The actual cost was higher than (expected / expecting).

1. much 2. more recently 3. expected

3. 비교 구문 Ⅲ : 최상급 [the 형,부-est / most 형,부]

1) 최상급은 '...중에 가장 ~한'이라는 의미로써, 셋 이상 중에서 하나가 가장 우월함을 나타낸다. 이 때, 최상급은 셋 이상을 나타내는 표현과 함께 쓴다.

→ ① of/among _____s   ② in/on/at 장소, 범위, 분야 명사   ③ that ~ have ever p.p.

The Great pyramid is **the oldest** (wonder) of all the wonders.
거대한 피라미드는 불가사의 중에 가장 오래 되었다.

※ 최상급은 명사를 생략해서 쓰기도 한다.

Caffeine is **the most commonly** used stimulant in the world.
카페인은 전 세계적으로 가장 흔히 사용되는 각성제이다.

I think Michael is **the tallest** person (that) I have **ever** met.
Michael은 내가 만나본 사람들 중에서 가장 키가 큰 것 같다.

2) 최상급을 강조해주는 다양한 표현들과 위치를 기억해 두자.

최상급 강조 표현	위치	예문
by far, quite 단연코 even 심지어 once 한때는 easily 틀림없이	___ the 최상급	You have to agree that Korea is **by far** the most charming. 한국이 가장 매력적이라는 것을 인정해야 됩니다. **Even** the best chefs occasionally make mistakes in the kitchen. 가장 뛰어난 요리사도 가끔은 주방에서 실수를 할 때가 있다.
ever, yet, to date 여태껏, 지금까지 possible, available 가능한 한	the 최상급 ___	Mr. Lee ordered the brightest lights **ever** for the company's laboratories. Mr. Lee는 회사의 연구실을 위해서 여태껏 가장 밝은 전등을 주문했다.

※ the single 최상급 : 단 하나의 (유일하게) 가장 ~한

3) 'one of the 최상급 + 복수명사': 가장 ~한 ...중 하나

One of my most favorite quotations is that of Martin Luther King Junior.
내가 가장 좋아하는 인용구들 중 하나는 Martin Luther King Junior의 것이다.

※ 최상급 앞에 the 대신에 소유격이 올 수도 있다.

4) '몇 번째로 가장 ~한'이라는 의미를 표현하기 위해서는, 최상급 앞에 서수가 온다.

Busan is **the second** largest city in South Korea.
부산은 대한민국에서 두 번째로 큰 도시이다.

Check it up!

1. Khunt's new smart phone has the (longer / longest) lasting battery available on the phone market.
2. Apparently, smoking is the (more / most) important cause of cancer.

1. longest 2. most

4. 병치구문

1) 병치구문은 같은 품사나 구조가 등위 접속사나 상관 접속사로 연결되어 있는 것을 말한다.

명사	The supervisor is responsible for **the safety** as well as **the overall productivity** of the workers. 감독관은 작업자의 전반적인 생산성분만 아니라 안전에도 책임이 있다.
동사	The team will **collect** and **analyze** water samples from wells in the area. 그 팀은 그 지역의 우물에서 물 표본을 채취하여 분석할 것이다.
형용사	Leo has expertise in furniture that is **innovative** yet **practical** for the offices. Leo는 혁신적이면서도 실용적인 사무실 가구에 전문지식이 있다.
부사	Ms. Ellen calculated the traveling expenses **accurately** and **quickly**. Ms. Ellen은 여행비용을 정확하고 빠르게 계산했다.
동명사구	His responsibilities included **filling** it with oil and **cleaning** it each day. 그의 의무에는 매일 기름을 채우는 것과 청소를 하는 것이 포함되어 있었다.
부정사구	I was planning **to paint** the doors, and **(to) paper** the walls. 나는 문을 칠하고, 벽지를 바를 계획이었어.
전치사구	The payment should be made **on (the day)** or **before the day** of your scheduled check in. 예정된 체크인 날짜, 혹은 그 전에 지불되어야 합니다.
명사절	There is too much speculation about **what happened** and **what did not happen**. 일어났거나 일어나지 않은 것에 대해 많은 오해들이 있다
문장	**There are two desktops in my room,** but **only one of them is working.** 내 방에 컴퓨터가 두 대 있지만, 그 중 한 대만 작동한다.

Check it up!

1. The boat has a leak and (be / is / are) filling up with water.
2. The program includes both (to cook / cooking) a hamburger with groups and preparing a dish individually.

5. 도치 구문

1) 가정법 문장에서 if가 생략되면 도치가 일어난다. (특히, should 가정법 : 혹시라도 ~ 한다면)

<u>If you should have</u> any questions, you may contact us during normal business hours.
→ Should you have

의문 사항이 있으면 저희 회사의 정상 업무 시간에 연락을 주십시오.

2) 부정어가 문두로 나오면 도치가 일어난다.

never / hardly / rarely / seldom / scarcely / nor / little / not only / no sooner 등	+	am / are / is / was / were	+ 주어 +	ing / p.p / 보어
		can / will / may / should		동사원형
		have / has / had		p.p
		do / does / did		동사원형

※ 도치구문의 어순은 의문문의 어순과 같다

<u>I not only missed</u> my flight, but I also had to pay forty-five dollars for the taxi.
→ Not only did I miss

비행기 놓친 건 말할 것도 없고 택시비만 45달러 냈어요.

3) 'only + 부사(구,절)'를 강조하기 위하여 문장 맨 앞으로 보내고, 주어와 동사가 도치된다.
→ only 부사 / only 전명구 / only 부사절 (if, when, since 등)

Canadian officials **have** <u>only recently</u> **taken** measures to halt the problem.
→ <u>Only recently</u> **have** Canadian officials **taken** measures to halt the problem.
캐나다 당국이 문제 해결을 위한 조치를 취한 것은 최근입니다.

We **should dispose** of the wastes <u>only in a proper way.</u>
→ <u>Only in a proper way</u> **should** we **dispose** of the wastes.
우리는 폐기물을 오직 적합하게 처리해야한다.

<u>Only if a teacher gives permission</u> **is** a student **allowed** to leave the room.
선생님의 허락이 있어야만 학생은 교실을 떠날 수 있다.

4) 토익이 좋아하는 보어도치 – attached, enclosed, included [첨부는 도치다]

<u>Enclosed</u> is a copy of our brochure.
동봉된 것은 우리 책자의 사본입니다. (우리 책자의 사본이 동봉 되었습니다.)

Check it up!

1. Never did Mr. Gonzalez's straight expression (interfered / interfere) with his relationships with many business partners.
2. (Attached / Attachment) is a document detailing many benefits of membership in our association.
3. (Among / While) the guests at the party were several renowned artists and musicians.
4. Only recently have researchers at Premight Health (to recognize / recognizing / recognized) that flexible work schedules lead to better productivity.
5. (Should / Would) you encounter any problems, contact the help desk immediately.

1. interfere 2. Attached 3. Among 4. recognized 5. Should

Unit Test 18

1. Only since the expensive plate broke has Martin _____ keeping the breakables in the basement.

    (A) been
    (B) was
    (C) being
    (D) is

2. Visitors to CL Company's web site _____ have access to some information and must pay a fee for premium services.

    (A) soon
    (B) before
    (C) only
    (D) too

3. The street dancer tried out for the TV talent show last year but _____ missed a place in the semi-finals.

    (A) narrowing
    (B) narrowed
    (C) narrow
    (D) narrowly

4. The press conference scheduled for Tuesday will be _____ by the public relations department.

    (A) invited
    (B) intended
    (C) excused
    (D) hosted

5. It _____ true that the recruiting manager basically arranged group works in order to keep an eye on applicants.

    (A) offered
    (B) approved
    (C) provided
    (D) became

6. Mr. Damon takes time to work out for an hour every day, no matter _____ tired he is.

    (A) what
    (B) how
    (C) so
    (D) that

7. Being smart and _____, Maria was a professional tennis player before she started working as a gym teacher.

    (A) energetically
    (B) energetic
    (C) energy
    (D) energize

8. _____ you plan to travel abroad, be sure that your passport will not expire within the next three months.

    (A) When
    (B) So
    (C) Still
    (D) That

9. Offering advice and _____ to product inquiries are the duties of World Trade Shop's customer service agents.

    (A) respond
    (B) responded
    (C) responding
    (D) response

10. During the peak season, everybody will not be allowed _____ to the swimming facility.

    (A) access
    (B) to access
    (C) accessed
    (D) accesses

11. Only after the product went through a rigorous inspection process did the managers _____ that it was ready to be put on the market.

    (A) has thought
    (B) thought
    (C) think
    (D) be thought

12. _____ your passport and boarding pass have been checked at window three, please proceed to window four where you will pay the processing fee.

    (A) Due to
    (B) Once
    (C) Although
    (D) Regardless of

13. Continuous advances in technology allow ordinary people to make far more _____ use of their time than ever.

    (A) efficiencies
    (B) efficiency
    (C) efficient
    (D) efficiently

14. Only recently _____ the retailer begin checking the inventory in the warehouse to determine what products to buy.

    (A) does
    (B) did
    (C) would
    (D) should

15. The city hall has considered _____ an agricultural cooperative union for communities in the region.

    (A) developed
    (B) to develop
    (C) developing
    (D) development

16. _____ had Mr. Groot left for the day than the phone began to ring.

    (A) Sooner
    (B) The sooner
    (C) Any sooner
    (D) No sooner

17. Original manuscripts of author Kelly Johnson's most _____ novels will be on display at the museum.

    (A) celebrate
    (B) celebrity
    (C) celebrated
    (D) celebration

18. The game's beta testing was completed on Monday, and _____ is our team's initial assessment.

    (A) Attachment
    (B) Attachable
    (C) Attached
    (D) Attaching

19. Enclosed _____ the estimates for upgrading the assembly line at the Brooklyn plant.

    (A) is
    (B) was
    (C) has been
    (D) are

20. The new water treatment facility enables us to process waste water as _____ as possible.

    (A) most efficient
    (B) efficiency
    (C) efficient
    (D) efficiently

Unit Test 18

21. For most people, working with close colleagues has _____ much value as a high salary and good benefits package.

    (A) as
    (B) too
    (C) also
    (D) even

22. _____ you need any information about our company, please call us or visit our web page.

    (A) Will
    (B) May
    (C) Could
    (D) Should

23. A sales increase of 20 percent is _____ Magnet Company's numerous accomplishments

    (A) over
    (B) among
    (C) by
    (D) except

24. Never did Mr. Park's aggressive style of communication _____ with his ability to maintain a relationship with his colleagues.

    (A) interfered
    (B) interfere
    (C) to interfere
    (D) interfering

25. An analysis program that is more _____ than those used previously is urgently needed for a more accurate assessment.

    (A) reliable
    (B) relying
    (C) reliant
    (D) reliance

26. Of the final five proposals submitted for the renovation project, the one by the small business, Team Chaos was considered the _____ of all.

    (A) most feasible
    (B) most feasibly
    (C) feasibility
    (D) more feasible

27. Only by maintaining a precise flow of inventory _____ minimize costs and ensure prompt shipping.

    (A) is able to
    (B) to be able
    (C) our ability to
    (D) are we able to

28. Of the two final applicants, Nick is the _____ qualified to work on the operating system upgrade project.

    (A) better
    (B) much
    (C) too
    (D) well

29. An external audit firm is scheduled to _____ our company's financial statements on Friday.

    (A) act
    (B) conduct
    (C) participate
    (D) examine

30. The highly experienced technicians at Old Trafford are generally able to resolve any problems within two _____ three hours.

    (A) but
    (B) or
    (C) yet
    (D) nor

31. Launching a new product line is the _____ project our department has ever undertaken this year.

    (A) challenged
    (B) challenging
    (C) most challenging
    (D) more challenged

32. Your presentation on the organic food was well organized and _____, which we want to appreciate very much.

    (A) brief
    (B) briefing
    (C) briefly
    (D) briefs

33. In spite of advances _____ technology, glass-making techniques have changed little for the past 50 years.

    (A) out
    (B) in
    (C) that
    (D) for

34. Since the news that Mega Smart Phone has a structural defect was broadcast, the sales of the phone have dropped to a much _____ level.

    (A) low
    (B) lowest
    (C) lowering
    (D) lower

35. Only experienced flight _____ who have worked at least five years at an airline can apply for the director position.

    (A) attendant
    (B) attendance
    (C) attending
    (D) attendants

36. All of the employees are invited to report all the expenses incurred _____ on a business trip.

    (A) meanwhile
    (B) while
    (C) during
    (D) so that

37. Only when professionalism is learned under working conditions _____ the employee expect to succeed in the career.

    (A) as
    (B) even
    (C) all
    (D) can

38. Of the fitness centers located in the business district, Woodbury Gym is the _____ to get to from my office.

    (A) easily
    (B) easiest
    (C) more easily
    (D) most easily

39. The _____ a job becomes, the more likely we are to find it boring.

    (A) secure
    (B) most secure
    (C) more secure
    (D) security

40. Only when Jake left the company did the executive _____ that she will never see another employee like him.

    (A) realizes
    (B) realize
    (C) to realize
    (D) was realized

블랙책 수강 후기 REVIEW

딱 토익에 필요한 문법만 가르쳐주시고 문제도 너무 퀄리티가 좋아서 블랙책을 통해 어디가 약점인지 파악할 수 있었습니다.

블랙책 교재는 기출 개념 및 문제+단원별 고른 난이도 분포+기출 어휘 및 표현 정리 모두 되어 있어서 따로 정리할 필요가 없었습니다.

토익을 한번도 진득하니 공부해본적이 없었는데 유튜브에서 지성쌤 알고난 후 이거다~! 싶어 여기로 왔습니다.
블랙책은 얇으면서도 있을건 다 있는 토린이들에게 맞춤교재인듯 싶습니다.
강의 또한 적은 강의 숫자에 1~2주면 충분히 완강할 수 있으니 2번 정도 강의 보는 것도 좋습니다.

이거슨 갓성비다..
처음에 토익 손댈때 part5 개념을 너무 야매로 하다보니 점수도 정체고 오개념도 엄청 잡혀서 고민하던차에 예토를 만나게 되었습니다! 이 강좌는 500점대 토린이부터 800점대 토익어른까지 모두 만족할만한 강좌인거 같아요!
특히 강좌 끝나고 푸는 40문제가 너무 알차고 단어 구성이나 숨겨져 있는 문법 요소가 양질의 문제라는 느낌을 딱 받았습니다. 그래서 강의 끝나고 흩어져있던 개념을 정리하기도 너무 좋았구요.

기출문제 풀어보니 문법이 많이 틀려 문법 잡기 위해 지성쌤 블랙책 문법이론반 신청 했는데.. 강의 듣고나니 문법에 너무 시간을 낭비했던것 같아요. 지성쌤 강의 들으니 딱 정리가 되던데.. 멀리멀리 돌아왔네요.
여러분은 저처럼 돌지 말고 문법 다지고 싶다면 가성비 갑 지성쌤 블랙책 문법이론반 추천드립니다.

지성쌤이 언제나 여러분을 응원합니다!

지성쌤 강의를 듣다보니, 토익 문법의 알맹이만 배우게 되었고 무엇이 부족한지 알게 되었네요. 블랙책은 정말 정리가 잘 되어있습니다. 집에서 독학하기에 훌륭하고요. 혹시나 토익문법에서 항상 막히거나, 해석을 할 때 감으로 접근하시는 분들이 계시다면 문법이론반 듣는거 추천드립니다. 강의 내용이 간지러운 부분을 확실히 긁어주셔서 시원하더라고요.

교재 내용과 강의가 초보자분들도 혼자 곰곰이 생각해보고 이해 안가는 부분도 여러번 반복한다면 충분히 이해가 가능하다고 생각이 듭니다. 교재에 있는 문제들과 단어, 패러프레이징, 전접부 등등의 자료들도 너무 알차고 좋습니다. 블랙책의 내용을 스스로 이해해나가면서부터 영어에 대한 자신감이 생기고 있어요.

타사 문법 교재도 몇번 봤었는데 너무 내용이 방대하고 그래서 중간에 포기하거나 안보고 그랬습니다. 하지만 블랙책은 딱 굵직굵직한 목차에다가 챕터당 페이지도 몇장 안되는 마치 정리본 같은 느낌이라 아주 좋았습니다. 실제로 챕터당 내용설명 10페이지도 안됩니다. 타사 이론서 같이 두껍지 않습니다.

어쩌다 유튜브로 예토연을 알게되고 유튜브로 보다가 블랙책까지 수강하게 되었습니다. 강의구성, 책의 내용 모두 맘에 들었어요. 제가 원래 독해도 잘 못하고 문법은 진짜 조금 알고 있었고 이런게 잘 안 되어있으니 한문제 푸는데에도 시간이 오래 걸렸어요. 근데 지성쌤 커리큘럼대로 따라가니 시간도 단축됐고 좋은 습관도 들였어요.

문법 및 단어부분은 시험장에서 빛을 봤던 부분입니다. 모의고사나 실제 시험을 봤을때 이 범위 바깥으로 벗어났던 문제가 드물었습니다. 그리고 진짜 책 뒷부분 빈출단어가 정말로 좋아요. 처음에는 그냥 심적 안정 용도로만 생각했는데 시험에 엄청 많이 나와서 깜짝 놀랐습니다.

정말 필요한 문법만 쏙쏙 뽑아주시고, 바로 문제풀이 적용해서 적용력을 기를 수 있습니다. 또한 책 뒤에 단어도 외울 수 있게 되어있구요.

정답
및 해설

Unit Test

Unit Test 1 [문장의 필수요소 1]

Unit Test 1

1	A	2	C	3	C	4	C	5	D
6	B	7	D	8	D	9	C	10	A
11	C	12	D	13	B	14	A	15	B
16	A	17	D	18	C	19	B	20	D
21	D	22	A	23	B	24	C	25	D
26	A	27	B	28	B	29	D	30	C
31	D	32	C	33	D	34	D	35	D
36	D	37	D	38	C	39	B	40	A

1. 탐험가는 토론토에 돌아왔다 / 그가 떠난지 약 2년 반 후에
[해설] 빈 칸은 주어 자리이다. 주격인 he가 정답
[오답률] 18.8%

2. 그것은 고객의 할 일이다 / 마감일까지 양식을 제출하는 것은
[해설] 문장에 동사가 있기 때문에 빈 칸은 준동사 자리이다. 유일한 준동사인 (C)가 정답
[참고] 파트5는 문맥이 없기 때문에 주어 it은 가주어로 간주하면 된다.
[오답률] 6.3%

3. 우리는 직원들의 다양성을 존중한다 / 그리고 그들에게 방법을 제공한다 / 개인적으로, 전문적으로 성장할
[해설] 빈 칸은 목적어 자리이다. 명사인 (C)가 정답
[오답률] 4.2%

4. 전국적으로 방영된 연설에서, 한국의 대통령은 테러범들에게 경고했다 / 한국인의 프라이드를 모욕하는 것을 멈추라고
[해설] 빈 칸은 to stop의 목적어 자리이다. 동명사인 (C)가 정답
[오답률] 8.3%

5. 그 짧은 동영상은 재미있지 않았다 / 어제 쇼에서
[해설] 빈 칸은 very의 수식을 받는 형용사 보어 자리이다.
[오답률] 27.1%

6. MS. Ahn이 우리 회사에서 20년 이상 근무한 것은 그녀의 헌신의 증거이다.
[해설] 문장에서 동사가 총 2개이기 때문에 빈 칸은 접속사 자리이다. 유일한 접속사인 (B)가 정답이 된다.
[참고] 빈칸이 이끄는 절은 명사절로써 문장 전체에서 주어 역할을 해야 한다. 즉, 빈칸은 명사절 접속사 만이 들어갈 수 있다.
[오답률] 2.1%

7. 사무실을 보수하길 계획한다면, 변경되는 것들이 임대 계약의 조항에 맞는지를 확인하세요
[해설] 빈칸은 that절의 동사자리이다. 유일한 동사형태인 D가 정답.
[오답률] 16.7%

8. The Higher Education Act 2021은 진지하게 고려되고 있다 / West Lebanon의 주민들에 의해
[해설] 빈 칸은 동사 덩어리 사이이기 때문에 무조건 부사만이 들어갈 수 있다.
[오답률] 6.3%

9. 가장 큰 고객과의 계약 갱신을 실패 했음에도 불구하고, 광고 회사는 수익성이 좋은 한해를 보냈다.
[해설] 문두에서 컴마까지 수식어 자리인데, 동사가 있으면 접속사 자리, 명사만 있으면 전치사 자리 이다. 지금은 명사를 수반하는 전치사 자리이다. '~에도 불구하고' 라는 의미의 C가 정답.
[오답률] 20.8%

10. 관리자는 물품의 개수의 정확한 추정치를 산출했다 / 매일 조립 라인에서 생산되는
[해설] 빈 칸은 목적어인 명사를 꾸미는 형용사 자리이다.
[오답률] 27.1%

11. 어제 당신이 받은 의제는 몇 가지 주제의 윤곽을 나타낸다 / 내가 논의할 것을 계획하는
[해설] 빈 칸은 that절의 주어 자리이다. '명사 뒤에 명사+동사 (N NV)' 가 바로 나오면 무조건 그 사이에 접속사 that이 생략된 구조라는 것을 꼭 숙지해야 한다.
[구조] The agenda (that) you received yesterday outlines several topics (that) I plan to discuss.
[오답률] 75.0%

12. 가능한 한 빨리 알려 주세요 / 만약 우리 제품중의 어떤 것이라도 손상이 있으면
[해설] 빈 칸은 be 동사의 형용사 보어 자리이다
[오답률] 6.3%

13. 부사장인 Chloe는 존경스러운 사람이고, 지역에서 모든 존경을 받는다.
[해설] 빈 칸은 person을 꾸며주는 형용사 자리이다.
[오답률] 2.1%

14. Here Is London의 정책이다 / 철저하게 그 직책의 모든 후보자들의 배경을 확인하는 것은
[해설] 빈 칸은 to 부정사의 성분인 동사 원형 자리이다. to 부정사에서 to와 V 사이에 수식어인 부사가 들어갈 수 있다.
[오답률] 39.6%

15. 사람들이 여행을 예약할 때, 돈을 출발 2주 전에 보내야 한다.
[해설] 빈 칸은 목적어인 money를 수식하는 소유격 자리이다.
[오답률] 14.6%

16. 우리는 전문적인 기술자를 보낼 것이다 / 매뉴얼을 설명하기 위해 / 새로운 시스템의 혼동 때문에
[해설] 빈 칸은 전치사의 목적어 자리이기 때문에 명사가 정답이다.
[오답률] 2.1%

17. 만약 월권 때문에 학생들을 벌한다면, 당신은 해고가 될 것이다.
[해설] 빈 칸은 동사 왼쪽의 주어자리이다.
[오답률] 0.0%

18. 특히 유럽 연합은 계획을 발표하는 것을 망설인다 / 일 들이 발생하지 않길 원하기 때문에
[해설] 빈 칸은 be 동사의 형용사 보어 자리이다. 참고로 hesitate는 자동사이기 때문에 수동태 (be p.p.) 형태로 만들 수 없다. 자동사는 원래 목적어가 없기 때문에 수동태 역시 만들어 지지 않는다.
[오답률] 85.4%

19. 최근의 보고서는 적어도 하루에 한 잔의 커피를 마시는 사람들이 카페인에 의존적으로 될 수 있다고 말한다.
[해설] 빈 칸은 become 동사의 형용사 보어 자리이다. be, become은 가장 기본적인 2형식 동사이다.
[오답률] 22.9%

20. Mr. Malcovic 은 유능할 수도 있지만, 여기서는 떨어지는 사람이다.
[해설] 조동사 뒤에는 반드시 동사원형이 와야 한다.
[오답률] 4.2%

21. 모든 영업 사원들은 그들의 참석을 알려야 한다 / 월요일 워크샵의
[해설] 빈 칸은 to 부정사의 목적어 자리이다. 소유격 뒤에는 명사가 온다.
[오답률] 6.3%

22. 전문적인 카운슬러와의 개인 면담 일정은 벽에 걸려 있다.
[해설] 빈 칸은 문장의 첫 명사, 즉 주어자리이다. 주어 동사 사이는 모두 수식어로써 괄호 정리가 되며, 동사 is 와의 수일치를 생각하면 단수 명사가 주어 자리에 들어가야 한다.
[오답률] 16.7%

23. 어떤 방문객이든 주의를 기울어야 하고 안전장비를 실험실 내에서 착용해야 한다.
[해설] 빈 칸은 be 동사의 형용사 보어 자리이다. be 동사는 보어를 취하기 때문에, be 동사의 to 부정사 형태인 to be 뒤에도 당연히 보어 자리이다.
[오답률] 8.3%

24. 용품들이 제한되어 있기 때문에, 우리는 이 제안을 제공해야 한다 / 첫 30명의 고객들에게 / 우리 가게를 방문하는
[해설] 빈 칸은 '제한된' 이라는 해석의 (C)가 정답이다.
[오답률] 10.4%

25. LLA와의 협정은 우리 회사가 고객들에게 더 낮은 가격을 제공하고 지속적인 성장을 유지하는 것을 가능하게 한다.
[해설] 빈 칸은 문장의 첫 명사인 주어자리이다. 주어 동사 사이 전명구인 with LLA를 괄호 정리하면, 동사와의 수일치에 의해 단수 명사가 빈 칸에 들어가야 한다.
[오답률] 6.3%

26. 만약 누구라도 장애나 정신적인 어려움이 있다면, 우리는 공인된 전문가에게 자문을 구할 것이다.
[해설] 빈 칸은 동사 왼쪽의 주어자리이다.
[오답률] 2.1%

27. 누구도 뒤쳐지지 않게 하기 위해, 여행 안내원은 모든 방문객들이 늦어도 7시 까지는 호텔 로비에 오도록 상기시켰다.
[해설] 빈 칸은 동사자리이다. 주어가 단수이기 때문에 시제에 관계 없이 (D)는 정답이 될 수 없다.
[오답률] 47.9%

28. 우리는 Jacob Inc. 에 알려야 한다 / 그 회사가 주문했던 잉크 카트리지가 현재 없다고
[해설] 빈 칸은 동사자리이다. 주어가 복수 (the ink cartridges) 이기 때문에 (B)가 정답이다. 참고로 '명사 뒤에 명사+동사' 사이에는 무조건 접속사 that이 생략되어 있음을 잊지 말아야 한다.
[오답률] 31.3%

29. 우리의 정책은 고객들에게 환불을 제공하지 않는 것이다 / 이미 공지된 기간을 넘게 물건을 사용한 (고객들에게)
[어휘] (A) 채택, 선정 (B) 전시(회) (C) 관심, 고려, 존경 (D) 정책
[오답률] 0.0%

30. 직원들과 연구자들 둘 다 특별히 열심히 일을 했다 / 고객들의 니즈를 충족시키는 최고의 물건을 생산하기 위해
[해설] 빈칸은 부사인 hard를 꾸며주는 부사 자리이다. 참고로 work는 자동사이기 때문에 목적어를 취하지 않는다.
[오답률] 18.8%

31. 우리는 현재 경험이 있는 기술자를 찾고 있다 / 고장이 나고 결함이 있는 물건들을 수리할
[어휘] (A) 공장 (B) 증명서, 자격증 (C) 발전기 (D) 기술자
[오답률] 10.4%

32. 새로운 건물과 많은 신입사원들을 통해, Lille Insurance는 경쟁업체를 넘어서려고 노력하고 있다.
[해설] 빈칸은 명사를 수식하는 소유격 자리이다.
[오답률] 33.3%

33. 입사 지원양식을 완전하게 작성해 주세요 / 제출을 준비하기 전에
[해설] 빈 칸은 수동태 뒤이기 때문에 완전한 성분 뒤에서 동사를 수식하는 부사 자리이다.
[오답률] 16.7%

34. 워크샵 참석자들은 어떤 좌석이라도 이용할 수 있다. / 지정된 좌석들만 제외하고 / 연설자들을 위해 예약된
[어휘] (A) chaire 의장을 맡다 (B) substitute 대신하다
(C) performe 수행하다 (D) reserve 예약하다
[오답률] 25.0%

35. PSG Ltd. 는 각각의 고객이 살 수 있는 특정한 항목의 양을 제한할 권리를 가지고 있다.
[어휘] (A) 중요성 (B) 목표 (C) 선택 (D) 권리
[오답률] 64.6%

36. 이사진은 모든 임원들에게 공지를 보냈다 / 어떤 협정이든 서명 전에 엄격하게 검토되어야 한다는 것을
[해설] 동사 덩어리 사이에 빈 칸이 있기 때문에 빈 칸은 동사를 수식하는 부사자리이다.
[오답률] 10.4%

37. 당신이 결함이 있는 제품을 받는 경우에는, 우리에게 즉시 알려 주세요
[해설] 빈 칸은 products를 수식하는 형용사 자리이다. 참고로 defect는 결함, defection은 탈당, 탈퇴, 결함 등의 의미를 가진다.
[오답률] 6.3%

38. 사무용품들을 위한 모든 주문들은 구매부에 제출되어야 한다 / 그리고 나서 우리는 그것을 처리할 것이다.
[해설] 빈 칸은 be 동사의 보어자리이다. 주어가 제출이 되는 것이기 때문에 수동의미의 과거분사가 정답이다.
[오답률] 14.6%

39. 고객들은 책을 할인된 가격으로 살 수 있다 / 그리고 간단하게 동봉된 세 개의 쿠폰 중 하나를 이용할 수 있다.
[해설] 빈 칸은 coupons를 꾸며주는 형용사 자리이다. 쿠폰은 동봉이 되는 것이기 때문에 수동의미의 과거분사가 정답이다.
[오답률] 14.6%

40. 다가오는 이벤트에 참석을 하는 사람들은 알림을 받을 것이다 / 새로운 건강보험에 대해 / 그들에게 확실히 도움이 될
[해설] 빈 칸은 be 동사의 형용사 보어 자리이다. 'be beneficial to'는 '~에게 유익한/이로운' 이라는 뜻으로써 자주 쓰이는 표현이므로 반드시 외워 두도록 한다.
[오답률] 25.0%

Unit Test 2 [문장의 필수요소 2]

Unit Test 2

1	B	2	B	3	C	4	D	5	B
6	A	7	C	8	C	9	A	10	C
11	D	12	B	13	D	14	C	15	D
16	C	17	A	18	B	19	C	20	B
21	D	22	C	23	D	24	B	25	B
26	B	27	C	28	D	29	A	30	A
31	B	32	C	33	C	34	C	35	D
36	B	37	C	38	D	39	B	40	B

1. 그 시스템은 직원들에게 파일을 공유하고 내부의 메모를 교환하는 것을 가능하게 해 준다.
[해설] 기본적으로 해석을 통해 푸는 문제이지만 구조를 보면 'V O to V'
(A) 수여하다, 제출하다 (B) 허락하다, 가능하게 하다
(C) (칭찬·관심 등을) 받을 만하다 (D) 보상하다
[오답률] 5.3%

2. 대부분의 지역 주민들은 고속도로 사용료를 부과하는 결정에 대해 강력하게 반대한다.
[해설] 빈 칸은 동사를 수식하는 부사자리이다.
[오답률] 0.0%

3. 다양한 다과들이 회의 참석자들에게 제공된다.
[해설] 빈 칸은 명사 자리이다. 참고로 'a variety of' 라는 표현은 '다양한' 이라고 해석이 되는 관용적인 표현으로 기억해두자.
[오답률] 7.9%

4. 두 명의 지도자들 사이에서 토론이 여전히 진행 중이다.
[해설] 빈 칸은 동사 왼쪽의 주어자리이다. 명사인 D가 정답.
[오답률] 0.0%

5. TV 쇼에서 기획자인 Khunt Rogers는 The Truth를 올해 최고의 영화로 선택했다.
[해설] 문장에 동사가 없기 때문에 빈 칸은 동사 자리이다.
[오답률] 2.6%

6. 가장 급한 일은 사람들에게 현재의 상태에 대해 알려 주는 것이다.
[해설] 빈 칸은 5형식 동사 let의 목적격 보어 자리이다. let, make, have는 사역동사로써 목적격 보어 자리에 원형부정사를 취한다.
[오답률] 7.9%

7. 보고서는 미국 행정부에게 정책 변화가 필요하다고 추천한다.
[해설] 빈 칸은 동사자리이다. 동사인 A와 C 중에서 단수 주어에 맞춰서 단수 동사 C가 정답.
[오답률] 0.0%

8. 관리자는 보고서를 유심히 검토하라고 요구했다.
[해설] '요청하다' 동사 계열은 대부분 동작유발의 5형식 동사로 쓰인다. 즉, '동사 + 목적어 + to v' 구조를 가진다.
[오답률] 0.0%

9. 법규 위반자의 자동차는 소유자의 비용으로 견인될 것이다.
[해설] 빈 칸은 be 동사의 오른쪽으로써 일단 동사 형태인 C와 D는 탈락, B는 현재 진행형인 be ing 형태를 만드는 능동태이기 때문에 목적어가 필요하다. A가 들어가야 be p.p. 형태의 수동태가 되며 목적어를 필요로 하지 않는다. 참고로 away는 명사가 아닌 '떨어져' 라는 의미의 부사로써 목적어가 될 수 없다.
[오답률] 36.8%

10. 우리들 중 많은 사람들은 무언가를 믿는다 / 그 반대가 사실일지라도
[해설] 빈 칸은 절을 이끄는 접속사 자리이다.
(A) (부) 그러므로 (B) (부) 그러나
(C) (접) 비록 ~ 일지라도 (D) (전) ~ 대신에
[오답률] 7.9%

11. 회계팀의 구성원으로서, 그녀는 내년 무역 박람회의 업무를 담당한다.
[해설] 빈 칸은 동사 왼쪽의 주어자리이다.
[오답률] 2.6%

12. 많은 전문가들은 연말에 시장이 반등할 것이라고 예상한다.
[해설] 문장에 동사가 없기 때문에 빈 칸은 동사자리이다. 주어가 복수이기 때문에 (B)가 정답
[오답률] 0.0%

13. 6일의 심사 숙고 후에도 배심원단은 만장일치에 도달하지 못했다.
[해설] [해설] 빈 칸은 형용사의 수식을 받는 명사 목적어 자리이다. (A)는 '승자를 결정짓는 것' 이라는 뜻의 명사로써 해석상 적절하지 않다.
[오답률] 7.9%

14. Miracle Inc.의 수익성에 있어 최근의 변화는 주로 새로운 경영진 때문이다.
[해설] 빈 칸은 전치사의 목적어 자리이다. A는 동사나 분사로 쓰이며 B는 형용사 D는 부사이다.
[오답률] 10.5%

15. 모든 것들을 고려한 후에, 우리는 마침내 결론에 도달했다.
[해설] 빈 칸은 동사 오른쪽의 명사 목적어 자리이다.
[오답률] 5.3%

16. 이 시기에는 어떠한 구매도 허락되지 않는다 / 비용 절감 계획 때문에
[해설] 빈 칸은 명사 목적어를 취하는 전치사 자리이다.
(A) (접) ~할 때 (B) (접) ~ 때문에
(C) (전) ~ 때문에 (D) (접) 비록 ~일지라도
[오답률] 28.9%

17. Robbin은 상사로부터 허락을 받았다 / 건설 공사 자동화 방안의 연구를 할
[해설] 빈 칸은 타동사의 오른쪽인 목적어 명사 자리이다.
[오답률] 7.9%

18. 초청 강연자는 방문 동안에 편안함을 느꼈다 / 그리고 연설에 필요한 모든 것 들을 가졌다.
[해설] 빈 칸은 주어 자리이다. (C)는 '강연' 의 뜻으로써 문맥상 적절치 않다.
[오답률] 28.9%

19. Ms. Wright는 오늘 아침에 그녀의 관리자가 황급히 떠나는 것을 보았다.
[해설] 빈 칸은 지각동사 see의 목적격 보어 자리이다. 지각동사의 목적격 보어 자리에는 원형이나 -ing 형태가 온다.
[오답률] 47.4%

20. CEO인 Jacob Davidson은 회사의 성공에 대한 그의 인상적인 기여에 대해 수상의 영예를 안았다.
[해설] 빈 칸은 명사를 수식하는 형용사 자리이다. (D)는 '명령을 받은' 의 의미의 감정동사의 p.p.이기 때문에 사물을 수식하지 않는다.
[오답률] 5.3%

21. New York City의 안내자로서, Ms. Jackson은 고객들을 좌석으로 안내를 할 것을 요청 받는다.
[해설] (A) 예약하다, 보유하다 (B) 방문하다
(C) 예약하다 (D) 안내하다
[오답률] 52.6%

22.	Mandy는 승진을 했다/ 그녀의 전임자가 2010년 1월에 은퇴를 했을 때
[해설]	빈 칸은 타동사의 오른쪽인 명사 목적어 자리이다.
[오답률]	0.0%

23.	관광은 Woo Island의 주요 산업이다 / 그리고 점점 더 많은 숫자의 선박들이 오늘날 그곳에 방문한다.
[해설]	빈 칸은 large를 수식하는 부사 자리이다. Increasingly는 '점점 더, 갈수록 더'의 의미의 빈출 부사이다.
[오답률]	44.7%

24.	커피의 강한 향이 나를 커피숍으로 이끌었다 / 원두에서부터 커피메이커까지 모든 것을 판매하는
[해설]	빈 칸은 coffee store를 수식하는 분사 (형용사) 자리이다. B를 제외한 나머지 보기들은 모두 동사로써 빈 칸에 들어갈 수 없으며, C를 과거분사로 보더라도 빈 칸 뒤에 추가적인 목적어 명사가 있기 때문에 수동의 p.p.는 들어갈 수 없다.
[오답률]	60.5%

25.	Ms. Mah는 관리자에게 제안했다 / 직원 오리엔테이션의 주제들 중 하나로써 공손함이 포함되어야 한다는 것을
[해설]	빈 칸은 동사 자리이기 때문에 A,D 탈락. C는 수일치가 맞지 않다.
[오답률]	13.2%

26.	2000년에, 대표인 Bill Hayden은 그의 노고와 헌신 덕분에 National Medal of Arts를 수상했다. (A) 인정하다 (B) 수여하다 (C) 조절하다 (D) 칭송하다
[해설]	award는 수동태 'be awarded'의 형태일 때는 '수여를 받다' 형태로 해석이 된다. 그리고 보기에서 (B) 만이 4형식 동사로써 수동태 뒤에 명사 목적어를 취할 수 있다.
[오답률]	13.2%

27.	MK 프로젝트가 엄격하게 기밀이기 때문에, 회의실로의 접근은 공식적인 회원들에게만 제한된다. (A) (전) ~에도 불구하고 (B) (부) 그러므로 (C) (접) ~ 이기 때문에 (D) (부) 그러나
[해설]	문두에서 컴마까지 동사가 포함된 수식어이기 때문에 빈 칸은 절을 이끄는 접속사 자리이다.
[오답률]	13.2%

28.	수입된 석유에 크게 의존하는 대부분의 국가들은 재생 가능한 에너지의 사용을 독려하는데 관계되어 있다.
[해설]	빈 칸은 be동사의 형용사 보어 자리이다. 'be dependent on / be reliant on'은 '~에 의존하다'라는 뜻의 중요한 표현이므로 외워두도록 한다.
[오답률]	60.5%

29.	JS Language Academy는 협력을 강화할 것을 약속했다 / 학생들과 교사들 사이의
[해설]	빈 칸은 to enhance의 명사 목적어 자리이다.
[오답률]	10.5%

30.	철저한 연구를 수행한 이후에, 마케팅 팀은 방식을 결정했다 / 이번 가을에 수요가 있을
[해설]	빈 칸은 명사를 수식하는 형용사 자리이다. A는 '철저한' 이란 의미이며 B는 '기진맥진한' 이라는 의미의 감정의 p.p. 이기 때문에 사물을 수식할 수 없다.
[오답률]	31.6%

31.	10년 이상 일한 모든 직원들은 그들의 신분증 카드가 자동적으로 갱신 되게 할 수 있다. / 연말 전에
[해설]	빈칸은 목적격 보어인 p.p.를 수식하는 부사 자리이다. have는 사역동사로써 목적어가 사물일 때는 주로 p.p.를 목적격 보어로 취한다. 해석상 사물은 동작을 능동적으로 하기 보다는 수동적으로 받는 경우가 많기 때문이다.
[오답률]	5.3%

32.	최근의 일정 변경은 많은 직원들이 한 시간 더 일찍 출근하도록 만들었다.
[해설]	빈 칸은 목적어 뒤에 to v를 목적격 보어로 취하는 동작유발의 5형식 동사 자리이다. A는 '~을 요구하다, 필요로 하다' 라는 의미로써 5형식 구조로 쓰이지 않고 B는 목적격 보어 자리에 원형을 취한다.
[오답률]	39.5%

33.	한 달에 400명이 넘는 고객들과 함께, 고객 서비스 부서는 바쁘다 / 우리의 높은 수준의 고객 관리가 지속적으로 충족되는 것을 보증하는 데 있어서
[해설]	'be busy -ing : ~하느라 바쁜' 숙어 표현 문제이다.
[오답률]	63.2%

34.	두고 봐야 한다 / 새로운 시스템이 회사의 인사 정책에 전반적인 변화로 이어질지는
[해설]	빈 칸은 2형식 자동사 오른쪽의 보어 자리이고, whether이 이끄는 절은 문장의 진주어 역할을 한다. 즉, 빈 칸은 목적어를 취하지 않는 수동 형태인 C가 정답이다. 그리고 'It remains to be seen.'은 '그것은 두고 봐야 한다.' 라는 의미의 자주 쓰이는 표현이므로 외워 두도록 한다.
[오답률]	65.8%

35.	제조 분야에 있어 20%의 최저임금 인상은 내일 모레 발표될 것이다.
[해설]	'A of B' 형태는 주로 소유, 동격의 의미로써 '~의' 라고 해석이 된다.
[오답률]	71.1%

36.	사업에 있어서 손실 때문에, 우리는 알려드리게 되어 유감스럽다 / 임시직 근로자들을 모두 해고하게 되는 것을
[해설]	lay off는 '강제해고를 하다' 라는 의미의 동사이다. 수동태인 A와 D는 목적어를 취할 수 없고, 미래완료인 C는 '~ (미래)까지' 라는 의미가 문장 내에 있을 때만 쓰일 수 있다.
[오답률]	63.2%

37.	이 가전기기에 문제점을 겪는 소비자들은 조언을 받는다 / 우리의 고객 서비스 직원과 이야기를 나눌 것을
[해설]	빈 칸 뒤에 전치사가 있기 때문에 자동사가 들어가야 한다. A,B,D는 모두 타동사로써 목적어 명사를 바로 취한다.
[오답률]	65.8%

38.	이 구획의 사진들은 모두 California에 있는 Bird Central 공원에서 찍힌 것이다.
[해설]	빈 칸은 be 동사와 함께 수동태를 만드는 p.p. 형태가 들어가야 한다.
[오답률]	10.5%

39.	우리는 합병의 결과가 한국에서의 더 강한 기반을 구축하는데 기여할 것이라는 것을 믿습니다.
[해설]	빈 칸 뒤에 전치사 to가 있기 때문에 to와 어울리는 자동사가 정답이 된다. A,C,D는 모두 타동사로써 목적어를 바로 취한다.
[오답률]	13.2%

40.	관광부는 내년에 열릴 국제 이벤트가 외국인 관광객들을 유치할 것이라고 예상한다.
[해설]	'끌어들이다' 라는 해석의 B가 정답. 참고로 A는 'appeal to' 와 같이 자동사로 쓰이는 동사이다.
[오답률]	26.3%

Unit Test 3 [수일치와 수동태]

Unit Test 3

1	B	2	D	3	C	4	B	5	A
6	D	7	A	8	B	9	C	10	C
11	D	12	D	13	A	14	B	15	C
16	D	17	C	18	A	19	B	20	D
21	A	22	D	23	D	24	B	25	C
26	A	27	A	28	A	29	C	30	C
31	A	32	D	33	A	34	D	35	B
36	B	37	A	38	C	39	B	40	B

1. 그 자리에 관심이 있고 요구조건을 충족하는 후보자들은 그들의 이력서를 보낼 것을 요청 받는다.
[해설] invite는 ask와 같이 to V를 목적격 보어로 취하는 '요청하다' 계열의 동사이다. 즉, 수동태 뒤에 to V 보어가 바로 와야 한다.
[오답률] 2.6%

2. 모든 비용들은 / Karen Inc.로부터 임대된 장비를 위한 / 지불되어야 한다 / 청구내역을 받는 즉시
[해설] 빈 칸은 주어자리이다. 수량형용사 all는 가산복수명사와 불가산 명사를 수식할 수 있지만 동사가 복수형태인 are 이기 때문에 D가 정답
[오답률] 7.9%

3. 도시에 있는 모든 사무실의 모든 노트북들은 새로운 것들로 교체될 것이다 / 올해 말까지
[해설] 조동사 뒤에는 동사 원형 자리이다. C와 D 중, 목적어를 취하지 않는 수동형은 C이다.
[오답률] 2.6%

4. Kahill Inc.의 배송비는 상승해 왔다 / 연료 가격과 함께
[해설] 복합명사 shipping expenses (운송비)를 묻는 문제이다. 동사가 복수형태인 have이기 때문에 단수 명사인 A는 수일치 탈락.
[오답률] 15.8%

5. NASDAQ에 상장된 그 회사는 해양 항해시스템을 구축했다. / 상업용 어선들의 사용을 위해
[해설] 문장에 동사가 없기 때문에 빈 칸은 동사 자리이다. A와 C중 시제 해석에 관계 없이 C는 수일치 탈락
[오답률] 10.5%

6. 노화 방지 산업은 / 이미 100억 달러 규모를 넘어섰으며 / 11퍼센트의 성장률을 보일 것으로 예상된다 / 2021년에
[해설] 문장에 동사가 없기 때문에 빈 칸은 동사 자리이다. 주어가 단수이기 때문에 복수형태인 C는 탈락. 그리고 주어인 business는 예상을 하는 게 아니라 예상이 되는 것이기 때문에 수동태인 D가 정답.
* be expected to V : ~할 것으로 예상(기대) 되다
[오답률] 15.8%

7. 매니저는 확신한다 / 그의 직원들이 방법을 찾을 것이라고 / 일을 더 신속히 처리할 / 필요할 때
[해설] 명사 way는 to 부정사의 형용사 수식을 받는 대표적인 명사이다. (* a way to V : ~할 방법)
A와 C 중 빈 칸 뒤에 추가적인 명사 목적어가 있기 때문에 목적어를 취하는 능동형인 A가 정답.
[오답률] 21.1%

8. 조사관들은 계획하고 있다 / 초점을 맞추기를 / 더 안전한 제품을 개발하는 것을 / 위험한 화학물질이 중요한 문제이기 때문에
[해설] 빈 칸은 전치사 on의 목적어 자리이면서 동시에 자신의 목적어를 취할 수 있는 동명사 B가 정답이다. 물론 분사로써 B,D도 문법적으로는 가능하지만 해석이 가장 자연스러운 동명사 B가 정답
[오답률] 28.9%

9. Kings Shop은 개인 소유의 기업이다 / 최고 수준의 전문적인 이력서를 만드는 데 전념하는
[해설] 빈 칸은 전치사 to의 목적어 자리이다. 빈 칸 뒤에 추가적인 명사가 또 있기 때문에 동명사인 C가 정답
* be dedicated to v-ing : ~에 헌신 / 전념하다
[오답률] 18.4%

10. Bellevue 시는 기쁩니다 / 우리 시의 수질의 향상을 발표하게 되어서
[해설] please는 감정동사이기 때문에 주어가 감정을 느낄 때에는 p.p를 쓴다. 사람들이 모인 집단인 회사나 도시 등도 사람명사로 간주할 수 있다. (도시가 기쁨을 느끼는 것이기 때문)
[오답률] 15.8%

11. 폭력 장면들 때문에, 아이들은 허락되지 않는다 / 그 영화를 볼 것을
[해설] allow는 목적어 뒤에 to V를 취하는 대표적인 동작유발의 5형식 동사이기 때문에 수동태 일 때, 'be allowed to V'의 형태를 취한다.
[오답률] 0.0%

12. Flyway Airlines는 비행기를 운항한다 / 전 세계 25개 국가들로
[해설] 동사 문제는 수,태 - 시제해석 순서로 판단한다. 먼저 주어가 단수이기 때문에 복수 동사인 B,C는 탈락. 그리고 빈 칸 뒤에 명사 목적어가 있기 때문에 수동태인 A도 탈락이다.
[오답률] 68.4%

13. Ms. Park는 휴가를 쓸 수 있을 것이다 / M-2 프로젝트가 완료된 이후에
[해설] D는 명사이고, B와 C는 목적어가 필요한 능동이므로, 수동태인 A가 정답이다.
[오답률] 7.9%

14. 새롭게 임명된 의장은 최근에 승인을 받았다 / 대부분의 동료로부터
[해설] lately는 recently와 마찬가지로 '최근에' 라는 뜻의 부사로써, 과거시제 또는 현재완료 시제와 함께 쓰이는 부사이다.
[오답률] 26.3%

15. Ms. Miho가 받았던 그 시계는 완벽한 시간을 유지할 것이 보증된다.
[해설] 빈 칸은 주절의 동사자리이다. 해석상 시계는 보증을 하는 주체가 아니라 보증이 되는 사물 이기 때문에 수동태인 C가 정답이다. 참고로 동사 뒤의 to V가 목적어인지 아닌지는 해석으로 구분해야 한다.
[오답률] 28.9%

16. 많은 사람들은 허락 받지 않았다 / 그 지역을 허가 없이 통과하는 것을
[해설] 일단 be 동사가 원형으로 그대로 쓰일 수 없기 때문에 A는 탈락. 그리고 주어인 사람들이 허락을 하는게 아니라 받는 것이기 때문에 능동인 B와 C는 탈락이다.
[오답률] 5.3%

17. Seige 국립 대학은 원래의 교육 코스를 다음 학기에 제공할 것이다.
[해설] 미래 시제 표현 (next semester)이 있으므로, 미래 시제인 C와 D 중, 목적어를 취하는 능동 C가 정답이다. 물론 offer는 4형식 동사로써 수동태 뒤에 명사를 취할 수도 있지만 해석상 주어인 대학이 코스를 제공하는 것이기 때문에 능동이 정답
[오답률] 28.9%

18. 시 정부는 오늘 아침에 발표했다 / 폭설로 인해 / 모든 주차 관련 규제가 유예 된다는 것을 / 추후 발표가 있을 때까지
[해설] The city government announced this morning that (because of the [해설] 빈 칸은 that절의 동사 자리이다. 명사인 B가 제일 먼저 탈락이 되고, 목적어를 취하는 능동태 C,D도 탈락이기 때문에 유일한 수동태인 A가 정답이다.
[오답률] 13.2%

19.	Jordan Industry는 발표했다 / 그들이 올해 400명을 해고할 것이라는 것을
[해설]	lay off (~을 해고하다) 라는 어휘를 묻는 문제이다. D는 동사 형태가 아니고, A와 C는 수동이기 때문에 목적어를 취할 수 없다. B만이 능동태로써 목적어를 취할 수 있다.
[오답률]	63.2%

20.	우리는 모든 사람들에게 상기시키고자 한다 / 다가올 이벤트를 위한 요금은 참고자료, 숙박, 그리고 식사를 포함한다는 것을
[해설]	빈 칸은 that절의 동사자리이다. B는 동사 형태가 아니며, that절의 주어가 the fees 이기 때문에 A와 C는 수일치에서 탈락이다.
[오답률]	26.3%

21.	Mr. Chang은 위원회의 의장으로 선출되었다 / 참가자들에 의해 / 다수결에 의해
[해설]	빈 칸은 동사자리이며, C,D는 동사가 아니기 때문에 일단 탈락. 그리고 elect는 '선출하다' 라는 의미의 5형식 동사이기 때문에 수동일 때도 명사 보어를 취할 수 있다. 즉 A와 B 중 해석으로 접근해야 하는데, Mr. Chang이 참가자들에 의해 회장으로 선출되었다 가 의미상 적절하기 때문에 수동태인 A가 정답이다.
[오답률]	21.1%

22.	비록 그녀가 이번 분기의 수치에 대해 기뻤지만, 사장은 약간의 불만족을 표현했다.
[해설]	빈 칸은 부사절의 동사 자리이다. C는 be 동사가 변형되지 않았고, A와 B는 능동이므로 목적어를 취해야 한다.
[오답률]	13.2%

23.	부서장들은 통지를 받았다 / 신입사원들을 위한 오리엔테이션이 다음 주 월요일에 있을 것이라는 것을
[해설]	빈 칸은 that절의 동사 자리이다. B는 동사가 아니며, A는 수일치 탈락, 그리고 C는 과거 시제이기 때문에 해석상 next Monday와 어울리지 않는다.
[오답률]	47.4%

24.	우리는 발표하게 되어 기쁘다 / Dr. Kim의 사무실이 Suite Tower의 더 큰 사무실로 이동할 것이라는 것을
[해설]	(A) 설치하다 (B) 발표하다 (C) 다루다, 처리하다, 운영하다 (D) 격려, 고무하다
[오답률]	2.6%

25.	모두에게 공정하기 위해 면접은 대상자들에 대한 사전 정보 없이 진행된다.
[해설]	빈 칸은 조동사 뒤의 동사원형 자리이다. D는 동사가 아니며, A,B는 능동형태이기 때문에 목적어가 필요하다.
[오답률]	0.0%

26.	그 규정들은 정부의 승인이 필요할 것이다 / 이사회에 의해 검토된 이후에
[해설]	after은 접속사 또는 전치사가 모두 가능하다. 지금은 전치사로 쓰였기 때문에 빈 칸은 목적어 역할을 하는 동명사가 들어가야 한다. A와 C 중 추가적인 명사 목적어를 취하지 않는 수동형태인 A가 정답. 참고로 after과 before은 분사구문의 개념으로 접근하지 말고, 접속사 또는 전치사로 생각한다.
[오답률]	60.5%

27.	누구든지 건물 내에서 흡연을 한다면 건물을 나갈 것을 요청 받을 것이다.
[해설]	빈 칸은 조동사 뒤의 동사원형 자리이고, 주어인 anyone이 요청을 하는 것이 아니라 받는 것이기 때문에 수동태인 A가 정답
[오답률]	2.6%

28.	발표하게 되어 기쁘다 / Amanda가 새로운 관리자로 임명되었다는 것을
[해설]	appoint는 '임명하다' 란 뜻의 5형식 동사이다. 즉, 수동태 일때도 명사보어를 취할 수 있다. B와 C는 수일치 탈락, D는 동사가 아니기 때문에 들어갈 수 없다.
[오답률]	31.6%

29.	구매부의 Ms. Curry는 관리자와의 회의를 요청했다 / 개인적인 문제를 논의하기 위해
[해설]	(A) notify : ~에게 통지하다. 통지하다 계열인 notify, inform 등의 동사는 사람 목적어를 취하면서 '~에게 통지하다' 라고 해석 된다. (B) inquire about : ~에 대해 묻다 (자동사) / 참고로 inquire은 타동사로 쓰일 때에는 사람명사를 목적어로 취하면서 '~에게 묻다' 라는 해석을 가진다. (D) apply for : ~에 지원하다. 참고로 apply는 타동사일 때에는 '사용, 적용하다' 라는 해석을 가진다.
[오답률]	55.3%

30.	만약 제품에 결함이 있거나 부품들이 빠졌을 때, 그것을 다시 우리에게 보낼 수 있다 / 물건을 받은 후 15 영업일 이내에
[해설]	기간 명사를 목적어로 취하며 '~ 이내에' 라는 뜻을 만드는 C within 이 정답이다.
[오답률]	23.7%

31.	우리는 여러 참고문헌들을 추가할 것이다 / 더 유용한 정보를 줄 수 있는 / 이 작업을 끝내기 위해
[해설]	in order to V 는 ~하기 위하여 라는 해석으로써 동사 원형을 취한다. 동명사인 B는 탈락, p.p. 형태인 C도 들어갈 수 없다. A,D 중 목적어를 취할 수 있는 능동형태인 A가 정답.
[오답률]	36.8%

32.	기술적인 문제점들 때문에, Silver Star의 인사부는 현재 어떠한 사진 제출도 이메일을 통해 받지 않는다.
[해설]	빈 칸은 동사를 수식하는 부사자리이다. 시제가 현재진행형 이기 때문에 '현재로써는 받아들이지 않고 있다' 란 뜻의 D가 정답. A는 '빠르게', B는 '정확하게' 라는 의미로써 해석상 어색하고, C는 '최근에' 라는 의미로써 과거나 현재완료 시제와만 쓰일 수 있다.
[오답률]	26.3%

33.	누구든지 남겨지는 것을 피하기 위해서, 여행 가이드는 모든 방문객들에게 호텔의 로비로 7까지 올 것을 상기시켰다.
[해설]	목적어 뒤에 to 부정사를 목적격 보어로 취하면서, '~에게 ~을 할 것을' 이라는 의미를 만드는 것은 동작유발의 5형식 동사 자리이다. 선택지 중에서 A만이 '상기시키다' 라는 해석으로써 그러한 용법을 취할 수 있다. (B) 회상하다 (C) 기억하다 (D) 확인, 발견하다
[오답률]	10.5%

34.	그 새로운 영화는 비평가들에 의해 더 열정적으로 추천되었다 / 원래 예상됐던 것 보다
[해설]	빈 칸은 수동태 뒤 이기 때문에 부사자리이다. more 뒤에는 형용사만 가능한 것이 아니다. 형용사 뿐만 아니라 부사 역시 비교급과 최상급이 가능하기 때문에 지금처럼 more 뒤에 빈 칸이 있을 때에는 반드시 구조를 파악해야 한다.
[오답률]	42.1%

35.	1월 1일부터, Michael Chang은 더 많은 업무들을 받을 것이다 / 서남권 지역의 영업부장으로서
[해설]	give는 4형식 동사이기 때문에 수동태 뒤에도 명사 목적어를 남길 수 있다. 다시 말해, 4형식의 '주다' 계열 동사가 수동태일 때 '받다' 라고 해석이 되면 뒤에 목적어를 반드시 남긴다.
[오답률]	31.6%

36.	수년 동안 건조하는 긴 기간이 있다 / 그 재료가 사용하기에 적합하다고 간주되기 전에
[해설]	5형식 동사의 수동태 뒤에는 형용사나 명사 보어가 남는다. C와 D는 '적당, 적절' 이란 뜻의 명사로써 주어와 동격을 만들기에는 의미상 어색하다.
[오답률]	39.5%

37.	원자재의 비용이 상당히 감소되었다 / 그래서 우리의 수익은 다음 분기에 꾸준히 증가할 것으로 예상 된다.
[해설]	빈 칸은 수동태 뒤이기 때문에 부사 자리이다. 일반적인 3형식 타동사의 수동태 뒤에는 수식어가 온다.
[오답률]	0.0%

7

38. 지난 달의 상당한 변화들 이후에, 우리는 이제 직원에게 종합적인 복지 혜택을 제공할 수 있다.
After some considerable changes last month, we are now able to
[해설] 빈 칸 뒤에 목적어 명사가 2개 이기 때문에 '~에게 ~을' 이란 의미의 목적어 2개를 취할 수 있는 4형식 동사인 C가 정답이다.
(A) 간주하다 (B) 확인하다 (D) 회복, 복원하다
[오답률] 5.3%

39. Ms. Park이 그녀의 사무실을 나가고 있는 동안에, 우체국으로부터 소포가 도착했다.
[해설] 부사절의 시제가 과거(진행) 이기 때문에, 주절의 시제 역시 과거로 맞춰줘야 해석이 자연스럽다. 참고로 현재완료 시제는 과거(진행)와 해석상 일치하지 않는다.
[오답률] 55.3%

40. 적절하게 작동하기 위해서, 팩스기는 반드시 정기적인 기준으로 점검 되어야 한다.
[해설] 자동사는 목적어를 취하지 않기 때문에 뒤에는 부사자리이다.
[오답률] 36.8%

Unit Test 4 [시제]

Unit Test 4

1	B	2	D	3	D	4	B	5	A
6	B	7	D	8	B	9	A	10	A
11	B	12	C	13	C	14	C	15	C
16	B	17	C	18	A	19	C	20	A
21	A	22	D	23	C	24	A	25	A
26	B	27	C	28	A	29	D	30	D
31	B	32	B	33	A	34	D	35	A
36	C	37	A	38	D	39	C	40	D

1. 우리가 도착하기 전까지 극장에서 누군가가 좋은 자리를 다 차지해 버린 상태였다.
[해설] by the time 절의 동사 시제가 과거이기 때문에 주절은 과거보다 더 앞서서 완료된 과거완료 시제가 와야 한다.
[오답률] 15.2%

2. 그 연례의 상은 57개 국가로부터의 113명의 사람들을 2010년 이래로 표창해 왔다.
[해설] since는 전치사일 때는 무조건 '~이래로' 라고 해석이 되며, 주절에는 현재완료 시제가 온다.
[오답률] 6.1%

3. 공무원들은 또한 제안했다 / 건강검진이 무료가 되어야 한다는 것을
[해설] '요구, 주장, 제안, 명령' 등의 동사가 목적어 that절을 취할 때, that절의 동사는 should가 생략된 동사원형이 온다.
[오답률] 3.0%

4. Mr. Gabriel은 식사와 연설을 끝냈을 것이다 / 네가 도착하기 전까지는
[해설] 빈 칸은 절을 이끄는 접속사 자리이며, 주절의 시제가 미래 완료이기 때문에 '~(미래)까지' 라는 해석을 만드는 접속사 B가 정답
[오답률] 3.0%

5. 최근에 많은 논쟁이 있었다 / 회사의 새로운 건강 보험에 관련해서
[해설] lately는 recently와 마찬가지로 '최근에' 란 뜻으로써, 과거 시제, 또는 현재완료 시제와 함께 쓰인다.
[오답률] 15.2%

6. Toronto Community Center는 연례 모금 저녁 행사를 오늘 늦게 개최할 것이다.
[해설] later today는 '오늘 늦게' 란 뜻으로써 미래 시점을 의미하기 때문에 주절에 미래시제가 들어가야 한다. 'be -ing'는 현재진행시제 외에도 계획된 미래를 나타내기도 한다. C는 수동태이기 때문에 목적어를 취하지 않는다.
[오답률] 27.3%

7. 그것은 Novert Bookstore의 배송 정책이다 / 아이들을 위한 책을 가능한 한 빨리 보내주는 것은
[해설] 문두에 있는 주어 it은 가주어이다. 즉, Kaytlyn Bookstore's shipping policy라는 명사 보어 뒤는 진주어 역할을 할 수 있는 to 부정사 (D)가 정답이다. 동사인 (A), (B), (C)는 모두 탈락.
[오답률] 15.2%

8. 새로운 부사장님은 제안했다 / 최근 미팅 동안에 / 우리가 Brooks Company와 협업을 해야 된다는 것을
[해설] 빈 칸은 주절의 동사자리이다. 수일치 에서 (A)는 탈락, '최근의 미팅에서' 란 과거 시점의 표현에서 과거동사를 정답으로 유추할 수 있다. 참고로 현재시제인 C가 들어가면 ' ~ 제안한다.' 라는 일반적인 사실의 해석이 되기 때문에 과거표현과 함께 쓰일 수 없다.
[오답률] 24.2%

9. 기후 변화의 영향에 관련된 세미나에 참석하는 것 외에도, 방문객들은 해결책에 관한 토론에 참석할 것을 요청받을 것이다.
[해설] 빈 칸은 전치사 apart from의 목적어 역할을 함과 동시에 a seminar라는 자신의 목적어를 취할 수 있는 동명사 (A)가 정답.
[오답률] 15.2%

10. 인사부장이 Ms. Park의 지원서를 고려할 것을 결정하기도 전에, 그녀는 다른 회사에 충분한 복지와 함께 입사를 허락받았다.
[해설] 부사절의 과거 시점보다 더 앞선 과거를 나타내는 과거완료 시제가 들어가야 한다. (A)와 (D) 중 (D)는 능동태(had admitted)가 되기 때문에 목적어를 취해야 한다. 수동태(had been admitted)를 만드는 (A)가 정답.
[오답률] 15.2%

11. 당사의 7월 매출이 예상치를 초과했다는 소식을 알리게 되어 매우 기쁩니다.
[해설] 빈 칸에는 have와 함께 현재 완료의 동사 형태를 만드는 p.p.가 들어가야 한다.
[오답률] 6.1%

12. 주차장 건설은 직원들이 여름 휴가에서 돌아오기 전까지는 완공될 것이다.
[해설] 시간과 조건의 부사절은 현재가 미래를 대신하기 때문에, by the time이 이끄는 부사절의 해석은 실제로 미래가 된다. 즉, '(미래에) 직원들이 돌아올 때 까지' 라는 해석과 일치가 되려면 주절에는 미래완료가 들어가야 한다.
[오답률] 9.1%

13. Maximus가 커뮤니티 센터장으로 임명이 된 이래로, 그는 많은 업무량에 치여 오고 있다.
[해설] since가 접속사로써 '~이래로' 라고 해석이 될 때에는, since절에는 반드시 과거동사, 주절에는 현재완료 시제가 와야 한다.
[오답률] 33.3%

14. 연구원들이 새로운 샴푸에 테스트를 수행하는 동안에, 그들은 발견했다 / 샴푸가 자주 알레르기 반응을 일으킨다 라는 것을
[해설] 주절이 과거 시제이기 때문에 해석상 시제 일치를 위해 while절에도 과거 시제가 들어가야 한다. (C)와 (D) 중, (D)는 수동이기 때문에 목적어를 취할 수 없다.
[오답률] 27.3%

15.	비용을 절감하기 위해, 언제든지 가능하다면, 비싼 부품들은 교체될 것이다 / 더 저렴한 것들로
[해설]	조동사 뒤에는 동사 원형 자리이다. 선택지 4개가 모두 동사 원형인데, 목적어를 취하지 않는 수동태는 (C) 뿐이다.
[오답률]	9.1%

16.	병원의 새로운 별관으로의 접근은 제한될 것이다 / 다음 두 달 동안 / 보수 중이기 때문에
[해설]	be 동사 뒤에 추가적인 동사는 들어갈 수 없기 때문에 A는 탈락. 명사 보어는 주어와 동격일 때만 가능하기 때문에 D도 탈락. 그리고 C는 능동태를 만들기 때문에 목적어가 필요하다.
[오답률]	15.2%

17.	기상학자는 지구의 대기를 연구하는 사람이다 / 날씨를 예측하기 위해
[해설]	관계사 who가 이끄는 관계절의 동사 자리. 동사가 아닌 D와 수일치가 맞지 않는 (B)는 탈락. 해석상 과거에 연구를 했었던 사람이 아니라 일반적인 사실을 나타내는 문장이므로 단순현재 시제인 (C)가 정답이다.
[오답률]	27.3%

18.	회의실을 위한 새로운 프로젝터들은 구매가 될 것이다 / 신청서가 승인되자마자
[해설]	시간의 부사절에서는 현재 시제가 미래를 대신한다. 즉, as soon as가 이끄는 절에서의 현재 시제의 실제 의미는 미래이다. 그러므로 주절도 미래시제로 일치시켜야 한다.
[오답률]	36.4%

19.	지연은 그 기밀 문서의 결과이다 / 우리 배송부 에서 잃어버린
[해설]	문장에 동사가 있고 접속사가 없기 때문에 빈 칸에는 추가적인 동사가 들어갈 수 없다. 선택지 중 동사가 아닌 것은 (C) 뿐이다. 참고로 –ing는 현재분사로써 명사를 후치수식 할 수 있다.
[오답률]	42.4%

20.	Mark가 계약서를 읽었을 때, 그는 발견했다 / 누군가가 정말 많은 실수를 했다는 것을
[해설]	주절의 동사가 과거이기 때문에 부사절에도 과거시제가 들어가야 해석이 일치한다. 과거 동사인 (A)가 정답이다. 참고로 read의 과거형은 read 이다. (단, 발음이 다름)
[오답률]	63.6%

21.	Dr. Omar은 연설을 하고 있었다 / 전기가 예상치 못하게 나갔을 때
[해설]	부사절의 과거 동사와의 시제 일치를 위해 주절에도 과거시제로 맞춰줘야 한다.
[오답률]	48.5%

22.	도서관은 요청했다 / 모든 기한이 지난 책들이 다음달까지 반납이 되어야 할 것을
[해설]	'요구, 주장, 제안, 명령' 등의 동사가 목적어 that절을 취할 때, that절의 동사는 should가 생략된 동사원형이 온다.
[오답률]	36.4%

23.	Mr. Young은 Harvard University에서 몇 년 전에 공부했었다 / 그리고 지금은 그 곳에서의 교수이다
[해설]	과거 시제 표현 several years ago가 있기 때문에 과거 시제로 맞춰줘야 한다.
[오답률]	36.4%

24.	회계 사무소는 새로운 지불절차를 지난달에 시행했다.
[해설]	과거 시제 표현 last month 가 있기 때문에 과거 시제로 맞춰줘야 한다.
[오답률]	9.1%

25.	직원들은 Victoria Park의 모든 놀이 시설들을 지난달 이래로 칠해오고 있다.
[해설]	since는 전치사로써 '~이래로' 라고 해석이 되며, 무조건 현재완료 시제가 온다. A와 C 중 C는 수동태이기 때문에 목적어를 취할 수 없다.
[오답률]	3.0%

26.	연구팀에 의해 개발된 우리의 새 제품은 지난 2년 동안 많은 권위 있는 상을 받아 왔다
[해설]	'over the last 기간'은 '지난 ~동안' 이라고 해석이 되며, 현재 완료 시제와 함께 쓴다.
[오답률]	12.1%

27.	Apples Computer에서의 제조 과정은 조사관들에 의해 면밀히 추적 관찰된다 / 모든 사용자들의 충성심을 보증하기 위해
[해설]	동사 덩어리 is monitored를 꾸며주는 부사 자리. '면밀하게 관찰된다' 란 뜻을 만드는 C가 적절하다.
[오답률]	15.2%

28.	급여에 관련된 질문들은 관리부의 Mr. Piazza에게 전달되어야 한다.
[해설]	B와 D는 전치사 to와 함께 쓰이지 않으며, 'similar to'는 '~에 비슷한'이란 뜻으로써 의미가 어색하다. 'pertaining to'는 '~에 관하여' 란 뜻의 전치사이다. about과 같은 의미로 보면 된다.
[오답률]	84.8%

29.	Ms. Yoon이 우리 회사의 재정분석가로서 입사하기 전에 그녀는 재정분야에서 수년간 이미 일했었다.
[해설]	by the time 절에 과거동사라면 주절에는 그 과거 시점보다 더 앞서서 완료된 사건이 오기 때문에 과거완료 시제가 온다.
[오답률]	15.2%

30.	우리의 종합적인 Montreal 여행 가이드는 주요한 도시의 명소들을 열거한다 / 인기있는 미술관을 포함해서 / 오프닝 시간들의 자세한 설명과 함께
[해설]	수일치에서 B는 탈락. 수동태인 A와 C는 목적어를 취할 수 없는 수동태이기 때문에 D가 정답이다.
[오답률]	24.2%

31.	우리의 규칙과 규정들 때문에, 녹화 장치들은 영화관 내에서 허락되지 않는다.
[해설]	문두에 있는 '규칙과 규정' 이란 의미에서 해당 내용은 늘 지켜야 하는 일반적인 사실임을 알 수 있다. 일반적인 사실을 표현하는 현재시제가 정답이다. 만약 recording을 동명사로 본다면 단수 동사가 들어가야 하는데, 그렇게 되면 해석이 '장치들을 녹화하는 것' 이라는 의미가 되기 때문에 어색하다.
[오답률]	30.3%

32.	휴대폰과 전자 장비들을 이용하는 것은 이착륙시에 비행기에서 허락되지 않는다.
[해설]	이착륙시 비행기에서 전자기기를 사용하지 못한다는 사실은 매번 지켜야 하는 일반적인 사실인 규정이다. 일반적인 사실을 설명하는 현재 시제가 정답이다.
[오답률]	42.4%

33.	FIBI Foundation은 Mr. Jeter를 Hall of Fame (명예의 전당)에 입회시켰다 / 그 분야에서 그의 우수한 성취들 때문에
[해설]	빈 칸은 achievement (성취)를 꾸며주는 형용사 자리이다. 의미상 '이례적일 정도로 우수한' 이란 뜻의 (A)가 가장 잘 어울린다. (B) 후한, 관대한 (C) 선택적인 (D) 나타내는, 표현력이 있는
[오답률]	48.5%

34.	예전의 세금 영수증과 계약서들이 없어졌다 / 사무실이 본사를 지난달에 이전했을 때
[해설]	부사절이 과거 시제이기 때문에 해석상 시제가 일치하는 과거 동사인 D가 정답이다.
[오답률]	21.2%

35.	Union Builders는 공사 현장 주변에 임시 펜스를 설치했다 / 보행자들과 운전자들을 사고로부터 보호하기 위해
[해설]	빈 칸은 fence를 꾸며주는 형용사 자리이다. 공사 현장 주위의 울타리 이므로, '임시의' 란 뜻의 A가 적절하다. (A) 임시적인 (B) 편안한 (C) 만족을 느끼는 (D) 다가 올
[오답률]	21.2%

36. 건축가는 설계도를 보고 승인했다 / 그녀의 팀이 새로운 건물 프로젝트를 위해 초안을 작성했었던
[해설] 'has seen and (has) approved' 와 같은 병렬 구조에서 중복되는 두 번째 has는 생략이 가능하다. A와 D는 현재 (진행) 시제이기 때문에 해석상 어색하며, B는 동사가 아니라 p.p. 형태이기 때문에 빈 칸에 들어갈 수 없다.
[오답률] 57.6%

37. 최근 분석의 결과는 보여준다 / 소비자 지출이 마침내 오름세라는 것을
[해설] (A) 결과 (B) 상태, 국가
(C) 공제, 추론 (D) 제품
[오답률] 3.0%

38. 이 자리에 지원하고자 하는 사람들은 요청 받는다 / 그들의 연구 관심 분야를 표시할 것을 / 문서의 박스에 체크를 함으로써
[해설] (A) 참조, 주목하게 하다 (B) 임명하다
(C) 승인, 인정하다 (D) 나타내다, 표시하다
[오답률] 39.4%

39. 최종 리스트에서 승자를 선택하는 것은 거의 불가능한 일이다 / 그러나 동시에 우리의 책임이다.
[해설] 빈 칸은 형용사 impossible을 꾸며주는 부사 자리이다.
[오답률] 3.0%

40. 입장료는 가이드인 David Watson의 비용을 포함한다 / 최근에 다양한 가이드 투어를 수행했었던
[해설] 빈 칸 앞의 부사 recently는 lately와 함께 '최근에' 란 뜻으로 쓰이며, 항상 과거시제 또는 현재완료 시제와 쓰인다.
[오답률] 21.2%

Unit Test 5 [가정법]

Unit Test 5

1	B	2	C	3	A	4	C	5	A
6	B	7	D	8	B	9	C	10	C
11	D	12	C	13	B	14	A	15	B
16	C	17	B	18	D	19	B	20	C
21	A	22	A	23	D	24	B	25	D
26	B	27	C	28	B	29	B	30	D
31	C	32	B	33	C	34	B	35	D
36	B	37	C	38	B	39	C	40	C

1. 혹시라도 연기되거나 변경될 수 없는 것이 있다면, 우리 사무실로 가능한 한 빨리 연락을 주세요.
[해설] if가 생략된 가정법 도치구문이기 때문에 should가 정답이다. Should 가정법은 희박한 미래를 가정하는 용법으로 '혹시라고 ~한다면' 정도로 해석한다.
[오답률] 42%

2. Mr. Kim이 조금 더 머물렀더라면, 그는 제품들의 자세한 보고서를 철저하게 검토할 수 있었을텐데.
[해설] if절에 had p.p. 이면, 가정법 과거완료로써 주절에는 '과거조동사 + have p.p.'가 와야 한다.
[오답률] 26%

3. Pirlo가 충분한 포장 재료를 주문했었더라면, 소포를 받는데 지연이 없었을텐데.
[해설] 문두에서 컴마까지는 부사절이기 때문에 빈 칸에는 부사절 접속사가 들어가야 한다. B는 등위접속사, C는 명사절 접속사이며, D는 '~때문에' 라고 해석이 되기 때문에 맞지 않다.
[오답률] 4%

4. 그 영화가 재정적인 문제가 있었다는 것을 알고 있었더라면, 그 계약은 주어지지 않았을텐데.
[해설] 주절에 '과거조동사 + have p.p.' 이기 때문에 주절에는 had p.p.가 들어가야 한다.
[오답률] 31%

5. 자동차가 더 빠르게 움직였더라면, 사고는 훨씬 더 심할수도 있었을 텐데.
[해설] if절에 had p.p. 이기 때문에, 주절에는 '과거조동사 + have p.p.' 가 들어가야 한다.
[오답률] 22%

6. Darvish Yu가 대학에서 더 열심히 공부했더라면, 그는 의대에 입학을 할수도 있었을텐데.
[해설] 주절에 '과거조동사 + have p.p.' 이기 때문에 if절에는 had p.p.가 들어가야 한다.
[오답률] 28%

7. 합병이 성공적으로 진행됐더라면, 그 회사는 선두의 회사가 되었을 텐데.
[해설] if가 생략된 가정법 도치구문이기 때문에 빈 칸에는 had p.p.를 만드는 D가 들어가야 한다.
[오답률] 51%

8. 더 높은 수익을 얻을수도 있었을텐데 / 만약 회사가 새로운 전략을 시행했었더라면
[해설] 주절에 '과거조동사 + have p.p.' 이기 때문에 if절은 had p.p.를 만들어 줘야 한다.
[오답률] 16%

9. 몇몇의 국내 사무실들은 파산을 할 것이다 / 만약 Yuna's Confectionery가 감축을 한다면
[해설] if가 생략된 가정법 도치구문이기 때문에 should가 들어가야 한다. 만약 if가 빈 칸에 들어간다면 주어가 단수이기 때문에 동사도 단수동사로 맞춰줘야 한다.
[오답률] 67%

10. Sammo Company에서 제조된 새로운 카메라 모델은 사용자에게 더 선명한 사진들을 찍을 수 있게 해준다.
[해설] 문장에 동사가 없기 때문에 빈 칸은 동사자리이다. 주어가 복수이기 때문에 수일치를 맞춰서 C가 정답.
[오답률] 14%

11. 만약 Sarah가 미팅이 일찍 끝날것이라는 것을 알았더라면, 그녀는 약속을 취소하지 않았을텐데.
[해설] 주절이 '과거조동사 + have p.p.' 이기 때문에 if절에는 had p.p.가 들어가야 한다.
[오답률] 39%

12. 만약 사람들이 카풀보다 기차로 통근을 한다면, 오전에 고속도로에 정체가 덜 할텐데.
[해설] if절에 과거동사라면 가정법 과거이기 때문에 주절에는 '과거조동사 + 동사원형'이 들어가야 한다.
[오답률] 16%

13. 만약 Ms. Masako가 위원회의 의장으로 임명이 되었더라면, 그녀는 나를 부사장으로 선택했을텐데.
[해설] 주절이 '과거조동사 + have p.p.' 이기 때문에 if절에는 had p.p가 들어가야 한다. A는 능동태이기 때문에 목적어가 필요하며 해석도 맞지 않다.
[오답률] 16%

14.	매니저는 주장했다 / 모든 직원들이 다음주 금요일에 있을 미팅에 참석을 해야 된다라는 것을
[해설]	요구/주장/제안/명령 등의 동사의 목적어 that절은 should가 생략된 동사원형이 들어가야 한다.
[오답률]	19%

15.	너의 도움이 없었더라면, 나는 그 일을 절대 정시에 끝낼 수 없었을 것이다.
[해설]	일반동사인 D는 전혀 들어갈 수 없고 can have p.p. 라는 표현은 없다. 그리고 must have p.p.는 '했었음에 틀림없다' 라는 해석이다. 'would have p.p.'는 '~을 했었을텐데' 라고 해석 된다.
[오답률]	27%

16.	Mr. Cane이 도착하자 마자 나에게 전화를 해야 된다는 것은 필수적이다.
[해설]	'중요한, 필수적인' 등의 해석의 형용사는 that절에 should가 생략된 동사원형이 들어가야 한다.
[오답률]	38%

17.	만약 수하물이 더 일찍 보내졌더라면, 우리는 마감기한을 맞췄을 텐데.
[해설]	주절이 '과거조동사 + have p.p.' 이기 때문에 if절에는 had p.p.가 들어가야 한다. A는 능동이기 때문에 목적어가 필요하다.
[오답률]	16%

18.	만약 우리가 더 비싼 에어컨을 샀었더라면, 이 문제점을 발생하지 않았을텐데.
[해설]	주절이 '과거조동사 + have p.p.' 이기 때문에 if절에는 had p.p,가 들어가야 한다. B는 수동태이기 때문에 맞지 않다.
[오답률]	7%

19.	만약 가게가 나의 최근에 만료된 할인 쿠폰을 받아들였더라면, 나는 그들의 서비스를 더 추천할 의향이 있었을텐데.
[해설]	if절이 had p.p. 이기 때문에 주절에는 '과거조동사 + have p.p.'가 들어가야 한다.
[오답률]	19%

20.	만약 Soy Beans가 새로운 제품이 더 싸게 제공한다면, 마케팅 팀은 더 경쟁력 있는 광고를 만들텐데.
[해설]	주절이 '과거조동사 + 동사원형' 이기 때문에 if절에는 과거동사가 들어가야 한다. 가정법에서는 주어의 수에 관계 없이 be동사 과거형은 were을 쓴다.
[오답률]	11%

21.	많은 질문들이 훨씬 더 빠르게 답변될 수 있었을텐데 / 색인만 있었더라면
[해설]	if절이 had p.p. 이기 때문에 주절에는 '과거조동사 + have p.p.' 가 들어가야 한다. B는 능동이기 때문에 목적어가 필요하며 해석도 맞지 않다.
[오답률]	22%

22.	AJ는 첫번째 발표를 어제 미팅에서 했습니다 / 그리고 사장은 그의 발표가 설득력이 있었다고 말했다.
[해설]	빈 칸은 명사인 delivery를 수식하는 소유격 자리이다.
[오답률]	0%

23.	만약 그 들이 트렌드를 더 잘 알고 있었더라면, 그들은 파산을 피할수도 있었을텐데.
[해설]	주절이 '과거조동사 + have p.p.' 이기 때문에 if절에는 had p.p.가 들어가야 한다.
[오답률]	16%

24.	개인적인 사용을 위한 물건들은 지출목록에 들어가지 않는다 / 상환을 위한 영수증을 회계부서에 제출을 할 때
[해설]	(A) 생산량, 산출량 (B) 지출 (C) 투자(액) (D) 평가(액)
[오답률]	25%

25.	만약 분석가들이 더 정확한 정보를 제공했더라면, 투자자들은 더 적은 돈을 잃었을텐데.
[해설]	if절이 had p.p. 이기 때문에 주절에는 '과거조동사 + have p.p.'가 들어가야 한다.
[오답률]	14%

26.	만약 우리 배가 더 적은 승객을 태운다면, 승무원들이 방을 공유하지 않을텐데.
[해설]	주절이 '과거조동사 + 동사원형' 이기 때문에 if절에는 과거동사가 들어가야 한다.
[오답률]	12%

27.	2/3 이상의 자동차 통근자들은 버스를 이용할텐데 / 만약 그들이 정기적인 서비스에 대한 접근권이 있다면
[해설]	if절이 과거동사이기 때문에 주절에는 '과거조동사 + 동사원형' 이 들어가야 한다.
[오답률]	16%

28.	Cosmos Cleaning Products에 대해 더 많은 자세한 정보들을 위해, 555-9281로 전화하거나 웹사이트에 방문해 주세요.
[해설]	빈 칸은 전치사의 목적어 자리이기 때문에 명사가 들어가야 한다.
[오답률]	7%

29.	인쇄소의 영업부장은 말했다 / 거의 3시간 정도가 걸릴 것 이라고 / 직원 매뉴얼의 100부를 인쇄하는데
[해설]	(A) 주의하여, 조심스럽게 (B) 거의 (C) 주로, 대체로 (D) 골똘하게
[오답률]	3%

30.	보습 스프레이를 얼굴에 이용하기 전에, 먼저 흔들어야 하는 것이 중요하다.
[해설]	'중요한, 필수적인' 등의 해석의 형용사 뒤에는 that절에 should가 생략된 동사원형이 들어가야 한다. 주어가 흔들어지는 것이기 때문에 수동태가 정답이다.
[오답률]	17%

31.	더 많은 고객들을 수용하기 위해, 국제 시장에 진입하는 것은 필수적인 것이 되었다.
[해설]	in order to 뒤에는 동사원형이 들어가야 한다.
[오답률]	0%

32.	재무 책임자인 Ms. Chiodo는 기쁘다 / 연간 수익이 꾸준히 상승해오고 있는 것에 대해
[해설]	빈 칸은 that절의 주어 자리이기 때문에 명사가 들어가야 한다. 동사와의 수일치를 맞춰서 복수명사인 B가 정답.
[오답률]	14%

33.	만약 더 지식이 많은 독자가 이 본문을 검토했더라면, 이 오류들은 확실히 제거가 되었을텐데
[해설]	if절이 had p.p. 이기 때문에 주절에는 '과거조동사 + have p.p.'가 들어가야 한다.
[오답률]	24%

34.	회사의 어떤 지점들로의 전근도 허락되지 않는다 / 만약 직원이 충분히 숙련되지 않았다면
[해설]	빈 칸은 절을 이끄는 접속사가 들어가야 한다. C, D는 전치사이며, A는 '반면에' 라는 뜻의 접속사이다.
[오답률]	9%

35.	Sarrelk Communications는 웹사이트 디자인 뿐만 아니라 다양한 종류의 소셜미디어 서비스를 제공한다.
[해설]	빈 칸은 명사인 variety를 수식하는 형용사 자리이다. B는 최상급이기 때문에 관사 the가 필요하다.
[오답률]	7%

36.	우리가 도입하는 새로운 특징들은 우수한 성능을 제공한다 / 기술 전문가들과 컴퓨터 팬들을 위해
[해설]	빈 칸은 목적어 명사 자리이다. D는 '연기자, 연주자' 등의 가산명사이기 때문에 관사가 반드시 필요하며 A는 동명사이기 때문에 해석상 어색하다.
[오답률]	12%

37.	만약 평가된 수치들이 더 정확했더라면, 전략가들은 더 나은 재정계획을 만들었을텐데.
[해설]	if절이 had p.p. 이기 때문에 주절에는 '과거조동사 + have p.p.'가 들어가야 한다.
[오답률]	31%

38.	자금 기구로부터의 이사는 연구센터에 금융기관들을 끌어들이는 프로젝트의 종류들에 대한 조언을 줄 것이다.
[해설]	give는 4형식 수여동사이기 때문에 목적어를 2개 취할 수 있다. 즉, 빈 칸은 직접목적어 자리이기 때문에 B가 정답이다. D는 '조언자' 라는 해석의 가산명사이기 때문에 관사가 필요하다.
[오답률]	16%

39.	인터넷 서비스 제공업체는 요청한다 / 구독자들이 그들의 시스템이 믿을만한 안티 바이러스 프로그램으로 보호되고 있음을 확실히 할 것을
[해설]	요구/주장/제안/명령 등의 동사의 목적어 that절은 should가 생략된 동사원형이 들어가야 한다.
[오답률]	11%

40.	그 일의 긴급함 때문에, Mr. Jsckson이 우리의 고객 서비스 직원들 중 한명에게 1시까지 연락해야 됨은 필수적이다.
[해설]	'중요한, 필수적인' 등의 해석의 형용사 뒤에는 that절에 should가 생략된 동사원형이 들어가야 한다.
[오답률]	46%

Unit Test 6 [부정사]

Unit Test 6

1	B	2	C	3	A	4	C	5	D
6	A	7	D	8	B	9	A	10	C
11	C	12	B	13	B	14	B	15	A
16	A	17	C	18	A	19	A	20	A
21	C	22	A	23	D	24	D	25	A
26	D	27	B	28	C	29	D	30	C
31	B	32	B	33	B	34	A	35	D
36	C	37	D	38	C	39	C	40	C

1.	그 일은 나에게 같은 고객에게 여러 번 전화하기를 요구했다.
[해설]	require은 to 부정사를 목적격 보어로 취하는 5형식 동사이다. B와 D 중, 목적어를 취하는 능동형인 B가 정답.
[오답률]	0.0%

2.	그 일에 지원한 누구든지 고객의 문제점들을 처리 할 수 있는 능력을 갖출 수 있어야 한다.
[해설]	ability는 to 부정사의 형용사 수식을 받는 대표적인 명사이다.
[오답률]	0.0%

3.	베를린에서 열리는 무역 박람회에 보낼 소포가 금요일까지 준비되었는지 확인해주세요.
[해설]	문장의 구조를 정확하게 보면 해석 없이도 풀 수 있다. that절의 동사(are)는 이미 있기 때문에 빈 칸에는 추가적인 동사가 들어갈 수 없다. packages를 꾸며주는 형용사 용법의 A가 정답.
[오답률]	6.3%

4.	생산 일정을 맞추기 위해, 가장 바쁜 시즌에 임시직원을 고용하는 것이 도움이 될 것이다.
[해설]	workers를 꾸며주는 to 부정사인 C가 정답. 해석상 '(앞으로) 도와줄' 직원들이라는 미래 지향적인 해석을 가진 to 부정사가 적절하다.
[오답률]	18.8%

5.	연구부서는 요청을 받았다 / 모든 뉴스 기사에 포함된 통계 데이터를 확인할 것을
[해설]	ask는 to 부정사를 목적격 보어로 취하는 5형식 동사로서 수동태 뒤에 to 부정사를 그대로 남긴다. (A)와 (D) 중 목적어를 취하는 능동태인 (D)가 정답.
[오답률]	6.3%

6.	Mr. Kim은 자금을 두 배로 만들 수 있었다 / 웹사이트 디자인 회사에 투자를 함으로써
[해설]	빈 칸은 전치사의 목적어 자리이다. to 부정사는 전치사의 목적어 역할을 할 수 없고, (C)는 과거동사 혹은 분사, (D)는 동사이기 때문에 모두 빈 칸에 들어갈 수 없다. 동명사인 (A)가 정답. cf. invest in ~ : ~에 투자하다
[오답률]	12.5%

7.	고용인들은 더 많은 직원들을 고용하는 것을 꺼리는 채로 남아 있었다 / 증가하는 경기에도 불구하고
[해설]	빈 칸은 2형식 동사의 주격 보어 자리이다. (A) 회의적인 (+ about / of N) (B) 긍정적인 (C) 기꺼이 ~하는 (D) 꺼리는, 주저하는 (+ to V)
[오답률]	21.9%

8.	지역 은행들은 비난 받을지도 모른다 / 많은 돈을 정부로부터 빌리게 된 것에 대해
[해설]	빈 칸은 becoming의 오른쪽, 즉 보어자리이다. 'be reliant on : ~에 의지하다' 라는 표현에 의해 B가 정답. rely는 자동사이기 때문에 A 처럼 수동태로 쓰이지 않으며, D는 '믿을만한' 이라는 의미의 형용사이다.
[오답률]	25.0%

9.	계속 진행하기 위해, 당신은 그 단계를 재도전을 하거나 건너뛰는 것을 선택해야 한다.
[해설]	proceed는 '~을 계속하다, ~로 이동하다' 라는 뜻의 자동사이다. (A)가 정답. (C) process는 타동사로써 '처리하다, 가공하다' 등의 의미를 가지며 목적어를 취해야 한다. cf. in order to V : ~하기 위하여
[오답률]	21.9%

10.	레슨에서 아이들의 과제는 그들의 할 일들을 더 잘 이해하는 것을 가능하게 하는 것이다
[해설]	enable은 to 부정사를 목적격 보어로 취하는 5형식 동사이다. 빈 칸 왼쪽에 있는 better은 부사이므로 괄호 묶어 소거하면 빈 칸이 to 부정사를 완성하는 동사 원형이 와야 한다.
[오답률]	28.1%

11.	선거 캠페인 기간 동안에, 후보자는 광범위한 경제와 정치 개혁을 시행할 것을 약속했다 / 만약 당선이 된다면
[해설]	보기 중 to 부정사를 목적어로 취하는 동사는 (C) promise (약속하다) 이다. (A) restrict : 제한하다 (B) reserve : 예약하다, 보유하다 (D) settle : 해결하다, 정착하다
[오답률]	25.0%

12.	보고서를 며칠 전에 제출하기 전에, 관리자에게 다시 확인할 것을 시켰다.
[해설]	have는 사역동사로서 목적어 뒤에 원형 부정사를 취한다. 목적어인 manager가 목적격 보어인 check를 능동적으로 하는 것이기 때문에 원형부정사 인 B가 정답.
[오답률]	71.9%

13.	모든 승객들은 조언을 받는다 / 좌석에 앉을 것을 / 그리고 안전벨트가 가능한 한 꽉 매어질 것을
[해설]	have는 사역동사로서 목적어가 동작을 수동적으로 받을 때에는 목적격 보어 자리에 p.p.를 취한다. 목적어인 seat belts가 fasten (매다) 라는 동작을 수동적으로 받는 것이기 때문에 p.p.가 정답.
[오답률]	31.3%

14.	도시의 건축 법규는 아파트 단지가 아파트당 적어도 하나의 주차 공간을 가질 것을 요구한다.
[해설]	require은 to 부정사를 목적격 보어로 취하는 5형식 동사이다.
[오답률]	0.0%

15.	Mr. Greinke는 불평의 편지를 출장 음식 업체에 썼다 / 환불을 요청하기 위해 / 제공된 음식이 만족스럽지 않았기 때문에
[해설]	환불을 '요구하다' 라는 뜻을 만드는 (A)가 정답. ask는 for과 함께 '~을 요청하다' 라는 뜻을 만든다. (ask sb. : ~에게 요청하다 / ask for sth. : ~을 요청하다)
[오답률]	21.9%

16.	정부 관계 기관은 외부의 회사를 고용하고 있다 / 독립적으로 업무 감사를 시행하기 위해
[해설]	목적어인 audit (회계 감사) 와 어울리는 동사는 시행하다 라는 의미의 A이다. (A) conduct : (실시)하다 (B) behave : (자동사) 행동하다 (C) observe : 관찰하다, 준수하다 (D) process : 처리하다, 가공하다
[오답률]	43.8%

17.	컨벤션에 참석할 것을 등록했었던 사람들은 부서장과의 약속을 잡아야 한다 / 그 날 일찍 퇴근하기 위해
[해설]	완전한 문장 뒤에서 '~하기 위하여' 라는 뜻을 만드는 to 부정사가 정답. (C)를 제외한 나머지 보기들은 동사 원형을 바로 취할 수 없다.
[오답률]	6.3%

18.	도로 위험들에 즉각적으로 반응하기 위해, 운전자들은 운전 중에 휴대전화를 사용하는 것을 피할 것을 조언 받는다.
[해설]	빈 칸 뒤에 목적어가 없이 전치사가 수반되기 때문에 자동사가 들어가야 한다. 보기 중 전치사 to와 함께 쓰이는 자동사 (A)가 정답. (respond to N : ~에 응답하다)
[오답률]	34.4%

19.	Employee of the Month 프로그램은 실험실의 직원들이 사기를 높이는 것을 도왔다.
[해설]	help는 목적어 뒤에 to 부정사 또는 원형 부정사를 취하는 5형식 동사이다.
[오답률]	25.0%

20.	해외 고객을 수용하기 위해, San Marino 호텔은 높은 수준의 편안함과 서비스를 제공한다.
[해설]	문두에서 '~하기 위해서' 라는 부사적인 해석을 만드는 to 부정사가 정답이다.
[오답률]	0.0%

21.	Marie는 최근에 Russia로의 가이드 투어를 예약했고, 그 정보를 확인하고 싶어 한다.
[해설]	언뜻 보면 like의 품사 문제처럼 보이지만 'would like to V : ~를 하고 싶다' 라는 표현을 묻는 문제이다.
[오답률]	28.1%

22.	이 구획은 많은 고층건물들로 유명하다 / 전 세계에서 가장 높은 CN Tower와 같은
[해설]	빈 칸은 be 동사 오른쪽에 p.p. 형태를 만드는 A가 정답이다. * be known/famous/notable for : ~로 (잘) 알려져 있다.
[오답률]	0.0%

23.	우리가 모았단 정보는 이용 된다 / 각각의 고객들의 완전한 프로필을 만들기 위해
[해설]	빈 칸은 수동태 뒤, 부사자리이다. '~하기 위해서' 라는 뜻을 만드는 to 부정사가 정답이다.
[오답률]	3.1%

24.	Browser Record는 이용자들에게 테스트를 만드는 것을 가능하게 한다 / 웹 브라우저를 이용해 질문을 녹음함으로써
[해설]	allow는 to 부정사를 목적격 보어로 취하는 동작유발의 5형식 동사이다.
[오답률]	0.0%

25.	성공을 원하는 사람들은 준비되어야 한다 / 언제든지 가능하다면 기회를 포착할 것을
[해설]	prepare는 to 부정사를 목적격 보어로 취하는 동사이다. 특히, 'be prepared to V : ~할 준비가 되어 있다' 라는 의미의 수동태로 자주 쓰인다.
[오답률]	21.9%

26.	우리가 제공하는 인턴십 프로그램은 좋은 기회이다 / 사무실에서의 진짜 업무를 배울
[해설]	chance(기회)는 opportunity와 마찬가지로 to 부정사의 형용사 수식을 받는 대표적인 명사이다.
[오답률]	0.0%

27.	한국 도자기의 가장 유명한 전문가들 중 일부가 참석했다 / 베를린에서 열리는 박물관의 후원을 받는 심포지움에
[해설]	(A) common : 흔한, 보통의 (B) notable : 중요한, 유명한 (C) inferior : 질 낮은, 열등한 (D) private : 개인의
[오답률]	43.8%

28.	견습 직원들은 상기를 받는다 / 정오 전까지 직속 상사에게 전체 근무 스케줄을 제출할 것을
[해설]	remind는 to 부정사를 목적격 보어로 취하는 동사이다. 특히, 'be reminded to V : ~할 것을 상기(조언) 받는다' 라는 의미의 수동태로 자주 쓰인다.
[오답률]	15.6%

29.	두 개의 구리광산 회사들로부터의 대표들이 말했다 / 새로운 프로젝트를 함께 작업할 것을 기대한다 라는 것을
[해설]	'look forward to –ing' 는 '~을 기대/고대하다.' 라는 의미의 숙어표현이다. 여기서 to는 부정사가 아니라 전치사임을 잊지 말자
[오답률]	12.5%

30.	부모님들은 그들의 아이들의 소지품에 명확하게 표시할 것을 조언 받는다 / 반납을 쉽게 만들어 주기 위해 / 이 물건들이 분실 될것에 대비해서
[해설]	목적어 뒤는 (완전한 문장 뒤) 부사자리 이다.
[오답률]	15.6%

31.	새롭게 만들어진 그 프로그램은 자동적으로 차트와 표를 만든다. / 사용자들로부터 공급된 데이터로부터
[해설]	동사 자리. (A)는 동사가 아니며, (D)는 수일치 탈락, (C)는 수동태이므로 목적어를 취할 수 없다.
[오답률]	37.5%

32.	Mr. Hopper가 다음주 화요일에 은퇴한 이후에, 회사의 수석 회계사인 Chloe Choi는 선택 될 것이다 / 회사의 CEO로서의 그를 계승하기 위해
[해설]	수동태 뒤에는 수식어 성분이 들어가야 한다. (A)와 (C)는 명사이고, (D)는 형용사이기 때문에 부사적 용법의 to 부정사인 (B)가 정답.
[오답률]	6.3%

33. Organization Committee는 결정했다 / 미팅을 연장할 것을 / 그 문제점들을 더 논의하기 위해
[해설] to 부정사를 목적어로 취하는 동사 자리이다. (A)와 (C)는 동명사를 목적어로 취하고, (D) urge는 목적어 뒤에 to 부정사를 보어로 취하는 동작유발의 5형식 구조로 쓰인다.
[오답률] 6.3%

34. 권위 있는 Millan Organization은 발견했다 / 점점 더 많은 회사들이 노력을 쏟는다는 것을 / 영어와 스페인어를 말할 수 있는 글로벌 인재들을 채용하기 위한
[해설] (A)를 제외한 나머지는 모두 동명사를 목적어로 취하는 동사이다.
[오답률] 9.4%

35. 그 정책의 개정은 의도되어 있다 / 직장 안전 규정을 강화하기 위해
[해설] 빈 칸은 수동태 뒤에서 '~하기 위해서' 라고 해석이 되는 부사적 용법의 to 부정사 자리이다.
 * be intended to V : ~로 의도되어 있다
[오답률] 0.0%

36. 새로운 CEO는 매일 미팅을 할 충분한 의향을 가지고 있다 / 각각의 관리자들에게 현재 진행중인 프로젝트에 대해 잘 이해하도록 유지하기 위해
[해설] 완전한 문장 뒤에는 부사 역할을 하는 to 부정사가 들어가야 한다.
[오답률] 12.5%

37. 데이터 보안에 관련된 엄격한 규정이 있다 / 회사의 모든 사람들이 준수할 것이 요구 되는
[해설] require은 목적어 뒤에 to 부정사를 보어로 취하는 5형식 동사이다. 즉, 수동태 뒤에는 to 부정사가 바로 올 수 있다.
 * be required to V : ~할 것을 요구받다
[오답률] 6.3%

38. 유명한 컨설팅 회사로부터 주최되는 올해 워크샵의 목표는 모든 사람들에게 조언을 하는 것이다 / 직원들과 효율적으로 대화하는 것에 관심이 있는
[해설] 빈 칸은 be 동사 오른쪽의 보어자리 이다. (A)와 (B)는 명사이므로 명사 anyone과 나란히 쓸 수 없고, (D) advised가 들어가면 수동태 'be p.p.'가 되면서 뒤에 명사를 남길 수 없다. (C) to 부정사 만이 보어 역할을 하면서 동시에 목적어 명사절을 취할 수 있다.
 * The aim/objective/goal/intention 등의 명사가 해석상 to 부정사를 보어로 자주 취한다.
[오답률] 34.4%

39. Washington에 있는 베트남 관리들은 보고한다 / 계약이 6월에 서명되는 것이 기대된다고
[해설] 빈 칸은 to 부정사의 조각을 만드는 동사 원형이 들어가야 한다. B와 D는 능동이기 때문에 목적어를 취해야 하기 때문에 수동인 C가 정답.
 * be expected to V : ~할 것으로 예상(기대)되다
[오답률] 40.6%

40. 누구라도 다가올 회의에서 다뤄질 의제에 관련된 더 많은 세부정보들을 확인하고자 한다면, 우리 홈페이지를 참고해 주세요.
[해설] 빈 칸은 agendas를 후치수식하는 수식어 자리이다. (B)와 (D)는 수식어 역할을 할 수 없고, (A)는 현재분사, 능동이므로 목적어를 취해야 한다.
[오답률] 15.6%

Unit Test 7 [동명사]

Unit Test 7

1	D	2	C	3	B	4	A	5	B
6	D	7	C	8	C	9	D	10	C
11	A	12	B	13	D	14	D	15	A
16	A	17	A	18	B	19	C	20	C
21	D	22	C	23	D	24	A	25	D
26	B	27	B	28	B	29	B	30	D
31	B	32	A	33	A	34	B	35	C
36	B	37	B	38	C	39	C	40	D

1. 인사 부장은 말한다 / 오직 진취성을 보이는 사람들만 고용하는 것을 고려하고 있다고
[해설] consider은 동명사를 목적어로 취하는 대표적인 동사이다.
 Cf. consider, recommend, suggest + v-ing
[오답률] 0.0%

2. 한 군데에서 쇼핑을 선호하는 몇몇의 바쁜 사람들은 / 높은 가격을 받아들일 수 있다 / 시간 절약의 편리성을 위해
[해설] prefer은 to V 와 v-ing를 모두 목적어로 취할 수 있다.
[오답률] 17.9%

3. 컨설턴트는 몇 가지 선택사항을 제안했다 / 아시아 시장에 자본을 투자하기 위한
[해설] '전치사 ___ N' 에서 가능한 선택지는 동명사다. '명사 + 명사' 는 복합명사를 제외하고 들어갈 수 없다.
[오답률] 0.0%

4. Mr. Kim은 믿을만한 직원이다 / 그리고 그에게 할당된 일을 제 시간에 완수한다.
[해설] 빈 칸은 completes의 목적어 역할을 하는 명사 자리이다. work는 불가산명사로써 '일' 이라고 해석된다. 동명사 working은 '일하는 것' 이라고 해석되기 때문에 분사 '할당된'의 수식을 받기에 어색하다.
[오답률] 53.6%

5. 위원회는 자금지원을 위한 제안들을 고려할 것이다 / 결정의 일부로써
[해설] funding은 동명사도 물론 가능하지만 자체적으로 '자금(지원)' 이라는 명사도 가능하다.
[오답률] 0.0%

6. 회사의 이사들은 고려하고 있다 / 회사의 웹사이트를 다시 디자인 하는 것을 / 더 나은 서비스를 고객들에게 제공하기 위해
[해설] consider은 동명사를 목적어로 취한다. 참고로 '____ 관사 명사' 구조에서 빈 칸에 형용사는 절대 들어갈 수 없다. 형용사는 관사 뒤에 위치해야 하기 때문이다.
[오답률] 0.0%

7. Sally가 비행을 할 때마다, 그녀는 승무원들에 의해 서빙을 받는 것을 즐긴다.
[해설] enjoy는 동명사를 목적어로 취한다. 빈 칸 뒤에 목적어가 없기 때문에 능동으로써 '서빙을 하는 것'이 아니라 수동으로 '서빙을 받는 것' 을 좋아한다 라는 의미가 적절하다.
[오답률] 28.6%

8. 더 많은 직원들을 공장에 고용했음에도 불구하고, 생산 관리자는 여전히 직원이 부족하다고 생각한다.
[해설] despite는 '~에도 불구하고' 라는 의미의 전치사로써 목적어를 취한다. Having p.p. 는 동명사의 과거 형태로써 "했던 것" 으로 해석이 된다.
[오답률] 7.1%

9.
[해설] 단골 고객들을 위해 할인을 제공하는 것은 마케팅 기술의 하나의 방법이다.
빈 칸은 주어자리로써 동명사 (D)가 정답이다. 만약 빈 칸에 형용사가 들어가면서 주어가 discounts가 된다면 수일치에 의해 동사가 are이 되어야 한다.
[오답률] 0.0%

10.
[해설] 영업시간을 연장하는 것은 유일한 방법이다 / 가게가 판매를 증가시킬 수 있는
빈 칸은 주어자리로써 동명사 (C)가 정답이다. 만약 빈 칸에 형용사가 들어가면서 주어가 business hours가 된다면 수일치에 의해 동사가 were이 되어야 한다.
[오답률] 0.0%

11.
[해설] Public Relations는 목표를 가지고 있다 / 회사와 제품들의 호의적인 이미지를 제시하는 것의
'of ____ a favorable image' 구조에서 빈 칸은 전치사의 목적어 역할과 동시에 자신의 목적어를 취하는 동명사만이 들어갈 수 있다.
[오답률] 10.7

12.
[해설] 우리는 고객들에게 즉시 알린다 / 주문이나 구매를 확인하기 위해 / 어떠한 이상한 움직임이 시작된다면 / 그들의 계좌에서
빈 칸은 be 동사의 오른쪽, 보어 자리이다. Initiative는 계획, 주도권 이라는 의미의 명사이고, 시작하다 라는 의미의 initiate의 수동형태가 정답이다.
[오답률] 28.6%

13.
[해설] Mr. Kim은 연기했다 / 새로운 제품을 출시하는 것을 / 경쟁회사가 유사한 제품을 발표한 이후에
연기하다 postpone은 동명사를 목적어로 취한다.
[오답률] 3.6%

14.
[해설] 수년 동안 Telegraph는 사람들의 이메일에 응답을 하지 않고 있다 / 어떠한 해결책을 제시하는 것 없이
빈 칸 뒤에 또 다른 명사가 있기 때문에 명사인 B는 들어갈 수 없다. 반면 동명사는 명사 목적어를 취할 수 있다.
[오답률] 7.1%

15.
[해설] Donna Land는 동쪽 부속 건물을 지을 것을 선택했다 / 지역의 더 많은 아이들을 끌어들이기 위해
빈 칸 뒤에 'more children' 이 있기 때문에 빈 칸에는 명사나 형용사는 들어갈 수 없다. 동명사인 A가 목적어를 취하는 형태로써 정답이 된다.
[오답률] 17.9%

16.
[해설] Sarah Furnishings는 고객의 질문을 위한 직통 전화를 개시했다 / 그들을 더 잘 응대하기 위한 노력을 계속하기 위한 일환으로써
continue를 제외한 나머지 선택지의 동사들은 모두 to v를 목적어로 취한다.
[오답률] 60.7%

17.
[해설] 회사들은 알기를 원한다 / 정확하게 무엇이 입찰에 초대되기 위한 필수조건들인지를
빈 칸은 전치사의 목적어 자리이기 때문에 동명사 형태인 A만이 들어갈 수 있다.
[오답률] 3.6%

18.
[해설] Toronto의 시장은 주민들이 책에 대한 쉬운 접근권을 가지도록 도와주었다 / 1990년에 시청 내에 500권의 책을 가진 도서관을 여는 방식으로
빈 칸은 동사 자리이기 때문에 일단 C, D 탈락. 그리고 주어가 단수이기 때문에 수일치에 의해 A 탈락. 지금 문장에서 have는 동사가 아니라 help의 목적격 보어이다. 주어가 단수이기 때문에 수일치에 의해 have가 절대 동사가 될 수 없음을 파악해야 한다.
[오답률] 50.0%

19.
[해설] 수많은 상과는 별도로, 여왕에게 훈장을 수여 받는 것은 많은 영국 배우들에게 확실히 유일한 포상이다.
빈 칸은 주어 자리이기 때문에 동명사인 A,C, 명사인 B가 들어갈 수 있다. 하지만 B가 들어가면 동사와의 수일치가 맞지 않고, 남은 두 개 중에서 목적어를 취하지 않는 수동형의 동명사인 C가 정답이다.
[오답률] 50.0%

20.
[해설] 구매부는 제안했다 / 회사가 원자재를 위한 공급업체를 변경하는 것을 고려해야 한다고
consider은 동명사를 목적어로 취하는 대표적인 동사이다. 그리고 참고로 '요구, 주장, 제안, 명령' 등의 동사의 목적어 that절은 should가 생략된 동사원형이 온다.
[오답률] 3.6%

21.
[해설] Big Sky Ariline은 헌신을 보여주었다 / 모든 모델에서의 연료 소비를 줄이는 것에 대한
commitment 뒤의 to는 전치사 to 이기 때문에 빈 칸은 목적어로써의 동명사가 들어가야 한다.
[오답률] 21.4%

22.
[해설] 직원들은 지역사회의 필요에 부응하는데 전념한다 / 다양한 서비스들과 함께
빈출 숙어 표현은 반드시 암기한다. 'be dedicated to -ing : ~에 헌신/전념하다' 같은 표현으로 'be devoted to -ing / be committed to -ing' 가 있다.
[오답률] 21.4%

23.
[해설] 주민들은 지역에 공장을 건설하는 것에 반대한다.
'be opposed to : ~에 반대하다' 표현에서 to는 전치사이기 때문에 목적어를 취해야 한다.
[오답률] 10.7%

24.
[해설] 당신은 송장 수령의 7 영업일 이내로 대금을 보내야 한다.
빈 칸은 전치사의 목적어 자리이며, 빈 칸 뒤에 추가적인 명사가 또 있기 때문에 동명사가 들어가야 한다.
[오답률] 21.4%

25.
[해설] Washington 지점은 판매부서에 공석이 있다 / 가능한 한 빨리 채워져야 하는
'job openings'는 '일자리, 공석' 이라는 의미의 복합명사이다.
[오답률] 3.6%

26.
[해설] 냉동음식 부서는 제안하고 있다 / 새로운 종류의 저녁 식사를 도입할 것을 / 내년 겨울에 몇몇의 국가들에서
'suggest + ing' 동명사를 목적어로 취하는 대표적인 동사이다.
[오답률] 21.4%

27.
[해설] 다음 Environment Association의 참석자들은 접수처에서 등록을 할 것이 기대된다 / 본희의장으로 들어가기 전에
'be expected to V : ~할 것이 예상/기대 되다'
[오답률] 0.0%

28.
[해설] 처음에 채권자들은 부채상환금의 유예에 동의하는 것을 거절했다 / 하지만 곧 깨달았다 / 그것이 그들이 가지는 유일한 선택사항이라는 것을
'refuse to V : ~할 것을 거절하다' 에서 빈 칸은 to 부정사를 만드는 동사 원형 자리이다.
[오답률] 46.4%

29.
[해설] 높은 계절적 수요는 불가능하게 만든다 / 비치 리조트 고객들이 수용되는 것을 / 미리 예약을 하지 않는다면
빈 칸은 to 부정사의 의미상 주어 자리이다. to 부정사는 의미상 주어로써 for N 를 취한다.
[오답률] 25.0%

30.
[해설] 아프리카 지역의 개발도상국의 대표들은 오늘 모였다 / 최근의 패턴의 효과를 분석하기 위해 / 화석 연료 소모의
'have gathered / together / ____ the effects ~' 의 구조에서 gather은 자동사이기 때문에 문장이 그대로 끝나고 together은 부사, 그리고 빈 칸은 the effect와 함께 수식어 거품을 만들어야 한다. 목적어를 취하면서 부사 역할을 할 수 있는 to 부정사가 정답이다.
[오답률] 10.7%

31. 품질 관리부는 배송품을 받을 것을 필요로 한다 / 프로젝트를 더 진행하기 전에
[해설] need는 to 부정사를 목적어로 취하는 동사이다.
[오답률] 10.7%

32. 유명한 작가인 Gomez의 새로운 책은 그룹이 그 문제에 대한 더 나은 이해를 가질 것을 가능하게 해 주었다.
[해설] 'allow O to V : ~에게 ~을 할 것을 허락하다' 와 같은 5형식 구조를 묻는 문제이다.
[오답률] 7.1%

33. Mr. Kim은 그의 비서에게 의사록을 작성할 것을 시켰다 / 그가 회의에 참석하는 모든 사람들에게 전달해 줄 수 있도록
[해설] 'have / let / make O 원형 : ~에게 ~을 할 것을 시키다' 와 같이 사역동사 구조를 묻는 문제이다.
[오답률] 10.7%

34. 그 회사가 산업용 로봇을 발명한 공이 있는 것으로 여겨진다.
[해설] '전치사 ____ 관사 명사' 구조에서 빈 칸에 들어갈 수 있는 건 오직 동명사 뿐이다.
[오답률] 10.7%

35. 150 회의실에 있는 모든 오디오와 비디오 장비는 오직 초청된 연사들을 위해서만 예약되었다.
[해설] (A) 의장을 맡다   (B) 처리하다, 가공하다
       (C) 예약하다, 따로 남겨 두다 (D) 수행하다, 실시하다
[오답률] 50.0%

36. 작성된 임금 인상 요구 양식서들은 반드시 전해져야 한다 / 임금 협상을 담당하는 사람에게 / 일주일 이내로
[해설] ____ pay claim forms 구조에서 빈 칸은 명사를 꾸며는 형용사나 빈 칸 뒤의 임금 인상 요구 양식서들 이라는 명사를 목적어로 취하는 동명사가 들어갈 수 있다. 일단 A는 명사 + 명사 구조를 만들기 때문에 탈락, 부사 C 탈락, 나머지 두 개중 해석상 작성된 이라는 의미를 가지는 B가 정답이다.
[오답률] 78.6%

37. 판매와 마케팅 부서는 프로젝트에 대해 협력한다 / 더 확고한 고객층을 대도시들에서 만들기 위해
[해설] (A) merge 합병하다   (B) collaborate 협력하다
       (C) blend 섞다,혼합하다 (D) connect 연결하다
[오답률] 21.4%

38. Ms. Wilson은 그녀의 자유시간에 도시를 탐험하는 것을 즐긴다 / 그리고 느긋한 산책을 도시에서 하는 것을 즐긴다.
[해설] 'spend 시간/돈 -ing : ~하는데 시간/돈을 쓰다' 의 구조를 묻는 문제로써 빈 칸은 동명사가 들어가야 한다.
[오답률] 3.6%

39. 독특한 현지 음식들을 먹는 것과 걸어다니는 곰을 보는 것은 Alaska 로의 여행의 주요한 명물들이다.
[해설] 빈 칸은 watching과 병렬적으로 연결되는 동명사 주어가 들어가야 한다.
[오답률] 0.0%

40. 비록 Mr. Yoon이 5개의 Ultra Book을 지난 일요일에 주문했지만 / 그 다음 주 목요일 전까지는 배송되지 않는다.
[해설] following은 next와 같이 '다음의' 라는 의미를 가진다. 참고로
       (A) 새로 들어오는, 도착하는 (B) (이용) 가능한
       (C) 빈번한   (D) 그 다음의
[오답률] 10.7%

Unit Test 8 [분사]

Unit Test 8

1	C	2	C	3	A	4	C	5	B
6	D	7	B	8	A	9	A	10	C
11	D	12	A	13	D	14	C	15	B
16	C	17	C	18	B	19	D	20	D
21	C	22	A	23	C	24	D	25	B
26	A	27	B	28	C	29	D	30	D
31	B	32	C	33	D	34	B	35	C
36	D	37	B	38	D	39	B	40	A

1. 행사 주최자는 말했다 / 그가 제안된 발표의 일정표를 검토할 것이라고 / 허가를 내주기 전에
[해설] 빈 칸은 timetable을 꾸며주는 형용사 자리이다. 분사인 B,C 중에서 수식받는 명사가 동작을 하는 것이 아니라, 받는 수동 관계이기 때문에 제안된 시간표 라는 해석이 더 적절하다. 참고로 D는 '제안, 제의' 라는 해석의 명사이다.
[오답률] 18.5%

2. 경험 많은 직원들에 대한 증가하는 수요는 몇몇 회사가 해외 직원들을 채용하는 것을 이끌었다.
[해설] rise는 오르다 라는 자동사이기 때문에 수동태가 없다. 수동태가 없는 자동사들은 p.p. 형태의 과거분사 형용사를 만들지 못한다. 그래서 무조건 rising이 정답이다.
[오답률] 0.0%

3. 모든 공연의 댄서들의 기술적인 숙련도는 대단히 매력적이었다.
[해설] fascinate는 '매혹하다, 마음을 사로잡다' 라는 해석의 감정동사 이다. 빈 칸은 주격보어 자리이고 주어는 '능숙함' 이라는 사람이 아닌 명사이기 때문에 감정동사의 p.p.의 수식을 받을 수 없다.
[오답률] 22.2%

4. 우리 회사는 고품질의 제품으로 경쟁사들과의 차별화를 꾀하고 있다.
[해설] distinguished는 '유명한' 이라는 의미의 관용적인 형용사이며, distinguishing은 '특징적인' 이라는 의미의 형용사이다. (예 : distinguishing feature : 특징적인 기능)
[오답률] 0.0%

5. 업그레이드는 완료되지 않을 것이다 / 당신이 조건과 조항에 동의하기 전까지는
[해설] 빈 칸 왼쪽의 be 동사와 함께 수동태를 만들며 '완료되었다' 라는 의미를 가지는 B가 정답이다. A와 같은 명사 보어는 동격을 만들기 때문에 의미상 어색하다. (업그레이드는 완료가 아닐 것이다. (x))
[오답률] 0.0%

6. 독감이 증가하는 대중들의 관심사이기 때문에, 제약회사들은 다양한 약들을 시중에 내 놓고 있다.
[해설] 빈 칸은 public concern 이라는 명사를 꾸며주는 수식어 자리이다. (growing : 커지는, 성장하는, 증가하는)
[오답률] 7.4%

7. Angle Shot은 월간잡지이다 / 아마추어 사진작가들의 기관에 의해 배포되는
[해설] 빈 칸은 왼쪽의 magazine을 꾸며주는 수식어 자리이다. A,D는 동사이며 C는 '배포하는' 이라는 의미의 현재분사로써 해석상 어색하며 빈 칸 뒤에 목적어도 필요하다.
[오답률] 3.7%

8.	다리 폐쇄는 인근지역의 교통 정체를 야기할 것 같다.
[해설]	빈 칸은 area를 꾸며주는 수식어 자리이다. surrounding은 '둘러싸다' 의미의 surround 동사의 현재분사로써 '인근의, 주위의' 라는 의미를 가진다.
[오답률]	0.0%

9.	부장님께 알려 주세요 / 당신이 만약 주말에 추가적인 근무를 하는데 관심이 있다면
[해설]	빈 칸은 be 동사의 보어자리이기 때문에 A가 정답
[오답률]	0.0%

10.	Ms. Kira는 회계팀을 다음주에 만날 수 있을 것이다 / 그녀가 예정된 출장 일정이 없기 때문에
[해설]	빈 칸은 travel plans를 꾸며주는 형용사 자리이다. travel plan과 schedule (예정하다, 일정을 잡다) 의 관계가 수동이기 때문에 과거분사인 C가 정답이다.
[오답률]	14.8%

11.	그 단체는 어제 15번째 창립일을 기념했다 / 창립 회원들을 시상하는 오찬과 함께
[해설]	luncheon _____ its founding members 에서 빈 칸은 왼쪽의 명사를 수식하면서 오른쪽의 자신의 목적어를 취할 수 있는 현재 분사 자리이다. 만약 과거분사인 C가 들어간다면 빈 칸 뒤에 추가 명사 목적어가 나올 수 없다.
[오답률]	14.8%

12.	새로운 신용 제도는 / 급한 대출을 필요로 하는 직원들을 위해 만들어진 / 다음주에 시행될 것이다.
[해설]	빈 칸은 왼 쪽의 명사를 수식하는 수식어 자리이다. 해석상으로도 credit system이 설립 되는 것이기 때문에 과거분사가 맞고, 만약 현재분사가 들어간다면 오른쪽에 목적어가 나와야 한다.
[오답률]	29.6%

13.	올해 회의의 목표는 직원들이 구식의 방법과 절차에 대해 알도록 만드는 것이다.
[해설]	outdated는 '구식의' 라는 뜻의 관용적인 형용사이다.
[오답률]	51.9%

14.	소비자들은 생각한다 / 가구를 조립하는 것의 과정들은 과도하게 복잡하다고
[해설]	complicated는 '복잡한' 이라는 뜻의 관용적인 형용사이다. D는 명사로써 부사의 수식을 받지 못한다.
[오답률]	7.4%

15.	Chicago Times는 발표했다 / 그 지역의 관광산업의 감소는 경제에서의 걱정스러운 결과를 낳을 것이라는 것을
[해설]	감정동사의 분사 문제이다. 수식받는 명사인 consequences는 감정을 느낄 수 없는 사물이기 때문에 감정동사의 -ing 형태가 정답이다.
[오답률]	14.8%

16.	경비요원에 의해 요청을 받을 때, 모든 직원들은 그들의 신분증을 제시해야 한다.
[해설]	접속사 뒤에 분사를 넣는 문제이다. '경비원에게 요청을 받을 때' 라는 뜻이 적절하기 때문에 과거분사가 정답이다. 만약 현재분사 -ing가 들어간다면 능동으로써 목적어를 취해야 한다.
[오답률]	29.6%

17.	집을 리모델링을 할 때, 신중하게 예산을 세우는 것을 기억하라 / 예기치 못한 지출을 위한
[해설]	빈 칸 뒤에 -ing가 있기 때문에 분사구문으로써 C가 들어가야 한다. A는 부사이며, as는 -ing를 취하지 못하며, D는 명사절 접속사이다.
[오답률]	0.0%

18.	제안서를 제출할 것을 권장 받은 이후에, Ralston Corporation은 타당성 조사를 수행할 것을 결정했다.
[해설]	after이 전치사로 쓰인 구문이다. 목적어 역할을 할 수 있는 동명사 B가 정답이다. 나머지는 동사 형태이기 때문에 들어갈 수 없다.
[오답률]	18.5%

19.	일단 합병이 된 이후에, 회사들은 새로운 수준의 서비스를 제공할 수 있게 될 것이다 / 단일의 다국적 슈퍼마켓 체인으로써
[해설]	once는 분사구문 형태로써 p.p.를 취할 수 있다. 나머지는 모두 동사 형태이기 때문에 들어갈 수 없다.
[오답률]	3.7%

20.	신입사원들은 매일 다른 분야에서 일을 한다, 그렇게 함으로써 전체 매장의 모든 세부사항에 대해 익숙해지게 된다.
[해설]	컴마 뒤에 -ing는 분사구문 형태로써 '그리고 ~하다' 라고 해석이 된다. 그리고 그 분사 앞에 올 수 있는 것은 부사 밖에 없다 D는 '그렇게 함으로써' 라는 의미의 부사로써 -ing를 자주 수식하는 형태로 출제된다.
[오답률]	40.7%

21.	화요일 회의에서 논의된대로, 이사진은 편집자들을 위한 임금 인상을 승인했다.
[해설]	as는 분사구문으로 만들 때 -ing를 취하지 않는다. 만약 A가 들어가면서 as가 전치사로 쓰인다면, '논의로써' 라는 해석이 되기 때문에 어색하다.
[오답률]	3.7%

22.	Rublic Relations는 목표를 가지고 있다 / 회사와 제품들의 호의적인 이미지를 보여주는 것의
[해설]	'전치사 _____ a 명사' 구조에서 빈 칸에 들어갈 수 있는 것은 오직 동명사 밖에 없다.
[오답률]	7.4%

23.	Rose Street의 야외시장은 전체 도시에서 가장 붐빈다 / 그리고 거의 3000명의 사람들을 매일 응대한다.
[해설]	완전한 문장 뒤에는 수식어 자리이다. A는 동사, B는 명사이기 때문에 문장의 필수성분으로써 완전한 문장 뒤에 들어가지 않고, D는 과거분사 이기 때문에 목적어를 취하지 못한다. 선택지 중에 현재분사 만이 목적어를 취하면서 수식어를 만들 수 있다.
[오답률]	11.1%

24.	Mr. Lee는 신제품을 출시하는 것을 연기했다 / 경쟁회사가 유사한 제품들 발표한 이후에
[해설]	postpone은 '연기하다' 라는 의미의 동명사를 목적어로 취하는 동사이다.
[오답률]	11.1%

25.	시내에 위치되어 있으면서, 관광객을 위한 정보 센터는 다양한 종류의 도움을 제공한다 / 그리고 젊은이들을 위한 만남의 장소로도 기능한다.
[해설]	문두에서 컴마까지는 수식어 자리이다. 동사 C와 명사 D 탈락, A가 들어가면 해석도 능동으로 어색하며 목적어도 필요하다.
[오답률]	7.4%

26.	Cleanco Company의 구매부장은 선진 기술을 활용하는 더 믿을 만한 산업 기계를 조달하기 위해 장비 공급자와 만나오고 있다.
[해설]	분사 C와 형용사 A 중에서, C는 '더 믿는 산업' 라는 어색한 해석이 된다. '더 믿을 만한 산업 기계' 라는 해석이 되어야 하므로 A가 정답이다.
[오답률]	44.4%

27.	모든 거주자들은 후원자들이 지불하는 택시를 타는 대신에, 대중교통을 탈 계획이라고 밝혔다.
[해설]	rather than 뒤에는 해석상 비교 대상이 오며, 명사, 동사, 동명사 등의 형태가 모두 가능하다.
	(A) ~이외에　　(B) ~대신에, ~보다는
	(C) 늦어도 ~까지　　(D) ~이상
[오답률]	25.9%

28.	우리는 현재 새로운 방법을 조사하고 있다 / 더 많은 소비자 관심을 만들기 위해 / 우리 제품과 서비스에
[해설]	way는 to 부정사의 형용사 수식을 받는 대표적인 명사이다.
[오답률]	29.6%

29. 그 회사는 돈을 아끼기 위한 노력의 일환으로 150 명의 직원을 감원했다.
[해설] 'in an effort to V : ~하기 위한 노력으로' 라는 숙어 표현을 묻는 문제이다.
[오답률] 25.9%

30. 그의 사임이 발표된 직후에, Stan은 고위 간부들을 만났다 / 그의 대체자를 찾는 것을 논의하기 위해
[해설] 완전한 문장 뒤에 수식어 자리이다. to 부정사가 부사일 때는 '~하기 위해서' 라는 해석을 가진다.
[오답률] 3.7%

31. 공장의 기술 관리자는 신중하게 수정된 매뉴얼을 조사했다 / 프린트하고 자회사에게 배포하기 전에
[해설] 빈 칸은 명사인 manual을 수식하는 형용사 자리이다. amend가 수정하다 라는 동사이고, B는 '수정된' D는 '수정가능한' 이라는 의미의 형용사가 된다. 해석상 수정된 매뉴얼이 더 알맞다.
[오답률] 40.7%

32. 고객 서비스 분야에서 일하고 하는 누구든지 중요한 자질은 능력이다 / 긍정적인 태도를 유지하는 / 특히 스트레스가 심한 상황에서
[해설] ability는 to 부정사의 형용사 수식을 받는 대표적인 명사이다.
[오답률] 22.2%

33. 우리에게 분명하지 않다 / 핸드폰의 디자인을 수정하는 것이 더 현실적인지 아닌지는 / 우리의 예산 제약 내에서
[해설] 빈 칸은 whether이 이끄는 명사절의 주어 자리이다. 'Whether ____ designs for our mobile phones is ~~~' 에서, 빈 칸에 형용사나 분사가 들어가게 되면 복수명사인 designs가 주어가 되기 때문에 수일치 오류가 된다. 즉, 빈 칸은 동명사로써의 revising이 정답이 된다.
[오답률] 63.0%

34. 심지어 작은 부정적인 매스컴의 반응조차 회사의 이미지에 타격을 줄 수 있다 / 고객의 신뢰도에 영향을 주면서
[해설] '전치사 ____ 소유격 + 명사' 자리에서 빈 칸에 들어갈 수 있는 것은 오직 동명사 밖에 없다.
[오답률] 0.0%

35. CinCinnati Rail은 출발 시간들을 변경할 수 있다 / 모든 기차의 / 승객들에게 사전에 통지하는 것 없이
[해설] 'without _____ passengers' 구조에서 빈 칸에 과거분사인 (D)가 들어가면 '통지받은 승객들 없이' 가 되며 해석이 어색하다. C는 동명사와 현재분사의 가능성을 모두 염두에 둘 수 있는데, 동명사로써의 해석은 '승객들에게 통지하는 것 없이', 현재분사로의 해석은 '통지하는 승객들 없이' 가 된다. 이 중에서 가장 자연스러운 해석은 동명사 ing 이다.
[오답률] 40.7%

36. Clayton Kershaw는 최근 그 기업의 협상자로 임명 되었는데, 그는 특히 다양한 산업계의 사람들과 의사소통을 하는 것에 노련하기 때문이다.
[해설] (A) 회의적인 (+ of/about N)   (B) 확신하는 (+ of N / that S+V)
(C) 기꺼이 ~하는 (+ to V)   (D) 노련한, 숙련된 (+ in/at N)
[오답률] 25.9%

37. 직원 매뉴얼에 명시된대로, 어떤 직원들이라도 / 허락이나 타당한 이유 없이 결석한 / 서면의 경고를 받는다
[해설] as는 -ing를 취하지 않는다. 'as p.p. : ~된대로'
[오답률] 0.0%

38. 우리 어학원은 / 개별화된 집중 코스를 제공하는 / 널리 인정된다 / 가능한 한 가장 최선을 결과를 성취하는 것으로
[해설] 문장의 동사는 is 이고 빈 칸은 주어를 꾸며주는 수식어 성분이 들어가야 한다. specialize in은 '~을 전문으로 하다' 라는 자동사이기 때문에 분사가 되더라도 specializing in 형태로 쓰인다.
[오답률] 37.0%

39. 내가 어제 보냈던 편지는 / 5월 28일의 당신의 전화에 대한 응답이다 / 당신의 신용카드 계정의 상태에 대해 질문하는
[해설] 'inquire about : ~에 대해 질문하다' 와 같이 inquire은 자동사이기 때문에 분사 형태로 쓸 때 그대로 -ing 형태로 써야 한다.
[오답률] 70.4%

40. 어떤 행사를 위해서라도 어떠한 스타일로든 디저트를 제공하면서, Donna Bistro는 당신이 원하는 무엇이든 만들어 줄 것이다.
[해설] 문두에서 컴마까지는 수식어 성분이다. 분사구문 형태를 만드는 A,B 중 B는 목적어를 취하지 못하며 해석도 어색하다. 주어인 Donna Bistro가 디저트를 제공하는 것이기 때문에 능동의 ing가 정답이다.
[오답률] 40.7%

Unit Test 9 [명사]

Unit Test 9

1	D	2	D	3	C	4	A	5	A
6	C	7	B	8	C	9	C	10	D
11	D	12	C	13	A	14	C	15	B
16	C	17	A	18	C	19	C	20	B
21	B	22	A	23	A	24	B	25	B
26	C	27	B	28	A	29	D	30	B
31	C	32	A	33	C	34	C	35	D
36	A	37	A	38	D	39	D	40	D

1. 대표들이 배에서 내린 후에, 호텔로 이동할 것이고 첫 날 활동을 위한 준비 차원에서 회의 책자를 공급받을 것이다.
[해설] 빈 칸은 전치사 in의 목적어 자리이므로 명사 D가 정답이다.
* in preparation for ~ : ~의 준비로
[오답률] 0.0%

2. 강사는 그녀가 곧 San Francisco로 출장을 떠날 것이라고 언급했다.
[해설] 동사 mentioned를 기준으로 왼 쪽에 빈칸은 주어 자리이다. 주어가 될 수 있는 것은 명사뿐이므로, 명사인 A와 D 중에서 해석이 필요하나, that절의 인칭대명사 she를 힌트 삼아 사람명사인 D를 정답으로 체크한다.
[오답률] 4.2%

3. Mr. Kipling은 제안했다 / 정부가 경제 성장과 사회 복지사업을 강조해야 한다는 것을
[해설] 빈 칸은 동사 emphasize의 목적어 자리인 명사 자리이다. B와 C 중, 사람명사인 B는 단수일 때 관사가 반드시 필요하기 때문에 소거된다.
[오답률] 0.0%

4. 지역에서 가장 유명한 장소들의 투어는 이번 달에만 $500로 제공된다.
[해설] 빈 칸은 명사인 sites를 꾸며주는 형용사 자리이다. 과거분사 A와 현재분사 D 중에서, 고민하기 쉬우나, celebrated는 '유명한'이란 뜻의 관용적인 형용사이므로 반드시 외워두자.
[오답률] 25.0%

5. 모든 승무원들은 월례 평가를 통과해야 한다 / 긴급착륙시에 무엇을 해야 될지에 대한 안전비상대책의
[해설] 빈 칸은 오른쪽의 plan과 복합명사를 만드는 단어를 찾아야 한다. 'contingency plan'은 '긴급 사태 대책' 이라는 의미의 복합명사이다.
[오답률] 16.7%

6.	TV에 방송된 인터뷰에서, 회사의 사장은 언급했다 / Tiger Woods가 CEO의 자리를 7월에 맡을 것 이라는 것을
[해설]	빈 칸은 오른쪽의 'the role'을 목적어로 취하는 타동사 자리이다. assume은 '가정/추정하다' 라는 뜻 이외에도 '(떠) 맡다' 란 뜻으로써 목적어 자리에 직책이나 업무에 관련된 명사와 함께 쓰인다.
[오답률]	33.3%

7.	Mr. Davids는 말했다 / 비록 그가 가격을 올리는 것을 꺼렸음에도 불구하고 / 대안이 없었다는 것을 / 만약 Mailing Furnishings가 비용을 충당하고자 했다면
[해설]	빈 칸은 there 구문의 be동사 오른쪽, 주어 자리이다. alternative는 '대안의' 라는 형용사 외에도 '대안'이란 뜻의 명사도 있다. 참고로, there 구문은 항상 동사와 주어가 도치되는 1형식을 이끈다.
[오답률]	8.3%

8.	모든 165명의 올해 건축대회의 참석자들은 정말 탁월하고 혁신적인 디자인을 제출했다.
[해설]	빈 칸은 전치사 in의 목적어 자리이다. 명사인 B와 C, 그리고 동명사인 D 중에서 '건축대회' 라는 의미의 복합명사를 만드는 C가 가장 적절하다.
[오답률]	4.2%

9.	무음 영화의 열광적인 팬으로서, Jeffrey Lopez는 1800년대로 거슬러 오르는 방대한 단편 영화 소장품을 가지고 있다.
[해설]	문두에서 컴마까지는 주어를 꾸며주는 분사구문이다. 그리고 빈 칸은 be 동사의 보어 자리이기 때문에 주어인 사람과 동격을 만들 수 있는 사람명사 C가 들어가야 한다.
[오답률]	41.7%

10.	시장은 컬러풀한 옷과 다양한 종류의 주방용품들로 넘쳐 났다.
[해설]	빈 칸 왼쪽에 있는 부정관사 a 다음에 올 수 있는 것은 오직 가산단수 명사 밖에 없다. 'a (wide) variety of'는 '다양한' 으로 해석이 되는 일종의 수량형용사와 같은 표현을 만든다.
[오답률]	4.2%

11.	Mr. Turner는 칭찬을 들었다 / 모든 직원들로부터 / 어제 그가 직접 준비했던 메인 이벤트 때문에
[해설]	빈 칸은 동사인 received의 목적어 자리이다. compliment는 '칭찬' 이란 뜻으로써, 가산명사이다. 가산명사는 단수일 때 반드시 관사가 필요하기 때문에, 복수형태인 D가 정답이다.
[오답률]	12.5%

12.	지난 주에 기자 자리를 위해 면접을 본 모든 지원자들은 서면으로 통지 받을 것이다 / 다음 2주 이내로
[해설]	every뒤에는 가산단수명사가 나온다. C와 D 중에서, '모든 적용, 신청'이란 뜻 보다는 '모든 지원자' 라는 뜻이 더 적절하다.
[오답률]	0.0%

13.	신중한 계획 때문에, 건축공학 회사는 주 공장을 예정보다 일찍 완성했다.
[해설]	빈 칸은 전치사 due to의 목적어 자리이다. 부정관사가 있기 때문에 빈 칸에는 반드시 단수명사만이 들어갈 수 있다.
[오답률]	8.3%

14.	모든 사람들이 2021년의 모델을 원하기 때문에 선호도에 변화가 생겼다.
[해설]	빈 칸은 동사 왼쪽, 주어 자리이다. 동사와의 수일치에 의해 B,D는 정답이 될 수 없다.
[오답률]	20.8%

15.	고객은 결함이 있는 계산기를 반품했고, 온라인 상점은 전액을 그의 계좌로 입금했다.
[해설]	빈 칸은 'the full amount'를 목적어로 취하는 타동사 자리이다. '입금하다'라는 뜻이 있는 B가 정답이다.
	(A) 차감하다 (B) 환불하다
	(C) 청구하다 (D) 되찾다
[오답률]	4.2%

16.	새롭게 출시된 SUV는 우리가 예상한 대로 매우 잘 팔리고 있지 않다 / 오직 소수의 사람들만이 비싼 유지비를 감당할 수 있기 때문에
[해설]	빈 칸은 가산복수명사인 people을 꾸며주는 형용사 자리이다. B만이 가산명사와 함께 쓰이고, 나머지는 모두 불가산 명사를 수식한다.
[오답률]	20.8%

17.	수습직원들은 망설임 없이 상급자로부터 조언을 구할 것을 지시 받는다 / 필요할 때
[해설]	빈 칸은 타동사 seek의 목적어 자리이다. B는 사람명사이므로, 단수일 때 관사가 반드시 필요한 가산명사라는 것을 잊지 말자.
[오답률]	16.7%

18.	어떠한 식당을 위해서라도 메뉴를 업데이트 할 때, 고객 만족과 신선한 재료의 이용 가능성이 모두 고려되어야 한다.
[해설]	customer와 함께 'customer satisfaction (고객만족)'이라는 복합명사를 만드는 C가 정답이다. 만약 customer가 단독 명사로 쓰이기 위해서는 반드시 관사가 필요하다.
[오답률]	8.3%

19.	Trixie Company의 직원 교육 부서는 지난 5년간 George Thomas의 지도하에 있다.
[해설]	'under the [supervision/direction/guidance] of ~ : ~의 감독/지시/지도 하에' 라는 숙어표현을 묻는 문제이다.
[오답률]	37.5%

20.	동봉된 지침은 너가 유용한 결정을 하는 것을 도와줄 것이다 / 새로운 회계 프로그램을 살지 말지를 결정하는 것에 관련된
[해설]	빈 칸 왼쪽에 관사 an이 있으므로, 빈 칸은 반드시 가산단수 명사 B가 와야 한다.
[오답률]	12.5%

21.	Canyon Optical Group은 창의적인 광고 전략을 떠올려 냈다 / 새로운 디지털 카메라 제품을 위한
[해설]	빈 칸 왼쪽에 관사 an이 있으므로, 빈 칸은 반드시 가산단수 명사 B가 와야 한다.
[오답률]	12.5%

22.	지난 2년간의 수익 손실은 주로 시장에서의 제품의 과잉 때문이다.
[해설]	빈 칸 왼쪽의 profit과 복합명사를 만드는 A가 정답이다. 만약 profit이 단독 주어였다면, 동사가 were이 아니라 was가 되어야 한다. (주어와의 수일치)
[오답률]	25.0%

23.	회의에 대한 모든 정보는 / 자세한 세미나 스케줄이나 각 세션의 방 번호 등과 같은 / 모든 정보 자료집으로 제공된다.
[해설]	B와 D는 가산복수명사와 쓰이고, C는 가산단수명사와 함께 쓰이지만, 반드시 the와 함께 써야 한다. (the whole/entire + 단수명사)
[오답률]	62.5%

24.	오늘 날씨 예보는 하루 종일 맑을 것이라고 했다 / 하지만 오후에 비가 내리기 시작했다.
[해설]	복합명사 'weather forecast (일기예보)'를 만드는 B가 정답.
[오답률]	20.8%

25.	두 회사의 합병에 관한 계약의 조건들이 현재 고려중이다.
[해설]	'under consideration'이 형용사구로서 are 뒤에서 보어 역할을 하고 있다. 그 형용사구를 수식할 부사가 필요하기 때문에 B가 정답이다. 항상 '원급, 비교급, 최상급' 보다 '품사'가 우선임을 잊지 말자. 그리고 참고로, current는 명사 앞에서 명사를 한정해 주는 역할만 하며, 보어 역할을 하지 않는다.
[오답률]	54.2%

26.	최고 재무 책임자는 회사의 지출과 수입을 효과적으로 재검토하기 위해 부서 예산을 감시하는 새 시스템을 실시했다.
[해설]	'회사의 지출과 수입을 재검토하기 위해 부서 예산을 감시하는 새 시스템을 실시했다' 라는 의미가 되어야 자연스러우므로 '예산' 이라는 뜻을 지닌 명사의 복수형 (C) budgets가 정답이다. (A)의 price는 '가격', '물가', (B)의 display는 '전시품', (D)의 motive는 '동기'의 의미이다.
[오답률]	20.8%

27.	작년 이래로, MIT Laboratories 과학자들은 새로운 백신을 개발해 오고 있다 / 심각한 바이러스를 치료하기 위해
[해설]	빈 칸은 완전한 문장 뒤에서 부사적 역할을 하는 (B) to treat가 정답이다.
[오답률]	29.2%

28.	모든 학생들이 이해하는 것은 중요하다 / 대학이 고등학교의 연장선이 아니라는 것을
[해설]	파트5는 문맥이 없기 때문에 주어 it은 가주어이다. 즉, 빈 칸은 진주어 역할을 하는 to 부정사가 정답이다.
[오답률]	0.0%

29.	화학 분석가의 주요한 업무들 중 하나는 / 실험실의 자료들에 분명하게 라벨을 부착하고 항상 잘 정돈되도록 유지하는 것이다.
[해설]	'One / Each of the 복수명사 + 단수동사' 구문을 묻는 문제로써 빈 칸은 복수명사가 들어가야 한다.
[오답률]	45.8%

30.	우주선의 더 많은 사진들을 위한 요청은 거절되었다 / NASA로부터의 공식적인 정책 때문에
[해설]	동사가 복수형태의 be 동사 이기 때문에 빈 칸은 복수 명사가 들어가야 한다.
[오답률]	12.5%

31.	최근에 구매된 선진기술의 장비의 이용을 통해 생산이 상당히 증가될 것으로 예상된다.
[해설]	빈 칸은 동사 왼쪽, 주어자리 이다. 사람명사는 항상 단수일 때 관사가 필요한 가산명사이기 때문에 들어갈 수 없다.
[오답률]	8.3%

32.	AJ Co.는 새로운 수신자 부담 전화 서비스를 도입할 것을 결정했다 / 영업 사원과 고객들 사이의 상호작용을 강화하기 위해
[해설]	전치사 between부터는 괄호 처리가 되는 수식어 성분이기 때문에, 빈 칸이 to 부정사의 목적어 명사 자리이다.
[오답률]	25.0%

33.	승합차에 대한 수요의 감소 때문에, Mongu Motors는 일시적으로 생산을 감축할 것을 결정했다.
	(A) 경사(면) (B) 연장
	(C) 감소 (D) 혼잡, 급증
[오답률]	29.2%

34.	모든 제품들은 선반으로부터 제거되어야 한다 / 각각의 포장에 표기된 유효기간에 따라
[해설]	빈 칸은 명사인 date와 복합 명사를 만드는 C가 정답.
[오답률]	37.5%

35.	회사는 강력한 발전기를 구매했다 / 모든 조립라인 운영에서의 어떠한 방해라도 예방하기 위해 / 정전의 경우에 대비해서
[해설]	복합명사 'power failure(정전, 전기 고장)'를 만드는 D가 정답.
[오답률]	0.0%

36.	최근의 연구의 결과는 소비자 지출이 마침내 증가세라는 것을 보여준다.
[해설]	문맥상 적절한 어휘를 고르는 문제이다.
	(A) 결과 (B) 상태 ,국가
	(C) 추론, 공제 (D) 제품
[오답률]	0.0%

37.	이번 주 초에, 지사장님은 생산을 증가시키고 생산비용을 줄이는 것에 도움이 될 만한 회사 정책과 절차에 있어서 상당한 변화를 발표했다.
[해설]	빈 칸은 increase의 목적어 자리이므로, 명사인 A와 D 중에서, 가산명사인 D는 관사가 없으므로 탈락시킨다.
[오답률]	20.8%

38.	회사의 부사장은 모든 수준의 직원의 효과적인 활용이 경영에서 가장 중요하다는 것을 믿는다.
	(A) 말, 암시 (B) 등록, 신고
	(C) 자격(증) (D) 이용, 활용
[오답률]	70.8%

39.	방문 시에 안내 데스크에 방문해 주세요, 그러면 당신은 적절한 층으로 안내받게 될 것입니다.
[해설]	'빈 칸은 전치사의 목적어 자리이기 때문에 명사가 정답이다. 참고로 'upon arriving' 도 같은 의미를 만드는 표현이다.
[오답률]	8.3%

40.	대부분의 고객들은 S&T Motors에 의해 발표된 새롭게 개발된 자동차의 기능에 대해 만족한다.
[해설]	빈 칸은 전치사 with의 목적어 자리이므로, 명사인 D가 정답이다.
[오답률]	8.3%

Unit Test 10 [대명사]

Unit Test 10

1	C	2	B	3	A	4	D	5	D
6	A	7	C	8	A	9	B	10	B
11	B	12	C	13	B	14	C	15	A
16	B	17	C	18	A	19	D	20	C
21	D	22	A	23	C	24	B	25	A
26	B	27	C	28	C	29	B	30	C
31	D	32	A	33	D	34	C	35	C
36	B	37	A	38	B	39	D	40	A

1.	나는 Mckinsey's Painting 전시회에 참석할 것을 결정했다 / 내 동료들 중 한명의 추천으로
[해설]	이중 소유격을 묻는 문제이다. 이중소유격은 'a 명사 of ___' 형태로써 빈 칸에는 소유대명사를 쓴다.
[오답률]	5.6%

2.	Kai는 사무장이 그에게 임금 인상을 해 줄 것을 요청하기로 결정했다.
[해설]	give는 4형식 '주다' 계열 동사이므로 빈 칸은 간접 목적어 자리이다. 주격인 D를 제외한 나머지가 모두 들어갈 수 있는데, A는 '그의 것'이라는 의미로써 탈락, C는 주어와 동격을 나타낼 때에만 들어갈 수 있다.
[오답률]	5.6%

3.	당신이 Mr. Kim을 알게 되어 굉장히 기쁠 것 이라고 확신합니다 / 그는 당신이 그를 이름으로 불러주는 것을 선호할 것입니다.
[해설]	call의 목적어 자리이다. D는 주격이므로 탈락, B는 '그의 것' 이라는 의미로써 탈락, C는 주어와 동격이 아니기 때문에 탈락이다.
[오답률]	5.6%

4.	인사부장인 Ms. Yoon은 직접 각각의 지원자에게 연락할 것이다 / 면접 일정을 잡기 위해
[해설]	완전한 문장 뒤에는 부사자리 이다. 재귀대명사는 부사(강조 용법)로써, 완전한 문장 뒤에 들어갈 수 있다.
[오답률]	16.7%

5.	전자 이체는 편리한 방법이다 / 자금을 한 계좌에서 또 다른 계좌로 옮기는
[해설]	빈 칸은 전치사 to의 목적어 자리이다. '하나의 계좌에서부터 '또 다른 하나'로' 의 의미로써 D가 적절하다. other은 형용사, one another은 '서로서로' 라는 의미의 대명사이다.
[오답률]	0.0%

6.	워크샵의 목적은 / 회사의 다른 지점들에 있는 직원들이 / 서로서로를 알도록 만드는 것이다.
[해설]	빈 칸은 know의 목적어 자리이다. B는 '나머지 한명', C는 '또 다른 한명' 으로 해석이 어색하며, D는 형용사이기 때문에 들어갈 수 없다.
[오답률]	33.3%

7.	이제 막 구매한 물건에 대해 질문이 있으시다면, 가능한 어떠한 기술자에게라도 문의해 주십시오.		18.	직원들에게 발송된 메모는 저녁에 회의실에서 사무실 조회가 예정되어 있음을 알렸다.
[해설]	'어떠한 ~이라도, 누구든' 이라는 의미의 C가 정답이다. A는 '각각의'란 뜻으로써 의미상 어색하며, B와 D는 가산복수명사 또는 불가산 명사를 꾸미기 때문에 문법상 탈락이다.		[해설]	부정관사 뒤의 가산 단수명사 자리이다. '조회, 집회' 란 뜻을 가진 A가 정답이다.
[오답률]	11.1%		[오답률]	27.8%

7. 이제 막 구매한 물건에 대해 질문이 있으시다면, 가능한 어떠한 기술자에게라도 문의해 주십시오.
[해설] '어떠한 ~이라도, 누구든' 이라는 의미의 C가 정답이다. A는 '각각의'란 뜻으로써 의미상 어색하며, B와 D는 가산복수명사 또는 불가산 명사를 꾸미기 때문에 문법상 탈락이다.
[오답률] 11.1%

8. 그 자리를 위한 지원자들 중 다수는 MBA와 탁월한 실적 기록을 가지고 있다.
[해설] 빈 칸은 주어 자리이다. B는 형용사, D는 부사이므로 탈락, C는 단수 취급되기 때문에 단수동사가 와야 한다.
[오답률] 11.1%

9. 설계도를 Mr. Gomez와 마케팅부서의 나머지 사람들에게 3시 전에 보여주세요.
[해설] 등위접속사 and가 Mr. Gomez와 빈 칸을 대등하고 연결하고 있다. A는 주격, C는 단수 대명사인데 문맥상 받을 수 있는 명사가 없다. D는 형용사 탈락, 정답은 '나머지 것들'을 의미하는 B이다.
[오답률] 5.6%

10. 만약 당신이 30일 시험 기간 내에 문제점을 마주 한다면, 우리는 당신의 Max Home Gym 2021을 다른 제품으로 교환해 줄 것이다.
[해설] 빈 칸은 전치사의 목적어 자리이기 때문에 형용사 A 탈락, 부사 C 탈락. 그리고 D는 '다른 것들' 이기 때문에 해석상 어색하다.
* exchange A for B : A를 B로 교체하다.
[오답률] 16.7%

11. 제품들의 대부분들은 오랜 기간동안 평가되고 검토된다 / 분석가들에 의해
[해설] 빈 칸은 주어자리이다. C는 형용사, A와 D는 불가산 명사이다.
[오답률] 5.6%

12. 최근에 건설된 놀이공원은 몰의 지상층의 대부분을 차지한다.
[해설] (A) 일어나다, 발생하다   (B) 거주하다
       (C) 차지하다, 사용하다   (D) 남아 있다
[오답률] 16.7%

13. 거의 모든 위원회의 멤버들은 투표 이후에 사직했다.
[해설] 빈 칸은 all을 꾸며주는 부사자리이다. B를 제외한 나머지는 모두 형용사 또는 대명사 이다.
[오답률] 27.8%

14. 두 개의 제안서 중에서, 첫 번째 것이 더 받아들일 수 있었다 / 효율적 측면에서 / 나머지 것 보다
[해설] than 뒤에는 비교대상이 와야 한다. 비교되는 대상이 총 2개이기 때문에, '나머지 하나'라는 뜻의 C가 정답이다. A는 형용사이며, B와 D는 복수명사이기 때문에 문법상 어색하다.
[오답률] 27.8%

15. 직원들 중 많은 사람들은 느낀다 / 안전 규정이 그들을 보호하기에 충분하지 않다고
[해설] B, C는 형용사나 대명사이기 때문에 문법상 어색하며, D는 불가산 명사와 함께 쓰는 표현이다.
[오답률] 16.7%

16. 겨울 방학 기간 동안에, 몇몇 학생들은 집으로 가고 다른 학생들은 기숙사에 머문다.
[해설] A는 형용사이며, C와 D는 단수 명사이기 때문에 해석상 어색하다.
[오답률] 22.2%

17. 이것은 필수적이다 / 직원들이 유사한 피드백을 주지 않고 관련된 코멘트들을 읽어 볼 것은 / 그들의 것을 제출하기 전에
[해설] 빈 칸은 동명사의 목적어 자리이다. A는 목적격이고. B는 재귀대명사로써 해석상 어색하다. '그들의 것 (그들의 피드백)' 이라는 의미의 소유대명사 C가 정답이다.
[오답률] 61.1%

18. 직원들에게 발송된 메모는 저녁에 회의실에서 사무실 조회가 예정되어 있음을 알렸다.
[해설] 부정관사 뒤의 가산 단수명사 자리이다. '조회, 집회' 란 뜻을 가진 A가 정답이다.
[오답률] 27.8%

19. Mr. Van Persie는 자금을 우리 계좌로 이체하지 않았다 / 우리가 아직 문서들을 (그가 요청했었던) 제출하지 않았기 때문에
[해설] 빈 칸 앞에 목적격 관계대명사 that이 생략된 구문이다. 그러므로 빈 칸은 that절의 주어자리이므로 주격인 D가 정답이다. 위와 같은 문장 구조에서 항상 명사 뒤에 '주어 + 동사'가 연속해서 온다면 목적격 관계대명사인 that이 생략되었다고 볼 수 있다.
[오답률] 33.3%

20. 훌륭한 컴퓨터 스킬을 보여주는 누구든지 간에 보조로써 고용될 것이다.
[해설] 빈 칸은 who 이하의 수식을 받는 주어 자리이다. D는 접속사고, B는 수식을 받을 수 없으며, A는 복수명사로 취급되기 때문에 who의 동사가 show가 되어야 한다.
[오답률] 61.1%

21. Jennifer의 지역 Transit Authorities 에서 자원봉사자로서의 시간은 그녀를 관심 있게 만들었다 / 공무원이 되는 것에 대해
[해설] 빈 칸은 목적어 자리이므로 주격인 A 탈락, '그녀의 것'이라는 해석은 어색하기 때문에 소유 대명사 B도 탈락, 주어와 목적어가 동격이 아니므로 재귀대명사 C도 탈락이다.
[오답률] 50.0%

22. 판매 중인 작품들 중 상당수가 메인 로비에 걸릴 것이다 / 이 달의 남은 기간 동안
[해설] 빈 칸은 전치사 for의 목적어 자리이다. '나머지' 란 뜻의 A가 정답이다.
[오답률] 38.9%

23. 고위 간부의 보고서는 밝혔다 / 적어도 1년 더 필요할 것이라는 것을 / 이익을 달성하기 전에
[해설] 빈 칸은 year을 꾸며주는 형용사 자리이다. B, D는 대명사이고, A는 가산 복수명사와 불가산 명사를 꾸며 준다. 가산 단수명사를 꾸밀 수 있는 것은 C이다.
[오답률] 16.7%

24. 기밀로 간주됐었던 정보의 많은 부분들이 이미 공공연하게 이미 알려 졌다.
[해설] information은 불가산 명사이다. A와 D는 'of the 복수명사' 를 받기 때문에 탈락, C는 형용사로써, 주어자리에 올 수 없다.
[오답률] 72.2%

25. 시간 관리 세미나에 대해 관심이 있는 어떤 학생들이든지 간에 이번 주말까지 등록을 해야 한다.
[해설] B, C는 가산 단수 명사를 꾸미고 D는 'a lot of' 형태로 써야 명사를 수식할 수 있다.
[오답률] 22.2%

26. 오전에 Raccoon City로 향하는 두 대의 급행 기차가 있다 / 하나는 오전 6:30에 출발하고, 나머지 하나는 8시에 출발한다.
[해설] 총 개수가 2개로 한정이 되었기 때문에, 두 개 중에 하나가 빠지면 두 번째는 '나머지 하나' 라는 의미의 the other이 적절하다. A는 형용사, C는 '서로 서로' 라는 의미의 대명사로써 주어자리에 쓰이지 않고, D는 '다른 것들' 이라는 의미의 복수명사이다.
[오답률] 0.0%

27. 새로운 GPS 시스템은 우리가 도착지를 더 쉽게 찾는 걸 가능하게 해 준다 / 다른 어떤 장치들보다
[해설] B, D는 대명사이고, A는 many가 있기 때문에 가산 복수 명사가 와야 한다.
[오답률] 27.8%

28.	당신이 구매했던 노트북이 제대로 작동하지 않는다면, 우리는 그것을 기꺼이 다른 것으로 교체해 주거나, 전액환불을 해 줄 것이다.
[해설]	빈 칸은 전치사의 목적어 자리이다. A,B는 형용사로써 명사가 필요하며, D는 '서로 서로' 라는 대명사이다.
	* replace A with B : A를 B로 교체하다.
[오답률]	0.0%

29. 부서장들은 그들의 팀원들을 도울 것을 권장 받는다 / 이번 주 금요일의 연례 검사를 위해 준비하는 것을
[해설] 빈 칸은 명사 앞의 소유격 자리이다. 여기서 목적어 뒤 prepare은 to help의 목적격 보어이다.
[오답률] 5.6%

30. 다가 오는 Miami의 국제 교육 포럼에 참석하는 것에 관심 있는 강사들은 이번 달 말까지 등록해야 한다.
[해설] A, B는 접속사로써 절을 수반하고, D는 접속사 외에도 형용사로 쓰일 수 있지만 가산 단수 명사를 수식한다.
[오답률] 22.2%

31. 회사의 자동 응답 시스템의 목소리는 Ms. Tei와 나의 목소리 이다.
[해설] 등위 접속사 and가 Ms. Tei's 와 빈 칸을 대등하게 연결하고 있다. 즉, 빈 칸은 my voice를 소유대명사로 만든 mine이 들어가야 한다.
[오답률] 22.2%

32. 당신이 만약 우리 가게에서 산 물건에 대해 만족하지 않는다면, 영수증과 함께 그것을 가지고 오세요 / 전액 환불을 위해
[해설] 빈 칸은 앞서 언급 됐었던 a purchase를 대신 받는 대명사 it이 정답이다.
[오답률] 27.8%

33. 오직 소수의 지원자들만이 있었기 때문에, 부팀장들은 전체 후보자를 직접 면접을 볼 수 있을 것으로 예상된다.
[해설] 재귀대명사 관용 표현인 'by oneself' 형태를 묻는 문제이다.
[오답률] 22.2%

34. 현장 감독인 Carly는 고객들을 그녀 스스로 응대하는 경향이 있다 / 다른 사람들에게 그렇게 하라고 시키는 것 대신에
[해설] 빈 칸은 동명사 letting의 목적어 자리이다. A는 형용사로써 수식 받는 명사와 함께 쓰이며 B는 '나머지 하나' 라는 의미로써 해석상 어색하며, D는 '서로 서로' 라는 의미의 대명사이다.
[오답률] 22.2%

35. CEO Ms. Woods는 개막연설을 할 것이다 / 그녀 스스로 / 연례 주주총회에서
[해설] 빈 칸은 완전한 문장 뒤의 부사자리이다. 강조 용법의 재귀대명사 C가 정답이다.
[오답률] 0.0%

36. 환율은 큰 영향을 가진다 / 국제적으로 사업을 하는 회사들에게
[해설] which는 접속사이고, each는 가산 단수 명사를 꾸민다. 그리고 D가 정답이 되려면 'most of the firms'처럼 the가 반드시 있어야 한다.
[오답률] 72.2%

37. 의사는 강력하게 추천했다 / 내가 언제나 적당하지만 규칙적인 운동으로 하루를 시작해야 한다고 / 건강을 유지하기 위해
[해설] yet은 등위접속사로써, '그러나' 라는 뜻이 있다. 등위접속사 but과 의미가 같다. 즉, 빈 칸은 앞뒤의 형용사를 대등하게 연결하는 등위접속사가 들어가야 한다. (B) so도 등위접속사 이지만, so는 반드시 독립된 두 개의 절을 연결할 뿐, 단어와 단어를 연결하진 못한다.
[오답률] 66.7%

38. 내 동료들 중 모두와 나는 우리의 진실된 감사를 당신에게 드리고 싶습니다 / 설문 조사의 질문들을 즉각적으로 답변한 것에 대해
[해설] 빈 칸은 thanks를 수식하는 소유격 자리이다.
[오답률] 11.1%

39. 모든 지원자들은 양식서들을 작성하고 그것들을 제출할 것을 요청 받는다.
[해설] 빈 칸은 목적어 자리이다. B는 '형성, 과정' 이란 뜻의 명사로서 해석상 어색하며, 문장의 젤 마지막에 them이라는 대명사가 있기 때문에 빈 칸은 them을 받을 수 있는 복수명사가 들어가야 한다.
[오답률] 50.0%

40. 그 회사가 구입 했었던 새로운 부동산에 관련된 어떠한 질문이라도 당신은 Winnipeg 대표에게 연락해야 한다 / 자세한 정보를 문의하기 위해
[해설] 빈 칸은 ask의 목적어 자리이다. 주격인 B는 우선 탈락, 소유대명사 '그녀의 것' 이라고 해석되는 D 탈락, 주어와 목적어가 동격이 아니기 때문에 재귀대명사인 C도 탈락이다.
[오답률] 11.1%

Unit Test 11 [형용사]

Unit Test 11

1	B	2	D	3	D	4	D	5	A
6	D	7	A	8	D	9	A	10	A
11	C	12	B	13	C	14	A	15	D
16	D	17	B	18	C	19	B	20	A
21	B	22	C	23	A	24	C	25	C
26	A	27	B	28	A	29	C	30	D
31	C	32	D	33	D	34	C	35	C
36	A	37	D	38	A	39	A	40	D

1. 인턴들은 가끔씩 필요한 어려운 수술 테크닉을 습득할 수 있는 것처럼 보인다.
[해설] 보어 자리의 형용사 문제는 반드시 오른쪽의 용법과 함께 보는 습관을 가져야 한다. 그리고 be 동사 관련 숙어 표현들에서는 be 동사 대신에 같은 용법의 2형식 동사를 대신 쓸 수 있다.
* be capable of ~ : ~할 능력이 있다
(A) 받아들여지는   (B) ~을 할 수 있는
(C) 적응할 수 있는   (D) 바람직한
[오답률] 9.5%

2. 지침에 따르면, 신입사원들은 휴가를 받을 자격이 있다 / 정규직 3개월 근로 후에
[해설] 'be eligible to V / for N : ~의 자격이 있다'
(A) ~을 할 수 있는   (B) 귀중한, 가치 있는
(C) 유연한, 융통성 있는 (D) ~의 자격이 있는
[오답률] 0.0%

3. 미래에는, JS Inc.의 재정 건전성은 극적인 상승을 볼 것 같다
[해설] 'be likely to V : ~할 것 같은 / ~일 것 같은'
(A) seem : ~처럼 보이다   (B) 안전하게, 무사히
(C) 가능성 있게, 잠재적으로 (D) ~일 것 같은
[오답률] 0.0%

4. 새로운 재정 개혁의 성공은 개개인의 노력에 의지한다 / 우리 회사가 반드시 동기부여를 하고 이끌어야 하는
[해설] 'be dependent on ~ : ~에 의지/의존하는'. C는 '믿을 수 있는' 이라는 의미의 형용사이다.
[오답률] 4.8%

5.	모든 230개의 우편으로부터 정보를 모으는 것은 상당한 노력에 의해서만 행해질 수 있다.
[해설]	(A) 상당한, 많은 (B) 기밀의
	(C) 빠른 (D) 많은
[오답률]	4.8%

6.	우리는 요구한다 / 당신이 배려 할 것을 / 그리고 모든 휴대전화가 전원이 꺼지기를 / 공연 기간 동안에
[해설]	빈 칸은 be 동사 오른쪽 보어 자리이다. A는 '고려되다' 라는 수동의 의미, C는 명사이므로 주어랑 동격관계를 이룰 때만 들어갈 수 있다. '사려 깊은' 이란 뜻의 D가 정답. * '요구/제안/주장/명령' 등의 동사의 목적어가 that절 일 때, 그 that절의 동사는 항상 동사원형이다.
[오답률]	14.3%

7.	책을 시원하고 건조한 곳에 보관하는 것과 너무 높이 쌓는 것을 피하는 것은 권할 만 하다.
[해설]	가주어 it, 진주어 to 부정사 구문이다. 빈 칸은 보어 자리인데, advisory는 '자문의'란 뜻으로써, 위와 같은 가주어 진주어 구문에서는 해석상 어색하다. A는 원래 가주어 구문으로 자주 쓰이는 형용사로써 '~하는 것은 권장된다' 라고 해석 된다.
[오답률]	14.3%

8.	최근의 임금 협상의 결과는 이사진과 노동 조합에게 모두 만족스러웠다.
[해설]	A는 동사, C는 명사 보어 (주어와 동격), B는 감정동사의 p.p. 형태이기 때문에 주어자리에 사람이 와야 한다.
[오답률]	42.9%

9.	Mr. Gomez는 그의 고객들의 완전한 신뢰를 얻었다 / 최종 보고서를 예정보다 3일 전에 전달했을 때
[해설]	빈 칸은 목적어를 꾸며주는 형용사 자리. complete는 '작성하다/완료하다' 란 의미의 동사 외에도 '완전한' 이란 뜻의 형용사 기능도 있다. 반면 C와 D는 '완료하다, 작성하다' 라는 뜻의 동사의 분사형태이기 때문에 해석상 어색하다.
[오답률]	4.8%

10.	부서장은 보고서를 수정했다 / 그 안의 언어가 너무 반복적이었기 때문에
[해설]	C는 명사 보어, A는 '반복되는' 이라는 의미의 형용사이다. 참고로 B도 의미상 될 수 있을 것처럼 보이지만, 분사와 형용사가 의미가 유사하거나 같을 경우에는 품사우선순위에 따라 원래 형용사가 정답이 된다.
[오답률]	14.3%

11.	Kristine Marketing은 창의적이고, 의욕적인 그래픽 아티스트를 찾고 있다 / 전국적인 광고 캠페인에 대한 작업을 하기 위해
[해설]	빈 칸은 목적어인 graphic artists를 꾸며주는 형용사 자리이다. 형용사가 명사를 꾸미는 수식어로 쓰일 때에는 위 문장처럼 두 개가 나란히 올 수 있다.
[오답률]	9.5%

12.	그는 심각한 사고로부터 놀라운 회복을 만들어 냈다.
[해설]	빈 칸은 recovery를 꾸며주는 형용사 자리이다. amaze는 '놀라게 하다' 라는 뜻의 감정동사 이므로, 사물을 수식할 때에는 반드시 -ing 형태로 써야 한다.
[오답률]	19.0%

13.	회사는 자회사들 중 일부를 청산할 것을 결정했다 / 그리고 분명하게 더 유망한 연구 분야에 투자할 것을 결정했다 /
[해설]	promising은 '유망한, 촉망되는' 으로 해석되는 관용적인 형용사이다. 관용적인 표현들은 반드시 외워야 한다.
[오답률]	52.4%

14.	도심부의 증가하는 임대료 때문에, 회사는 외곽으로 이전할 것을 결정했다.
[해설]	빈 칸은 rents를 꾸며주는 형용사 자리이다.
[오답률]	14.3%

15.	Mr. Nomo가 떠난 이후에 누군가를 찾는 것은 어려울 것이다 / 마케팅 분야에서 비슷한 경험과 전문지식을 가진 / 그의 역할을 인계하기 위해서
[해설]	빈 칸은 experience를 꾸며주는 형용사 자리이다. comparable은 '비슷한, 비교할 만한'의 뜻을 가진 형용사이고 B는 '비교된', C는 '비교하는' 이라는 의미의 분사이다.
[오답률]	14.3%

16.	많은 우리의 직원들은 보고했다 / 그들이 새로운 컴퓨터 프로그램이 꽤 도움이 된다고 생각하는 것을
[해설]	find는 5형식 동사이기 때문에, 목적어 뒤에 to 부정사는 목적격 보어이다. 그리고 빈 칸은 to be의 보어 자리이다. 명사인 A와 B는 목적어와 동격을 만들어야 하기 때문에 탈락(부사 quite의 수식을 받을 수도 없다), '유익한, 도움이 되는'의 뜻을 가지는 형용사인 D가 정답.
[오답률]	19.0%

17.	제조 분야에서의 현재 노동력의 부족 때문에, 우리는 제안한다 / 직원들이 상당한 임금 인상을 받아야 한다는 것을
[해설]	give는 4형식 동사이기 때문에, 수동일 때도 뒤에 명사 목적어를 가질 수 있다. 빈 칸은 그러한 목적어인 pay raises를 꾸며주는 형용사 자리이다.
[오답률]	4.8%

18.	추가적인 도움이 될 사람을 고용할 계획은 주로 걱정들에 근거한 것이었다 / 직원들에 의해 표출된
[해설]	빈 칸은 help를 꾸며주는 형용사 자리이다.
[오답률]	9.5%

19.	시간 제약 때문에, Ms. Park은 그 프로젝트를 정시에 끝내는 것이 불가능하다고 간주했다.
[해설]	5형식 동사의 목적어가 it이라면, 그것은 가목적어이다. 즉, 빈 칸은 목적격 보어 자리이기 때문에 형용사가 와야 하며 그 뒤의 to 부정사가 진목적어가 된다.
[오답률]	14.3%

20.	Elin은 거실벽에 새로운 벽지를 바를 계획을 취소할 것을 결정했다 / 그것이 너무 산만했기 때문에
[해설]	distract는 '산만하게 하다'라는 뜻의 감정동사이다. 빈 칸은 보어 자리인데, 주어가 사물인 it이므로 감정동사의 현재분사인 A가 정답이다.
[오답률]	57.1%

21.	훌륭한 조정관은 항상 차분함을 유지해야 한다 / 그리고 논쟁을 하는 것을 피해야 한다 / 다른 회사들의 대표들과
[해설]	빈 칸은 2형식 동사인 becoming의 보어 자리이다. A는 '논쟁할 수 있는, 논쟁의 소지가 있는' 이라는 뜻의 형용사이며, B는 '논쟁을 좋아하는' 이라는 의미의 형용사이다.
[오답률]	57.1%

22.	모든 승객들은 다른 사람들을 배려해야 한다 / 부드럽게 말을 함으로써 / 전화기로 대화를 할 때
[해설]	빈 칸은 be 동사의 보어 자리이다. A는 '상당한, 많은', C는 '사려 깊은' 이라는 의미의 형용사이다.
[오답률]	28.6%

23.	다양한 쇼핑과 함께, 새로운 City Nine Mall은 또한 수 많은 놀이 장소들을 제공한다.
[해설]	빈 칸은 명사를 수식하는 형용사 자리이다. '많은' 이라는 뜻의 수량 형용사 A가 정답.
[오답률]	0.0%

24.	많은 제조 회사는 새로운 엔진을 개발하고 있다 / 자동차가 움직일 충분한 전기를 생산하는 것을 가능하게 하기 위하여
[해설]	(A) 급격한 (B) 확신하는
	(C) 충분한 (D) 경험 많은
[오답률]	23.8%

25.	새로운 모델의 첫 갈 판매량은 너무 실망스러워서 제조사는 새로운 고객층을 만들 것을 계획했다.
[해설]	discourage는 '실망시키다' 라는 뜻의 감정동사이다. 주어가 사람이 아니므로, 감정동사의 현재분사인 C가 정답.
[오답률]	52.4%

26.	Yeto Corporation에서 구독자들은 무제한 접근권을 가진다 / 회사 잡지의 어마어마한 수의 제품 리뷰의
[해설]	(A) 엄청난, 어마어마한 (B) 열렬한, 열광적인 (C) 계산적인 (D) 임박한
[오답률]	61.9%

27.	Choi Inc.은 자랑스럽게 생각한다 / 우리 직원들에게 제공하게 되어서 / 경쟁력 있는 보상과, 종합적인 복지혜택, 그리고 전문성 신장에 대한 탁월한 기회를
[해설]	(A) 만족을 느끼는 (B) 경쟁력 있는, 경쟁을 하는 (C) 예방할 수 있는 (D) 경험이 많은
[오답률]	71.4%

28.	Mr. Carlos는 당신에게 구체적인 자료를 제공할 것이다 / 당신의 유제품을 등록하는데 필수적인 / 다가오는 Vancouver에서의 연례 음식 박람회에서
[해설]	빈 칸은 명사를 수식하는 형용사 자리이다.
[오답률]	9.5%

29.	완전한 명단과 세부사항들은 / Sports Complex 프로젝트의 / 쉽게 접근 가능하다 / 인터넷을 통해
[해설]	빈 칸은 be 동사 오른쪽의 형용사 보어 자리이다. * readily accessible : 손쉽게 이용 가능한
[오답률]	0.0%

30.	바쁜 스케줄을 가진 사람들에게는 건강을 유지하는 것은 어렵다 / 그들은 충분한 수면을 취하지 않기 때문에
[해설]	(A) 느린 (B) 감명을 받은 (C) 게으른 (D) 바쁜, 빡빡한
[오답률]	0.0%

31.	공석은 너무 오랫동안 비워져 있어서, 가능한 한 빨리 채워질 필요가 있다.
[해설]	빈 칸은 be 동사 오른쪽의 보어 자리이다. 능동인 B는 목적어가 필요하고 해석도 어색하다.
[오답률]	28.6%

32.	발생 가능한 오류를 피하기 위해, 우리의 기계 공학자들은 정확한 분석 장비가 필요하다 / 완전히 신뢰할 수 있는
[해설]	빈 칸은 부사 entirely의 수식을 받는 형용사 보어 자리이다. B는 '의지하는', D는 '믿을 수 있는' 이라는 뜻의 형용사이다.
[오답률]	9.5%

33.	올해의 판매량은 전 지역에서 올랐다 / 그리고 남서 지부가 가장 인상적인 수치를 보였다.
[해설]	빈 칸은 figures를 꾸며주는 형용사 자리이다. 감정동사의 과거분사 B는 사물을 꾸밀 수 없으므로 탈락, A와 D는 의미가 비슷한데, 이와 같이 형용사와 분사가 의미가 비슷하면, 품사우선순위에 따라 항상 원래 형용사가 정답이다.
[오답률]	38.1%

34.	대부분의 시장 분석가들에 따르면, 천연 자원 분야에 투자하는 것은 예측 가능한 미래에 크게 증가될 것이다.
[해설]	빈 칸은 형용사 자리기다. B는 '선견지명이 있는', A는 과거분사로써 해석이 어색하다. * for / in the foreseeable future : 가까운 미래에
[오답률]	14.3%

35.	증가하는 건강 트렌드가 있다 / 사람들을 더 의식하게 만드는 / 그들이 소비하는 음식과 물에
[해설]	(A) 고마워하는 (B) 익숙한, 친숙한 (C) 의식하는, 자각하는 (D) 알고 있는
[오답률]	38.1%

36.	채식과 같은 특별한 기내식에 대한 요청들은 / 취소될 수 있다 / 만약 승객들이 최소한 출발 두 시간 전에 체크인 하지 않으면
[해설]	'be subject to N : ~에 적용/영향을 받는' 숙어 표현을 묻는 문제이다.
[오답률]	52.4%

37.	생산 시설들을 다른 국가로 이전하는 것은 주요한 전략적인 목표이다 / 회사의 장기 계획은 다음 단계의
[해설]	빈 칸은 명사를 수식하는 형용사 자리이다.
[오답률]	4.8%

38.	부동산 가치는 급속도로 떨어졌다 / 그리고 몇몇의 지주들은 손실을 최소화 하기 위해 노력했다 / 그들의 땅을 팔면서
[해설]	'at an alarming rate : 급속도로' (A) 빠른 (B) 생산적인 (C) 그 다음의 (D) 유망한
[오답률]	33.3%

39.	NY City Library의 지역 사무실은 매 평일 오전 10시부터 오후 5시까지 연다.
[해설]	빈 칸은 단수명사인 weekday를 수식하는 A가 정답이다. B,D는 복수명사를 수식하고, C는 'the whole' 과 같이 관사가 필요하다.
[오답률]	0.0%

40.	Gentler Magazine의 5월호에 있는 기사는 Mr. Phan의 많은 인용구를 담았다.
[해설]	빈 칸은 복수명사를 수식하는 형용사 자리이다. A는 단수명사를 수식하고, B와 C는 불가산 명사를 수식한다.
[오답률]	0.0%

Unit Test 12 [부사]

Unit Test 12

1	D	2	C	3	A	4	D	5	D
6	B	7	D	8	D	9	B	10	C
11	C	12	C	13	D	14	C	15	B
16	C	17	C	18	D	19	B	20	B
21	C	22	C	23	C	24	C	25	C
26	D	27	B	28	C	29	B	30	A
31	A	32	D	33	A	34	A	35	B
36	D	37	C	38	A	39	B	40	B

1.	은행은 고객의 등록을 갱신하지 않을 것이다 / 달리 지시 받지 않는다면
[해설]	otherwise는 '달리' 라는 뜻이 있으며, 접속사 unless와 의미적으로 잘 어울린다. 특히 'unless otherwise p.p.' : 달리 ~되지 않으면' 이라는 구문은 필수적으로 외워 둬야 한다.
[오답률]	6.3%

2.	신입사원이 발표를 하는 것이 처음이었음에도 불구하고, 그는 그것을 매우 잘 했다.
[해설]	빈 칸은 동사 did를 꾸미는 부사 자리이다. A는 부정문에 쓰이며, B는 강조 부사로써 강조를 받는 대상이 빈 칸 뒤에 필요하다. D는 '또한' 이라는 해석을 가진다.
[오답률]	12.5%

3.　Katlyn은 그녀의 일자리로부터 해고되었다 / 회사안전규정을 따르지 않은 것 때문에
[해설]　빈 칸은 regulation과 복합명사를 만드는 safety가 정답이다. 참고로, safety는 굉장히 많은 복합명사를 만드는 조각이다. (safety procedure 안전절차, safety precautions 안전 예방책, safety regulation 안전 규정, safety standard 안전 기준, safety gear 안전 장치, safety equipment 안전 장비 등등)
[오답률]　12.5%

4.　검사관들이 오염 위험도를 철저하게 조사하고 난 뒤에야 정상적인 사업 운영이 재개될 것이다.
[해설]　thoroughly는 '철저하게, 자세하게' 라는 의미의 부사로써, '조사/연구/검사하다 (review, test, investigate, look into, search, research, exam, study)' 등의 동사들과 자주 쓰인다.
(A) 주로　　　　　　(B) 곧
(C) 생각이 깊게　　　(D) 철저히, 완전히
[오답률]　0.0%

5.　우리가 새로운 공장을 건설하기 때문에, 우리는 근면하게 일하는 사람들을 찾고 있다.
[해설]　빈 칸은 현재진행형 시제와 어울리는 D가 정답이다.
(A) 상당히, 중요하게　(B) 완전히, 전적으로
(C) 약간　　　　　　(D) 현재
[오답률]　12.5%

6.　당신의 손전등의 배터리를 테스트 하세요 (정기적으로) / 적절한 작동을 보장하기 위해
[해설]　(A) 매우　　　　　(B) 정기적으로
(C) 빽빽하게　　　(D) 그에 따라서
[오답률]　6.3%

7.　두 국가들은 상호적으로 도움이 되는 협력 관계를 유지할 것을 결정했다.
[해설]　빈 칸은 부사의 수식을 받으면서 동시에 명사를 꾸며주는 형용사 자리이다.
* mutually beneficial : 상호 이득이 되는
[오답률]　18.8%

8.　JSY Entertainment는 최근에 Xia Networks와 계약을 맺었다 / 홍보의 효율성을 향상시키기 위해
[해설]　recently (=lately)는 '최근에' 란 뜻으로써, 현재완료와 단순과거 시제와 쓰이는 부사이다.
[오답률]　0.0%

9.　대폭 할인된 항공 요금은 매력적으로 보일지도 모른다 / 그러나 승객들은 확인할 것으로 조언 받는다 / 각각의 비행 티켓의 조건들을
[해설]　(A) 바쁘게, 부지런히　(B) 심하게, 아주 많이
(C) 무사히, 안전하게　　(D) 오로지, 단지
[오답률]　18.8%

10.　당신의 Casis Phone이 손상될 경우에 대비하여, 모든 부품들은 쉽게 이용 가능하다 / 전국에 있는 지역 스토어에서
[해설]　빈 칸은 형용사 보어를 수식하는 부사 자리이다.
[오답률]　0.0%

11.　부사장 자리의 지원자들은 제출해야 한다 / 두 명의 추천인의 이름을 / 이상적으로 하나 이상의 기관으로부터의
[해설]　largely와 chiefly는 '주로' 란 뜻으로 의미가 비슷하기 때문에 동반 탈락이 되고, evenly는 '균등하게, 고르게' 라고 해석되는 부사이다. 'ideally'는 '이상적으로, 원칙적으로' 등의 해석을 가진다.
[오답률]　50.0%

12.　Blare Enterprises는 현재 신청서를 받고 있다 / 4개의 마케팅 포지션의 / 그들의 Toronto 지점에서
[해설]　(A) 신속히, 빨리　　(B) 정확히, 꼭
(C) 현재　　　　　　(D) 적당히, 중간 정도로
[오답률]　0.0%

13.　회사의 새 인사부장인 Mario Liu는 모든 직원들의 교육을 감독하는 것에 대한 책임을 지고 있다.
[해설]　D를 제외한 나머지 선택지들은 모두 자동사로써 전치사가 필요하다.
(A) comply with 준수하다　(B) proceed to/with 진행하다
(C) specialize in 전공하다　(D) 감독하다
[오답률]　31.3%

14.　Nexustel은 새 휴대용 메모리 장치를 소개할 것이다 / 이번 주의 IT 잡지에서
[해설]　동사 A,D 는 탈락, B는 수동이므로 목적어를 취하지 못한다.
[오답률]　25.0%

15.　관리자는 광고를 게시했다 / 게시판에 일정 변경에 관련해서
[해설]　(A) 조직, 단체　　　(B) 발표
(C) 물질, 실체, 본질　(D) 그릇, 용기
[오답률]　0.0%

16.　경제 분석가들은 아직 알리지 않았다 / 다가 올 분기의 예측을
[해설]　still은 부정문에서 not의 왼쪽에 위치하고, yet은 not을 기준으로 오른쪽에 위치한다.
[오답률]　12.5%

17.　회의실에 더 빠른 인터넷 서버를 설치하는 것은 / 더 시간 효율적인 세미나와 연수과정에 기여를 한다.
[해설]　빈 칸 오른쪽에 전치사 to와 어울리는 자동사를 고르는 문제이다.
* contribute to N : N에 기여하다 / N의 원인이 되다
[오답률]　31.3%

18.　Ms. Tang은 관리자로부터 회의에 습관적으로 늦는 것에 대해 경고하는 메모를 받았다.
[해설]　(A) 영구히　　　　　(B) 인습적으로, 진부하게
(C) 자동적으로　　　(D) 습관적으로, 늘
[오답률]　25.0%

19.　고객들은 맞이 되어야 한다 / 개별적으로 / 판매직원들에 의해 / 그들이 느낄 수 있도록 / 그들의 애용이 더 중요한 것으로 두드러진다고 / 다른 것들보다
[해설]　(A) 정확하게　　　　(B) 개인적으로
(C) 부분적으로　　　(D) 되풀이하여
[오답률]　56.3%

20.　Jenny는 다시 한 번 실수를 했다. / 사람들의 이름을 잘못 쓰는 / 그녀의 생일 파티에 참석하기로 되어 있었던
[해설]　by far은 비교급이나 최상급을 수식하고, very much는 동사를 앞에서 꾸미지 않으며, for long은 '오랫동안' 이라는 의미의 부사로써 주로 문미에 쓰인다.
[오답률]　12.5%

21.　회사의 CED가 회의에 참석을 못했음에도 불구하고, 그의 비서는 중요한 메모를 하기 위해 그곳에 있었다
[해설]　A,B,D는 모두 접속사이므로 절을 이끈다.
[오답률]　31.3%

22.　경기 불황 때문에, 회사의 주가는 급격히 떨어졌다 / 그리고 몇 년 동안 회복되지 않았다.
[해설]　A는 동사를 수식하지 않고 형용사나 부사를 수식하는 부사이다.
(A) 극도로　　　　　(B) 불리하게, 반대로
(C) 극적으로　　　　(D) 활발히, 활동적으로
[오답률]　0.0%

23.　우리는 현실적으로 기대할 수 없다 / 개정된 프로젝트 세부사항들을 성공적으로 작성하는 것을 / 제안된 마감기한 까지
[해설]　조동사와 동사원형 사이는 부사자리이다.
[오답률]　0.0%

24. 부서장은 요청했다 / 이메일로 들어온 모든 질문들이 응답이 되어야 한다고 / 가능한 한 빨리
[해설] 'as ~ as...' 구문에서는 형용사나 부사의 원급이 들어가야 한다. 빈 칸은 완전한 문장 뒤에 있기 때문에 부사의 원급이 들어가야 한다.
[오답률] 18.8%

25. Phili Fitness Club의 헬스클럽 장비는 정기적으로 점검 된다 / 그것이 깨끗하고 안전하다는 것을 보장하기 위해
[해설] (A) 거의   (B) 거의
(C) 정기적으로   (D) 최근에
[오답률] 6.3%

26. 비록 그 저자의 속편은 첫 번째 것만큼 많이 팔리지는 않았지만, 그럼에도 불구하고 3개월 동안 베스트셀러 목록에 올라 있었다.
[해설] (A) 그렇지 않으면, 달리   (B) 그 동안에
(C) 게다가   (D) 그럼에도 불구하고
[오답률] 18.8%

27. 호텔 소유주는 다음 달에 본관에의 부속 건물을 건설할 것을 계획하고 있다 / 추가적인 손님들을 수용하기 위해 / 성수기 기간 동안에
[해설] (A) 발표하다   (B) 수용하다
(C) 조정하다, 조절하다   (D) 인정하다, 수령을 알리다
[오답률] 6.3%

28. 영업 사원인 Ms. Yoo는 모든 새로운 주문들을 보고할 것을 지시 받았다 / 직접 D.C.에 있는 본사로
[해설] 완전한 성분 뒤에는 부사자리이다.
[오답률] 12.5%

29. 12월부터, 대략 1만명의 고객들이 요금 인상을 보게 될 것이다 / 대략 10 퍼센트의 / 공공요금에서의
[해설] 숫자 왼쪽은 부사 자리이다.
[오답률] 0.0%

30. 부사장은 Ms. Park을 그의 출장에 데려 간다 / 그녀가 심지어 스트레스가 심하고 까다로운 상황에서도 효율적으로 일하기 때문에
[해설] 자동사 뒤의 빈 칸은 부사자리이다.
[오답률] 25.0%

31. '올해의 사원' 상의 수상자가 발표되기 직전에, 모든 후보자들은 참을 수 없을 정도로 초조했고 흥분했다.
[해설] (A) 참을 수 없을 정도로   (B) 무관심하게
(C) 즐겁게, 유쾌하게   (D) 해롭지 않게
[오답률] 62.5%

32. 점점 더 증가하는 숫자의 손님들이 예약을 온라인에서 한다 / 전화보다
[해설] (A) 마침내, 최종적으로   (B) 면밀히, 밀접히
(C) 거의 ~않다   (D) 점점 더
[오답률] 25.0%

33. Mr. Silva는 스케줄을 조정할 것이다 / 다음 달에 너무 많은 약속이 있기 때문에
[해설] 빈 칸은 수량 형용사 many를 꾸며주는 부사 자리이다. highly는 '매우' 라는 의미의 부사로써 '존중, 추천' 등의 정도를 수식하며 수량형용사를 꾸미지는 않는다. (highly recommend / highly respect 등)
[오답률] 50.0%

34. 분석가들은 예측한다 / Dragonfly Air의 내부 조직이 / 완전히 다르게 보일 것이라고 / 새로운 최고책임자가 회사를 인수 한 후에
[해설] (A) 완전히   (B) 이전에
(C) 잠시, 간단히   (D) 주로
[오답률] 75.0%

35. 영업한지 50년이 지난 후에도, Alpha Shipping은 여전히 제공한다 / 훌륭한 배송 서비스를
[해설] '~ 이후에도'의 해석과 의미적으로 가장 잘 어울리는 부사는 still이다. soon은 주로 미래시제와 쓰인다.
[오답률] 6.3%

36. 관리자들은 더 큰 부분을 할당했다 / 회사 예산의 / Research & Development 부서에 / 기존의 생산 라인을 향상시키기 위해서
[해설] (A) 기부하다   (B) 생산하다
(C) 칭찬하다   (D) 할당하다
[오답률] 43.8%

37. 홍보이사는 발표했다 / 오늘 / 최근의 마케팅 캠페인이 호평을 받았다고 / 전국에서 대부분의 소비자들로부터
[해설] be동사와 p.p. 사이는 부사자리이다.
[오답률] 0.0%

38. 주문은 2주 이상 전에 전해졌다 / 하지만 송장은 여전히 도착하지 않았다.
[해설] 부정문에서 '여전히, 아직도'의 해석을 만드는 yet이 정답이다.
[오답률] 0.0%

39. Apple Soft는 널리 간주된다 / 선두의 소프트웨어 개발 회사로써 / 국내에서
[해설] 동사 덩어리 사이는 부사자리이다.
[오답률] 0.0%

40. 공개 토론회 참가자들은 강당으로 갈 것을 지시 받았다 / 정확히 6시에
[해설] (A) 마음속으로, 내심   (B) 즉시, 정확하게
(C) 매우   (D) 극도로
[오답률] 12.5

Unit Test 13 [전치사]

Unit Test 13

1	D	2	C	3	A	4	B	5	A
6	A	7	D	8	B	9	D	10	C
11	C	12	B	13	A	14	C	15	B
16	D	17	B	18	B	19	A	20	C
21	B	22	B	23	A	24	D	25	C
26	D	27	A	28	B	29	B	30	A
31	A	32	B	33	A	34	C	35	B
36	D	37	C	38	A	39	D	40	C

1. 새로운 조경 기사는 정원과 그 주변지역에 대해 책임을 지게 될 것이다.
[해설] '~에 대해 책임을 지다' 라는 의미의 'be responsible for' 구문을 묻는 문제이다.
[오답률] 13.3%

2. 새로운 자동차가 수리가 필요하면, 자동차 판매상들은 무료로 필요한 수리를 해줘야 한다.
[해설] 'in need of' (~을 필요로 하는)의 전명구가 보어 역할을 하는 구문이다. necessary가 보어 자리에 들어가면, '(주어가) 필수적이다' 라는 의미이며, 뒤의 of와도 어울리지 않는다.
[오답률] 40.0%

3. 환경단체인 UNEX는 자금지원을 거부당했다 / 그들의 문서가 완료되었고, 그들의 활동이 보고 되었음에도 불구하고
[해설] 빈 칸은 절을 이끄는 접속사 자리이다. (B) despite와 (D) without은 전치사이고, 접속사가 가능한 (A)와 (C) 중에서 의미상 '비록 ~에도 불구하고'란 뜻을 가진 (A)가 정답이다.
[오답률] 20.0%

4.	백화점 소유주는 유럽에서 온 투자자들과 동석했다 / 잠정적인 계획을 논의하기 위해 / 다른 두 개의 주요한 도시에 지점을 설립하는 계획들을
[해설]	(A) be dependent of ~에 의존하는 (B) 잠정적인
	(C) 무모한, 신중하지 못한 (D) 비슷한
[오답률]	13.3%

5.	스마트폰 시장에서, 일류 제조업체들은 여전히 수백만대의 기계를 판다 / 평균 월간 판매량의 최근 감소에도 불구하고
[해설]	B,C는 접속사이며, C는 기간을 목적어로 취하며 '~동안에' 라는 뜻을 가진다.
[오답률]	0.0%

6.	나쁜 날씨 상태 때문에, 모든 음식 주문은 추후 공지시까지 지연될 것이다.
[해설]	(A) ~때문에 (B) ~대신에
	(C) ~에 관계 없이 (D) ~이외에도
[오답률]	0.0%

7.	업무팀장은 일정을 준비할 것이다 / 확실히 하기 위해 / 회사 프로젝트와 다른 과업들이 제 시간에 완료되는 것을
[해설]	빈 칸은 be 동사와 함께 목적어를 취하는 능동형태의 D가 정답이다.
[오답률]	13.3%

8.	공장의 소유주인 Crawford Field는 당신에게 의상이 완성될 예정 일자를 알려줄 것이다
[해설]	빈 칸은 명사 목적어를 받는 전치사 자리이다. A,C는 접속사이고, D는 전치사지만 '~을 따라서' 라는 해석을 가진다.
[오답률]	53.3%

9.	각각의 상자의 라벨들은 신중히 검사되어야 한다 / 배송 전에
[해설]	in fact는 부사로써 '사실상', former은 형용사로써 '이전의', whenever은 접속사로써 '어디에나', 선택지 중에 전치사는 D 밖에 없다.
[오답률]	0.0%

10.	Matt Woods는 고용되었다 / 진열창에 상품을 배열하기 위해 / 고객들을 끌어이고 그들이 구매를 하는 것을 설득하기 위해
[해설]	완전한 문장 뒤에서 부사적인 역할을 하면서 자신의 목적어를 취할 수 있는 to 부정사(~하기 위해서)가 정답이다.
[오답률]	6.7%

11.	앞 열은 따로 남겨둘 것이다 / 비상 좌석을 위해 / 회의장에 있는 모든 좌석들이 점유될지라도
[해설]	빈 칸은 목적어를 취하지 않는 수동태가 들어가야 한다.
[오답률]	0.0%

12.	그것은 필수적이다 / 고객들과의 거래들은 회계부의 자세한 절차들에 따라 이루어 져야 한다는 것은
[해설]	(A) 존경, 존중, 측면 (B) 일치, 조화,
	(C) 참조, 추천서(인) (D) 근접, 접근
	* in accordance with ~ : ~에 따라서
[오답률]	33.3%

13.	많은 사무실이 폐쇄된다 / 회사 전 범위에 걸친 파업 때문에
[해설]	B,D는 접속사이고, C는 전치사일 때, '~이래로' 란 뜻을 가지며 주절에는 현재완료 시제가 온다.
[오답률]	0.0%

14.	몇몇의 회사와 기관들은 자발적으로 도움을 주었다 / 태풍의 희생자들이 그들의 집을 잃은 것을 회복하는 것을
[해설]	주어와 동사 사이에 부사자리이다. 여기서 recover은 준사역동사 (to help)의 목적격 보어로 쓰였다.
[오답률]	26.7%

15.	의사들은 항상 사람들에게 조언한다 / 신체검사나 의료검사를 받을 것을 / 특정한 나이에 다다르면
[해설]	advise는 목적어 뒤에 to 부정사를 목적격 보어로 취할 수 있는 동작 유발의 5형식 동사이다. 만약, advise의 동사의 용법을 모르더라도, 보기에서 동사원형을 취할 수 있는 것은 to 밖에 없다.
[오답률]	26.7%

16.	국내 일류의 회사인 Startship World의 설립자는 회사를 설립한 지 십 년 안에 수백 개의 슈퍼마켓을 국내 도처에 세웠다.
[해설]	'~의 도처에' 라는 뜻의 전치사 throughout이 정답이다. 참고로 alongside는 '~옆에', underneath는 '~의 아래에', following은 '~에 이어, ~후에'의 의미를 가진다.
[오답률]	20.0%

17.	이사는 생각한다 / 제조사의 가장 큰 도전과제는 / 배송비를 절감하는 것이다 / 전 세계의 고객들을 끌기 위해
[해설]	(A) 교전, 충돌 (B) 도전 (과제)
	(C) 반대, 이의 (D) 대면, 직면
[오답률]	26.7%

18.	Josh Beckett은 중요한 고객과의 회의를 연기했다. / 회사 조립 공장의 안전 문제를 처리하기 위해
[해설]	빈 칸은 '~와 함께' 라는 의미의 전치사 B가 들어가야 한다.
[오답률]	20.0%

19.	그 공항의 비행 일정은 너무 빡빡해서 일본 도쿄 행 Blue Continental 비행기를 제외한 모든 출발하는 비행기들이 늦었다.
[해설]	빈 칸은 '~을 제외하고' 라는 의미의 전치사 A가 들어가야 한다.
[오답률]	13.3%

20.	상품 출시 행사 동안, 그 발표자는 어떻게 컴퓨터 태블릿을 사용하는지 설명했다. / 많은 특징들을 설명한 후에
[해설]	'~후에, ~에 이어'라는 뜻의 전치사 following이 정답이다.
	(A) ~을 향하여, ~무렵에 (B) ~에도 불구하고
	(C) ~후에, ~에 이어 (D) ~을 제외하고
[오답률]	26.7%

21.	그 웹사이트에서의 유료 등록은 회원들에게 권한을 준다 / 패션 분야의 수많은 주제에 대한 최신 정보에 접근할
[해설]	(A) 확인하다 (B) 자격을 주다
	(C) 변경, 수정하다 (D) 만족시키다
[오답률]	40.0%

22.	잡지는 지역의 식당을 특집기사로 다룬다 / 훌륭한 서비스로 뽑힌 / 매주 월요일에
[해설]	'~을 위해, ~으로' 라는 의미의 전치사 for가 들어가야 한다.
[오답률]	53.3%

23.	몇몇의 질병들이 있다 / 우리 신체가 혼자서 성공적으로 저항할 수 없는
[해설]	'혼자서, 단독으로' 라는 의미의 표현을 묻는 문제이다.
	* on one's own = by oneself = alone
[오답률]	40.0%

24.	예외 없이, 문서를 훑어봐 주세요 / 이 봉투 안에 있는 / 당신의 회계사와
[해설]	with few exception (거의 예외 없이)은 without exception = with no exception (예외 없이)와 의미상 거의 비슷한 표현이다.
[오답률]	73.3%

25.	사회자는 그의 생각에 굉장히 일관적이다 / 이 토론을 어떻게 끝낼지에 대해서
[해설]	빈 칸은 명사 목적어를 수반하는 전치사가 들어가야 한다.
	* be consistent with ~ : ~와 일치하는, 일관되는
[오답률]	46.7%

26.	항공우주산업에서의 기술 진보의 대부분은 발생 했다 / 세기가 바뀔 무렵에
[해설]	toward(s)는 시점 명사를 목적어로 취하면, '~무렵에' 라는 뜻을 가진다.
[오답률]	13.3%

27.	맛있는 저녁식사 외에도, 요리사는 또한 맛있는 디저트를 준비했다.
[해설]	빈 칸은 전치사의 목적어 역할을 하는 명사가 들어가야 한다.
	* in addition to = besides : ~이외에도
[오답률]	0.0%

28.
악천후로 인해, 모든 특송 화물이 / New York과 그 인근으로 가는 / 지연될 것이다 / 폭풍이 지나갈 때까지
[해설] regardless of '~에도 불구하고', due to '~ 때문에', aside from '~는 제외하고', '~외에도', because는 접속사로서, '~ 때문에' 라고 해석된다.
[오답률] 0.0%

29.
우리의 도서관 시설을 넓힘으로써, 우리의 서비스를 학생들에게 확장되게 하는 것이 가능하다.
[해설] 'by –ing'는 ' ~함으로써' 라는 해석을 만드는 표현이다.
[오답률] 33.3%

30.
모든 기술부 직원들은 / 간부들을 포함하여 / 연수 교육들 중 하나에 참석하는 것이 의무화가 된다 / 본사가 주관하는
[해설] including은 전치사 (~을 포함하여), together은 부사이기 때문에 'together with' 형태로 써야 전치사 기능을 할 수 있다.
[오답률] 0.0%

31.
문제를 처리하기 위한 즉각적인 행동을 취함으로써, 그 회사는 견고한 평판을 유지할 수 있었다 / 전국적인 회수를 초래한 제품 결함에도 불구하고
[해설] 명사 목적어를 취하는 전치사 A,C 중에서, '~에도 불구하고' 라는 뜻의 전치사인 A가 정답이다. C는 '~을 고려해 볼 때' 라는 의미의 전치사이다.
[오답률] 46.7%

32.
Mr. Song은 많은 재무제표를 편집했다 / 그의 고객들을 위해 / 짧은 마감기한에도 불구하고
[해설] (A) ~을 제외하고   (B) ~에도 불구하고
(C) ~이외에   (D) ~보다는
[오답률] 20.0%

33.
가격을 상당히 낮춤으로써, Hi Tours는 모든 여행상품을 팔 수 있었다 / 시즌 내내
[해설] throughout은 장소 등의 목적어를 취하면 '~전역에', 기간 등의 목적어를 취하면 '~내내' 라고 해석이 된다.
[오답률] 13.3%

34.
우리나라의 산업재해의 수는 두 배가 되었다 / 작년 이래로
[해설] 주절의 현재완료 시제를 힌트 삼아, '~이래로' 라는 의미를 만드는 전치사 since를 정답으로 선택한다.
[오답률] 13.3%

35.
텔레마케터들은 요구 받는다 / 그 날의 모든 판매에 대해 기록할 것을 / 그리고 그것들을 주 단위로 경영진에게 다시 보고할 것을
[해설] 'keep track of' 는 '~을 기록하다' 라고 해석이 되는 덩어리 표현이다.
[오답률] 6.7%

36.
새로운 이사가 오자마자, 모든 직원들은 연회장에 모였다.
[해설] '(up)on –ing/N' 은 ~을 하자마자' 라고 해석이 되는 표현이다.
[오답률] 6.7%

37.
승인 서명이 필요하기 때문에 / 공급 주문들은 전화를 통해서는 행해질 수 없다
[해설] 'over the phone'은 '전화 상으로' 라고 해석이 되는 관용적인 표현이다.
[오답률] 26.7%

38.
오직 성공적인 지원자들만이 / 적어도 두 개의 추천서가 있는 / 고려될 것이다 / KNU 저널지의 준 편집장 자리에
[해설] (A) 고려하다   (B) 출판하다, 발표하다
(C) 승진, 홍보하다   (D) 일하다
[오답률] 53.3%

39.
조사관들은 밝혔다 / 오염된 도시에 사는 것은 비슷하다고 / 담배를 많이 피는 것과 / 폐암에 걸리는 가능성의 측면에서
[해설] 'be comparable to/with N' 는 '~에 비슷한, 비교할 만한' 이라고 해석이 되는 빈출 표현이다.
[오답률] 0.0%

40.
CEO는 모든 복사기 들을 새로운 것으로 대체할 것을 결정했다 / 이 달 1일 부터
[해설] 'replace A with B'는 'A를 B로 대신/대체 하다' 라는 표현이다.
[오답률] 46.7%

Unit Test 14 [등위, 상관접속사]

Unit Test 14

1	C	2	D	3	D	4	C	5	A
6	B	7	C	8	A	9	C	10	C
11	B	12	A	13	A	14	B	15	B
16	C	17	D	18	B	19	B	20	B
21	D	22	A	23	C	24	C	25	D
26	B	27	D	28	D	29	C	30	B
31	B	32	B	33	C	34	A	35	D
36	B	37	B	38	A	39	A	40	A

1.
온라인 마케팅 환경에서는 종래의 도매상 조직망이 효과적, 경제적으로 운용될 수 없을 것입니다.
[해설] nor과 짝을 이루는 neither을 찾는 상관접속사 문제이다.
[오답률] 0.0%

2.
지불은 행해져야 한다. / 당신의 예정된 체크인 날짜에 또는 그 전에
[해설] 빈 칸은 전치사와 전치사를 대등하게 연결하는 등위접속사 자리이다. 위 문장처럼 두 개의 전치사의 목적어가 같을 때에는, 중복되는 목적어 하나를 생략할 수 있다. 참고로 and가 들어가면 체크인 날짜와 그 전에 두 번 지불을 해야 된다는 해석으로써 의미상 어색하다.
* on the day or before the day → on or before the day
[오답률] 23.8%

3.
Pirres에 의해 만들어진 방법은 Libya에 관한 것만이 아니라 또한 테러단체를 지원하는 국가들에 관한 것이다.
[해설] 상관 접속사 'not only ~ but (also)' 구문을 묻는 문제이다.
[오답률] 0.0%

4.
경기장 양 끝에는 대형 텔레비전 스크린이 배치되어 있었다.
[해설] 빈 칸은 단수명사인 end를 수식하는 형용사 자리이다. A,B,D는 모두 가산복수명사 또는 불가산 명사를 수식한다.
[오답률] 33.3%

5.
회사의 사장은 / 많은 직원들 뿐만 아니라 / 밤 늦게 까지 일을 했다.
[해설] 문장의 주어가 단수이기 때문에 수일치를 맞춰서 was가 들어가야 한다.
[오답률] 28.6%

6.
최근 몇 년간 개발됐었던 안티 바이러스 약들은 많은 생리학적인 영향을 가진다 / 인간의 몸에
[해설] 문장의 내용이 일반적인 사실이기 때문에 해석상 현재 시제가 적절하다.
[오답률] 19.0%

7.
공급 회사가 잘못된 부품을 보냈을 뿐만 아니라, 또한 그것들을 잘못된 부서로 보냈다.
[해설] 'not only ~ but also' 구문에서, 부정어구인 not only가 문두로 나오면 문장이 도치된다.
[오답률] 0.0%

8.	연설자는 그의 주제를 몰랐다. 그리고 연설을 잘 하지도 못했다.
[해설]	nor은 등위접속사로써 '~도 아니다' 라고 해석이 된다. 그리고 등위 접속사 nor 뒤에는 반드시 주어, 동사가 도치된다.
[오답률]	4.8%

9.	아직까지 멤버쉽을 연장하지 않았다면 / 우리 월간 신문의 / 오늘 온라인으로 신청하거나, 가장 가까운 물류센터를 직접 들릴 수 있습니다.
[해설]	상관 접속사 'either A or B' 의 형태를 묻는 문제이다.
[오답률]	4.8%

10.	Queen Department Store는 5월 2일과 5일에 문을 닫을 것이다 / 공휴일을 준수하여
[해설]	같은 성분인 2일과 5일을 대등하게 이어주는 등위접속사 자리이다. 참고로 also는 부사이므로 같은 성분을 이어주는 기능이 없다. * in observance of ~ : ~을 축하/준수 하여
[오답률]	0.0%

11.	온라인 커뮤니티에 회원으로 등록된 사람들만 자격이 주어진다 / 글을 게시하고 다른 게시물에 대답할
[해설]	등위접속사 and가 to 부정사를 연결하고 있다. 참고로 to 부정사가 등위접속사로 연결될 때, 중복된 두번째 to는 생략이 가능하다.
[오답률]	28.6%

12.	현명한 소비자들은 비교할 것이다 / 다르지만 비슷한 브랜드들을 / 결정을 내리기 전에
[해설]	빈 칸은 앞 뒤의 형용사를 대등하게 연결하는 등위접속사 자리이다.
[오답률]	52.4%

13.	기념식의 장소는 공식적으로 결정되지 않았다 / 그러나 승인을 받았다 / 기획부서로부터
[해설]	빈 칸은 동사와 동사를 연결하는 등위접속사 자리이다. C는 등위접속사일 때 반드시 독립된 두 개의 절만을 연결하고, A,D 중 해석상 자연스러운 A가 정답이 된다.
[오답률]	9.5%

14.	손님들은 정장이나 드레스를 입을 것을 요구 받는다 / 저녁 파티에 갈 때
[해설]	'상관 접속사 either A or B' 형태를 묻는 문제이다.
[오답률]	0.0%

15.	극장 정책은 명기한다 / 사진을 찍는 것과 음식을 먹는 것 둘 다 극장 내에서 허락되지 않는다고
[해설]	상관 접속사 'neither A nor B' 형태를 묻는 문제이다.
[오답률]	0.0%

16.	관리부가 닫혀 있는 동안에, 모든 대금 질문들은 처리 될 것이다 / Human Resources의 Sosa에 의해
[해설]	(A) reply to : ~에 대답하다, 대응하다 (B) 참석하다 (C) 다루다, 처리하다 (D) 요청하다
[오답률]	23.8%

17.	Denver Information은 통합할 것을 계획한다 / 다양한 출처로부터의 / 하나의 종합적인 명부를 제공하기 위해 / 지역 회사들의
[해설]	(A) 다양한 (B) 많은 (C) 불필요한, 쓸모 없는 (D) 종합적인, 포괄적인
[오답률]	14.3%

18.	상담 전문가들은 / Miami Technical Support Team에서 근무하는 / 고객들의 질문에 응답해야 한다 / 또는 조치를 취해야 한다 / 그들의 문제점들에 / 2~3시간 이내에
[해설]	빈 칸은 two와 three를 대등하게 이어주는 등위 접속사 자리이다.
[오답률]	0.0%

19.	Bob Rogers는 방문한 투자가들에게 진심과 자신감 있는 어조로 말했다.
[해설]	'진심과 자신감 있는 어조로'라는 의미로 빈칸에는 등위접속사 and를 사이에 두고 명사 confidence와 병치를 이룰 수 있는 '정직, 성실' 이라는 의미의 명사 B가 와야 한다.
[오답률]	9.5%

20.	최근 취소되었던 권투 경기 티켓을 구매한 사람들은 환불이 아닌 향후 게임을 위한 경기권을 받을 것입니다.
[해설]	not과 함께 상관접속사를 이루는 but이 정답이다.
[오답률]	38.1%

21.	Faker Magazine은 기사를 쓴다 / 건강, 미용, 패션에 관련된 / 25살과 그 이상의 독자들을 위해
[해설]	명사들을 대등하게 연결하는 등위 접속사 자리이다. 등위접속사가 셋 이상을 연결할 때는 접속사는 마지막에 한번만 쓰면 된다.
[오답률]	4.8%

22.	모든 휴가 신청 양식들은 / 직속상관에 의해 서명된 / 전해질 것이다 / 인사부장에게 / 최종 승인을 위해
[해설]	문장의 동사는 will be forwarded 이고, 빈 칸은 동사자리가 아니라 forms를 후치수식 하는 분사가 들어가야 한다.
[오답률]	4.8%

23.	미완성된 플라스틱 표면은 제대로 처리되지 않으면 색상이 변하는 경향이 있습니다.
[해설]	(A) 루틴, 일상 (B) 움직임, 이동 (C) 경향, 기질, 추세 (D) 동향, 추세
[오답률]	52.4%

24.	작년의 시상식에서, Mr. Marco는 표창을 받았다 / 그의 노고와 기관에의 헌신 때문에
[해설]	빈 칸은 hard work와 dedication을 대등하게 이어주는 등위 접속사 자리이다. but와 yet은 등위접속사로써 의미가 같으니 동반 탈락, as는 부사절 접속사 또는 전치사로 쓰인다.
[오답률]	9.5%

25.	우리 개개인이 만드는 선택들은 / 직장이나 학교에 어떻게 가는지에 대한 / 대기질에 영향을 준다
[해설]	빈 칸은 전치사 to의 목적어 자리이다. 'go to work' 는 '출근하다' 라는 의미의 표현이다.
[오답률]	9.5%

26.	행정관인 Leonardo Gomez는 은퇴했다 / 작년에 공직에서 / 그리고 지금은 컨설턴트로 일하고 있다.
[해설]	빈 칸은 명사를 목적어로 받는 전치사 자리이다. A는 접속사이고, C,D는 전명구로써 추가 명사를 수반할 수 없다.
[오답률]	9.5%

27.	Hanul Travel은 명성을 확고히 했다 / 서비스를 제공함으로써 / 가격이 알맞고 매우 효율적인
[해설]	빈 칸은 형용사 affordable과 efficient를 대등하게 연결하는 등위접속사 자리이다. yet은 해석상 상반되는 두 개의 형용사를 연결하며 '~하지만 ~한' 정도로 해석이 된다.
[오답률]	71.4%

28.	회사는 고객들의 개인 정보를 파는 것이 허락되지 않는다 / 그리고 그것을 공유할 수도 없다 / 고객의 동의 없이는
[해설]	nor은 등위접속사로써 '~도 아니다' 란 의미를 가진다. 그리고 등위 접속사 nor 뒤에는 주어 동사가 도치가 된다.
[오답률]	33.3%

29.	회사는 Telus Co.와 합병할 것을 결정했다 / 그러나 결정을 철회했다 / 단지 3일 이후에
[해설]	빈 칸은 독립된 두 개의 절을 연결하는 등위접속사 자리이다. D는 부사절 접속사며, A,B는 해석상 어색하다. 의미상 적절한 등위접속사인 C가 정답이다.
[오답률]	57.1%

30.	지역의 모든 숙박시설들은 고객들에게 매일 아침 무료 아침 식사를 제공합니다.
[해설]	빈 칸은 동사 자리이며, 선택지 중에 동사는 B 뿐이다.
[오답률]	4.8%

31. 그가 동물을 좋아하기 때문에, Mr. Ryu는 수의학 전문가가 되기를 원한다.
[해설] 문두에서 컴마까지는 수식어 자리이며, 동사가 포함되어 있기 때문에 빈 칸은 부사절 접속사 자리이다. 등위접속사 A,C는 문두에 올 수 없고, 해석상 적절한 B가 정답이다.
[오답률] 28.6%

32. 실험실의 연구원들은 그 연구를 도와주었다 / 그러나 Dr. Kemp는 혼자 일하는 것을 선호한다.
[해설] 빈 칸은 절과 절을 연결하는 등위 접속사 자리이다.
[오답률] 9.5%

33. 각각의 학생들은 자세한 문제집과 교과서를 받는다 / 귀중한 참고자료가 될 / 앞으로 몇 년간
[해설] 빈 칸은 reference를 꾸며주는 형용사 자리이다. valuable은 '소중한, 귀중한' 이란 뜻의 형용사이다.
[오답률] 0.0%

34. Miracle Bakery는 / Saturn Avenue에 새롭게 오픈한 식당인 / 가격이 적당하고 맛있는 식사를 제공합니다 / 사무직원들에게
[해설] 빈 칸은 형용사 tasty와 대등하게 연결되는 형용사 자리이다. affordable은 '(가격이) 알맞은' 이란 의미의 빈출 형용사이다.
[오답률] 38.1%

35. 정비 직원들은 과제를 받는다 / 정기적으로 아파트 가구들을 조사할 / 배관과 전기 문제를 위해 / 그리고 필요한 수리를 할 것을
[해설] 빈 칸은 완전한 성분 뒤의 부사 자리이다.
[오답률] 14.3%

36. Carrot language school은 현재 찾고 있다 / 경험이 있고, 헌신적이고, 의욕적인 스페인어 교사를 / 증가하는 직원에 합류할
[해설] 빈 칸은 등위접속사로 연결되는 형용사 자리이다.
[오답률] 0.0%

37. Channel B는 의뢰 받았다 / 야구 경기들의 종합적인 범위를 방송 할 것을 / World Baseball Classic에서의
[해설] (A) 감춰진, 숨겨진   (B) 포괄적인, 종합적인
(C) 만족을 느끼는   (D) 성취감을 느끼는
[오답률] 23.8%

38. 모든 직원들이 신입사원들이기 때문에, 모두가 친절하고 새로운 사람을 사귀는데 열정적이다.
[해설] 빈 칸은 eager과 등위접속사로 연결되는 형용사 자리이다.
[오답률] 61.9%

39. 높은 등급을 받기 위해서, 당신은 성공적으로 완료해야 한다 / 필수적인 목표들을
[해설] 조동사와 동사원형 사이는 부사자리이다.
[오답률] 4.8%

40. 우리는 고객들의 정보를 수집한다 / 우리의 제품과 서비스를 개선하고 판매할 수 있도록
[해설] 등위 접속사 and가 improve와 빈 칸을 대등하게 이어주고 있다.
[오답률] 14.3%

Unit Test 15 [관계사]

Unit Test 15

1	A	2	B	3	B	4	C	5	D
6	B	7	A	8	C	9	D	10	D
11	B	12	B	13	A	14	B	15	A
16	B	17	D	18	D	19	C	20	C
21	C	22	C	23	D	24	A	25	D
26	C	27	D	28	B	29	B	30	C
31	D	32	A	33	B	34	B	35	A
36	C	37	A	38	A	39	B	40	C

1. 부사장은 너무 많은 업무들을 할당 받았다, 그리고 그것이 악화된 건강을 야기했다.
[해설] 빈 칸은 선행사 responsibilities를 꾸며주는 관계대명사 자리이다. 뒷 절은 주어가 빠진 절이기 때문에, 빈 칸은 주격 관계대명사가 들어가야 한다.
[오답률] 11.1%

2. 광고주들은 사람들의 생각을 바꾼다 / 모든 것을 이용함으로써 / 감정에 호소하는
[해설] 빈 칸은 선행사인 everything을 꾸며주는 주격 관계대명사 자리이다.
[오답률] 11.1%

3. 유니폼은 일관성있고 통일된 이미지를 보여줄 수 있다 / 회사들을 위해 / 정기적으로 대중들과 상호작용을 하는
[해설] 관계사 that이 이끄는 절에서 동사가 없으므로 빈 칸이 동사자리 이다. 선행사가 companies이므로, 복수동사인 B가 정답.
[오답률] 11.1%

4. Gilliam상을 받은 광고 전문가는 5월 19일 행사에서 수상하게 될 것입니다.
[해설] 빈 칸은 주격관계대명사 자리이며, 선행사가 professional로 사람이므로 who가 정답이다.
[오답률] 5.6%

5. 부사장은 / 그에게 Mr. Collins가 그의 이력서를 보냈는데 / 그에게 어제 전화했다.
[해설] '전치사 + 관계대명사'를 채우는 문제. 선행사가 사람명사이므로 D가 적절하다.
[오답률] 16.7%

6. 자금은 이용될 것이다 / 회사들을 돕기 위해서 / 그 회사의 재정적인 상황이 위험에 처해 있는
[해설] 선행사가 사물이고 뒷 절의 성분이 완전하다. 소유격인 whose가 주어인 financial situation을 꾸며주는 구조로써 정답이 된다.
[오답률] 33.3%

7. 모든 지원자들 중에서 / 그 자리에 지원했었던 / 오직 20퍼센트만이 자격이 있었다.
[해설] 빈 칸은 주격관계대명사 자리이다. 선행사 applicants가 사람이므로 주격관계대명사 A가 정답이다.
[오답률] 11.1%

8. Alessandro는 유명한 지역의 예술가이다, 그리고 현재 마을에 거주하고 있다.
[해설] 빈 칸은 선행사를 꾸며주는 관계사 자리이다. 뒷 절에서 주어가 빠져 있으므로, 주격 관계사인 C가 정답이다. 참고로 관계사 that은 컴마 뒤에 올 수 없다.
[오답률] 11.1%

9. Scotland는 유일한 UK의 지역이다 / 감정인들이 집 값에 있어 유일하게 긍정적인 동향을 보고 했었던
[해설] 빈 칸은 선행사 survey를 꾸며주는 관계사 자리이다. 뒷 절이 완전하기 때문에, 빈 칸은 관계 부사가 와야 한다.
[오답률] 5.6%

10. Amy Apparel은 스포츠 의류를 디자인하는데 전념한다 / 모든 사람들이 입기를 원하는
[해설] 빈 칸은 that절의 주어 자리이다. 접속사인 B는 탈락, 그리고 A,C는 '서로' 라는 대명사로써 주어 자리에 절대 쓰이지 않는다. 남는 D가 정답이 된다.
[오답률] 11.1%

11. New Networks의 의장은 감사를 표현하고 싶어 한다 / 직원들에게 / 회사로의 그들의 헌신과 충성심 때문에
[해설] 빈 칸은 dedication과 loyalty를 대등하게 연결하는 등위접속사 자리이다. 참고로 but과 yet은 같은 의미의 등위 접속사이다.
[오답률] 16.7%

12. 기관은 건물을 위해 5억 달러를 구하고 있다 / 그것들 중 절반 넘게는 지정되어 있다 / 기존의 건물의 보수와 확장을 위해
[해설] 문장에서 절이 두 개이기 때문에 빈 칸은 반드시 접속사가 들어가야 한다. 즉, 빈 칸은 접속사 역할과 동시에 전치사 of의 목적어 역할을 할 수 있는 관계대명사 B가 정답이다. 만약 대명사 them이 들어가려면 반드시 접속사가 따로 있어야 한다.
[오답률] 0.0%

13. 선택된 지원자는 그 사람의 경험과 자격이 가장 역할에 부합하는 사람이었다.
[해설] 빈 칸은 관계사 자리이기 때문에 관계사가 아닌 D 탈락, 선행사가 사람이기 때문에 B 탈락, 그리고 C는 선행사로 시간명사를 받기 때문에 탈락이다. '~의 경험과 자격이 가장 적합한' 이라는 뜻을 만드는 소유격 관계대명사 whose가 정답이다.
[오답률] 0.0%

14. 우리는 그 후보자에게 자리를 제공했다 / 그 사람의 경험과 커리어 목표가 가장 우리 회사의 니즈를 가장 잘 충족시키는
[해설] 빈 칸은 candidate를 선행사로 받는 관계사 자리이다. 선행사가 사람이기 때문에 A는 탈락. 뒷 절에 주어도 목적어도 빠져 있지 않으므로, C와 D는 들어갈 수 없다.
[오답률] 16.7%

15. 정확하게 흰꼬리 독수리를 발견했던 Liam Neeson은 올해 Birding Society의 연례상을 받았다
[해설] 주격 관계사와 동사 사이는 부사 자리이다.
[오답률] 0.0%

16. 휴일 오찬 쇼핑 목록에 있는 항목은 경영진에 의해서 구매될 것입니다.
[해설] 빈 칸이 이끄는 절이 문장의 주어인 items를 수식하고 있으며, 빈 칸 뒤에 동사 will be가 있으므로 빈 칸은 주격 관계대명사 자리이다.
[오답률] 0.0%

17. 구매가격은 더 낮았다 / 두 개의 외국인 그룹에 의해 제안됐었던 가격보다 / 그 회사에 관심을 표현했었던
[해설] 빈 칸은 선행사를 꾸미는 관계사 자리이다. 주어가 빠진 불완전한 절을 이끄는 주격 관계대명사 D가 정답
[오답률] 0.0%

18. Ms. Park는 훌륭한 연설가일 뿐만 아니라 재능 있는 작가이기도 하다.
[해설] 상관 접속사 'not only ~ but (also)' 구문을 묻는 문제이다.
[오답률] 0.0%

19. 11월에 5명의 관리직 직원들로부터 병가 신청을 받았으며, 그들 중 대부분은 독감 증상을 가지고 있었다.
[해설] '부분N of 목적격' 형태를 만드는 문제이다. 목적격 관계사 B와 C중 선행사가 사람이므로 C가 정답이다.
[오답률] 11.1%

20. Jessica Fisk는 Morning Gallery의 수석회계사인데 통계 자료를 제공했다 / 그 신용 평가 보고서가 근거했었던
[해설] '전치사 + 목적격' 형태를 만드는 문제이다. 즉, 'on which'가 이끄는 절이 선행사인 'statistics'를 꾸며주고 있다.
[오답률] 11.1%

21. 청취도구들은 이용 가능하다 / 영화를 영어, 한국어, 스페인어로 보는 것을 원하는 사람들을 위해
[해설] 선행사 those를 꾸며주는 주격 관계대명사 자리
[오답률] 5.6%

22. Lunburgh 최초의 학교가 된 Main Street의 Hemton House는 역사적인 명소로 지정되었습니다.
[해설] 콤마로 묶여 있는 구문은 문장의 주어를 수식하기 위해 삽입된 절로, 빈칸 뒤에 동사 served가 있으므로 주격 관계대명사 자리이다. 참고로 컴마 뒤에는 that이 들어갈 수 없다.
[오답률] 22.2%

23. 약을 복용할 때, 술을 피하는 것이 권할 만하다.
[해설] 빈 칸은 주격보어 자리이다. advisory는 '자문의, 고문의' 란 뜻으로써, 의미상 적절치 않으며, 'It is advisable to V ~'는 '~하는 것은 권장할만하다' 라는 의미의 자주 쓰이는 표현이다
[오답률] 27.8%

24. 이 달에의 모든 잡지에 있는 모든 기사문들은 전문 작가가 되고 싶어하는 학생들에 의해서 쓰였습니다.
[해설] 빈칸 뒤에 동사가 있으므로 빈 칸은 주격관계대명사 자리이며, 선행사가 students로 사람이기 때문에 who가 정답이다.
[오답률] 0.0%

25. 수년 동안, 조사기관들은 방법들을 개발하고 테스트 해왔다 / 직원 성과를 측정하기 위해
[해설] 앞의 명사 employee와 '직원 성과' 라는 복합명사를 만드는 performance가 정답이다.
[오답률] 5.6%

26. 장소와 비용은 가장 핵심적인 기준이다 / 집을 선택하는데 있어서
[해설] 빈 칸은 전치사의 목적어 자리이며, 빈 칸 뒤에도 추가적인 명사가 있기 때문에 동명사가 들어가야 한다.
[오답률] 0.0%

27. Ms. Tina는 실망했다 / 상을 못 받은 것에 대해 / 그녀가 후보에 올랐던
[해설] '전치사 + 목적격 관계대명사'를 채우는 문제. 선행사(award)가 사물이므로, which가 정답이 된다.
[오답률] 44.4%

28. Mr. Moon은 당신에게 프로그램을 줄 것이다 / 첨부된 파일을 여는데 필요한 / 당신의 고객으로부터의
[해설] 동사자리가 아니기 때문에 A,C는 탈락, D는 '명사 + 명사' 형태를 만들기 때문에 탈락이다. 빈 칸은 the program을 후치수식하는 분사인 required가 정답이다.
[오답률] 27.8%

29. 어떤 손님들이든 간에 / 실내 스포츠 시설을 이용하고자 하는 / 프런트에서 로커를 위한 열쇠를 가져가야 한다.
[해설] 선행사가 사람이고 뒷 절에 주어가 빠져 있기 때문에 주격관계대명사가 들어가야 한다.
[오답률] 0.0%

30. Kumkang Waterfall은 산에 있는 가장 인기 있는 관광명소들 중 하나이다
[해설] 복합명사인 'tourist attraction (관광 명소)'를 묻는 문제이다.
[오답률] 38.9%

31. 어떤 연구원이든 / 그 사람의 논문이 유명한 과학 저널에 출판을 위해 선택된 / 50퍼센트까지의 보너스를 받을 수 있다.
[해설] 빈 칸 뒤의 절이 완전한 성분이기 때문에 주격이나 목적격 관계사는 들어갈 수 없다. whose가 thesis를 수식하는 소유격 관계대명사로써 정답이 된다.
[오답률] 11.1%

32. LF Corporation은 11개의 다른 잡지들을 만든다 / 건강과 여행에 관련된
[해설] (A) 생산하다 (B) 알리다
(C) 이동하다, 진행하다 (D) 주목하다, 언급하다
[오답률] 16.7%

33. 우리는 설문조사를 했다 / 모든 직원들에 대해 / 그리고 그들 중 대부분은 우리와 3년 이상 같이 있었다
[해설] '부분N of 목적격' 형태를 만드는 문제이다. 선행사가 employees로써 사람이기 때문에 B가 들어가야 한다.
[오답률] 0.0%

34. 현재 연구는 보여준다 / 야간 근무를 정규직 직원들이 더 많은 돈과 시간을 소비한다는 것을 / 그들의 취미에
[해설] 인칭대명사의 격 문제이다. 전치사 on의 목적어 hobbies 앞에 빈 칸이 있으므로 소유격이 정답이다. 'their (own)' 과 같이 own이 소유의 의미를 강조하며 같이 쓰일 수 있다.
[오답률] 16.7%

35. 모든 직원들은 프로그램을 완수할 것을 요구 받는다 / 조립 라인에서의 작업을 시작하기 전에
[해설] C는 가산 복수명사를 꾸미고, B,D는 가산 복수명 또는 불가산 명사를 꾸민다.
[오답률] 5.6%

36. 모든 연설자들은 회의실 또는 연회장을 체크해야 한다 한다 / 그들이 논문을 발표할
[해설] 장소 명사를 선행사로 받는 관계부사 where이 들어가야 한다.
[오답률] 5.6%

37. 여행부서는 표를 구입하고 있다 / 회사직원들만 사용할 수 있는 / 티켓이 발급이 된
[해설] 빈 칸은 주격 관계대명사 자리이다. 선행사가 tickets으로 사물이기 때문에 which가 정답이다.
[오답률] 0.0%

38. 부사장 자리의 지원자들은 아주 다양한 책무를 맡을 수 있어야 한다.
[해설] 빈 칸 뒤의 전치사 of와 함께 '~를 할 수 있다' 의 의미를 만드는 A가 정답이다.
(A) be capable of : ~을 할 수 있는 (B) 에워싸인, 동봉된
(C) 선택된 (D) 준비가 된
[오답률] 27.8%

39. 효율성을 높이기 위해, Boisclair Robotics는 공장의 전체 조립 라인을 모니터링 할 수 있는 기계를 만들었습니다.
[해설] 빈 칸 뒤에 동사 can monitor가 있으므로 주격관계대명사 빈 칸은 자리이며, 선행사가 machine로 사물이므로 that이 정답이 된다.
[오답률] 0.0%

40. 회의 참석자들은 / 3월 14일에 저녁 파티에 참석할 것을 계획하는 / 손님들 데려올 것을 허락 받는다.
[해설] 빈 칸은 선행사 participants를 꾸며주는 주격 관계사 자리이다.
[오답률] 5.6%

Unit Test 16 [명사절]

Unit Test 16

1	A	2	A	3	B	4	D	5	B
6	C	7	B	8	C	9	B	10	D
11	D	12	D	13	A	14	D	15	D
16	A	17	D	18	A	19	A	20	C
21	B	22	C	23	C	24	A	25	C
26	B	27	D	28	A	29	B	30	B
31	C	32	C	33	C	34	D	35	B
36	C	37	A	38	B	39	C	40	B

1. Mario Gomez는 관리자에게 전화할 것이다 / 그리고 확인할 것이다 / 녹화기기가 허락 되는지 / 그가 내일 방문할 부산 모터쇼에서
[해설] verify의 목적어 역할을 하는 명사절을 이끄는 명사절 접속사가 정답이다. 나머지는 모두 부사절 접속사로만 쓰이고 if만이 부사절과 명사절로 모두 쓰일 수 있다.
[오답률] 5.9%

2. 사무실을 떠나는 마지막 사람이 누구든지 간에 불을 끄고 문을 잠그고 가야 합니다.
[해설] 빈 칸은 전체 문장에서 주어 역할을 하는 명사절을 이끄는 접속사 자리이다. 빈 칸 뒤 바로 동사가 나오므로 주격의 복합관계대명사 자리이며, 주어절 내 the last person이라는 표현이 있으므로 '마지막 사람이 누구이든지'라는 의미가 되어야 한다. 따라서 정답은 Whoever이다.
[오답률] 0.0%

3. 대학 졸업생들의 최근 설문조사는 보여준다 / 대부분의 학생들이 직장을 구할 것을 계획하는 것을 / 대학원에 지원하는 것 대신에
[해설] 빈 칸은 indicate의 목적어 역할을 하는 명사절을 이끄는 명사절 접속사 자리이다. A,C는 불완전한 절을 이끌기 때문에 완전한 절을 이끄는 명사절 접속사 B가 정답이다.
[오답률] 0.0%

4. 면담의 목적은 근로자의 안전 보장을 위해 회사 관행이나 절차를 수정할 필요가 있는지 결정하기 위해서이다.
[해설] 타동사 determine의 목적어로 완전한 절이 연결되어 있으므로 완전한 절을 이끌어 문장의 목적어 역할을 할 수 있는 명사절 접속사가 필요한 자리이므로 whether (~인지의 여부)가 정답이다.
[오답률] 35.3%

5. 첫 번째 시험을 통과한 사람들만이 연락이 될 것이다.
[해설] 빈 칸은 those를 강조하는 강조부사 only가 정답이다. every는 those를 수식하지 않는다.
[오답률] 29.4%

6. 정부는 보고했다 / 12월에 650만명의 실업자가 전국적으로 있었다는 것을
[해설] 빈 칸 뒤에 절이 수반되기 때문에 명사절 접속사 that이 정답.
[오답률] 0.0%

7. 프로그램의 성공은 평가될 것이다 / 첫 4년 이후에 / 그것을 계속할지 말지를 결정하기 위해
[해설] whether은 절 대신 to V를 취할 수 있다. 만약 목적격 관계대명사인 which가 들어가면 to continue의 목적어 it이 없어야 한다.
[오답률] 23.5%

8.		가장 높은 점수를 받는 어떤 선수든 간에 상을 받을 것이다.	20.	대부분의 손님들에게, 분명하지 않았다 / 게시된 가격이 객실 당 가격인지 인원 당 가격인지는
[해설]		명사절 접속사 A,C 중에서, '어떤 ~든 간에' 란 의미를 만드는 C가 정답이다. 만약 A가 들어가면, '어떤 선수가 가장 높은 점수를 받는 지는' 이라고 해석이 되어 어색하다.	[해설]	가주어, 진주어 구문이다. 빈 칸은 진주어를 이끄는 명사절 접속사가 들어가야 한다. who 뒤에는 주어가 빠진 동사가 바로 나와야 하기 때문에 whether이 정답이다.
[오답률]		17.6%	[오답률]	11.8%

9. 이전 대화에서, Rooney는 언급했다 / Manchester 은행이 지역의 CPA 회사를 이용한다는 것을
[해설] 빈 칸은 절을 수반하는 접속사 자리인데, 타동사 mention의 목적어 역할을 할 수 있는 명사절이 와야 한다. 명사절 접속사는 B 뿐이다.
[오답률] 0.0%

10. Meng호텔의 직원들은 귀하의 숙박이 가능한 한 즐거울 수 있도록 어떤 것이든 할 것입니다.
[해설] 빈칸은 절을 이끄는 접속사 자리이므로 whatever이 정답이다.
[오답률] 0.0%

11. 크게 변동하는 습도는 악기에 영향을 줄 수 있다.
[해설] 빈 칸은 형용사 fluctuating를 꾸미는 부사자리이다.
[오답률] 29.4%

12. 우리는 결정하지 않았다 / 연례 회사 워크샵이 호텔에서 열릴지 다른 장소에서 열릴지를
[해설] 빈 칸은 절을 이끄는 접속사가 들어가야 한다. '~인지 아닌지'라는 뜻을 가지는 명사절 접속사 whether이 정답이다. either은 절을 수반하는 접속사가 아니기 때문에 오답이다.
[오답률] 17.6%

13. 이해에 이르는 것은 / 그 문제에 대한 많은 해결책이 있다는 / 귀중한 분석적인 도구를 제공한다.
[해설] 빈 칸이 이끄는 절은 understanding(이해)와 동격을 만드는 동격 that절이다. 지금처럼 빈 칸 왼쪽에 명사가 있으면 what은 정답이 될 수 없다.
[오답률] 5.9%

14. Ms. Jackson이 조경 계획들을 검토한 이후에, 그녀는 선택할 것이다 누구의 디자인을 이용할 지를
[해설] 빈 칸은 명사를 수식하며 절 또는 to V를 이끄는 소유격 관계대명사가 들어가야 한다.
[오답률] 23.5%

15. Angel Island는 아름다운 장소이다 / 새로운 관광지로 각광 받는
[해설] 빈 칸은 사물 명사를 선행사로 받는 주격 관계대명사 자리이다.
[오답률] 11.8%

16. 이사회는 결정할 것이다 / 다음 몇 주 이내로 추가적인 사내 변호사를 고용할지 말지를 / 고객 불만 정책을 강화하기 위해
[해설] 명사절 접속사 whether은 절 또는 to V를 모두 수반할 수 있다.
[오답률] 29.4%

17. Leo 지구는 이제 상업지구로 지정될 것이다 / 이전에는 주거지구 였었던 / 최근 몇 년간의 주변지역의 변화 때문에
[해설] (A) 면밀히, 엄밀히   (B) 연속하여
(C) 즉시, 즉각   (D) 이전에, 예전에
[오답률] 29.4%

18. Nexus Co.는 내일 회의를 할 것이다 / 결정하기 위해 / 무엇이 수정될 필요가 있는지를 / 보고서가 인쇄되기 전에
[해설] 빈 칸은 to decide의 목적어 절인 '_____ needs to be revised' 와 같은 주어가 빠진 절을 이끄는 접속사 자리이다. C는 완전한 절을 이끈다.
[오답률] 47.1%

19. 빈 칸은 주어자리이다. C는 접속사이고, D는 부사이기 때문에 들어갈 수 없다. 전체 총 개수가 둘일 때, '둘 다 아니다' 라는 양자부정의 대명사는 neither이다. 만약 문장에서 two가 없다면 none이 정답이 된다.
[오답률] 82.4%

21. 우리는 요청한다 / 모든 고객들이 건물에 반려동물을 데리고 오지 않을 것을
[해설] 빈 칸은 request의 목적어 역할을 하는 명사절이 와야 한다. B,C 중 완전한 절을 이끄는 that이 정답이다. 참고로, 주절에 '요청/제안/요구/명령' 등의 동사가 오고 목적어가 that절일 때, 그 that절의 동사는 항상 should가 생략된 동사원형이다.
[오답률] 0.0%

22. 백업 서버는 종종 점검 된다 / 보증하기 위해 / 적절하게 작동되는지를
[해설] (A) 최근에, 얼마 전에   (B) 정말로, 진심으로
(C) 자주, 흔히   (D) 비교적
[오답률] 29.4%

23. International Translation의 첫 번째 수업에서, 강사는 간단히 소개했다 / 참가자들이 무엇을 배우기를 기대할 수 있는지를 / 다음 몇 주간
[해설] 빈 칸이 이끄는 절은 previews의 목적어 역할을 하는 명사절이다. to learn의 목적어가 빠진 불완전한 절이므로, 목적격 관계대명사인 what 이 정답이다.
[오답률] 47.1%

24. Good Networking Workshop에 참여하는 모든 사람들은 만족 평가 양식을 작성해야 한다.
[해설] (A) 양식, 형식   (B) 영수증, 수령
(C) 계산서   (D) 청구, 요구, 주장
[오답률] 0.0%

25. 공무원들은 추산한다 / 거의 75명의 사람들이 있다는 것을 / 설문조사에 참여하는
[해설] 숫자 왼쪽은 부사 자리이다.
[오답률] 17.6%

26. 여분의 기름 몇 통이 권장된다 / 사람들에게 / 시골의 긴 고속도로를 주행하는
[해설] (A) be committed to : ~에 헌신, 전념하다   (B) 추천, 권장하다
(C) 주장하다   (D) 행동하다
[오답률] 17.6%

27. 다양성 발표에 포함되어 있는 누구든지 내일 7시까지 사무실로 출근을 보고해야 한다.
[해설] 빈 칸은 anyone을 후치수식하는 분사 자리이다. 빈 칸 뒤에 목적어가 없으니 수동형의 D가 정답이 된다.
[오답률] 11.8%

28. 다음달의 워크샵은 집중할 것이다 / 어떻게 효과적이고 신뢰할 수 있는 직원이 되는지를 / 회사 내에서
[해설] 'how to V'는 ' 어떻게 ~ 하는지' 라는 해석을 만드는 표현이다. 참고로 what도 to V를 취할 수 있는데, 이 경우에는 반드시 목적어가 빠진 to V가 와야 한다. (ex. what to do)
[오답률] 41.2%

29. 지역 신문에 따르면, 사장과 부사장 둘 다 기자회견에 참석하지 않았다.
[해설] '상관접속사 neither A nor B' 의 형태를 만드는 문제이다.
[오답률] 0.0%

30. 우리는 모두 동료가 Austrailia에서 돌아오기를 기대하고 있다 / 그곳에서 그녀는 효율적인 시간 관리에 대한 프레젠테이션을 했었다
[해설] 장소 명사를 선행사로 받는 관계부사 where이 정답이다.
[오답률] 17.6%

31. 그것은 절대적으로 필수적이다 / 이해하는 것은 / 무엇을 대부분의 고객들이 기대하고 원하는 지를 / 제조사로부터
[해설] 빈 칸은 절을 이끄는 접속사 자리이다. 목적어가 빠져있는 불완전 절이므로, C가 정답이다.
[오답률] 52.9%

32. 우리는 전직원들이 알기를 원한다 / 보안 비밀번호가 변경되는 것을 / 다음주 수요일에
[해설] 빈 칸 뒤에 완전한 절을 이끄는 접속사 C가 정답이다.
* 'be aware that S+V : ~을 알고 있다'
[오답률] 58.8%

33. 대부분의 사람들이 매일 본인이 오염된 공기를 호흡한다는 것을 깨닫지 못한다.
[해설] 빈 칸은 realize의 목적어 역할을 하는 명사절이 와야 한다. C는 전치사, A,B는 부사절 접속사이며, 보기에서 명사절 접속사는 D 밖에 없다.
[오답률] 0.0%

34. 어떤 버스가 나를 시청으로 가장 빠르게 데려다 주는지가 나의 가장 큰 걱정이다.
[해설] 빈 칸은 절을 수반하는 명사절 접속사 자리이다. B는 전치사이고, A,C는 부사이기 때문에 절을 수반할 수 없다.
[오답률] 17.6%

35. 모든 참석자들은 헤드셋을 제공받을 것이다 / 실시간 번역을 듣기 위해 / 워크샵 동안에
[해설] A,D는 가산 복수명사를 수식하고, C는 관사 the와 함께 써야 한다.
[오답률] 11.8%

36. 저에게 알려 주세요 / 당신이 전화로 연락하기를 원하는지 이메일로 원하는지를 / 가능한 한 빠른 편한 시간에
[해설] 빈 칸은 know의 목적어 역할의 명사절 접속사 자리이다. C와 D 중 D는 주어나 목적어가 빠진 불완전한 절을 수반하기 때문에 탈락된다.
[오답률] 23.5%

37. 여기 사무실의 모든 사람들은 들었다 / Marco가 그의 사직서를 제출했다는 것을
[해설] 빈 칸은 명사절 접속사 자리이다. B,D는 불완전한 절을 이끌고, C는 전치사로써 명사 목적어를 수반한다.
[오답률] 5.9%

38. 학생들은 많은 문서들을 요청했다 / 그들이 무엇을 해야 될지를 설명하는
[해설] 빈 칸은 목적어가 빠진 불완전한 절을 이끄는 명사절 접속사 자리이다. A는 부사절 접속사, C,D는 명사절 접속사지만 완전한 절을 이끈다.
[오답률] 17.6%

39. 우리는 요청한다 / 모든 방문객들이 미술관 내에서 어떤 사진이라도 찍는 것을 삼갈 것을
[해설] 빈 칸이 이끄는 절은 ask의 목적어 역할을 하는 명사절이다. A,D는 부사절 접속사이고 B는 주어나 목적어가 빠진 불완전한 절을 이끈다.
[오답률] 11.8%

40. 행사 주최자는 책임을 질 것이다 / 발생하는 무엇이든 간에 / 이벤트 기간 내내
[해설] 빈 칸이 이끄는 절은 전치사 for의 목적어 역할을 하는 명사절이다. that은 전치사의 목적어로 쓰이지 않는다.
[오답률] 29.4%

Unit Test 17 [부사절]

Unit Test 17

1	A	2	C	3	C	4	B	5	D
6	B	7	A	8	B	9	C	10	C
11	B	12	A	13	B	14	A	15	C
16	B	17	D	18	A	19	D	20	A
21	A	22	A	23	B	24	D	25	B
26	A	27	B	28	B	29	B	30	A
31	B	32	C	33	D	34	C	35	D
36	A	37	A	38	C	39	A	40	D

1. Ms. Kim이 주말 동안에 일을 할 의향이 있었다는 것은 / 그 행사의 성공을 보증하기 위해서 / 그녀의 일에 대한 헌신의 증거이다.
[해설] 빈 칸은 명사절 접속사 자리이기 때문에 A가 정답이다. B는 등위접속사, C,D는 부사절 접속사이다.
[오답률] 14.3%

2. 직원들은 그들의 휴가를 마음껏 쓸 수 있다 / 일주일의 사전 공지를 준다면
[해설] 빈 칸은 해석상 조건의 절을 이끄는 부사절 접속사 자리이다.
[오답률] 0.0%

3. 어려운 업무를 맞닥뜨릴 때, 그는 항상 재정 전문가들로부터 도움을 얻으려고 노력한다.
[해설] 빈 칸은 분사구문의 형태를 만드는 분사 자리이다. C,D 중에서 D는 수동의 분사구문을 만들기 때문에 목적어를 취할 수 없다.
[오답률] 14.3%

4. 달리 의사에 의해 지시 받지 않는다면, 다른 어떠한 약도 복용하지 마세요.
[해설] 빈 칸은 분사구문 형태를 만드는 p.p.가 들어가야 한다. A는 명사, D는 동사, 형용사이며, C는 능동이기 때문에 목적어가 필요하며 해석도 어색하다.
[오답률] 14.3%

5. Lee Industries의 경영진은 사무 직원들에게 촉구한다 / 복사용지를 재활용 할 것을 / 언제든지 가능하다면 / 비용 절감의 노력으로
[해설] 부사절 접속사 뒤에는 '주어+동사'가 생략된 형용사만 남을 수도 있다. 그리고 'whenever possible'과 같이 빈출 표현은 외워 두도록 한다.
[오답률] 14.3%

6. 아무리 많이 너의 회사가 너에게 급여를 줄 지라도, 나는 그것의 두 배를 보증할 수 있다 / 우리와 함께 일한다면
[해설] 부사절 접속사 however은 '아무리 ~일지라도' 라고 해석이 되면서 형용사 또는 부사와 쓰일 수 있다.
[오답률] 14.3%

7. 군인들은 자주 씹을 껌을 받는다 / 근무 중에 / 그들이 근무기간 내내 기민하게 유지할 수 있도록
[해설] 전치사는 또 다른 전명구를 수반할 수 없지만, 부사절 접속사는 '주어+동사'가 생략된 전명구를 수반할 수 있다. 특히 while은 시간 또는 장소의 전명구와 자주 함께 쓰인다.
[오답률] 14.3%

8. Yusuf는 그의 삶에서 많은 훌륭한 것들을 성취했다 / 그의 삶의 방식이 굉장히 겸손했음에도 불구하고
[해설] 빈 칸은 절을 이끄는 접속사 자리이다. A,C,D는 모두 전치사이다.
[오답률] 7.1%

9. 고속도로에 부과되는 통행료의 10퍼센트의 증가에도 불구하고, 그 도로의 교통은 전혀 줄어들지 않았다.
[해설] 빈 칸은 명사 목적어를 수반하는 전치사 자리이다. A,D는 접속사이며, B는 '~을 이용하여' 라고 해석이 되는 전치사이다.
[오답률] 42.9%

10. 컴퓨터의 커버를 제거하세요 / 안 쪽을 볼 수 있도록
[해설] 빈 칸은 절을 수반하는 접속사 자리이다. B는 전치사, D는 비교대상을 이끌며 '~라기 보다는' 이라고 해석 된다.
[오답률] 14.3%

11. Mr. Foley는 개인실을 예약할 것을 결정했다 / 식당이 시끄러운 경우에 대비하여
[해설] rather than은 '~라기 보다는', such as는 '~와 같은' 이란 의미로써 접속사가 아니므로 탈락. 접속사인 B,D 중에서 B는 '~의 경우에 대비하여' 라고 해석이 되기 때문에 정답이다.
[오답률] 14.3%

12. 어떤 물건이든 반품할 때, 계좌번호를 명시하는 것을 반드시 하세요 / 제공된 반품 양식서에
[해설] 빈 칸 뒤에 -ing가 있으니까 동사원형을 취하는 B는 탈락. A,C,D가 모두 부사절 접속사 이지만 c는 분사구문 형태로 만들 수 없고, D는 -ing를 취하는 용법이 없기 때문에 A가 정답이 된다.
[오답률] 21.4%

13. 7월 소식지가 출간될 때 까지는, 보수 계약에 관한 결정이 만들어 질 것이다.
[해설] 빈 칸은 절을 이끄는 접속사 자리이고, 주절의 시제가 미래완료이기 때문에 부사절에는 '~ 까지는' 이라는 해석을 만드는 접속사 B가 들어가야 한다.
[오답률] 35.7%

14. 오일은 세 달에 한 번 또는 3천 마일 주행시 마다 한 번씩 교환해 줘야 한다 / 어떤 것이 먼저 발생하든지 간에
[해설] 빈 칸은 부사절을 이끄는 접속사 자리이다. B,C는 명사절 접속사이며, D는 대명사이다.
[오답률] 21.4%

15. 제조업체는 휴대전화의 구매가를 환불해 주지 않았고, 결함이 있는 제품에 대해 사과를 하지도 않았다.
[해설] 빈 칸은 neither과 함께 상관 접속사의 덩어리를 만드는 nor이 들어가야 한다.
[오답률] 0.0%

16. 우리는 빠진 부품들이 즉시 배송될 것을 요청했지만, 그것들이 다음 달 초에야 도착할 것이라는 것을 들었다.
[해설] 문두에서 컴마까지는 수식어 자리이며, 동사가 포함되어 있는 절이기 때문에 빈 칸은 부사절 접속사가 들어가야 한다. A,C는 부사이며, D는 등위접속사이다.
[오답률] 21.4%

17. 이 설문지에 대한 당신의 즉각적인 응답들은 매우 중요하다, 그리고 우리가 당신을 더 잘 응대하는 것을 도와줄 것이다.
[해설] 빈 칸은 동사와 동사를 대등하게 연결하는 등위접속사 자리이다. A는 부사절 접속사, C는 부사이며, B는 등위접속사이지만 so는 독립된 두 개의 절만을 연결할 수 있다.
[오답률] 35.7%

18. 당신의 주문품은 발송될 수 없다 / 우리가 전체 구매가의 30퍼센트의 보증금을 받지 않는다면
[해설] 빈 칸은 절을 이끄는 접속사 자리이다. B,D는 전치사이며, C는 '~동안에, ~반면에' 라는 해석으로써 어색하다.
[오답률] 28.6%

19. 유념해 주세요 / 새로운 규정들이 시행될 것이라는 것을 / 다음달 1일부터
[해설] 빈 칸은 절을 이끄는 접속사 자리이다. A,B는 전치사이며, C는 주어나 목적어가 빠진 불완전한 절을 수반한다.
* be aware that : ~을 알다
[오답률] 7.1%

20. 비록 교통사고가 교차로에서 빈번하지만, 교통부는 신호등을 설치하지 않을 것을 결정했다.
[해설] 빈 칸은 수식어 절을 이끄는 부사절 접속사 자리이다. B,C는 전치사이며, A,D 중 부사절과 주절의 해석이 역접이므로 해석상 자연스러운 A가 정답이다.
[오답률] 14.3%

21. 당신은 하루를 쉴 수 있다 / 팀 프로젝트를 제 시간에 끝내는 한
[해설] as long as는 '~하는 한' 으로 해석이 되는 조건의 부사절 접속사이다.
[오답률] 0.0%

22. 만약 당신이 지금 즉시 신분증을 발급해 주신다면 정말 감사드립니다 / 계약된 대로 실험실에 들어가고 확인할 수 있도록
[해설] 빈 칸은 절을 이끄는 부사절 접속사 자리이다. B,D는 접속사가 아니니까 탈락. A,C 중에서 '~할 수 있도록' 이라는 의미의 A가 정답이다.
[오답률] 14.3%

23. 새로운 자동차 보험정책하에, 손상된 자동차의 수리는 보상된다 / 공인된 서비스센터에 의해 수행된다면
[해설] 빈 칸은 조건의 부사절을 이끄는 접속사 B가 들어가야 한다.
[오답률] 7.1%

24. 18세 미만의 사람들은 콘서트를 볼 것을 허락받지 않는다 / 부모님에 의해서 동행되지 않는다면
[해설] p.p.를 취하는 경우는 부사절 접속사가 분사구문으로 축약될 때이다. A는 등위접속사, B는 부사, C는 전치사이다.
[오답률] 42.9%

25. 수리가 완료될 때 까지, 오직 필수 인력만이 허락된다 / 가게로의 접근이
[해설] 문두에서 컴마까지는 수식어 자리이고, 동사가 포함되어 있기 때문에 빈 칸에는 부사절 접속사가 들어가야 한다. A,D는 전치사이며 C는 부사이다.
[오답률] 7.1%

26. 회사는 월간 회의를 재개할 것이다 / Ms. Jackson이 England에서 4월 30일에 돌아온 이후에
[해설] A는 선행사를 꾸미는 관계대명사 혹은 명사절 접속사이며, C,D는 그냥 부사이다. 선택지에서 부사절 접속사는 B 밖에 없다.
[오답률] 35.7%

27. 업무의 위임은 관리자의 일을 더 쉽게 만들고, 다른 직원들이 새로운 기술들을 배우는 것을 도울 수 있다.
[해설] (A) 평판, 명성   (B) 위임, 대표단
(C) 토대, 기반, 재단   (D) 허락, 허가, 승인
* 토익 빈출 표현 : 'delegation of tasks : 업무의 위임'
[오답률] 35.7%

28. Jacob이 10년 이상 지점장으로 근무했었기 때문에, 그를 알지 못하는 직원은 아무도 없었다.
[해설] 빈 칸 뒤에 전치사 as와 함께 쓰일수 있는 '자동사'는 B 밖에 없다. 참고로 serve는 자,타동사가 모두 가능하다.
(A) 포함하다   (B) 제공하다, 일하다
(C) 여기다, 간주하다   (D) 하다, 수행하다
[오답률] 42.9%

29. 그가 최근에 막 고용되었지만, 그는 지금까지 정말 많은 업적들을 이루었다.
[해설] 문두에서 컴마까지는 수식어 자리이고 빈 칸은 명사 목적어를 수반하는 전치사 자리이다. 선택지에 전치사는 B 밖에 없다.
[오답률] 35.7%

30. 아마도 가장 어려운 측면은 / 직업을 변경하는데 있어 / 연봉을 협상하는 것이다 / 공정하면서도 만족스러운
[해설] 빈 칸은 부사자리이다. C는 단수명사를 수식하는 수량형용사, D는 부사절 접속사, B는 명,형,전,부 로 모두 쓰일 수 있지만 해석상 어색하다.
[오답률] 64.3%

31. 광고의 가장 주요한 목표는 소비를 촉진하고, 그렇게 함으로써 판매를 늘리는 것이다.
[해설] 빈 칸은 부사자리이다. A는 접속사, 전치사로 쓰이고, C는 접속사, D는 전치사이다.
[오답률] 35.7%

32. 당신이 서비스 기술자에게 전화를 해야 하는 경우에 대비해서, 그에게 모델 번호를 알려 주세요 / 요청을 빠르게 처리하기 위해
[해설] 빈 칸은 절을 수반하는 접속사 자리이기 때문에 C가 정답이다. A,B는 전치사, D는 'so as to V'와 같이 쓰인다.
[오답률] 28.6%

33. Mr. Smith 예산 심의를 도와줄 것을 제공했다 / 그러나 Dr. Polo는 혼자 일 하는 것을 선호한다.
[해설] 빈 칸은 절과 절을 연결하는 등위접속사 자리이다. A,D 중에서 해석상 적절한 D가 정답이다.
[오답률] 0.0%

34. 3월 15일자로, 고객들은 주문을 온라인에서 할 것을 요청 받을 것이다 / 우편주문 양식을 이용하기 보다
[해설] 빈칸 뒤에 동사를 바로 취할 수 있는 건 접속사도 전치사도 아닌 C 뿐이다. rather than은 준등위접속사로써 명사, 동사, 동명사 등을 모두 취할 수 있다.
[오답률] 50.0%

35. 새로운 조립 라인 장비의 문제점이 수리된 이후에는, 공장의 새로운 생산 일정이 시행될 것이다.
[해설] 문두에서 컴마까지는 수식어 자리이며, 빈 칸은 동사가 포함된 절을 이끄는 부사절 접속사 자리이다. A,C는 부사이며, B는 전치사이다.
[오답률] 35.7%

36. 잠정적인 계산은 암시한다 / 우리 회사의 올 상반기 수익률이 6% 증가한 것으로
[해설] 빈 칸은 동사가 포함된 절을 수반하는 접속사 자리이며, 타동사 indicate의 목적어 역할을 해야 하기 때문에 명사절 접속사가 들어가야 한다. B,C는 주어나 목적어가 빠진 불완전한 절을 수반하며, D는 부사절 접속사이다.
[오답률] 7.1%

37. 많은 새로운 식당이 작년에 오픈 했음에도 불구하고 Jim's Steaks는 여전히 지역에서 가장 인기 있는 식당이다.
[해설] 문두에서 컴마까지는 수식어 자리이기 때문에 빈 칸은 부사절을 이끄는 접속사 자리이다. C,D는 전치사, B는 전치사와 부사가 가능하다.
[오답률] 7.1%

38. 새로운 서점의 개장행사는 시작할 것이다 / 모든 이사진들이 도착하자마자
[해설] 빈 칸 뒤에 절이 수반되었기 때문에 빈 칸은 접속사 자리이다. A,B는 전치사이고 D는 '비록 ~일지라도'라는 의미의 접속사로써 해석상 어색하다.
[오답률] 21.4%

39. Mr. Kim이 작년에 은퇴했음에도, 그는 여전히 사무실을 매주 방문한다.
[해설] 문두에서 컴마까지는 수식어 자리이기 때문에 빈 칸은 부사절을 이끄는 접속사 자리이다. B는 전치사, C는 'next to'의 형태로 전치사로 쓰이며, D는 부사이다.
[오답률] 0.0%

40. Meggie Ltd.의 면접관들은 연수를 받았다 / 모든 지원자들의 편견 없는 평가를 할 것을 / 그들이 면접을 수행할 때
[해설] (A) 만족을 느끼는 (B) 의존하는
(C) 무관심한 (D) 편견 없는
[오답률] 71.4%

Unit Test 18 [특수구문]

Unit Test 18

1	A	2	C	3	D	4	D	5	D
6	B	7	B	8	A	9	C	10	A
11	C	12	B	13	C	14	B	15	C
16	D	17	C	18	C	19	D	20	D
21	A	22	D	23	B	24	B	25	A
26	A	27	D	28	A	29	D	30	B
31	C	32	A	33	B	34	D	35	D
36	B	37	D	38	B	39	C	40	B

1. 비싼 그릇이 깨진 이후에야, Martin은 깨지기 쉬운 물건들을 지하에 보관하기 시작했다.
[해설] Only since절이 문두에 있으면 주절이 도치가 된다. has와 현재완료의 짝을 이루는 p.p.가 정답이다.
[오답률] 11.1%

2. CL 회사의 웹사이트로의 방문객들은 오직 몇몇의 정보들에만 접근권을 가지고, 프리미엄 서비스를 위해서는 수수료를 내야 한다.
[해설] A는 미래시제랑 어울리고 B,D는 동사를 수식하지 않는다.
[오답률] 22.2%

3. 그 거리 댄서는 작년에 TV 탤런트쇼에 지원했으나 아슬아슬하게 준결승에 진출하지 못했다.
[해설] 주어 동사 사이는 부사자리이다.
[오답률] 0.0%

4. 화요일로 예정되어 있는 기자회견은 / 주최가 될 것이다 / 홍보 부서로부터
[해설] (A) 초대하다, 요청하다 (B) 의도하다
(C) 용서하다, 변명하다 (D) 주최하다
[오답률] 0.0%

5. 그것은 사실이 되었다 / 채용 매니저가 기본적으로 팀 작업을 준비했었다는 것은 / 지원자들을 계속 지켜보기 위해
[해설] 2형식 자동사만이 형용사를 보어로 취할 수 있다.
(A) 제안하다, 제공하다 (B) 승인하다
(C) 제공하다 (D) ~이 되다
[오답률] 11.1%

6. Mr. Damon은 매일 한 시간씩 운동을 한다 / 아무리 피곤할지라도
[해설] no matter how는 however과 같이 '아무리 ~일지라도'라는 해석을 만드는 부사절 접속사이다. 주로 형용사나 부사와 함께 쓰인다.
[오답률] 0.0%

7. 똑똑하고 열정적인, Maria는 프로 테니스 선수였다 / 체육 선생님으로 근무를 시작하기 전에
[해설] 빈 칸은 smart와 대등하게 연결되는 형용사 자리이다.
[오답률] 0.0%

8. 해외 여행을 계획할 때, 여권이 만료되지 않을 것을 명심하세요 / 3개월 이내에
[해설] 문두에서 컴마까지는 수식어 자리이다. 동사가 포함되어 있기 때문에 빈 칸은 부사절 접속사 자리이다. B는 등위접속사, C는 부사, D는 명사절 접속사이다.
[오답률] 0.0%

9. 조언을 제공하는 것과 제품 질문들에 응답 하는 것은 World Trade Shop은 고객 서비스 직원의 의무이다.
[해설] 빈 칸은 주어인 동명사 offering과 대등하게 병렬구조를 이루는 동명사 C가 정답이다.
[오답률] 11.1%

10. 성수기 동안에, 모든 사람들은 허용되지 않을 것이다 / 수영시설로의 접근을
[해설] access는 타동사와 불가산 명사가 모두 가능하다. 즉, B가 정답이 되려면 빈 칸 뒤에는 목적어 명사가 바로 와야 한다. access가 명사로 쓰일 때 지금처럼 전명구를 취할 수 있다. 참고로 allow는 '~을 허락해주다' 의 해석으로 4형식으로 쓰일 수 있기 때문에 수동태 뒤에도 명사 목적어를 취할 수 있다.
[오답률] 33.3%

11. 제품이 엄격한 조사과정을 겪은 이후가 되어서야, 관리자들이 생각했다 / 그것을 시장에 내 놓을 준비가 되었다는 것을
[해설] only after절이 문두로 오면서 주절이 도치가 된 구문이다. 도치구문에서 do/does/did 와 같은 조동사 뒤에는 동사원형이 와야 한다.
[오답률] 0.0%

12. 당신의 여권과 탑승권을 3번 창에서 검사를 받은 후에, 4번 창으로 가세요 / 처리비용을 지불하는 곳인
[해설] 문두에서 컴마까지는 수식어 자리이며, 동사가 포함되어 있기 때문에 빈 칸에는 접속사가 들어가야 한다. A,D는 전치사이고, C는 역접의 양보절 접속사로써 해석상 어색하다.
[오답률] 22.2%

13. 지속적인 기술의 발전은 보통의 사람들이 훨씬 더 효율적인 시간의 이용을 가능하도록 만든다.
[해설] 빈 칸은 명사를 꾸며주는 형용사 자리이다.
[오답률] 0.0%

14. 오직 최근이 되어서야 소매업자는 창고의 재고를 검사하는 것을 시작했다 / 무슨 제품을 사야할지를 결정하기 위해
[해설] only recently가 문두로 오면서 주절이 도치가 된 구문이다. 주어 뒤에 동사원형이 있기 때문에 빈 칸은 조동사가 들어가야 하고, recently가 현재완료나 과거 시제와 쓰이는 부사이기 때문에 빈 칸에는 과거 시제를 만드는 덩어리인 B가 정답이다.
[오답률] 11.1%

15. 시청은 고려해왔다 / 농업협동조합을 발달시킬 것을 / 지역 사회를 위해
[해설] consider은 동명사를 목적어로 취하는 대표적인 동사이다.
[오답률] 33.3%

16. Mr. Groot가 퇴근을 하자마자, 전화가 울렸다.
[해설] 부정어 no sooner가 문두로 오면 주절이 도치가 된다.
* no sooner ~ than.. : ~하자 마자 …하다
[오답률] 11.1%

17. 작가인 Kelly의 가장 유명한 소설들의 원래 원고는 박물관에 전시될 것이다.
[해설] 빈 칸은 명사를 수식하는 형용사 자리이다. celebrated는 '유명한' 으로 해석이 되는 관용적인 분사이다.
[오답률] 11.1%

18. 게임의 베타테스트가 월요일에 종료되었으며, 저희 팀의 초기 평가를 첨부합니다.
[해설] be 동사 왼쪽에 빈 칸이 있을지라도 첨부는 도치구문을 주로 만든다. 참고로 동격의 주어로써 attachment가 빈 칸에 들어가려면 관사가 반드시 필요하다.
[오답률] 11.1%

19. Brooklyn 공장의 조립 라인을 위한 견적서가 동봉되었다
[해설] 도치된 구문이기 때문에 문장에서 주어는 the estimates와 같은 복수명사이다. 수일치를 맞춰서 D가 정답이 된다.
[오답률] 0.0%

20. 새로운 정수 시설은 우리가 폐수를 가능한 한 효율적으로 처리할 수 있게 만든다.
[해설] 완전한 문장 뒤에는 부사 자리이다.
[오답률] 0.0%

21. 대부분의 사람들에게, 가까운 동료들과 일을 하는 것은 높은 급여와 좋은 복지와 같은 가치를 가진다.
[해설] 원급 비교구문인 'as ~ as …' 구문을 만드는 A가 정답이다.
[오답률] 44.4%

22. 혹시라도 우리 회사에 대해서 어떤 정보라도 필요하다면, 전화를 주시거나 홈페이지를 방문해 주세요.
[해설] if가 생략된 가정법 도치구문이다. 마침표로 끝난 문장에서 문두에 올 수 있는 조동사는 오직 should 뿐이다.
[오답률] 0.0%

23. 20퍼센트의 판매의 증가는 Magnet Company의 수 많은 성취들 중 하나이다.
[해설] ~들 중 하나 라는 의미의 B가 정답이다. 'among 복수명사' 형태는 그 자체로 be 동사의 보어로 쓰일 수 있다.
[오답률] 0.0%

24. Mr. Park의 공격적인 의사소통 방식은 그의 동료들과의 관계를 유지하는 능력을 방해한 적이 없다.
[해설] 부정어 never이 문두로 오면 주절이 도치가 된다. 조동사 did와 짝을 이루는 동사원형이 정답이다.
[오답률] 0.0%

25. 더 믿을만한 분석 프로그램이 / 이전에 이용됐었던 것들 보다 더 / 급하게 필요하다 / 더 정확한 평가를 위해
[해설] reliable이 '믿을만한, 신뢰할 만한' 이란 의미로써 정답이 된다.
[오답률] 0.0%

26. 보수 작업을 위해 제출됐었던 최종 다섯개의 제안서들 중에서 / 작은 업체인 Team Chaos의 제안이 고려되었다 / 가장 실현 가능한 것으로
[해설] 셋 이상을 비교할 때는 최상급이 와야 하며, 5형식 동사의 수동태 뒤에는 보어 자리이기 때문에 형용사가 정답이다.
[오답률] 33.3%

27. 오직 정확한 재고의 공급을 유지함으로써, 우리는 비용을 최소화하고 즉각적인 배송을 할 수 있다.
[해설] 'only + 전명구'가 문두로 오면서 주절이 도치가 된 형태이다.
[오답률] 33.3%

28. 두 명의 최종 지원자들 중에서, Nick이 더 적격이다 / 운영 시스템 업그레이드 프로젝트의 작업에 있어서
[해설] 비교 대상이 둘 이기 때문에, 빈 칸에는 비교급이 들어가야 한다. 비교급에는 일반적으로 관사 the를 쓰지 않지만, 총 비교대상 둘을 지금 문장에서처럼 한정한 경우에는 the가 쓰일 수 있다.
[오답률] 55.6%

29. 외부 감사 회사는 금요일에 우리 회사의 재무제표를 조사할 것을 예정되어 있다.
[해설] (A) 행동하다　　(B) 수행하다
(C) 참여하다　　(D) 조사, 검토하다
[오답률] 0.0%

30. Old Trafford의 매우 경험이 많은 기술자들은 일반적으로 어떠한 문제점이든 간에 2시간 또는 3시간 이내로 해결할 수 있다.
[해설] 빈 칸은 two와 three를 대등하게 연결해주는 등위접속사 B가 정답이다.
[오답률] 0.0%

31. 새로운 제품 라인을 출시하는 것은 가장 어려운 프로젝트이다 / 우리 부서가 올해 착수한 것들 중에서
[해설] 빈 칸은 명사를 수식하는 형용사 자리이며, 명사 뒤에 '여태껏 ~한 것들 중에서' 라는 해석이 동반되기 때문에 최상급이 쓰여야 한다.
[오답률] 0.0%

32. 유기농 음식에 대한 당신의 발표는 정리가 잘 되었고 간단했다 / 그것은 우리가 굉장히 감사를 표하고 싶은 부분이다.
[해설] 빈 칸은 형용사 organized와 대등하게 연결되는 형용사 A가 정답이다.
[오답률] 22.2%

33. 기술의 발전에도 불구하고, 유리 제작 기술은 지난 50년간 거의 변하지 않았다.
[해설] 'advance in : ~의 진전/발전' 의 형태를 묻는 문제이다.
[오답률] 0.0%

34. Mega Smart Phone이 구조적인 결함을 가지고 있다는 뉴스가 방영된 이래로, 그 휴대전화의 판매량은 떨어졌다 / 훨씬 더 낮은 수준으로
[해설] much는 비교급을 수식하는 부사이다.
[오답률] 0.0%

35. 오직 경험이 많은 비행 승무원들만이 / 항공사에서 적어도 5년은 일했었던 / 이사직에 지원할 수 있다
[해설] 빈 칸에는 who의 수식을 받는 사람 명사가 들어가야 한다. 관계절의 동사가 복수이기 때문에 복수명사가 정답이 된다.
[오답률] 11.1%

36. 전직원들은 모든 지출들을 보고할 것을 요청 받는다 / 출장 동안에 발생 됐었던
[해설] 전치사는 또 다른 전명구를 수반할 수 없다. 반면에 부사절 접속사는 '주어+동사'가 생략된 전명구를 수반할 수 있다.
[오답률] 44.4%

37. 실제 직업 일선에서 일하면서 전문성을 익혀야만, 자신의 직업 분야에서 성공하는 것을 기대할 수 있다.
[해설] 'only when' 절이 문두로 나오면서 주절이 도치가 되었다. expect와 함께 도치구문의 덩어리를 완성하는 조동사 D가 정답이다.
[오답률] 66.7%

38. 상업지구에 위치되어 있는 헬스장들 중에서, Woodbury Gym이 가장 접근하기 쉽다 / 내 사무실에서
[해설] 빈 칸은 최상급 자리이다. 최상급은 명사가 생략될 수 있기 때문에 정관사 the 뒤에 최상급의 형용사만 남는 것도 가능하다.
  * Woodbury Gym is the easiest (fitness center)
[오답률] 0.0%

39. 일이 점점 안정적으로 될수록 하는 일 자체는 더 지루해 질 가능성이 있다.
[해설] 'the 비교급, the 비교급' 구문은 '더 ~할수록 점점 더 ~하다' 와 같이 해석이 된다.
[오답률] 33.3%

40. Jake가 회사를 떠났을 때 비로소 이사는 깨달았다 / 그와 같은 직원을 다시는 볼 수 없을 것이라는 것을
[해설] 'only when' 이 이끄는 부사절이 문두에 오면서 주절이 도치가 되었다. 조동사 did와 덩어리를 만드는 동사원형이 정답이다.
[오답률] 11.1%

기출 테마
어휘 모음

정기토익
최다빈출 부사 100선
정기토익
기출 전치사 표현 모음
정기토익
기출 복합 명사
Paraphrasing
기출 족보 자료
접전부완벽정리

(1) 정기 토익 최다빈출 부사 100선

	기출 부사	의미	기출 표현
1	already	이미, 벌써	have **already** taken measures 이미 조치를 취했다. be **already** occupied 이미 점유되다.
2	clearly	분명하게, 명확하게	speak **clearly** 분명하게 말하다 pronounce each word **clearly** 각 단어를 명확하게 발음하다.
3	carefully	조심스럽게, 신중하게	follow the directions **carefully** 안내를 신중히 따르다 review the contract **carefully** 계약서를 신중히 검토하다
4	unusually	이상하게, 평소와 달리	the **unusually** dry season 유난히 건조한 계절 **unusually** high temperatures 이례적으로 높은 기온
5	currently	현재	the negotiations **currently** underway 현재 진행 중인 협상들 be **currently** seeking a new ~ 현재 새로운 ~을 구하고 있다
6	finally	마침내, 결국	distribute the brochure **finally** 마침내 안내 책자를 배포하다 **finally** approve the new plan 마침내 새로운 계획을 승인하다
7	individually	각각, 개별적으로	need to be considered **individually** 개별적으로 고려되어야 한다.
8	skillfully	능숙하게, 솜씨 있게	handle inquiries **skillfully** 문의를 능숙하게 처리하다
9	regularly	규칙적으로, 정기적으로	check the computers **regularly** 컴퓨터를 정기적으로 점검하다
10	systematically	체계적으로	improve your performance **systematically** 업무 능력을 체계적으로 향상시키다
11	gradually	점차, 점점	reduce workforce **gradually** 단계적으로 직원 수를 줄이다 ~ is **gradually** deteriorating. ~이 점차 악화되고 있다
12	approximately	약, 대략	last **approximately** 3 hours 약 3시간동안 계속되다
13	unexpectedly	예기치 못하게	**unexpectedly** closed network connection 갑자기 차단된 네트워크 연결
14	temporarily	임시적으로, 일시적으로	be **temporarily** located on the 5th street 5번 가에 임시로 위치하다
15	recently	최근에, 최근 들어	the **recently** issued summary 최근에 발행된 요약 자료
16	promptly	즉시, 신속하게, 제시간에 정확히	respond **promptly** to questions 질문에 신속하게 답하다
17	originally	원래, 처음에	**originally** came up with the ideas 원래 그 의견들을 냈다
18	absolutely	완전히, 절대적으로	It is **absolutely** worth the purchase 그것은 전적으로 구매할 가치가 있다.
19	directly	직접, 바로	report all new orders **directly** to the headquarters 모든 신규 주문을 본사로 직접 보고하다
20	specially	특히, 특별히	**specially** designed programs 특별히 기획된 프로그램
21	relatively	비교적, 상대적으로	**relatively** difficult to find 비교적 찾기 어려운

	기출 부사	의미	기출 표현
22	indirectly	간접적으로, 에둘러서	speak indirectly 돌려서 말하다
23	properly	제대로, 올바로	function properly 제대로 작동하다
24	decisively	단호히	act decisively 결단력 있게 행동하다
25	extremely	매우	extremely successful 아주 성공적인
26	generously	관대하게, 아낌없이	offer to volunteer their time generously 너그럽게도 자진해서 시간을 내 주다
27	consistently	지속적으로, 계속해서	consistently excellent performances 계속적으로 뛰어난 성과
28	nearly	거의	be down nearly 30 percent 거의 30% 감소하다
29	properly	알맞게, 적절히	properly concentrate on their work 그들의 업무에 제대로 집중하다
30	easily	쉽게, 틀림없이(필시) →can, may와 함께	assemble the desk easily 책상을 쉽게 조립하다 The location can easily be moved 장소는 틀림없이 이동 될 것이다
31	separately	따로, 별도로	be delivered separately 따로 배달되다
32	quickly	신속하게	deal quickly with the problem 그 문제를 신속히 처리하다
33	relatively	비교적으로, 상대적으로 (=comparatively)	a relatively simple process 상대적으로 단순한 과정 relatively stringent policy 비교적 엄격한 정책
34	shortly	곧 (=soon)	shortly after the scheduled departure time 예정된 출발 시간 직후에 arrive shortly 곧 도착하다
35	reasonably	합리적으로, 상당히, 꽤	a reasonably good wage 꽤 높은 임금
36	highly	매우, 몹시 (=extremely)	lead a highly successful project 매우 성공적인 프로젝트를 이끌다 highly profitable business 상당히 수익성이 좋은 사업
37	occasionally	가끔, 때때로	occasionally offer special prices 가끔 특별 가를 제공하다
38	primarily	첫째로, 주로 (=mainly, largely)	primarily due to high interest rates 주로 높은 금리 때문에 primarily focus on children's literature 주로 아동도서에 주력하다
39	completely	완전히, 전적으로 (=entirely, totally)	fill out the form completely 양식을 완전히 작성하다
40	exclusively	오직, 독점적으로 (=solely, only)	exclusively for today's busy CEOs 오직 오늘날의 바쁜 CEO들을 위해
41	immediately	즉시, 즉각적으로 (=promptly, instantly)	immediately upon arriving at the hotel 호텔에 도착하는 대로 즉시

	기출 부사	의미	기출 표현
42	unbearably	참을 수 없을 정도로	**unbearably** <u>cold</u> water 견딜 수 없을 정도로 차가운 물
43	slightly	약간, 조금	overall profits <u>fell</u> **slightly** 전반적인 수익이 약간 하락했다 vacancy rates <u>decreased</u> **slightly** 공실률이 소폭 감소했다
44	frequently	자주, 빈번하게 (=often)	<u>break down</u> **frequently** 빈번히 고장 나다
45	conveniently	편리하게	The hotel is **conveniently** <u>located</u> 호텔은 편리한 곳에 위치하고 있다
46	heavily	몹시	<u>rely</u> **heavily** <u>on</u> A A에 크게 의존하다
47	overwhelmingly	압도적으로	**overwhelmingly** <u>win</u> 압도적으로 승리하다
48	unanimously	만장일치로	**unanimously** <u>pass</u> the bill 만장일치로 법안을 통과시키다
49	unprecedentedly	전례 없이	**unprecedentedly** <u>cold</u> weather 전례 없이 추운 날씨 **unprecedentedly** <u>generous</u> donation 전례 없이 관대한 기부
50	vaguely	애매모호하게 (=ambiguously)	**vaguely** <u>explain</u> 애매모호하게 설명하다
51	effectively	효과적으로 (=efficiently)	<u>compete</u> **effectively** <u>with</u> rival firms 경쟁사들과 효과적으로 경쟁하다
52	surely	확실히 (=certainly, definitely)	**surely** <u>guarantee</u> the quality of the product 상품의 품질을 확실히 보장하다
53	perfectly	완벽하게, 완전히	be **perfectly** <u>designed</u> 완벽하게 설계되다 be **perfectly** <u>located</u> 완벽하게 위치하다
54	necessarily	반드시, 부득이	not **necessarily** 반드시(꼭) ~인 것은 아닌
55	particularly	특히	**particularly** <u>good</u> at ~ 특히 ~에 뛰어난 look **particularly** <u>impressive</u> 특히 인상적으로 보이다
56	closely	자세히, 면밀하게	**closely** <u>examine</u> the suitability 적격성을 면밀히 검토하다 <u>follow</u> the checklist very **closely** 점검표를 아주 면밀히 따르다 <u>cooperate</u> **closely** <u>with</u> the government 정부와 긴밀히 협조하다
57	cautiously	조심스럽게	be **cautiously** <u>optimistic</u> 조심스럽게 낙관하다 **cautiously** <u>predict</u> 조심스럽게 예측하다
58	periodically	주기적으로	**periodically** <u>review</u> and revise A A를 주기적으로 검토하고 수정하다 <u>reflect</u> **periodically** <u>on</u> the approach 접근방식을 주기적으로 숙고하다
59	sharply	급격하게, 날카롭게	The value of the currency <u>fell</u> **sharply** 통화 가치가 급격히 하락했다
60	definitely	명확하게, 확실히	**definitely** <u>the best</u> part of the book 확실히 그 책의 가장 좋은 부분
61	rapidly	빨리, 급속히, 신속하게	**rapidly** <u>expanding</u> advertising division 빠르게 확장하는 광고부 work <u>progresses</u> more **rapidly** 일이 더 신속하게 진행된다.

	기출 부사	의미	기출 표현
62	cordially	정중히, 진심으로	be cordially asked to V V하도록 정중히 요청 받다
63	accurately	정확하게	enter the figures accurately 수치들을 정확하게 입력하다
64	mutually	상호 간에, 서로	sign a mutually beneficial agreement 상호 이익이 되는 계약을 체결하다 mutually agreeable 상호 간에 받아들일 수 있는
65	thoroughly	철저하게	thoroughly test the safety equipment 안전 장비를 철저하게 검사하다
66	tirelessly	지칠 줄 모르고, 끊임없이	work tirelessly 끊임없이 일 하다
67	significantly	상당히, 중요하게	be significantly above the expectations 기대를 상당히 넘어서다 reduce one's expense significantly ~의 비용을 현저하게 낮추다
68	precisely	정확하게	leave precisely at 7:00 7시 정각에 출발하다
69	carelessly	부주의하게, 소홀하게	perform regular checks carelessly 정기 점검을 소홀히 수행하다
70	remarkably	현저하게, 눈에 띄게, 매우	do the job remarkably well 일을 아주 잘 하다
71	solely	오직, 단독으로	rely solely on labor cost cutting 임금 삭감에 전적으로 의존하다
72	yet	아직	have yet to finalize a time table 시간표를 아직 최종적으로 정하지 않았다
73	thoughtfully	생각에 잠겨, 생각 깊게	examine the goal thoughtfully 목표를 생각 깊게 검토하다
74	ultimately	궁극적으로, 최후로	ultimately reach 20 people 최종적으로 20명에 이르다
75	hardly	거의 ~아니다	hardly ever prepared for the presentations 발표 준비를 거의 한 적이 없다
76	widely	널리, 폭넓게	widely used method 널리 사용되는 방법
77	seriously	진지하게, 중요하게, 심각하게	seriously injured 중상을 입은 take A seriously A를 심각하게 받아들이다
78	randomly	무작위로, 임의로	be selected randomly 무작위로 선정되다
79	initially	처음에	initially planned 처음에 계획된
80	fully	충분히, 완전히	be fully operational 완전히 가동되다
81	dramatically	급격히, 극적으로	increase the speed dramatically 속도를 급격히 올리다 The temperature drops dramatically 온도가 급격히 떨어지다
82	adversely	불리하게, 반대로	affect the economy adversely 경제에 악영향을 미치다
83	provisionally tentatively	임시적으로, 잠정적으로	be provisionally nominated as the interim head coach 임시 수석 코치로 일시적으로 임명되다
84	electronically	전자적으로, 컴퓨터로	can be electronically transferred to your account. 전산시스템을 통해 당신 계좌로 이체될 수 있음

	기출 부사	의미	기출 표현
85	favorably	호의적으로	Critics responded favorably to the Broadway musical 비평가들이 이 브로드웨이 뮤지컬에 대해 우호적인 평가를 내다
86	increasingly	점점 더	in an increasingly competitive market 점점 더 경쟁이 치열해지는 시장에서
87	largely	대체로, 주로, 크게	largely due to A 주로 A 때문에
88	readily	손쉽게	be readily available 쉽게 이용 가능한
89	aggressively	적극적으로, 공격적으로	pursue potential clients aggressively 잠재고객을 적극적으로 유치하다
90	eventually	결국에는	The department will eventually merge with the School of MEM 이 부서는 결국에는 MEM와 합병할 것이다
91	inherently	본질적으로, 선천적으로	The investment plan was inherently flawed from the beginning. 투자 계획안은 처음부터 본질적으로 문제가 있었다.
92	firmly	단호히, 확고히	be firmly resolved to do it 그것을 하기로 굳게 결심하다
93	partially	부분적으로	The film was only partially successful 이 영화는 부분적으로 성공적이었다.
94	securely	단단히, 견고히	be sure that all windows are securely shut after parking the vehicle 주차 후에 모든 창문이 꼭 닫혀 있는지 확인하다
95	seemingly	겉보기에는	seemingly unimportant documents 겉으로 보기에는 중요하지 않은 서류
96	sparsely	드문드문, 희박하게 (=thinly)	a sparsely populated area 인구 밀도가 희박한 지역
97	densely	밀집하여, 빽빽이	a densely populated area 인구 밀집 지역
98	intensively	집중적으로, 철저하게	rehearse intensively 맹렬히 연습하다 be studied intensively 집중적으로 연습되다
99	objectively	객관적으로	listen objectively to ~ ~을 객관적으로 듣다
100	respectively	각각	begin shipments to Europe and Japanese markets in 2008 and 2009, respectively 유럽과 일본 시장에 2008년과 2009년에 각각 수출하다

(2) 정기 토익 기출 전치사 표현 모음

	필수암기 전치사 기출표현 1 (at)				
	빈출표현	의미		빈출표현	의미
1	at stake	위태로운	21	at most(best)	기껏해야
2	at the risk of ~	~의 위험을 무릎 쓰고	22	at the time we had trouble	우리가 곤란을 겪었을 때
3	at random	임의로, 무작위로	23	at the same time	동시에
4	at the urging of ~	~의 권고로	24	at the time of the year	이 계절에, 매년 지금쯤은
5	at once	즉시, 동시에	25	at the age of seven	일곱 살 때에 (나이)
6	at a good pace	상당한 속도로	26	at the second attempt	두 번째 시도에
7	at the rate of ~	~의 비율(속도)로	27	at the time S+V	~ 하는 때에
8	at a reduced price	할인된 값으로	28	at this time	이 시점에서
9	at high speed	급속히	29	at a surprisingly fast pace	놀랄만한 속도로
10	at the age of ~	~의 나이로	30	at the end of ~	~의 말에
11	at least	적어도	31	by the end of ~	~의 말 까지
12	at a low price	낮은 가격으로	32	before the end of ~	~의 말 전에
13	at a charge of ~	~의 비용부담으로	33	at your convenience	당신이 편리한대로
14	at the latest	늦어도	34	at your earliest convenience	가능한 빨리
15	at 60 miles an hour	한 시간에 60 마일로	35	at the end of the month	월말에
16	at one's expense	~의 비용으로	36	at random	임의로, 무작위로
17	at regular intervals	규칙적으로	37	at all times	항상
18	at its peak	최고조에 이른	38	at times	때때로
19	at the earliest	일러도, 빨라도	39		
20	at first	처음에	40		

필수암기 전치사 기출표현 2 (on)

	빈출표현	의미		빈출표현	의미
1	on(in) the market	시장에 나와 있는	21	brief A on(about) B	A에게 B를 간단히 알리다
2	on sale (for sale)	세일중인 (판매중인)	22	work on	작업하다
3	focus / emphasis / concentration + on ~	~에 대한 집중	23	lecture / presentation / discussion + on(about)	~에 대한 강의/발표/토론
4	on time	정시에	24	on the left	왼쪽에
5	on the waiting list	대기자 명단에	25	on schedule	예정대로
6	on a regular basis	규칙적으로	26	on one's departure	출발에 즈음하여
7	on the recommendation of	~의 추천으로	27	on delivery	배달시에
8	place ~ on standby	~을 만반의 준비를 시키다	28	on site	현장에
9	depend(rely) on ~	~에 달려있다, 의존하다	29	congratulate A on(upon) B	A를 축하하다 (B에 대해)
10	plan on –ing	–ing하는 계획을 하다	30	on the floor	바닥에
11	impose A on B	~A를 B에게 부과하다	31	on the internet	인터넷에서
12	concentrate on ~	~에 집중하다	32	be based on ~	~에 근거하여
13	collaborate on ~	~에 대해 협동하다	33	an impact on ~	~에 대한 영향/충격
14	cf. collaborate with ~	~와 협동하다	34	upon request	요청 즉시
15	on one's way to ~	~로 가는 길에	35		
16	emphasis on ~	~에 대한 강조	36		
17	on the wane	쇠퇴하는	37		
18	concern on(over) ~	~에 관한 우려	38		
19	on the waiting list	대기자 명단에	39		
20	on behalf of ~	~을 대신하여	40		

필수암기 전치사 기출표현 3 (for)

	빈출표현	의미		빈출표현	의미
1	for sale (on sale)	판매중인 (세일중인)	21	discount vouchers for ~	전람회할인권
2	make allowances for ~	~을 참작, 고려하다	22	for a research purpose	연구 목적으로
3	put in for ~	~을 청구, 요청하다	23	apply for	~에 지원, 신청하다
4	for your convenience	여러분의 편의를 위해	24	ask for	~을 요청하다
5	for future use	미래에 사용하기 위해	25	request for	~을 요청하다
6	for safety use	안전상의 이유로	26	be liable for	~에 대해 책임이 있다
7	for further information	더 많은 정보를 위해	27	be qualified for	~할 자격이 있다
8	articles for sale	판매용 물건	28	be eligible for	~할 자격이 있다
9	money for supplies	물품 구입비	29	substitute A for B	B를 A로 대신하다
10	a coupon for every $100	매 100달러에 대한 쿠폰	30	make up(compensate) for	~에 대해 보상하다
11	account for ~	~을 설명하다	31	in exchange for ~	~와 교환으로
12	apologize for ~	~에 대해 사과하다	32		
13	be headed for ~ (= head for =be bound for)	~로 향하다	33		
14	be noted for ~	~로 유명하다	34		
15	be known for ~	~로 알려져 있다	35		
16	be known as ~	~로서 알려져 있다	36		
17	be known to ~	~에게 알려져 있다	37		
18	talent for ~	~에 대한 재능	38		
19	provide(supply) B for A	B를 공급하다 (A에게)	39		
20	ideal for ~	~에 이상적인	40		

필수암기 전치사 기출표현 4 (in)

	빈출표현	의미		빈출표현	의미
1	in bulk	대량으로	26	decline(decrease/drop/fall) in ~	~에 있어서의 감소
2	in an attempt to V	~하려는 시도로	27	in need of ~	~이 필요한
3	in an effort to V	~하려는 노력으로	28	in favor of ~	~에 찬성(지지) 하여
4	draw on expertise in ~	~에 대한 전문식견을 이용하다	29	in effect	유효한 (=valid)
5	in time	때맞추어, 이르게	30	in keeping with ~	~에 따라, ~에 일치하여
6	in a sales event	할인행사에서	31	in compliance with	~을 준수하여
7	in the coming year	다음 해에	32	in observance of ~	~을 준수하여
8	have ~ in place	~를 적절한 자리에 놓다	33	in exchange for ~	~와 교환으로
9	in the sales department	영업부에서	34	in good condition/shape	좋은 상태에 있는
10	in the foreseeable future	가까운 미래에	35	in one's absence	~가 부재중에
11	in a campaign	캠페인에서	36	in detail	세부적으로
12	experience in a relevant field	관련 분야에서의 경험	37	in the light of ~	~을 고려, 감안하여
13	have ~ in common	~을 공통으로 가지다	38	in view of ~	~을 고려하여
14	result in ~	~를 초래하다	39	in excess of ~	~을 초과하여
15	cf. result from	~로부터 기인하다)	40	in a timely manner	시기적절하게
16	in the corner office	모퉁이 사무실에	41	in charge of ~	~를 책임지고 있는
17	consist(lie) in ~	~에 놓여있다, 달려있다	42	in the event of ~	~의 경우에
18	in place of	~대신에	43	in advance	미리
19	in search of	~를 찾아	44	engage in ~	~에 관계, 종사하다
20	in line with	~와 조화하여, 일치하는	45	be engaged in ~	~에 관련하다
21	reduction in ~	~에 있어서의 감축, 감소	46	be involved in ~	~에 관여하다
22	in good condition	상태가 좋은	47	in the suburbs of ~	~의 외곽에
23	in honor of ~	~에 경의를 표하며 ~을 축하하며	48	in(↔out of) stock	재고를 보유중인
24	in celebration of	~을 축하하며	49	in(↔out of) print	발간되고 있는
25	rise(increase) in ~	~에 있어서의 증가	50	in(↔out of) recession	불황에 빠진

필수암기 전치사 기출표현 5 (with)

	빈출표현	의미		빈출표현	의미
1	in accordance with	~와 일치하는	21	contend with ~	(문제 등과) 싸우다
2	in conjunction with	~와 공동으로, 협조하여	22	assist with ~	~을 도와주다
3	in cooperation with	~와 협조하여	23	happy(pleased) with ~	~로 인해 기쁜
4	in comparison with ~	~에 비교하여	24	with no exception	예외 없이
5	in compliance with	~을 준수하여	25	with the aim of ~	~을 목적으로
6	in line with	~와 조화하여, 일치하는	26	with the exception of ~	~는 예외로 하고
7	problem with ~	~에 대한 문제	27	compared with(to) ~	~에 비교하여
8	experiment with ~	~을 가지고 실험하다	28	present A with B	A에게 B를 주다
9	interfere with ~	~을 방해하다	29	be familiar with ~	~에 대해 잘 알다
10	cf. interfere in ~	~에 참견, 간섭하다	30	deal(cope) with	~을 다루다, 처리하다
11	comply with ~	~에 따르다, 순응하다	31	provide(supply) A with B	A에게 B를 공급하다
12	agree with ~	~와 동의하다	32	= provide B for(to) A	A에게 B를 공급하다
13	be concerned with ~	~에 관련되어 있다	33	cf. provide for ~	~을 준비하다
14	cf. be concerned about(over) ~	~에 염려, 걱정하다	34	with care	조심스럽게
15	with high unemployment rates	높은 실업 상황 하에서	35	help A with B	A가 B하는 것을 돕다
16	be faced with ~	~에 직면하다 (=face)	36		
17	be equipped with ~	~가 설치되어 있다	37		
18	acquaint A with B	A에게 B를 알게 하다	38		
19	be acquainted with ~	~를 잘 알고 있다	39		
20	be associated with ~	~와 관련되다	40		

	필수암기 전치사 기출표현 6 (to)				
	빈출표현	의미		빈출표현	의미
1	to the relief of ~	~가 안심하도록	21	commitment to ~	~에 대한 전념, 헌신
2	to a great extent	상당한 정도까지	22	access to ~	~에 대한 접근
3	to my knowledge	내가 알기로는	23	attribute A to B	A를 B 탓으로 돌리다
4	to be sure	물론, 당연히	24	responding to ~	~에 대응하여
5	to your heart's content	네가 만족할 때까지	25	in response to ~	~에 반응/대응 하여
6	to one's satisfaction	~가 만족스럽게	26	come to an end	끝나다, 종결되다
7	to one's disappointment	~가 실망스럽게	27	be limited to ~	~으로 국한되어 있다
8	(much) to the/one's surprise	(매우) 놀랍게도	28	be admitted to ~	~에 입장하다
9	return to normal	정상으로 돌아오다	29	prior to ~	~전에
10	object to ~	~에 반대하다	30	contribute to	~에 기여하다
11	contribute to(toward) ~	~에 기여, 기부하다	31	apply to ~	~에 적용하다
12	refer to ~	~를 언급, 참고하다	32	subscribe to ~	~을 정기 구독하다
13	refer to A as B	A를 B라고 언급하다	33	attribute to ~	~에 기인하다
14	be used to ~	~에 익숙하다	34	be entitled to ~	~할 자격이 있다
15	be related to ~	~에 관련되다	35	commitment to ~	~에 대한 헌신, 전념
16	narrow down A to B	A를 B로 범위를 좁히다	36	dedicate oneself to ~	~에 대해 헌신하다
17	relevant(related) to ~	~에 관련된	37	in reference to ~	~에 관하여 (=about)
18	irrelevant to ~	~에 부적절한, 관련 없는	38	with regard to ~	~에 관하여 (=about)
19	comparable(equal) to ~	~에 필적하는	39	owing to ~	~때문에
20	be subject to ~	~에 달려 있는 / ~의 (영향을) 받기 쉬운	40	lead to ~ (=cause =give rise to =result in =bring about)	~를 초래하다

필수암기 전치사 기출표현 7 (of)

	빈출표현	의미		빈출표현	의미
1	take advantage of ~	~를 이용하다	21	be capable of ~	~을 할 수 있다
2	consist of ~	~로 구성되다	22	on behalf of ~	~을 대표/대신하여
3	run out(short) of ~	~가 다 떨어지다	23	cf. stand in for ~	~을 대신하다
4	keep track(record) of ~	~를 기록하다	24	as a result of	~의 결과로써
5	beware of ~	~을 주의하다	25	run short(out) of	떨어지다, 동이 나다
6	lack of ~	~의 결여	26	out of date	구시대의
7	ahead of time	이르게, 앞서서	27	out of reach	손이 닿지 않는, 힘이 미치지 않는
8	advocate of ~	~의 옹호자	28	out of order	고장난
9	carry assurance of ~	~에 대한 보장을 주다	29	out of room	공간이 부족한
10	free of charge	무료로	30	out of print	절판된
11	at the urging of	~의 재촉으로	31	out of stock	재고가 떨어진
12	in the event of	~의 경우에는	32	out of season	제철이 아닌
13	in charge of	~을 맡은 / 담당하는	33	out of control	통제할 수 없는
14	a variety of	다수의, 많은 (=an array of)	34	out of town	시내에 없는, 다른 곳으로 떠난
15	be made of	~으로 구성되다	35	out of paper	종이가 다 떨어진
16	be aware of	~을 알다 / 자각하다 (=be conscious of)	36		
17	tours of ~	~에 대한 견학, 구경	37		
18	in the field of	~의 분야에서	38		
19	in search of ~	~을 찾아서	39		
20	be disposed of ~	처리되다	40		

필수암기 전치사 기출표현 8 (기타)

	빈출표현	의미		빈출표현	의미
1	from one's view point	~의 관점에서 판단하건데	24	against the law	불법인
2	benefit from ~	~로부터 혜택을 받다	25	act against one's will	~의 의지에 반하여 행동하다
3	collect from ~	~로부터 (돈 등을) 걷다	26	along the side of ~	~의 측면을 따라
4	differ from ~	~와 다르다	27	upon request	요청 즉시
5	be different from ~	~와 다르다	28	without paying	무료로
6	withdraw from	~로부터 돈을 꺼내다 ~로부터 철수하다	29	without a doubt (=with no doubt)	의심의 여지없이
7	prevent(stop, ban) A from -ing	A가 -ing 못하게 방지하다	30	anxiety about ~	~에 대한 불안
8	judging from ~	~로 미루어보아	31	under construction	공사 중인
9	retire from(as) ~	~직에서 물러나다	32	under development	개발 중인
10	be far from ~	~과는 거리가 멀다	33	under pressure	부담을 받는
11	protect A from B ~	B로부터 A를 보호하다	34	under the contract	계약 하에
12	concern over/about/for ~	~에 대한 염려	35	under warranty	보장 되는
13	look over(through) ~	~을 검토하다	36	be under way	진행 중이다
14	clear through customs	세관을 통과하다	37	by means of ~	~에 의해서, ~을 수단으로
15	through cooperation	협력을 통해	38	increase by 20% percent	20%만큼 증가하다
16	through the use of ~	~의 사용을 통해	39	look into ~	~을 조사하다
17	through(with) the use of ~	~을 사용하여	40	put ~ into effect	~을 시행하다
18	through large-scale surveys	대규모의 조사를 통해	41	be put into effect	시행되다
19	get through	통과하다	42	regard A as B	A를 B로 간주하다
20	beyond repair	수리가 불가능한	43	emerge as ~	~로써 떠오르다, 등장하다
21	beyond one's capacity	능력 밖인	44	make up for ~	~을 보상, 보충, 만회하다
22	above(beyond) expectation	기대 이상으로	45	put up with ~	~를 견디다
23	problems beyond their capabilities	그들의 능력을 벗어난 문제	46	put in for a transfer	전근을 신청하다

(3) 정기 토익 기출 복합명사 300선

	필수암기 기출 복합 명사				
	복합명사	의미		복합명사	의미
1	building project	건축사업	26	automobile division	자동차 부서
2	building site	대지	27	baggage allowance	수화물 중량제한
3	bulletin board	게시판	28	bank account information	은행계좌 정보
4	burglar alarm	도난경보기	29	burglar-proof vault	도난방지금고
5	delivery company	택배회사	30	business colleagues	사업동료
6	director of public affairs	홍보이사	31	business contact	거래처, 사업상 아는 사람
7	disconnection of service	서비스 중단	32	business districts(area)	사업지구
8	discount voucher	할인쿠폰	33	business function	사업, 영업
9	driving school	자동차운전학원	34	business management	경영학
10	drop-off spot(location)	급경사지역, 낭떠러지	35	certification board	검정위원회
11	earning power	수익력	36	charity event	자선행사
12	electricity provider	전기공급회사	37	chief buyer	수석 구매원
13	emergency evacuation	긴급대피	38	chief executive officer (CEO)	최고 경영자, 대표이사
14	business sense	비즈니스감각	39	chief information officer	최고정보책임자
15	business trip	출장	40	city council	시의회
16	canning factory	통조림공장	41	department manager	부서장, 팀장
17	cash reserves	현금보유고	42	city planning	도시계획
18	account number	계좌번호	43	cleaning solution	세제용액
19	advertising campaign	광고캠페인	44	college degree	대학학위
20	advertising strategy	광고전략	45	combination lock	다이얼 자물쇠
21	application fee	신청비, 지원비	46	comment form	의견서
22	area code	지역번호	47	communication net work	통신망
23	arrival date	도착일	48	communication skill	의사소통능력
24	assembly line	조립라인	49	bonus payment	특별수당
25	attendance records	출근기록	50	book review	도서비평

필수암기 기출 복합 명사

	복합명사	의미		복합명사	의미
51	box office	매표소	76	fire extinguisher	소화기
52	branch manager	지부장	77	first class mail	빠른우편
53	budget allocation	예산분배	78	emergency exit	비상문
54	condemnation order	몰수 선고	79	employee lounge	직원휴게실
55	conference room	회의장	80	employee participation	직원참여
56	confidentiality policy	보안정책	81	employee/staff productivity	직원생산성
57	confirmation number	주문번호	82	energy efficiency	에너지 효율
58	construction delay	공사 지연	83	energy sector	에너지 분야
59	consumer affairs department	고객관리부	84	energy source	에너지 공급원
60	convenience store	편의점	85	enrollment form	등록양식
61	beautification project	미화계획	86	equipment malfunction	장비오작동
62	bedroom community	교외, 주택지역	87	exchange rate	환율
63	bell captain	호텔의 급사장	88	exercise equipment	운동장비
64	blood pressure testing	혈압검사	89	expansion project	확장계획
65	building material	건축자재	90	expiration date	만기일
66	convenience goods	일용품	91	eye examination	시력검사
67	corruption charges	부패혐의	92	fabric mill	직조공장
68	course evaluation	과정평가	93	feasibility study	예비조사, 타당성조사
69	cover letter	이력서, 첨부서, 설명서	94	first-rate accommodation	일급 숙박시설
70	currency market	통화시장	95	fitness activities	운동
71	customer needs	고객요구사항	96	fitness club	헬스클럽
72	customer service representative	고객서비스 담당 직원	97	fitness program	운동프로그램
73	customer(client) satisfaction	고객만족	98	flip chart	강연 등에서 쓰는 1매씩 넘길 수 있는 도해용 차트
74	fee collection	요금징수	99	fossil fuel	화석연료
75	filing days	서류정리기간	100	fuel consumption	연료소비

필수암기 기출 복합 명사

	복합명사	의미		복합명사	의미
101	fuel economy	연료절약	126	housing shortage	주택난
102	community relations	지역사회관계	127	human resources department	인력지원부
103	company housing	사택	128	identification card	신분확인카드
104	complaint form	고객 불만 접수 서류	129	identity badge	신분배지
105	fuel tank	연료탱크	130	import/export business	수입/수출 사업
106	fundraising dinner	자선모금 만찬	131	income statement	수입내역서
107	fundraising drive	자선모금 운동	132	information session	정보회의
108	gene-sequencing techniques	유전자 배열 기술	133	influenza vaccination	감기예방접종
109	gift certificate	상품권	134	installation directions	설치방법
110	government spending	정부지출	135	marketing strategy	시장전략
111	group rates	단체요금	136	marketing tool	마케팅 방식
112	growth potential	성장성, 성장 잠재력	137	marriage status	결혼 여부
113	handling system	설비, 처리 시스템	138	job performance	직무수행
114	head chef	수석주방장	139	jump suit	낙하복
115	head office	본사 headquarters	140	key money	권리금
116	health benefits	의료보장 혜택	141	community development fund	지역사회발전기금
117	heating equipment	난방장치	142	community leader	지역대표
118	high court decision	대법원 판결	143	community organization	지역기관
119	holiday sale	휴일세일	144	comprehensive physical examination	종합검진
120	homework assignment	과제	145	computer equipment	컴퓨터 장비
121	horseback riding	승마	146	keynote speaker	기조연설자
122	household utility	가정에서 쓰는 전기, 수도, 가스	147	keynote speech	기조연설
123	housing expenses	주택비	148	labor dispute	노동쟁의, 노사분규
124	housing industry	주택산업	149	land taxation system	토지 세제
125	housing reform	주택공급 개혁	150	landscape architect	원예사, 정원설계사

필수암기 기출 복합 명사

	복합명사	의미		복합명사	의미
151	language immersion course	외국어 집중훈련 코스	176	opening remarks	개회사
152	literacy campaign	문맹퇴치 운동	177	operating manual	작동설명서
153	living environment	거주환경	178	installment payment	할부금
154	lodging house	자취집, 하숙집	179	insurance coverage	보험보상범위
155	long distance call	장거리 전화	180	insurance premium	보험료
156	long-term employment	장기고용	181	interest rate	이자율
157	low-income resident	저소득 주민	182	investment advice	투자조언
158	low-interest loan	저금리 융자	183	investment analyst	투자분석가
159	maintenance section	관리부	184	job application	입사지원
160	maintenance shop	기기의 점검, 수리, 유지를 위한 장소	185	job appraisal	업무평가
161	management fees	관리비용	186	job description	직무설명
162	market awareness	시장인지도	187	job openings	일자리
163	market survey	시장조사	188	opposition candidate	반대당 후보
164	media conglomerate	언론재벌	189	order form	주문서
165	media coverage	언론보도	190	over-the-counter medicine	의사의 처방 없이 팔 수 있는 약
166	money order	송금수표	191	overtime allowance	초과근무 수당
167	mountain biking	산악자전거 타기	192	panel discussion	공개토론회
168	mountain range	산맥	193	sales representative/ manager	판매사원/부장
169	national accounting certification	공인회계사 자격	194	sales tax	판매세
170	niche market	틈새시장	195	savings bank	저축은행
171	non-profit group	비영리 단체	196	sports complex	경기장
172	occupancy rate	점유율	197	paper mill	종이공장
173	office building	사무실용 건물	198	parking facilities	주차시설, 주차장
174	office efficiency	사무실 효율성	199	parking lot	주차장
175	office equipment	사무용품	200	parking space	주차 공간

필수암기 기출 복합 명사

	복합명사	의미		복합명사	의미
201	pay raise(increase)	봉급인상	226	repair facility	수리시설
202	performance appraisals(evaluations)	업무수행 평가	227	research and development spending	연구개발 비용
203	personnel information	인사정보	228	research laboratory	연구실
204	personnel director	인사 관리자	229	response rate	응답률
205	pilot study	예비조사	230	retirement party	은퇴식
206	popular consumer item	소비자 인기 상품	231	return policy	반환정책
207	population density	인구밀도	232	revitalization fund	경기부양 정책
208	power failure(outage)	정전	233	rock climbing	암벽등반
209	precipitation date	강우량 데이터	234	round-trip ticket	왕복 티켓
210	prescription drug	처방약	235	safety belts	안전벨트
211	press conference	기자회견	236	safety deposit box	보관함
212	product information	제품정보	237	safety inspection	안전점검
213	project coordinator	기획진행자	238	safety precautions (check, measures, procedures)	안전수칙
214	project management	기획관리	239	startup company	신설기업
215	public relations	광고, 홍보	240	state mandate	주법령
216	publicity campaign	광고 캠페인	241	steel zone	철강단지
217	question-and-answer session	질의 응답시간	242	steering committee	운영위원회
218	rafting trip	래프팅 여행	243	product recognition	제품인지도
219	reception area	연회장	244	product reliability	제품신뢰도
220	reception desk	접수처	245	production facilities	생산설비(도)
221	recycling plan	재활용 계획	246	production figures	생산수칙
222	reference letter	추천서	247	safety standards	안전기준
223	reference number	참고번호	248	safety workshop	안전강습회
224	refinery expansion	정재소 확장	249	sample merchandise	견본 상품
225	registration form	등록서	250	stage fright	무대공포증

필수암기 기출 복합 명사

	복합명사	의미		복합명사	의미
251	production schedule	생산일정	276	customs duties	관세
252	production time	생산기간	277	customs office	세관
253	profit expectation	수익 예상치	278	security service	보안서비스
254	stock market	주식시장	279	self motivation	자기 동기 부여, 자발성
255	storage rack	보관대(선반)	280	service charge	서비스 수수료
256	tax law	세법	281	shipping charges	운송비용
257	team spirit	단체(협동)정신	282	sightseeing tour	관광여행
258	teamwork principle	협동주의	283	site inspection	현지시찰
259	technical support department	기술지원팀	284	travel time	이동시간, 여행시간
260	tile collection	타일모음	285	short-term casuals	단기임시직 직원
261	time constraints	시간제한	286	sales figures	판매수치
262	toll collection	통행료 징수	287	sales promotion	판매촉진
263	security card	보안카드	288	intercity travel	도시 간 이동
264	security deposit	보증금	289	valet parking	호텔직원이 대신 주차 시켜주는 것
265	security gate	보안장치가 된 출입구	290	ventilation facility	환기시설
266	track record	실적, 업적, 성적	291	warranty repair	보증수리
267	travel agency	여행사	292	sound reproduction	음의 재생
268	travel itinerary	여행 스케줄, 여행안내서	293	staffing decisions	인사결정, 채용결정
269	travel permit	통행허가(증)	294	customs officer	세관원
270	white-water rapids	급류	295	customs regulations	관세규정
271	wind power	풍력	296	earnings growth	수입증대
272	work force	전 종업원, 노동력	297	electronics division	전자제품 부서
273	worksite supervisor	현장감독	298	electronics firm	전자제품 회사
274	communications manager	통신책임자	299	tax return	납세신고서
275	customs declaration	세관신고	300	tax shelter	탈세를 위한 위장

Day 01

Change 변경하다	**Free** 공짜의
reschedule, rearrange 일정을 다시 잡다	no cost 비용 없이
cancel 취소하다	worried 걱정되는
call off 취소하다	nervous 긴장한, 불안한
Schedule 일정	**Tired** 피곤한
agenda 의제, 안건	worn out 다 닳은, 피곤한
itinerary, travel arrangement 여행 예약/일정	exhausted 소진한, 힘든
reserve 예약하다	contact 연락하다
book, arrange, hold 일정을 잡다	get in touch with, reach 연락하다
make an appointment, schedule 약속을 잡다	call/ring/phone 전화하다
quit 그만두다	**Damaged** 손상된
resign 사임하다	defective, flaw 하자 있는
retire 은퇴하다	torn, ripped 찢어진, 틀어진
leave the company 회사를 떠나다	scratched 긁힌
Clothes 옷	finish 끝내다
clothing, garment, attire 의복, 의류	complete, be done, be over 끝내다
costume, apparel, outfit 복장, 의상	submit, hand in, turn in 제출하다
skirt, dress, sweater, suit 스커트, 드레스, 스웨터, 정장	dead line, due 마감인, 기한인
paper 종이	catalog 카탈로그
printout 프린트 종이	brochure, pamphlet 소책자, 팜플렛
handout 나누어주는 종이	product manual 상품 매뉴얼, 사용정보
leaflet, flyer 전단지	product information 상품
information, materials 정보, 자료	booklet 책자
middle of the week 주의 중반부	earlier in the week 주초
Wednesday 수요일	Monday 월요일

Day 02

In the beginning of the month	later in the week
월 초에	주의 후반부
on the first of the month 달의 1일	Thursday, Friday 목요일, 금요일
The day after tomorrow	twenty years
내일 모레	20년
In two days 이틀 후	two decades 20년
a quarter	weekend
4분의 1	주말
25% 25프로	Saturday and Sunday 토요일, 일요일
(cf. three quarters – 75%)	two days 이틀
twelve	In the middle of the month
12개	월 중반에
dozen 12개	15th of the month 15일
(cf. six – half a dozen)	look at / look over
30 minutes	보다
30 분	review 검토하다
half an hour 반 시간	go over 검토하다
(cf. 90 minutes – one hour and a half)	examine 자세히 보다
every two weeks	5 days a week
매 2주 마다	주 5일
every other week 격주로	week days 주중
twice a month 한 달에 2번	Monday through Friday 월요일부터 금요일
every other Saturday 격주 토요일마다	business days 평일
The next day	weekly
다음 날	주에 한 번
the day after ~ ~의 하루 후	every week 매주
the following day, the next day 그 다음날	daily 매일
요일+하루 더	every month, monthly 매달, 월례의
Monday + the next day = Tuesday	every year, once a year 매년, 연에 한 번
replace	replacement
후임하다	후임자
succeed	Successor

Day 03

contingency plan	reminder
긴급 사태 대책	상기시키는 것
emergency plan	Notification 공지
thoroughly	check out
철저하게, 자세하게	조사하다, 알아보다
closely, stringently, rigorously	look into, inspect, review, investigate
introduce	look for someone
소개하다	사람을 구하다
start, begin, launch 시작하다, 출시하다	opening 빈 자리
release, unveil 풀어주다, 베일을 벗기다	manager's position 매니저
outstanding	hire
① 뛰어난 / ② 미불의	채용하다
① exceptional	employ, recruit
② delinquent	be in need of ~을 필요로 하는
applicant	manager
지원자	매니저
candidate 후보자	supervisor 상사
potential employee 잠재적 직원	boss, department head 상사, 부서 장
interviewee 면접인	section chief 구획 장
company	edit
회사	편집하다
firm 회사	modify, correct 수정하다
corporation 주식회사	alter, change 변경하다
limited 유한회사	revise, update 개정하다, 새로 바꾸다
paper	allow
서류, 종이	허락하다
document, report 서류, 보고서	permit 허락하다
draft, summery 초안, 요약서	approve 승인하다
form 양식	sign, autograph, endorse 서명하다
final version, new edition 마지막 버전, 새 버전	authorize 권위를 부여하다
preference	restart
선호하는 것	다시 시작하다
favorite 가장 좋아하는 것	turn off and on 껐다 켜다

Day 04

writer	register
작가	등록하다
author / novelist 작가 / 소설가	enroll in, sign up
alternate route	colleague
대체 도로	동료사원
Bypass, detour 우회 도로	company / co-worker 동반자 / 동료사원
be in attendance at	decline
~에 참석한	① 거절하다 (vt.) / ② 하락하다 (vi.)
be present at	① turn down, disapprove, reject
be on hand at	② decrease, drop, fall
superior	state-of-the-art
품질이 좋은	최신의
top-of-the-line 최고급의	Modern/cutting(leading)-edge 현대의/최첨단의
outstanding, noticeable 뛰어난 / 눈에 띄는	up-to-date, latest 최신의
executive	workers
중역	일하는 사람들
(vice) president (부)사장	employees, staff, associate, representative 직원
director, board members 이사, 이사회임원	workforce, personnel 인력, 인원
officer 임원	crew 직원, 승무원
money	submit
돈	제출하다
capital, fund/funding 자본, 자금	send in, hand in, turn in, give in 제출하다
budget, estimate 예산, 견적	drop off / place 갖다 주다 / 두다
contribution/donation 기부, 헌금	file, present 제출하다
inform	convention
알리다	대회
notify, announce 공지하다, 발표하다	electronic expo 전자제품박람회
let someone know 알려주다	trade show 무역박람회
put on a notice 게시하다	job fair 구직박람회
send an e-mail 이메일을 보내다	business function 사업상의 행사/모임
call 전화하다	event 행사
first performance	domestic delivery service is free
최초 공연	국내 배송은 무료입니다.
Premiere 초연(을 하다)	free shipping on all local order

Day 05

first choice of seating	
좌석의 우선 선택	
priority seating 우대석, 경로석	
voucher	
상품권, 할인권, 쿠폰	
=gift certificate(card) 상품권	
=coupon 쿠폰	
Impending event	
다가오는 / 임박한 행사	
=approaching 다가오는	
=upcoming, forthcoming 다가오는, 곧 있을	
close to	
~에 가까운, 인접한	
Adjacent, nearby 인접한, 가까운	
vicinity 부근, 인근	
neighborhood, proximity 가까움, 근접	
data	
자료	
information, statistics 정보, 통계자료	
figures, survey results 수치, 설문결과	
conference schedule/plan 회의 일정/계획	
report 보고서	
event	
행사	
meeting, conference 회의	
gathering, party 모임, 파티	
festival 페스티벌	
ceremony 의식 company picnic 야유회	

limited seating	
제한된 좌석	
=on a first-come, first-served basis 선착순으로	
perishables (n.)	
잘 상하는 식품	
milk and eggs 우유와 달걀	
dairy products 유제품	
cut the budget	
예산을 삭감하다	
trim, reduce, slash, curtail 삭감하다	
cut back (on) 줄이다	
tentative schedule	
잠정적인 일정	
indefinite / provisional 규정되지 않은 / 임시의	
not be determined 결정되지 않은	
not settled firmly 확실히 정해지지 않은	
delay	
지연시키다	
new deadline 새로운 마감	
extend the deadline 마감을 연기하다	
need more time 시간이 더 필요하다	
not until Friday 금요일이나 되어야	
business deal	
사업상의 거래	
business collaboration 사업상의 융합 (기업체의 합병/인수)	
merger 합병 acquisition, take over 인수	
strategic alliance 전략적 제휴	
buy/purchasing 구입/구매 (인수)	

Day 06

reporter	surpass
기자	능가하다
journalist	exceed 초과하다
accrue	poultry
(금전, 부채 등을) 누적/축적하다	가금류 (닭, 오리, 거위 따위)
accumulate 모으다, 축적하다	chicken 닭
factory	dispose of
공장	처리하다, 버리다
plant	discard, throw away 버리다
production facility 생산시설	remove, get rid of 처리하다, 없애다
salary	begin
급여	시작하다
stipend ,pay(check)	start, initiate, commence 시작하다
wage, payment for employees	originate 비롯되다, 유래하다
custom-made(built)	experienced staff
맞춤형태의 (광고지문 빈출)	경험이 많은 직원들
customized, tailored	knowledge 지식 expertise 전문 지식(기술)
individualized, personalized	proficiency, mastery 숙달/능숙함
adapted to suit a special need 특별 요구를 맞추기 위해 맞춰져 있는	familiarity 익숙함
lay off	delay
해고하다	연기하다
displace 대체하다, 쫓아내다 discard 버리다	put off, postpone 연기하다
discharge 해고, 방출하다 dismiss 묵살,해고하다	suspend 유예, 연기하다
let sb. go / fire 해고하다	procrastinate, defer 미루다
make sb. redundant 정리 해고하다	put on hold 연기, 보류하다
change the order	item
주문을 변경하다	상품
wait for supplies 물건을 기다리다	goods, commodity, wares 물건, 상품
out of stock 재고가 없다	order, purchase 주문(구입)한 것
low supply 공급이 모자란다	stock, inventory 재고
not available 살 수가 없다/얻을 수가 없다	shipment, cargo, freight 화물
need more 더 필요하다	

Day 07

easily carried	boat
쉽게 휴대할 수 있는	배
portable 휴대 가능한	ship, ferry, vessel
rainfall	waterproof
강우(량)	방수의
precipitation 강수(량)	water-resistant 방수의
promotion	resign
승진	사임하다
step-up	step down 사임하다
advancement	quit (leave) a job 직장을 그만두다
strike	vacation
노동파업	휴가
struggle 투쟁	be on leave 휴가중인 / absence 결근, 부재
walkout 파업	10 days off 10일 휴가 / paid time off 유급휴가
comply with	inexpensive
준수하다 / 따르다	비싸지 않은
follow, observe, obey	reasonable, affordable (가격이) 적당한
abide by, adhere to	cheap, low-cost, budget 값싼
conform to/with	competitive (가격이) 경쟁력 있는
fringe benefit	survey
부가혜택 / 복리후생	묻다 / 의견을 조사하다
=company benefit	ask, require, query 묻다, 요청하다
=employee benefit	get feedback 피드백을 얻다
=welfare benefit	questionnaire 설문조사
=benefit package	market research 시장조사
clothes	famous
옷, 의복	유명한 (인물 소개 지문 빈출)
clothing, garment 옷, 의복	celebrated, well-known, noted 유명한
apparel attire 의복, 복장	renowned 유명한, 명성 있는
outfit 채비, 장비	notable 유명한, 눈에 띄는
dress code 복장 규정	distinguished 유명한, 성공한
cf. cloth 천, 직물 (= fabric)	prominent, eminent 유명한, 저명한
	critically acclaimed 비평가들의 극찬을 받은

Day 08

work	restaurant
일, 과업	식당
task, duty, assignment	diner, dining establishment
highway	extend an apology
고속도로	사과하다
expressway	offer an apology
additional fee	reimburse sb. for sth.
추가 요금	sb.에게 sth.에 대해 상환/배상 하다
surcharge	repay sb. sth. (repay sth. to sb.)
extra charge	pay sb. back for sth.
staff evaluation	make up for
직원평가	보전 / 보상하다
staff appraisal	compensate for
staff assessment	remunerate for ~ ~에 대한 보수를 주다
refund your money	fund
환불하다	자금/재정을 지원하다
give you your money back	sponsor, support finance
rebate 환불	subsidize 보조금을 주다
be liable for N	be liable to V~
~에 (법적) 책임이 있는	~하기 쉬운, ~할 것 같은
be responsible, accountable for N be answerable for N ~에 책임이 있는	be likely to V~ ~할 것 같은
	be inclined to V ~ ~할 것 같은, ~하고 싶은
assume the responsibility of N ~에 책임을 지다	be eager/ to V ~ ~을 간절히 바라는
be(put) in charge of ~을 맡은, 담당하는	be anxious to V ~ ~을 열망하는, 간절히 바라는
be anxious about	be anxious to V / that S+V
걱정/염려하다	~을 열망하는, 간절히 바라는
be concerned that S+V / about, for N	be eager to V / that S+V / for N
be apprehensive that S+V / about, of N	be keen to V / that S+V / on N
be worried that S+V / about, by N	be enthusiastic to V / about, for N
be fearful that S+V / for, of N	

Day 09

energy-efficient	naturally pure
연료 효율이 좋은	첨가제가 없는
use less electricity 전기를 덜 사용하다	free of additive 첨가제가 없는
welcome present	industry analyst
환영 선물	업계 분석가
greeting material	industry researcher
popular	spacious parking lot
인기 있는	넓은 주차장
=sought-after 수요가 많은	=roomy 넓은
=in (great) demand 수요가 많은	=ample 충분한
reserved seating	take measures
지정된 좌석	조치를 취하다
=assigned	take action(steps)
=designated	Implement measures
hiring an outside firm	take over
외부 업체를 고용하다	인수하다
outsource 외부에 위탁하다	acquire, buy (out), purchase
subcontract 하청을 주다	undertake(assume) the responsibility 책임을 인수하다
defective	merge
결함이 있는	합병하다
faulty, flawed 결함이 있는	amalgamate, consolidate 통합, 강화하다
damaged 손상 입은	join forces with ~와 힘을 합치다
malfunctioning 오작동하는	combine A and B 결합하다
dominant supplier	go out of business
주도적 공급업체	폐업하다
become the leading company 선도 기업이 되다	shut(close) down 폐쇄하다
increase market share 시장 점유율을 높이다	become insolvent 파산하다
gain control of the market 시장을 지배하다	go bankrupt 파산하다
	discontinue(stop, halt) its operations 운영을 중단하다

Day 10

pay a portion	
부분을 지불하다	
deposit of 15 percent 15%의 보증금을 내다	
lawyer	
변호사	
attorney	
budget	
예산을 편성하다	
make a budget	
draw up a budget	
quote	
견적	
estimate, quotation	
cf. quota 할당량	
discounted price	
할인된 가격	
reduced, slashed, sliced price	
at a discount 할인된 가격으로	
regular price	
정가	
original, usual price	
net price 정가	
list price 표시 가격, 정가	
sticker price 표시 가격	
free	
무료의	
complimentary	
gratuitous 불필요한, 무료의 gratis (부) 무료로	
without(free of) charge	
for free(nothing)	
no additional(extra) charge(cost)	
without(with no) obligation	

circulation	
판매 부수	
the number of subscribers 구독자의 수	
real	
진정한, 확실한	
authentic, genuine	
income	
소득, 수입	
revenue, earning 수익, 수입	
profit, gainings 이익, 수익 gains 이득	
cost	
비용	
expense 돈, 비용	
expenditure, outlay 지출, 경비	
financial help	
재정 지원	
financial backing	
financial aid	
discount	
가격 인하	
price reduction (concession, off) 가격 인하	
markdown 가격 인하	
special offer 특별할인	
promotional offer 판촉용 할인	
savings	
절약된 금액	
giveaway 증정품	
with the compliments of sb sb의 감사의 표시로	
by (the) courtesy of A A의 호의로	
courtesy shuttle bus 무료(서비스의) 셔틀 버스	
throw in N N을 덤으로 끼워주다	

Day 11

approval	
승인	
consent 동의, 허락　agreement 협정, 합의	

service interruption	
서비스 중단	
disruption of service 서비스 중단	

be eligible for N / to V	
~할 자격이 있다	
be entitled to N / to V	
qualify for N ~의 자격을 얻다	

pre-registration	
사전 등록	
early registration 조기 등록	
Reservations should be made in advance. 예약은 미리 되어야 합니다.	

get along with other employees	
다른 직원들과 잘 지내다	
maintain good relations with coworkers 동료들과 좋은 관계를 유지하다	
forge strong relationship 강한 유대관계를 만들다	

expect that S+V	
that절일 것이라고 예상하다	
predict that S+V	
anticipate that S+V	
foresee that S+V	
forecast that S+V	

change	
변경 (주로 + schedule, itinerary 등)	
revision 수정, 변경　modification 수정, 변경	
amendment 개정, 수정	
rectification 개정, 수정	
alternation 교대, 교체	
adjustment 수정, 조정	
correction 수정, 정정	

speculation	
추측	
conjecture 추측(하다)	

internship	
인턴직	
probationary position 수습직	

full-time worker	
정규직	
regular worker 정규직	
permanent employee 정규직	

temporary worker	
임시직 / 계약직	
contract job 계약직 short-term worker 단기 근로자	
part-time worker, part-timer 파트 타임 직원	

promote	
① 홍보하다 / ② 촉진하다	
① advertise, publicize, endorse	
② speed up	

go see a doctor	
병원에 가다	
clinic 개인병원	
medical practice 병원	
physician's office 병원	
medical facility 의료시설	

renovation	
수리/개선 (+building, property 등)	
refurbishment 재단장, 새로 꾸밈	
remodeling 개보수, 리모델링	
alternation 변경　repair 수리, 보수	
change 변화　improvement 개선, 향상	
replacement 교체	
restoration 복구	

Day 12

Salary is negotiable	vendor
급여는 협상 가능합니다.	판매인
Salary can be changeable 급여는 변경될 수 있다.	seller 판매자 dealer 딜러, 중개인
Depressed economy	our online store will remain active
침체된 경기	온라인 상점은 영업을 유지하다
sluggish (struggling) economy 침체된 경기	The store has products available online. 온라인에서 구매 가능한 제품들이 있다.
recession	regular inspection
불경기, 경기 침체	정기 검사
depression 불경기, 불황 slump 급감, 불황	routine 정기적인
stagnation 정체, 불경기	usual 평상시의, 보통의
customer	originally
고객	원래
patron 고객, 후원자 client 고객	initially 처음에 at first 처음에
shopper 쇼핑객 account 고객	at(in) the beginning 처음에
job	bill
직업	계산서
profession, vocation, occupation 직업	invoice 송장
topics relevant to our field 우리의 분야에 관련된 주제들	billing statement 대금 청구서
be effective	competition
시행/발효 되는	① 대회 / ② 경쟁자, 경쟁 상대
take effect 효력이 발생되다	① contest 대회, 시합 match 경기
be in effect 시행되다	race 경주 tournament 토너먼트
go into effect 효력이 발생되다	② rival, competitor 경쟁자
come(put) into effect(force) 시행/실시 되다	opponent 상대, 반대자
overseas	fault
해외	잘못, 책임, 단점, 결점
international 국제적인	disadvantages 약점
worldwide 전세계적인	shortcomings 결점, 단점
abroad (adv.) 해외에, 해외로	defect 결점, 결함
across the globe 전세계에서	demerits 단점, 약점
all over the world 전세계에서	mistake 실수
outside your own country 외국에서	flaw 결함 drawbacks 결점, 문제점

Day 13

equipment	final change
기계 장비	마지막 변경(사항)
device 장치, 기구　gear 장치	last-minute 마지막 순간의
work	confirm the appointment
작동하다 (vi.)	약속을 확인하다
operate, run, function 작동하다, 기능하다	verify 확인하다　identify 확인하다, 알아보다
solicit advice	lottery
조언을 구하다	복권
gather, collect 모으다	draw 추첨, 제비뽑기
ask for 요청하다	raffle 추첨, 복권　sweepstakes 복권, 상금
sophisticated	praise
① 복잡한 / ② 세련된	칭찬하다
① complex 복잡한	compliment 칭찬(하다)
② refined 세련된	commend 칭찬하다
feasibility	assess
실행 가능성	평가하다
possibility 가능성　practicability 실용성	evaluate, rate 평가하다
viability 실행가능성	appraise (업무를) 평가하다
accommodation	attend
숙박 시설	참석하다
hotel 호텔　lodging 임시 숙소, 하숙	take part in 참석하다
housing 주택 (공급)	participate in 참석하다
bad weather	business person
나쁜 날씨	사업가
inclement, severe, unfavorable 궂은, 험악한	entrepreneur 사업가
poor weather condition 악천후	member of the business community 사회인
adverse weather 악천후	business owner 경영주, 사업주
every other week	implement
격주로	실시/시행하다 (+changes/policies/decisions 등)
every second week 격주로	carry out 수행/이행 하다　conduct 하다
every two weeks 격주로	enforce 집행/실시 하다　perform 수행/실시 하다
biweekly 격주로	actualize 실현하다
	put to(into) action 행동으로 옮기다

Day 14

on-site registration	move
현장 등록	이전하다
register at the door 입구에서 등록하다	relocate, transfer 이전하다, 이동하다
profitable	contagious
수익성이 있는	전염성의
lucrative 수익성이 좋은	infectious 전염성의
distribute	landscaping
나누어 주다, 분배하다	조경
hand out, pass out, give out	gardening 원예
나눠 주다, 배포하다	horticulture 원예학
restructure	password
구조 조정하다	암호
reorganize 재조직, 재편성 하다	code 암호
downsize 감축하다	encryption 암호화
build	renovate
건설하다	보수/공사하다
construct 건설하다 break ground 착공하다	remodel 개조하다 improve 개선하다
establish, set up 설립, 수립하다	refurbish 재단장하다 modernize 현대화하다
required	attract
필수의	끌다, 유인하다 (+many people)
mandatory, compulsory, obligatory 의무적인	draw 끌다
requisite 필요한, 필요조건	appeal to 관심을 끌다, 호소하다
resident	assume responsibility for N
거주자, 주민	N에 대한 책임을 지다
tenant 세입자 occupant 입주자	take, take on 맡다, 책임을 지다
inhabitant 주민 dweller 거주자	bear 떠맡다, 참다
community 주민, 지역 사회	shoulder (책임을) 짊어지다
come in person	main office
직접 오다	본사
stop by, come by 들르다	headquarters (HQ) 본사, 본부
drop by, swing by 들르다	head office 본사
visit 방문하다	A-based, based in A A에 기반을 둔

Day 15

fantastic	limited
환상적인	제한된
fabulous 엄청난, 멋진　terrific 멋진, 훌륭한	restricted 제한된, 한정된
supporter	atmosphere
지지자, 후원자	분위기, 환경
proponent 지지자	ambience, ambiance 분위기, 환경
deadline is April 30.	busy
마감일은 4월 30일까지 이다.	① 바쁜 / ② 붐비는
no later than April 30 늦어도 4월 30일 까지	① hectic 바쁜, 빡빡한
by April 30 4월 30일 까지	② bustling 부산한, 북적거리는
acknowledge	acknowledge
① 인정하다 / ② 감사를 표하다	③ (편지, 소포 등을) 받았음을 알리다
① admit, recognize 인정하다	a letter of acknowledgement 수령 확인 편지
② express one's gratitude 감사를 표하다	= a letter confirming receipt
appreciate	save
① 이해하다 / ② 감사하다	구하다
① understand 이해하다	keep 유지하다　protect 보호하다, 지키다
② give thanks for 감사를 표하다	conserve, preserve 보호하다, 보존하다
take away	brochure
제거하다, 압수하다	소책자
confiscate 몰수, 압수하다	booklet 소책자　flyer 전단
forfeit 몰수 당하다	leaflet 전단　pamphlet 팸플릿
before sunrise	traffic congestion
해뜨기 전에	교통 혼잡
early in the morning 아침 일찍	traffic jam 교통 체증
at daybreak 새벽, 동틀 녘	be delayed in traffic 교통체증 때문에 지연되다
at dawn 새벽, 여명, 동이 틀 무렵	be held up in traffic 차가 막혀 꼼짝 못하다
influence	take A into consideration
영향을 주다	A를 고려/참작하다
affect 영향을 미치다	take A into account 고려하다, 계산에 넣다
have an effect(impact) on 영향을 미치다	allow for A 감안하다, 참작하다
have an implication for 영향을 미치다	make allowances for A 감안하다

Day 16

stadium	copy
경기장, 공연장	사본
arena 경기장, 공연장, 무대	photocopy 복사 duplicate 사본
consistent	personnel department
한결 같은, 일관된	인사과
unwavering 변함 없는, 확고한	human resources department 인사부
in a row	overnight delivery
연속적으로 (시간)	익일 배송
consecutively 연속하여	overnight shipping 익일 배송
successively 연속하여, 잇따라서	next-day delivery 익일 배송
assess	overtime
평가하다	시간 외 근무
value, evaluate 평가하다	work additional hours 초과 근무 하다
critique 비평하다	work extra hours 잔업 하다
promotion	round trip
광고	왕복 여행
advertisement, ad 광고	return trip 왕복 여행
publicity 광고(업)	↔ one-way trip 편도 여행
obstacle	policy
장애(물)	방침, 정책
difficulty 어려움, 장애	regulation 규정, 규제 guideline 지침
deterrent 제지하는 것	procedure 절차, 방법
strict regulation	(long) lasting
엄격한 규정	지속적인, 오래 가는
stringent, rigorous 엄중한	durable 내구성이 있는
rigid 엄격한	enduring 오래가는
stern 엄중한, 심각한	outlast ~보다 더 오래가다
building	about
건물	~에 관해서
structure 건축(물)	on
premises (사업) 지역, 구내	as to / as for
property 건물, 부동산, 재산	regarding / concerning / pertaining to
amenity 편의시설	in(with) regard (respect, reference) to

Day 17

high in nutrients	notify 24 hours in advance
영양분이 풍부한	하루 전에 미리 통지하다
rich in nutrients 영양분이 풍부한	give a day's notice 하루 전 통보를 하다
unclean	delicious
불결한	맛있는
unsanitary 비위생적인	delectable 맛있는
relieve	meet the demand
완화하다, 줄이다	수요를 충족시키다
alleviate 완화하다 ease 덜어주다, 용이하게 하다	satisfy 만족/충족 시키다
allay (감정을) 가라앉히다	fulfill 채우다, 이행하다
expensive	lost
값비싼	잃어버린
pricey 비싼	missing 없어진, 빠진
costly 많은 비용이 드는	misplace v. 제자리에 두지 않다
investigate	release
조사하다, 연구하다	발표/공개하다
screen 조사, 확인하다 scan 살피다, 확인하다	unveil (새로운 상품 등을) 발표하다
examine 조사, 검토하다	introduce 소개하다 announce 발표하다
effective	term
① 효율적인 / ② 유효한	① 조건 / ② 기간 / ③ 어조
① efficient	① condition
② valid, good, available	② period, duration
restructuring	starting (on) 날짜
구조 조정	~일자로
reorganization 재편성, 개편	beginning (on) 날짜
personnel change 인사이동	as of 날짜
downsizing 인원 삭감	effective 날짜
address the audience	address the issue
청중에게 연설하다	문제를 처리하다
give speech	deal with, handle 다루다, 처리하다
make a presentation	solve, resolve 해결하다
deliver lecture	work out 해결하다
연설하다, 발표하다, 강의하다, 이야기 하다 등	take care of 처리하다, ~에 대한 책임을 지다

Day 18

goodbye	party
작별	사교 모임
farewell 작별 parting 이별, 작별	social gathering (function) 사교 모임
polar	travel to many parts of the world
극지방의	세계 각지를 돌아다니다
Arctic 북극 Antarctic 남극	travel the world extensively
up to 30	at least 30
최대 30	최소
a maximum of 30 at (the) most 30	a minimum of 30
outstanding payment	non-prescription
미지불금	(약이) 처방전 없이 살 수 있는
will request payment 납입을 청구하다	over-the-counter (약이) 처방전 없이 살 수 있는
owner	risky
소유주	위험한
proprietor 소유주	hazardous, unsafe 위험한
be dedicated to –ing	positive
~에 헌신, 전념하다	① 긍정(낙관)적인
be devoted to –ing	② 확신하는 (be positive at N / that S+V)
be committed to –ing	① rosy 장밋빛의, 희망적인
demonstrate against	② confident, convinced, optimistic
~에 대해 시위하다	maintain
protest (against) 항의(하다)	① (수준 등을) 계속 유지하다, 지키다
rally 집회, 시위	keep
maintain	retain 유지, 보유하다
② (건물, 기계 등을) 수리, 유지하다	maintain
repair 수리하다 service 점검, 정비하다	③ 주장하다
overhaul 점검하다	assert
feature	insist
~을 특징으로 삼다	feature
be characteristic of ~의 특성을 보여주다	특집기사로 다루다 / 보도하다
characterize 특징을 나타내다	cover 다루다, 포함시키다 write 쓰다
make provision for ~	publish 출판하다, 게재하다
~을 위해 준비하다	stock
make preparation for ~	① 주식 / ② 재고/재고품
arrange for	① shares
	② inventory

접전부 최신기출 반영 완벽정리 (총 4번의 단어시험을 스스로 쳐보세요)

부사절 접속사 (+ SVO)			전치사 (+N)					
시간	before	~하기 전	시간	at	시각, 시점 (하루 ↓)	이유	because of, due to	~때문에
	after	~한 이후		on	요일, 날짜 (하루)		on account of	
	since	~한 이래로		in	달, 계절, 년도 (하루 ↑)		owing to	
	until	~할 때까지	장소	at	일반적인 모든 장소		as a result of	~의 결과로
	when	~할 때		in	장소 안에, 넓은 지역		for	(감사, 칭찬, 시상) ~때문에
	whenever	~할 때 마다		on	~의 표면 위에		thanks to	~덕분에
	every time		시점	before, prior to	~전에	양보	despite, in spite of	~ 불구하고
	each time			after, following	~후에		notwithstanding	
	by the time	~할 때 까지는		subsequent to		목적	for	~을 위해서
	while	~하는 동안		since	~이래로	제외	except (for)	~을 제외하고
	once	~하자마자		until	~까지 (지속)		without	~없이
	as soon as			by	~까지 (완료)	부가	in addition to	~이외에
	(even, just) as	(마침) ~할 때		from	~부터		besides	
	until after	~이후 까지		toward	~무렵에		aside (apart) from	
조건	if	만약 ~라면	기간	for	~동안 (일반)	기타	instead of	~대신에
	providing (that)			during	~동안 (명사)		along with (alongside)	~와 함께
	provided (that)			over	~하는 내내		out of	~의 범위 밖에
	supposing (that)			through(out)			like	~와 같이
	assuming (that)			within	~이내에		unlike	~와 달리
	unless	~이 아니라면		in	~후에		as	~로서
	in case (that)	~에 대비하여 (~의 경우에)	위치	above, over	~위에		by ~ing	~함으로써
	in the event (that)			below, under	~아래에		including	~을 포함하여
	as long as	~하는 한		by, beside	~옆에		excluding	~을 제외하고
	as far as			next to			upon	~하자마자
	given that	~을 고려했을 때		behind	~뒤에		as of	~부터 (시점)
	considering (that)			between	~사이에 (2)		effective	
	only if	오직 ~ 하는 경우에만		among	~사이에 (3↑)		beyond	~을 넘어 (범위, 한계)
	only when			near	~가까이		against	~에 반대하여
	on condition that			around	~주위에		regardless of	~에 상관없이
이유	because	~이기 때문에		within	~ (장소, 범위) 내에		by means of	~을 이용하여
	as			throughout	~전역에, 도처에		depending on	~에 따라
	since			across			plus	~뿐만 아니라
	now that	지금 ~이므로		from	~에서 부터		as well as	
	in that	~라는 점에서		to	~로, ~에게		outside	~밖에 (외에)
양보	although	비록 ~이지만	방향	for	~을 향해		given	~을 고려할때
	though			toward(s)	~ 쪽으로		considering	
	even though			along	~을 따라		according to	~에 따르면
	even if	비록 ~일지라도		across	~을 가로질러		about / on	~에 관하여
	whereas	~한 반면에		across from	~의 맞은편에		as to / as for	
	while			opposite			regarding	
목적	so that	~할 수 있도록		through	~을 통하여		concerning	
	in order that			into	~안으로		pertaining to	
기타 접속사	except that	~을 제외하면		onto	~위로		in/with regard to	
	but that			out of	~의 밖으로		in/with respect to	
	whether	~이든지 아니든지 간에	복합 관계 대명사	whoever	누가 ~하더라도		in/with reference to	
	as if	마치 ~인 것처럼		whomever	누구를 ~하더라도	복합 관계 부사	whenever	언제 ~하더라도
	as though			whatever	무엇이(을) ~하더라도		wherever	어디에서 ~하더라도
				whichever	어떤것이(을) ~하더라도		however (+형/부)	아무리 ~일지라도

접속부사 (그냥 부사! 절대 접속사 기능 없음!!)

역접	however	그러나	추가	moreover	더욱이, 게다가	기타	meanwhile	그 동안에
	nevertheless	그럼에도 불구하고		furthermore			in the meantime	
	nonetheless			besides	이외에도, 게다가		then	그 다음에, 그 후에
	contrarily	반면에, 대조적으로		in addition			afterwards	
	in contrast			additionally			thereafter	
	on the contrary			above all	무엇보다도		before long	얼마 후, 오래잖아
	on the other hand			first of all			all of a sudden	갑자기
	even so	그렇기는 하지만		likewise, also	또한		at that point	그 시점(지점) 에서
	with that said			in other words	즉, 다시 말해		overall / on the whole	대체로
	otherwise	그렇지 않으면		namely			all in all	
인과	therefore, thus	그러므로, 결과적으로	유사	similarly	유사하게		in a way	어느 정도는
	in conclusion			specifically	구체적으로		for example	예를 들어
	as a result			in summary	요약하면		for instance	
	consequently		기타	indeed	사실상		instead	대신에
	accordingly	이런 이유로		in fact			to that end	그 목적을 달하기 위해
	for this reason			in effect	사실상, 실제로는		in any case	어쨌든

단어 시험

DAY 1-7
필수 테마별 단어시험
DAY 8-14
빈출어휘 단어시험
DAY1 15-18
접전부 단어시험

Day 01 - 필수 테마별 단어시험 1

*해당 페이지에서 먼저 암기를 한 후 단어시험을 쳐보세요.

1. 목적격 보어 자리에 형용사나 명사를 취하는 5형식 동사들

(정답 본문 p.25)

(주로) 형용사 보어	make	leave			
	keep	find	consider	deem	
(주로) 명사 보어	call	appoint	name	vote	elect

2. 목적격 보어로 to 부정사를 취하는 동사들

(정답 본문 p.26)

to 부정사를 목적격 보어로 취하는 동사 : S + V + O + O.C.(to V)					
요청하다	ask	invite	urge	require	remind
원하다	want	would like	need		
설득 / 조언 / 권장	persuade	convince	advise	encourage	inspire
지시 / 강요	direct	instruct	order	force	
허락 / 능력부여	allow	enable	permit		
~의 결과로 이끌다	cause	lead			
※ 주로 수동태로 사용되는 동사들 (물론 능동태도 당연히 가능)					
기대되다	be expected to V	be predicted to V			
의도 / 예정되다	be intended to V	be scheduled to V	be supposed to V		
준비되다	be prepared to V				

Day 02 - 필수 테마별 단어시험 2

*해당 페이지에서 먼저 암기를 한 후 단어시험을 쳐보세요.

3. '주다' 4형식 동사

(정답 본문 p.28)

'주다'계열의 4형식 수여동사			
give	award	send	assign
show	charge	grant	offer
buy	allow	bring / get	pass / hand
owe	write	pay	lend
secure	ask	save	promise

4. 1형식 완전 자동사

(정답 본문 p.30)

일하다, 기능하다	work	act	function	
	behave	collaborate	cooperate	
발생하다	happen	take place	occur	recur
	emerge	arise	appear	disappear
가다, 오다 류	go	come	arrive	commute
살다, 머물다	live	reside	exist	stay
증감동사	rise	fall	fluctuate	
지속되다, 끝나다	last	linger	expire	culminate
다르다	differ	vary		
번영하다	thrive	prosper	flourish	

Day 03 - 필수 테마별 단어시험 3

*해당 페이지에서 먼저 암기를 한 후 단어시험을 쳐보세요.

5. '자동사 + 전치사' 형태의 숙어표현

(정답 본문 p.31)

의미	자동사	타동사	의미	자동사	타동사
	agree on, to, with consent to	approve		look, search for	seek
	object to	oppose		look into	examine
	participate in	attend		comply with	follow
	respond, reply to	answer		conform to, with	observe
	confer on, with	discuss		abide by	obey
	account for	explain		adhere to	
	wait for	await		deal with	handle
	consist of	comprise			treat
	appeal to	attract			manage

6. 빈출 '자동사 + 전치사' 표현

(정답 본문 p.30)

※ 빈출 '자동사 + 전치사' 표현			
compete with(against) sb. on sth.	subscribe to	contribute to	specialize in
collaborate on sth. with sb.	fill in(out)	cope with	excel in/at
concentrate/focus on	engage in	enroll in	interfere with
rely/depend/count on	take over	appeal to	refrain from
apologize to sb. for sth.	qualify for	dispose of	amount to
come up with	benefit from	coincide with	comment on(upon)
follow up on	graduate in / from	result in	result from
allow for	succeed in	proceed to	proceed with
come in 색상 / 사이즈	come with	invest in + 투자처	* invest + 돈

Day 04 - 필수 테마별 단어시험 4

*해당 페이지에서 먼저 암기를 한 후 단어시험을 쳐보세요.

7. to 부정사의 형용사 수식을 받는 대표적인 명사

(정답 본문 p.73)

명사 + to V (~할)				
ability to	capacity to	authority to	wish to	need to
time to	effort to	attempt to	opportunity to	chance to
desire to	way to	willingness to	tendency to	readiness to
plan to	decision to	right to	claim to	failure to

8. to 부정사 숙어 표현들

(정답 본문 p.73)

be +형용사 + to V			
가능	be able to	be likely to	be free to
의지	be willing to	be ready, prepared to	be determined to
열망	be eager to	be anxious to	
기쁨	be pleased to	be delighted to	
예정	be supposed, scheduled to	be set to	be due to
부정적 의미	be reluctant to	be hesitant to	

9. 암기해야 할 동명사를 포함한 숙어 표현들

(정답 본문 p.83)

on(upon) -ing	end up -ing	be worth -ing	keep stop prevent prohibit inhibit forbid + sb. from -ing
It's no use -ing	be busy (in) -ing	spend 시간/돈 -ing	
cannot help -ing	as a way of -ing	have trouble (in) -ing have difficulty (in) -ing have a problem (in) -ing	
feel like -ing	keep (on) -ing		

Day 05 - 필수 테마별 단어시험 5

*해당 페이지에서 먼저 암기를 한 후 단어시험을 쳐보세요.

10. -ing형 명사

(정답 본문 p.82)

beginning	photocopying	broadcasting	shipping	listing
lodging	meeting	opening	spending	setting
gathering	training	cleaning	screening	warning
packaging	publishing	decision making	understanding	measuring
monitoring	sightseeing	dining	pricing	writing
accounting	processing	advertising	housing	questioning
reading	outing	founding	handling	marketing
funding	planning	seating	scheduling	belongings
widening	recycling	savings	findings	earnings
staffing	restructuring	ticketing	boarding	financing

11. '전치사 to + 동명사' 형태의 관용 표현

(정답 본문 p.83)

contribute to -ing	lead to -ing	when it comes to -ing	be devoted to -ing be dedicated to -ing be committed to -ing
come close to -ing	object to -ing be opposed to -ing	be used to -ing be accustomed to -ing	
look forward to -ing			

12. 전치사 to와 함께 쓰이는 추가 빈출 표현들

(정답 본문 p.83)

be attentive to	be sensitive to	be adjacent, close to	change to revision to improvement to alteration to amendment to
be key to	be related to	be conducive to	
be equal, equivalent to	be responsive to	be subject to	

Day 06 – 필수 테마별 단어시험 6

13. 분사 관용 표현

현재분사 + 명사			
opening remarks		(long) lasting impression	
existing equipment		leading brands	
missing luggage		presiding officer	
promising member		operating system	
living creature		extenuating factor	
rewarding work		the coming year	
overwhelming superiority		the following month	
growing debt		approaching crisis	
demanding manager		closing shifts	
surrounding area		challenging task	
opposing direction		welcoming present	
rising cost		parting gift	
remaining audience		misleading comment	
departing tenants			
과거분사 + 명사			
experienced programmer		reserved parking space	
skilled programmer		limited warranty	
qualified technician		attached document	
motivated technician		purchased item	
dedicated crew		customized products	
proposed plan		finished products	
detailed plan		handcrafted pieces	
written permission		repeated dismissal	
designated area		damaged items	
unlimited warranty		enclosed coupon	
inspected item		reduced size	
complicated system		informed man	
distinguished writer		preferred vendors	
merged company		accomplished artist	
sophisticated systems		provided booklet	
anticipated arrival time		established company	
		established actor	

Day 07 - 필수 테마별 단어시험 7

14. 혼동하기 쉬운 형용사

(정답 본문 p.127)

considerable	be considerate of	resourceful	resourced
economic	economical	convincing	convinced
successful candidate	successive failure	사물 be appreciated	사람 be appreciative of
reliable / dependable	be reliant / dependent on	forgettable	forgetful
profitable	proficient	exhaustive	exhausted
understandable	understanding	memorable	memorial
favorable	favorite	credible	hospitable
comprehensible	comprehensive	desirable	desired
extensive	extended	industrial	industrious
informed	informative	last	lasting
prospective	prosperous	be confident of / that	confidential
complimentary	complementary	be responsible for	be responsive to
preventable	preventive	impressive	impressed
beneficial	beneficent	a sensitive skin	a sensible solution
advisable	advisory	a respectable man	respective merits
comparable to/with ~	compatible with ~	available	possible

Day 08 - 빈출어휘 모음 1

(먼저 단어 암기를 한 후 뜻을 가리고 시험을 쳐보세요.)

단어		뜻	단어		뜻
prospective		장래의/미래의	colleague		동료
credentials		자격(증)	supervision		감독
eagerness		열의	corporation		주식회사/법인
lag		뒤처지다/뒤떨어지다	efficiently		효율적으로
meet		만족시키다	delegate		위임하다
diligent		성실한	accustomed		익숙한
specialize		~을 전문으로 다루다	impending		임박한
associate		관련시키다	take turns		교대로 하다
paycheck		급료/급료 지불 수표	utilization		이용/활용
devoted		헌신적인	call in sick		전화로 병결을 알리다
manpower		인력	past due		연체된/미납된
fluent in		~에 능숙한	conclusive		결정적인/단호한
firsthand		직접적인	including		~을 포함하여
questionably		의심스럽게	administer		관리하다
endurance		인내력	translate		번역하다/통역하다
attire		복장/옷차림새	accomplish		성취하다
inspection		점검/검사	procrastinate		미루다/꾸물거리다
thoroughly		철저하게	voluntarily		자발적으로
immediately		즉시/곧	undertake		(일을)떠맡다
permission		허락/허가	leading		선도적인/일류의
exception		예외	occasionally		가끔/때때로
mandate		명령하다/지시하다	bookkeeping		부기
obligation		의무/책임	eminent		저명한/탁월한
authorization		권한부여/위임	questionnaire		설문지
principle		원리/원칙	literacy		읽고 쓰는 능력
assess		평가하다	halfway		중간의/중간에
precious		귀중한	workforce		전 직원/인력
suppress		억누르다/금지하다	catch up with		~을 따라잡다
illegal		불법의	prioritize		우선적으로 처리하다
reprimand		비난하다	trivial		사소한/하찮은
dairy		유제품의	terminal		말기의/불치의
elderly		연세가 드신	medicinal		약용의/치유력이 있는

Day 09 - 빈출어휘 모음 2

(먼저 단어 암기를 한 후 뜻을 가리고 시험을 쳐보세요.)

단어		뜻		단어		뜻
accessible		출입/이용할 수 있는		advanced		고급의/진보한/앞선
announcement		공고/발표		survey		설문 조사
implement		실시하다/실행하다		appreciate		고맙게 생각하다/감상하다
demonstrate		증명하다/설명하다		monopoly		독점
compliance		(명령,법규에의) 준수		consistently		항상/일관되게
aspect		관점		closely		면밀히/엄밀히
smock		기다란 셔츠/작업복		consolidate		통합하다/굳히다, 강화하다
restraint		억제/금지		misleading		오도하는/그릇된 인상을 주는
restructure		구조조정을 하다		legible		읽기 쉬운
coordinator		조정자		vanish		사라지다
commend		칭찬하다		potentially		가능성 있게/잠재적으로
observant		관찰력 있는/준수하는		modestly		겸손하게
burdensome		부담스러운/힘든		extraordinary		이례적인/훌륭한
stool		(등받이가 없는) 의자		definite		분명한/명확한
interruption		중단/방해		noteworthy		주목할 만한
exhibition		전시회		appealing		호소하는/매력적인
improvise		즉흥적으로 하다		strategy		전략
celebrity		유명인사/명사		contemporary		동시대의/현대의/당대의
accompany		동행하다/동반하다		necessarily		반드시
collection		소장품/수집물		resolve		(문제 등을) 해결하다
fascinating		매혹적인/황홀한		means		방법/수단
enlightening		계몽적인/깨우치는		attract		끌다/유인하다
unsanitary		비위생적인		boast about		~을 자랑하다/뽐내다
out of order		고장 난		diversify		다양화 하다
running time		상영 시간		voiced		말로 표명한
outdoor		야외의		dominant		지배적인/우세한
stroll		산책하다/한가롭게 거닐다		meaningful		의미 있는/중요한
wait in line		줄을 서서 기다리다		strategically		전략적으로
directing		연출		get over		극복하다
vacate		집을 비우다/방을 비우다		bring on		~을 초래하다
blood pressure		혈압		aging		나이 들어가는
lose weight		살이 빠지다		sneeze		재채기하다

Day 10 - 빈출어휘 모음 3

(먼저 단어 암기를 한 후 뜻을 가리고 시험을 쳐보세요.)

영어		뜻	영어		뜻
rapidly		급속히/빨리	feature		특징/특색
dramatically		극적으로	research		연구/조사
stagnant		침체된/불경기의	successful		성공적인/성공한
analyst		분석가	various		여러 가지의/가지각색의
drastic		과감한/급격한	inspect		조사하다
prosperity		번영	revolutionary		혁명적인
market value		시가/시세	embedded		삽입된/포함된
deteriorate		악화되다/나빠지다	streamline		능률적으로 하다/합리화 하다
forerunner		선구자	ornamental		장식적인/장식의
downturn		(경기) 침체	intently		주의 깊게
cope with		~에 대처하다	comprehensive		포괄적인/종합적인
supplement		보완하다/보충하다	delighted		기뻐하는/즐거워하는
nationwide		전국적인	advancement		진보/전진/승진
tedious		지루한/싫증나는	prediction		예측
solitary		혼자의/외로운	licensed		인가된/자격증을 소지한
acceptable		용인되는/받아들일 수 있는	fill		~을 채우다
refund		환불/환불금	renovate		개조하다/수리하다/보수하다
consumption		소비/소비	safety		안전
exclusively		오로지/독점적으로	processing		가공/처리
valid		유효한	decision		결정/판단
benefit		혜택/이익	attribute		~의 덕분으로 돌리다
collectable		모을 수 있는	precede		~보다 앞서다/~보다 중요하다
wind a watch		시계태엽을 감다	liquidity		유동성
equivalent		~에 상당하는/맞먹는	outlast		~보다 오래가다
secondhand		중고의/간접의	automatically		자동적으로
wholesale		도매의/다량의	representation		묘사/표현
gift certificate		상품권	quota		할당량/할당
thrifty		검소한/검약하는	query		질문
celebrate		축하하다	fabricate		제작하다
readership		독자의 수	recede		떨어지다
dehydration		탈수(증)			
recover		(건강이) 회복되다			

Day 11 - 빈출어휘 모음 4

(먼저 단어 암기를 한 후 뜻을 가리고 시험을 쳐보세요.)

commitment		헌신/전념	dedicate		전념하다/헌신하다/바치다	
complaint		불평	compromise		타협/화해	
evaluation		평가	expire		(계약 등이)만료되다	
complete		완료하다/완성하다	cooperatively		협조적으로/협력하여	
argumentative		논쟁적인/논쟁을 좋아하는	define		규정하다/정의하다	
specific		구체적인/명확한	confidentiality		기밀/비밀	
mend		수선하다	solicit		요청하다/간청하다	
blemish		흠/결점	omission		생략/누락	
defect		결함	complicate		복잡하게 하다	
stain		얼룩	convincing		설득력 있는	
adverse		불리한	surprise		놀라게 하다	
cut back		줄이다/삭감하다	peak		절정/최고점	
faulty		결함이 있는	recognition		인정	
argument		논의/토론/말다툼/언쟁	foil		좌절시키다/뒤엎다	
distress		근심/근심하게하다	moderator		사회자/중재자	
sparsely		드문드문하게	think over		숙고하다	
board		탑승하다	finalize		마무리 짓다/완결하다	
depart		출발하다	cost		비용	
carrier		항공사/수송회사	Be subject to		~의 영향을 받기 쉬운	
diverse		다양한	unable		~할 수 없는	
passenger		승객	payment		지불(금액)/납입(금액)	
comfortable		편안한	stock		재고/주식	
disembark		(비행기/배에서)내리다	nationalize		국영화하다	
vessel		대형 선박	invoice		청구서/송장	
round trip		왕복 여행	correspond		일치하다/부합하다	
aircraft		항공기	overcharge		바가지 씌우다	
overhead		머리 위의	possession		소유물/소유	
landmark		유명한 건물/유명한 장소	status		지위	
jet lag		시차 중	scarcity		부족	
turbulence		난기류	price quote		견적서	
comprehensive		종합적인/포괄적인	transmit		전염시키다	

Day 12 - 빈출어휘 모음 5

(먼저 단어 암기를 한 후 뜻을 가리고 시험을 쳐보세요.)

단어		뜻		단어		뜻
formerly		이전에		share		공유하다/함께 쓰다
fragile		깨지기 쉬운		production		생산량/생산
enclose		~을 동봉하다		exceed		~을 초과하다
shipment		선적/발송/수송품		assumption		추정/산정
warehouse		창고/저장소		substantial		상당한
caution		주의/조심		figure		총액/합계 수
classified		기밀의		deviate		빗나가다/일탈하다
embargo		무역 금지/통상 금지		even out		균등하게 나누다
express mail		급행 우편		profitable		이익이 되는/유익한
separation		분리/구분		cut costs		비용을 줄이다
ideally		이상적으로		enhancement		상승/향상
marginally		아주 조금/미미하게		gross		총합
discard		버리다		submission		제출
accelerate		가속화하다/촉진하다		transition		변화
openly		터놓고/솔직하게		offset		상쇄하다/벌충하다
expedite		신속히 처리하다/진척시키다		total		총계의/전부의
check in		체크인하다/숙박 수속을 하다		proceeds		수익금
accommodate		~을 수용하다/숙박시키다		prompt		즉각적인/신속한
compensate		보상하다		preferred		선호되는/우선의
confirm		확인하다		calculate		계산하다/산출하다
retain		유지하다/보유하다		considerably		상당히/많이
ease		완화시키다		in place		제자리에
corridor		복도		liability		책임/부채/채무
culinary		요리의		cut down		~을 줄이다
waiting list		대기자 명단		be suited for		~에 적합하다
order a meal		식사를 주문하다		conversion		전환
thickly		두껍게/두툼하게		annual budget		연간 예산
frosting		설탕을 입힘		monetary		금전의/재정적인
booking		예약		levy		부과금
garnish		(음식을)장식하다		preclude		막다
				relieve		완화시키다
				inhalation		흡입

Day 13 - 빈출어휘 모음 6

(먼저 단어 암기를 한 후 뜻을 가리고 시험을 쳐보세요.)

expansion		확장/팽창	participant		참가자
vital		필수적인	register		등록하다
enhance		향상시키다/높이다/강화하다	salary		급여
run		경영하다/~을 운영하다	schedule		~을 예정하다
contribute		기여하다/공헌하다	commence		시작되다
accept		수락하다/승낙하다	attend		참석하다/출석하다
neutral		중립적인	customize		주문 제작하다
favorable		호의적인	cut benefits		복리후생을 줄이다
alteration		변화/개조	give a raise		임금을 인상해주다
bankrupt		파산한	job satisfaction		업무 만족도
meditate		숙고하다	sick leave		병가
reputation		평판	take place		일어나다/발생하다
exaggerate		과장하다	pension		연금
strategic		전략적인	welfare		복지
struggle		분투하다/애쓰다	reinforcement		증강 병력/강화
contingent		~에 따라 결정되는/여하에 달린	sabotage		방해 행위
differ		의견을 달리하다/다르다	appoint		지명하다/임명하다
discuss		논의하다/토론하다	nomination		지명/임명
coincidentally		우연히	retire		은퇴하다/퇴직하다
undergo		겪다/거치다/경험하다	evaluate		평가하다
irrelevant		관계가 없는/무관한	executive		경영의/관리의
approve		승인하다/찬성하다	competent		유능한/능숙한
distinguished		뛰어난/저명한	early		조기의
presiding		(회의를) 주재하는	scheme		계획
insist		주장하다	forage		찾아다니다
convention		회의	admired		존경 받는
inviting		매력적인/솔깃한	retirement		은퇴/퇴직
run a meeting		회의를 진행하다	incompetent		무능한
biweekly		격주의	go forward		앞으로 나아가다
elaborate		상세하게 설명하다	degrade		(품위/지위) 떨어뜨리다
pull up		뽑다/(차가)서다	react to		~에 반응하다
logging		벌목	be located in		~에 위치해 있다
radiation		방사선	ecology		자연환경/생태

Day 14 - 빈출어휘 모음 7

(먼저 단어 암기를 한 후 뜻을 가리고 시험을 쳐보세요.)

clearly	명확히	consent	동의/허락
permit	허락하다	investment	투자/투자금
trust	믿다/신뢰하다	solely	전적으로
opportunity	기회	nearly	거의/대략
malfunction	기능 불량/오작동	innate	타고난
pave	포장하다	gratitude	고마움/감사
pedestrian	보행자	foreseeable	예견할 수 있는
pathway	통행로	cost estimate	원가 면적
lane	차선	outlying	외진/변경의
mileage	주행 거리	reviewer	논평가/비평가
navigation	항해/운항	insecure	불안한/확신이 안 가는
inconveniently	불편하게	consultation	상담/협의
surround	둘러싸다/에워싸다	input	투입
spending	소비/지출	reexamine	재검사하다
account	계좌/설명/고려	investor	투자가
transaction	거래/업무	dividend	배당금
balance	잔고/차감 금액	allocate	할당하다
deposit	입금하다/예금하다	architect	건축가
document	서류/문서	unoccupied	비어 있는/사람이 살지 않는
secured	보증된	currently	현재
debit card	(은행) 직불 카드	relocation	이전/재배치
pay off	빚을 다 갚다/이익이 되다	compulsory	의무적인
turn down	거절하다	maintain	유지하다/관리하다
debt	빚	tear down	(건물을) 헐다
scrutinize	세밀히 조사하다	for lease	(집을) 내놓은
pop up	불쑥 나타나다	skyscraper	고층 빌딩
spurious	허위의/잘못된	tenant	(가옥 등의) 임차인
wire transfer	전신 송금	restoration	복원/복구
belatedly	뒤늦게	rebuild	재건하다
awfully	대단히	symmetrically	대칭적으로
mark	점수/평점/표시	prominent	유명한/두드러진
excessive	지나친/과도한	dispose	처분하다/처리하다
damage	피해/손해	fade	바래다/희미해지다
vary	다르다/다양하다		

Day 15 - 접전부 단어시험 1

부사절 접속사 (+ SVO)			전치사 (+N)					
시간	before		시간	at		이유	because of, due to	
	after			on			on account of	
	since			in			owing to	
	until		장소	at			as a result of	
	when			in			for	
	whenever			on			thanks to	
	every time		시점	before, prior to		양보	despite, in spite of	
	each time			after, following			notwithstanding	
	by the time			subsequent to		목적	for	
	while			since		제외	except (for)	
	once			until			without	
	as soon as			by		부가	in addition to	
	(even, just) as			from			besides	
	until after			toward			aside (apart) from	
조건	if		기간	for			instead of	
	providing (that)			during			along with (alongside)	
	provided (that)			over			out of	
	supposing (that)			through(out)			like	
	assuming (that)			within			unlike	
	unless			in			as	
	in case (that)		위치	above, over			by -ing	
	in the event (that)			below, under			including	
	as long as			by, beside			excluding	
	as far as			next to			upon	
	given that			behind			as of	
	considering (that)			between			effective	
	only if			among			beyond	
	only when			near			against	
	on condition that			around			regardless of	
이유	because			within		기타	by means of	
	as			throughout			depending on	
	since			across			plus	
	now that		방향	from			as well as	
	in that			to			outside	
양보	although			for			given	
	though			toward(s)			considering	
	even though			along			according to	
	even if			across			about / on	
	whereas			across from			as to / as for	
	while			opposite			regarding	
목적	so that			through			concerning	
	in order that			into			pertaining to	
기타 접속사	except that			onto			in/with regard to	
	but that			out of			in/with respect to	
	whether		복합 관계 대명사	whoever			in/with reference to	
	as if			whomever		복합 관계 부사	whenever	
	as though			whatever			wherever	
				whichever			however (+형/부)	

접속부사 (그냥 부사! 절대 접속사 기능 없음!!)								
역접	however		추가	moreover		기타	meanwhile	
	nevertheless			furthermore			in the meantime	
	nonetheless			besides			then	
	contrarily			in addition			afterwards	
	in contrast			additionally			thereafter	
	on the contrary			above all			before long	
	on the other hand			first of all			all of a sudden	
	even so			likewise, also			at that point	
	with that said		유사	in other words			overall / on the whole	
	otherwise			namely			all in all	
인과	therefore, thus			similarly			in a way	
	in conclusion			specifically			for example	
	as a result			in summary			for instance	
	consequently		기타	indeed			instead	
	accordingly			in fact			to that end	
	for this reason			in effect			in any case	

Day 16 – 접전부 단어시험 2

부사절 접속사 (+ SVO)			전치사 (+N)				
시간	before		시간	at		이유	because of, due to	
	after			on			on account of	
	since			in			owing to	
	until		장소	at			as a result of	
	when			in			for	
	whenever			on			thanks to	
	every time		시점	before, prior to		양보	despite, in spite of	
	each time			after, following			notwithstanding	
	by the time			subsequent to		목적	for	
	while			since		제외	except (for)	
	once			until			without	
	as soon as			by		부가	in addition to	
	(even, just) as			from			besides	
	until after			toward			aside (apart) from	
조건	if		기간	for			instead of	
	providing (that)			during			along with (alongside)	
	provided (that)			over			out of	
	supposing (that)			through(out)			like	
	assuming (that)			within			unlike	
	unless			in			as	
	in case (that)		위치	above, over			by –ing	
	in the event (that)			below, under			including	
	as long as			by, beside			excluding	
	as far as			next to			upon	
	given that			behind			as of	
	considering (that)			between			effective	
	only if			among			beyond	
	only when			near			against	
	on condition that			around			regardless of	
이유	because			within		기타	by means of	
	as			throughout			depending on	
	since			across			plus	
	now that		방향	from			as well as	
	in that			to			outside	
양보	although			for			given	
	though			toward(s)			considering	
	even though			along			according to	
	even if			across			about / on	
	whereas			across from			as to / as for	
	while			opposite			regarding	
목적	so that			through			concerning	
	in order that			into			pertaining to	
기타 접속사	except that			onto			in/with regard to	
	but that			out of			in/with respect to	
	whether		복합 관계 대명사	whoever			in/with reference to	
	as if			whomever		복합 관계 부사	whenever	
	as though			whatever			wherever	
				whichever			however (+형/부)	

접속부사 (그냥 부사! 절대 접속사 기능 없음!!)							
역접	however		추가	moreover		기타	meanwhile	
	nevertheless			furthermore			in the meantime	
	nonetheless			besides			then	
	contrarily			in addition			afterwards	
	in contrast			additionally			thereafter	
	on the contrary			above all			before long	
	on the other hand			first of all			all of a sudden	
	even so			likewise, also			at that point	
	with that said		유사	in other words			overall / on the whole	
	otherwise			namely			all in all	
인과	therefore, thus			similarly			in a way	
	in conclusion			specifically			for example	
	as a result			in summary			for instance	
	consequently		기타	indeed			instead	
	accordingly			in fact			to that end	
	for this reason			in effect			in any case	

Day 17 - 접전부 단어시험 3

	부사절 접속사 (+ SVO)				전치사 (+N)				
시간	before		시간	at		이유	because of, due to	
	after			on			on account of	
	since			in			owing to	
	until		장소	at			as a result of	
	when			in			for	
	whenever			on			thanks to	
	every time		시점	before, prior to		양보	despite, in spite of	
	each time			after, following			notwithstanding	
	by the time			subsequent to		목적	for	
	while			since		제외	except (for)	
	once			until			without	
	as soon as			by		부가	in addition to	
	(even, just) as			from			besides	
	until after			toward			aside (apart) from	
조건	if		기간	for		기타	instead of	
	providing (that)			during			along with (alongside)	
	provided (that)			over			out of	
	supposing (that)			through(out)			like	
	assuming (that)			within			unlike	
	unless			in			as	
	in case (that)		위치	above, over			by -ing	
	in the event (that)			below, under			including	
	as long as			by, beside			excluding	
	as far as			next to			upon	
	given that			behind			as of	
	considering (that)			between			effective	
	only if			among			beyond	
	only when			near			against	
	on condition that			around			regardless of	
이유	because			within			by means of	
	as			throughout			depending on	
	since			across			plus	
	now that		방향	from			as well as	
	in that			to			outside	
양보	although			for			given	
	though			toward(s)			considering	
	even though			along			according to	
	even if			across			about / on	
	whereas			across from			as to / as for	
	while			opposite			regarding	
목적	so that			through			concerning	
	in order that			into			pertaining to	
기타 접속사	except that			onto			in/with regard to	
	but that			out of			in/with respect to	
	whether		복합 관계 대명사	whoever			in/with reference to	
	as if			whomever		복합 관계 부사	whenever	
	as though			whatever			wherever	
				whichever			however (+형/부)	

	접속부사 (그냥 부사! 절대 접속사 기능 없음!!)							
역접	however		추가	moreover		기타	meanwhile	
	nevertheless			furthermore			in the meantime	
	nonetheless			besides			then	
	contrarily			in addition			afterwards	
	in contrast			additionally			thereafter	
	on the contrary			above all			before long	
	on the other hand			first of all			all of a sudden	
	even so			likewise, also			at that point	
	with that said			in other words			overall / on the whole	
	otherwise			namely			all in all	
인과	therefore, thus		유사	similarly			in a way	
	in conclusion			specifically			for example	
	as a result			in summary			for instance	
	consequently		기타	indeed			instead	
	accordingly			in fact			to that end	
	for this reason			in effect			in any case	

Day 18 - 접전부 단어시험 4

부사절 접속사 (+ SVO)			전치사 (+N)				
시간	before		시간	at		이유	because of, due to	
	after			on			on account of	
	since			in			owing to	
	until		장소	at			as a result of	
	when			in			for	
	whenever			on			thanks to	
	every time		시점	before, prior to		양보	despite, in spite of	
	each time			after, following			notwithstanding	
	by the time			subsequent to		목적	for	
	while			since		제외	except (for)	
	once			until			without	
	as soon as			by		부가	in addition to	
	(even, just) as			from			besides	
	until after			toward			aside (apart) from	
조건	if		기간	for			instead of	
	providing (that)			during			along with (alongside)	
	provided (that)			over			out of	
	supposing (that)			through(out)			like	
	assuming (that)			within			unlike	
	unless			in			as	
	in case (that)		위치	above, over			by -ing	
	in the event (that)			below, under			including	
	as long as			by, beside			excluding	
	as far as			next to			upon	
	given that			behind			as of	
	considering (that)			between			effective	
	only if			among			beyond	
	only when			near			against	
	on condition that			around			regardless of	
이유	because			within		기타	by means of	
	as			throughout			depending on	
	since			across			plus	
	now that		방향	from			as well as	
	in that			to			outside	
양보	although			for			given	
	though			toward(s)			considering	
	even though			along			according to	
	even if			across			about / on	
	whereas			across from			as to / as for	
	while			opposite			regarding	
목적	so that			through			concerning	
	in order that			into			pertaining to	
기타 접속사	except that			onto			in/with regard to	
	but that			out of			in/with respect to	
	whether		복합 관계 대명사	whoever			in/with reference to	
	as if			whomever		복합 관계 부사	whenever	
	as though			whatever			wherever	
				whichever			however (+형/부)	

접속부사 (그냥 부사! 절대 접속사 기능 없음!!)							
역접	however		추가	moreover		기타	meanwhile	
	nevertheless			furthermore			in the meantime	
	nonetheless			besides			then	
	contrarily			in addition			afterwards	
	in contrast			additionally			thereafter	
	on the contrary			above all			before long	
	on the other hand			first of all			all of a sudden	
	even so			likewise, also			at that point	
	with that said			in other words			overall / on the whole	
	otherwise			namely			all in all	
인과	therefore, thus		유사	similarly			in a way	
	in conclusion			specifically			for example	
	as a result			in summary			for instance	
	consequently		기타	indeed			instead	
	accordingly			in fact			to that end	
	for this reason			in effect			in any case